칼뱅의 인간

이오갑 지음

대한기독교서회

칼뱅의 인간

ⓒ이오갑 2012

2012년 4월 5일 초판 1쇄

지은이 / 이오갑
펴낸이 / 정지강
펴낸곳 / 대한기독교서회
편집책임 / 하미자

등록 / 1967년 8월 26일 제1-77호
주소 / 135-090 서울시 강남구 삼성동 169-1
전화 / 출판국 553-0873~4, 영업국 553-3343
팩스 / 출판국 3453-1639, 영업국 555-7721
e-mail / cls1890@chol.com
　　　　　edit1890@chol.com
http: // www.clsk.org

직영서점 / 기독교서회
종로 5가 기독교회관 1층, 전화 744-6732~4, 팩스 745-8064

값 / 14,500원　책번호 / 1892
ISBN 978-89-511-1469-4　93230

The Christian Literature Society of Korea, Seoul
Printed in Korea

칼뱅의 인간

머리말

에밀 두메르그는 "칼뱅의 인간학은 전적으로 신학이고, 신학은 전적으로 인간학"이라고 했다. 그럴 정도로 칼뱅에게서 신과 인간은 밀접한 관계 속에 서로 묶여 있고, 함께 움직이며, 역사를 공유하고 있다. 그래서 칼뱅에게서 신만 볼 수 없고, 또 인간만 볼 수도 없다. 그에게서 하나님을 보면 인간을 보게 되고, 인간을 보면 하나님을 보게 된다.

그런 까닭은 물론 인간은 타자 앞에서, 타자를 통해 자신을 보고 인식하기 때문이다. 자크 라캉의 '거울의 단계'(stade de miroire)가 보여주듯 인간은 주변 세계와 타자들을 통해 비로소 자신을 구별된 존재로 자각하고 독립된 주체로 커 나간다. 성장 과정에서도 언제나 거울로서의 타자들뿐만 아니라 그들과의 관계와 상호작용이 필수적인 것임은 물론이다.

칼뱅 역시 인간을 타인들과 다른 피조물들 속에서 더불어 살아가는 존재로 인식했고, 그 모든 타자 위에는, 그 모든 타자를 창조하신 절대 타자로서 하나님이 존재한다고 보았다. 그의 하나님은 모든 피조세계를 초월하며, 어디에도 얽매이거나 구애받지 않는 순수 자유로서 전적 타자인 "이해할 수 없는 하나님"(Dieu incompréhensible)이다. 그분의 존엄과 권능은 어디에도 비길 수 없어서 인간은 오직 그분께 영광을 돌리며 그분만을 경외해야 한다.

칼뱅에게서 인간이 우선적으로, 그리고 궁극적으로 고려해야 할 것은 바로 그 하나님과의 관계였고, 그것이 제대로 이뤄질 때 비로소 진정한 자신의 존재와 삶을 살고, 실현할 수 있다. 칼뱅의 신학적 관심은 거기에 초점이 맞추어져 있다. 즉 그의 신학은 하나님을 아는 문제면서 동시에 인간 자신을 알며, 그 앎에 따라 믿고, 사는 문제였다.

실제로 칼뱅의 저술들을 보면, 그의 인간 이해는 신학의 각 주제들의 바탕이나 배경을 이루고, 또한 그것들과 연관되어 함께 표현되어 있기도 하다. 그뿐만 아니라 그가 신학이라는 이름으로 쓰고 말했던 모든 것도 하나님을 위한 것이었지만 동시에 인간의 신앙과 구원과 생명을 위한 것이었다. 다시 말해서 그의 신학의 배경이나 동기, 과정, 목표가 모두 인간이었다고 해도 과언이 아니다. 흔히 칼뱅은 신중심주의니 그리스도중심주의니 성령중심주의니 하지만, 인간중심주의라고 해도 틀리지 않고, 오히려 그렇게 말해야 특성을 잘 파악했다고 할 만큼 인간중심적 신학자이다.

나는 2년 전에 펴낸 『칼뱅의 신과 세계』에서 그의 신중심주의와 특성, 의미 같은 것들을 밝혀보려고 노력했다. 그에게서 가장 두드러지고, 어떻게 봐도 결국 그럴 수밖에 없다는 게 바로 신중심주의이다. 그리스도나 성령중심은 그의 하나님이 초월적이고 내재적인 변증법적 존재라는 점에서, 또는 삼위일체의 포괄적 하나님이라는 점에서 모두 신중심주의에 포함될 수 있고, 신중심의 각 변환(variation)으로 이해될 수 있다.

칼뱅의 신은 인간을 배제하지 않고, 인간을 위한 신, 인간과 함께 가는 신이라는 점에서, 그의 신중심주의는 동시에 인간중심주의이기도 하다. 만일 칼뱅의 신이 인간의 자유를 말살하고 억압하며, 심지어 폭군적이고 가학적인 존재라면, 그의 신중심은 인간중심일 수 없다. 그러나 그의 신은 그런 존재가 아니라 그 반대로 인간을 사랑하며 구원하는 아버지이며 주(主)이다. 그의 신은 인간을 위해 기꺼이 자신을 비워 인간의 육신을 입고 나타나신 예수 그리스도이다. 그렇기 때문에 인간을 위한 하나님이고, 인간과 더 나가서 온 세상의 생명과 구원을 위해 역사하는, 그것도 인간과 함께 인간을 통해 하시는 인간중심의 하나님이다. 가령 가장 신중심적이며, 잘못 이해하면 폭군적이며 변덕스러운 하나님이라는 생각까지 갖게 하는 그의 예정론이나 섭리론 같은 것들도 언제나 인간의 자유와 참여를 열어놓고 있으며, 극심한 박해의 고통으로 인해 좌절하고 무기력하고, 체념하거나 순응하게 될 신자들을 위로하고 격려하며 확신과 용기를 갖게 하는 철저히 인간을 위한 교리였다. 그런 점에서 칼뱅은 신중심적이면서도 동시에 인간중심적인 신학자였다는 것이다.

그러나 오해해서는 안 된다. 칼뱅이 인간중심적이라 해도 그의 인간관이 항상 밝고 긍정적이며, 낙관적이지는 않았다는 점이다. 오히려 그의 인간은 어둡고 비관적이며, 때로 신랄하기까지 했다. 그 인간은 하나님을 불신하고, 철저하게 자기중심적 욕망과 교만 속에 살아가며, 심지어는 자신의 생명과 구원마저도 전적 타자의 개입과 은혜를 거부하며 스스로 이뤄나가려는 존재이다. 타자 없이, 관계 없이, 자기 폐쇄적으로 살아가는 그런 인간을 칼뱅은 격렬하게 규탄했고, 자신에 의존해서 이루려는 모든 시도와 가능성을 끊어놓았다. 인간에 대한 부정적이고 비관적인 칼뱅의 묘사들은 그런 맥락에서 이해될 수 있고, 그럼으로써 그는 인간을 하나님과의 관계 속에 다시 세우려고 했던 것이다.

하나님과의 관계가 회복된 인간은 과거 자기중심적 교만과 이기심으로부터 해방되어 비로소 전적 타자인 하나님과 타 존재자들을 받아들여, 그 관계들 속에서 살아갈 수 있게 된다. 물론 인간의 본성 속에 숨어 있는 뿌리 깊은 자기중심적 죄성은 그리스도의 은총으로 용서받았다고 해도 단번에 뿌리 뽑히지는 않는다. 그래서 끊임없는 신앙과 회개, 중생의 은혜가 요청되며, 그 과정은 평생 지속된다. 그럼에도 불구하고, 그 인간은 자신을 죽이며 하나님과 이웃을 받아들여, 그 관계 속에 살면서, 자신을 알고, 살고, 세워나갈 수 있다. 또한 하나님의 뜻에 따라 이웃과 교회, 사회 공동체에 참여하고 봉사할 수 있게 된다. 그런 점에서 칼뱅의 인간은 희망적이고 긍정적이기도 하며, 그의 미래를 낙관할 수도 있다.

그런 식으로 정리될 수 있는 칼뱅의 인간은 세부적으로 들어가면 더 복잡하고 다양한 면모를 지닌다. 특히 교리적인 관점을 넘어서서, 그가 설교 등을 통해 비교적 자유롭게 표명한 견해들은 아주 역동적이고 흥미를 자아내며, 오늘의 시각으로 봐도 참신하고 유익한 사상들이 풍부하다. 그런 걸 보면 500년 전 세계나 현대 세계나 결국 인간의 문제는 동일하다는 생각을 하게 된다. 즉 옛날에 그들의 문제들이 오늘 우리도 부딪치고 풀기 위해 고심하는 문제들이라는 것이다. 요컨대 그런 문제들에 대해 칼뱅이 했던 숱한 대답이나 처방들은 현대에도 참고할만한 것들이 많고, 그대로 받아들여도 손색없는 것들도 적지 않다. 그의 어떤 사상들은 현대인들이, 또는 현대 교회들이 그렇게 하지 못해서 갈등하고 진통하고 불행의 골만 깊게 하는 것들이다. 그런 걸 다 열거할 수는 없고, 대표적인 한두 가지만 소개하면 다음과 같다.

칼뱅에게 이웃은 누구인가? 그는 말한다. "이웃은 우리가 관계 맺고 있는 사람들이나 혈족관계나 친척관계에 있는 사람들이 아니라 일반적인 모든 사람들을 의미합니다. 세상에 사는 사람들이라면 모두 이웃입니다. 먼 나라에서 왔다고 해도, 한마디도 알아들을 수 없는 말을 해도 그는 나와 공통의 본성을 가지고 있습니다. 인류 전체가 다 그렇기 때문에 우리는 일치해야 합니다."

칼뱅에게서 이웃은 혈연에 관계없이, 국가에 관계없이, 인종이나 종교나 관념에 관계없이 그 어떤 사람들이나 모두이고, 그래서 누구나 사랑하고 일치해야 한다는 것이다. 이것은 여전히 인종주의가 횡행하고, 사람들을 조건에 따라 차별하고, 편을 갈라 분쟁하고, 심지어는 전쟁까지도 일삼는 편협한 현대 세계와 교회가 시급하게 수용해서 실천해야 하는 사상이 아닐 수 없다.

모든 사람이 다 같은 본성을 가진 한 형제자매이고 한 인류라는 그의 사상은 하나님의 형상론에서 잘 나타난다. 즉 인간은 하나님의 형상으로 태어났기 때문에 모두 다, 그 어떤 사람들이든 존중받아야 하며, "그들의 행실을 가지고 판단해보면 그럴만한 가치가 없어도 예외 없이 모두에게 선하게 대해야 하며", 무엇보다도 "사람들을 보면서 가치가 있는 존재인지를 따지는 것이 아니라 영광과 명예를 돌려야 하는 모든 사람 속에 있는 하나님의 형상을 생각하라"는 것이다.

그런데 거기서 특기할만한 것은, 칼뱅은 누구나 존중하고, 행실이나 가치를 따지지 말고 똑같이 선으로 대하라는 얘기만으로는 충분하지 않다는 것을 잘 알고 있었다는 점이다. 그래서 그는 "이웃을 모욕하는 것은 하나님의 형상을 해치는 것으로서 신성모독(sacrilège)의 죄를 범하는 것"이며, "서로 죽이는 일이나 전쟁을 그만두어야 하며, 서로 빼앗기를 포기하며, 분열들을 극복하고, 원조를 행하며, 또한 서로 용서해야 한다. 그뿐만 아니라, 부자들은 가난한 자들을 억압해서는 안 되며, 주인들은 하인들을 형제처럼 생각하며, 교사들은 학생들의 존엄성을 기억해야 한다"고 아주 구체적으로 강조했다.

특히 마지막 부분 "부자들은 가난한 자들을 억압해서는 안 되며, 주인들은 하인들을 형제처럼 생각하며, 교사들은 학생들의 존엄성을 기억해야 한다"는 말에서는 그의 약자에 대한 관심과 보호의지, 사람들이 주로 어떤 면에서 잘못하고 있는지를 꿰뚫어보는 혜안에 감탄하게 된다. 결국 그때나 지금이나 약자들과 아랫사람들을 존대하는 일이 잘 안 되고 있고, 따라서 거기에 방점을 찍어 말하지 않으면 아무리 좋은 얘기도 공염불이 될 수밖에 없는 노릇이다.

내가 칼뱅의 인간을 주제로 책을 내는 건 조금 더 특별한 동기랄까 이유가 있다. 1992년 프랑스 몽펠리에신학대학에 제출한 박사논문이 바로 "칼뱅의 인간학"이었고, 그 이후로도 틈틈이 관련 논문들을 발표하면서 발전시켜왔다. 그러니 칼뱅의 인간을 알아보려 했던 세월이 벌써 20년이 넘는 셈이다. 그만큼 둔재라는 실토밖에는 안 되겠지만 그나마 이렇게 하나의 매듭을 짓게 되어 감회가 새롭다. 박사논문을 우리말로 소개하고 싶다는 바람이 늘 있어서 번역을 하기도 하고, 부분적으로는 새롭게 정리해서 국내 논문으로 발표도 했다. 그러나 시간이 지나면서 새롭게 발견한 부분들이 많고, 해석이 달라진 점들도 있어서, 학위논문과는 다른 책이 되었다. 막상 끝내놓고 보니 여전히 부족한 점들이 눈에 띈다. 그렇다고 더 붙들고 있어봐야 능력의 한계를 넘어설 수 있을 것 같지도 않아 저지르는 심정으로 그냥 내놓는다. 독자들의 양해를 바라고, 선후배, 동학들의 훌륭한 후속 연구들을 기대한다.

책이 나오기까지 다방면으로 도와주신 그리스도대학교의 임성택 총장님과 고성주 전 총장님, 선후배 동료 교수님들께 감사의 인사를 드린다. 또한 책을 출간해주신 대한기독교서회 서진한 상무님과 김인자 차장님, 하미자 과장님께 심심한 감사의 말씀을 전한다. 그리고 아내 표원경과 여름, 귀용 두 아들에게도 사랑하고 고맙다는 말을 전한다.

2011년 늦은 가을 비오는 날에
봉제산 자락 연구실에서
이오갑

■ 이 책에 포함된 논문들의 제목과 출처

1. Ou-Kab Lee, "*L'Anthropologie de Jean Calvin-L'homme dans la tension bi-polaire entre le* Deus maiestatis *et le* Deus nobiscum," Thèse de Doctorat en Théologie présentée à *Institut Protestant de Théologie*(Fac. de Montpellier), 1992.
2. "칼뱅의 인간학 서론", 「복음과 교회」 15집(그리스도대 신학부), 2011.
3. "Deus maiestatis와 Deus nobiscum 사이의 양극긴장 속에 있는 인간", 「신학논총」 2집(연세대 한국기독교문화연구소), 1996.
4. "인간론, 칼빈에 따른 창조의 빛에서 본 인간", 한국칼빈학회 편, 『칼빈신학 해설』(서울: 대한기독교서회, 1998).
5. "칼빈의 하나님의 형상론", 「조직신학논총」 제3집, 1998.
6. "칼빈에 따른 죄인으로서의 인간-인간의 타락과 죄", 「한국조직신학논총」 제19집, 2007.
7. "칼빈의 욕망론", 「성경과 신학」 제46권, 2008년 5월.
8. "인간은 병자인가?-칼뱅의 죄인 이해", 『한국기독교신학논총』 제73집, 2011.
9. "칼뱅의 구원론", 「신학논단」 62집, 2010.
10. "칼뱅의 여성이해", 「한국조직신학논총」 제28집, 2010.
11. "칼뱅의 결혼관", 「신학논단」 63집, 2011.
12. "칼뱅에 따른 성문제들-간음과 음란, 매매춘, 성병, 동성애를 중심으로", 「장신논단」 제40집, 2011. 4.
13. "칼뱅에 따른 일부다처제와 독신주의", 「한국조직신학논총」 제29집, 2011. 6.

약어표

Opera	*Ioannis Calvini Opera quae Supersunt Omnia*, 59 volumes, Ediderunt G. Baum, E. Cunitz, E. Reuss, Brunsvigae, Apud c. A. Schwetschke et Filium, 1863-1900.
Institution	*Institution de la religion chrétienne*(1560), 4 volumes, éd. par J. Cadier, Genève: Labor et Fides, 1955-1958.
	Institution de la religion chrétienne(1541), 4 volumes, éd. par J. Panier, Paris: Les Belles Lettres, 1936.
Commentaire	*Commentaires Biblique; Le Livre de la Genèse*, Genève: Labor et Fides, 1961.
	Commentaires de Jehan Calvin sur le Livre des Pseaumes, 2 volumes, Paris: Meyrueis et Compagnie, 1859.
	Commentaires sur le Nouveau Testament, 4 volumes, Toulouse: Société des Livres Religieux, 1892-1894.
Supplementa	*Supplementa Calviniana, sermons inédits*, 9 volumes, Neukirchen: Neukirchen-Vluyn, 1936-2000.
Lettres	*Lettres de Jean Calvin*, recueillies et publiées par Jules Bonnet, 2 volumes, Paris: Meyrueis et Compagnie, 1854.
Doumergue	Doumergue, E. *Jean Calvin, les hommes et les choses de son temps*. 7 volumes, Lausanne: Georges Bridel & Cie

	Editeurs, 1910(t. I-V), Neuilly: La Cause, 1926-1927(t, VI-VII).
Stauffer	Stauffer, R. *Dieu, la Création et la providence dans la prédication de Calvin*. Berne: Peter Lang, 1978.
L'Homme et la femme	Biéler A. *L'Homme et la femme dans la morale calviniste, la doctrine réformée sur l'amour, le mariage, le célibat, le divorce, l'adultère et la prostitution, considérée dans son cadre historique*. Genève: Labor et Fides, 1963.
Wendel	Wendel, F. *Calvin, sources et évolution de sa pensée religieuse*, 2e éd., Genève: Labor et Fides, 1985.
L'Anthropologie	Ou-Kab Lee, "*L'Anthropologie de Jean Calvin-L'homme dans la tension bi-polaire entre le* Deus maiestatis *et le* Deus nobiscum."
『칼빈의 신학』	Niesel, W. *Die Theologie Calvins*, 이종성 역, 『칼빈의 신학』 (서울: 대한기독교서회, 1983).

『칼뱅의 신과 세계』 이오갑, 『칼뱅의 신과 세계』(서울: 대한기독교서회, 2010).

차 례

- 머리말 • 5
- 약어표 • 13

제1장 칼뱅의 인간, 어떻게 볼 것인가? • 21

I. 어떤 인간학인가? • 22
II. 칼뱅의 신학적 구도로서의 구속사 • 24
III. 선행연구들: 토마스 토랜스와 메리 포터 엔젤 • 26
    1. 토랜스 연구의 개요 • 27
    2. 토랜스 연구에 대한 비판과 평가 • 31
    3. 엔젤 연구의 개요 • 33
    4. 엔젤 연구에 대한 비판과 평가 • 37
IV. 어떤 자료를 볼 것인가? • 40

제2장 칼뱅의 인간학적 원리
  −신의 초월과 임재의 변증법적 긴장 속의 인간 • 45

  I. 칼뱅의 변증법적 하나님 • 46
  II. 변증법적 하나님이 유발하는 긴장 • 47
  III. 타자들의 관계 속에 있는 인간−선행하는 신인관계 • 48
  IV. 신인관계의 방식 • 50
  V. 신인관계의 두 가지 기본성격 • 51
  VI. 관계의 특징이 인간에게 요청하는 것 • 54
  VII. 인간의 두 가지 오류: 우상 숭배와 미신 • 55
  VIII. 관계에의 복종과 자기부정 • 57
  IX. '이중의 관점'과 관계 속에 사는 신자들의 삶 • 59
  X. 신학적 의의와 현재성 • 61

제3장 창조된 인간 • 65

  I. 인간의 완전한 창조와 그 상태 • 66
  II. 영혼을 가진 인간 • 69
    1. 영혼이란 무엇인가? • 71
    2. 칼뱅은 신플라톤주의적인 이원론에 빠져 있는가? • 73
    3. 영혼은 어떻게 이루어지는가? • 75
    4. 의지란 무엇인가? • 77
    5. 자유의지의 신학 문제 • 78
  III. 하나님의 형상을 가진 인간 • 81
  IV. 창조된 인간의 유한성 • 83
    1. 인간은 피조물일 뿐이다 • 83
    2. 인간의 유한성의 이유 • 84
  V. 칼뱅에 따른 창조된 인간, 평가와 의미 • 86

제4장 하나님의 형상 • 89

  I. 하나님의 형상이란 무엇인가? • 90
  II. 하나님의 형상의 구속사적 의미 • 92
     1. 태초의 하나님의 형상 • 92
     2. 타락 이후 하나님의 형상의 부패 • 93
     3. 회복된 하나님의 형상 • 95
  III. 하나님의 형상의 자리 • 98
     1. 영혼과 관계된 하나님의 형상 • 98
     2. 하나님의 형상은 육체에도 새겨져 있다! • 100
     3. 자연도 하나님의 형상이다! • 101
  IV. 윤리적 근거로서의 하나님의 형상 • 103
     1. 인간의 자의식과 그 삶으로서 하나님의 형상 • 103
     2. 이웃 사랑의 근거로서의 하나님의 형상 • 104
     3. 하나님의 형상은 아기들이 태어날 때 주어진다! • 106
  V. 모순점들, 어떻게 볼 것인가? • 107
     1. 현재 인간들 속에 있는 하나님의 형상 • 108
     2. 하나님의 형상, 은유적 해석과 실재론적 해석 • 110
  VI. 칼뱅의 하나님의 형상의 현재적 의의 • 114

제5장 인간의 타락과 죄 • 119

  I. 인간의 타락 • 121
  II. 전적 타락인가, 부분적 타락인가? • 125
  III. 죄 • 129
  IV. 죄의 결과: 죽음 • 132
  V. 원죄 • 134
  VI. 칼뱅 죄론의 특징 • 137

제6장 인간은 병자인가? • 141

    I. 어떤 병인가? • 142
    II. 병의 종류와 특징 • 145
        1. 호기심 • 145
        2. 망상 • 148
        3. 우상 숭배와 미신 • 151
        4. 교만 • 153
        5. 자기중심성 • 155
    III. 병의 원인과 처방 • 157
    IV. 인간을 병자로 본 칼뱅의 특징과 의미 • 160

제7장 인간의 욕망 • 165

    I. 욕망이란 무엇인가? • 166
    II. 정욕 • 174
    III. 교만과 정욕 • 176
    IV. 자기애 • 181
    V. 노예의지 • 184
    VI. 칼뱅의 욕망 이해, 특징과 의미 • 187

제8장 인간의 구원 • 189

    I. 구원이란 무엇인가? • 191
    II. 구원의 주체 • 196
    III. 구원의 방식 • 199
    IV. 구원의 성격 • 201
        1. 현재적 구원인가, 미래적 구원인가? • 202

2. 신앙적 구원인가, 행위적 구원인가? • 204
  3. 영적 구원인가, 물질적 구원인가? • 206
  4. 개인 구원인가, 사회 구원인가? • 209
  5. 인간적 구원인가, 우주적 구원인가? • 210
 V. 칼뱅 구원론의 정리와 평가 • 212

제9장 여성 • 215

 I. 남녀관계 속에서의 여성 • 219
 II. 그리스도인의 자유에서 본 여성 문제 • 224
 III. 교회에서 여성의 성직 문제 • 229
 IV. 칼뱅 여성관에 대한 평가 • 235

제10장 결혼 • 239

 I. 결혼이란 무엇인가? • 241
 II. 결혼에 대한 실제적인 가르침들 • 246
 III. 이혼 • 253
 IV. 재혼 • 261
 V. 칼뱅 결혼관의 특징과 의미 • 263

제11장 일부다처제와 독신주의 • 267

 I. 일부다처제 • 269
  1. 일부다처제를 배격한 이유 • 270
  2. 일부다처제 어디서 왔을까? • 273
  3. 성경이 일부다처제를 비난하지 않은 까닭 • 274

4. 왕이나 목사들에게 금지된 일부다처 • 275
5. 서자들을 어떻게 대할까? • 277
6. 일부다처의 해법: 남편들이여 아내를 사랑하라,
　마녀와 같더라도! • 278
II. 독신주의 • 279
1. 자유의 추구로서 독신주의 • 281
2. 종교적 독신주의 • 282
3. 독신은 소수에게 주어진 하나님의 은사이다 • 284
4. 은사가 아니면 고생하지 말고 죄짓지도 말고 결혼하라! • 285
5. 목사들의 결혼을 권장하다 • 287
6. 초대 교회의 독신녀들은 '서원'이 아니라 '직무'였다 • 287
III. 칼뱅의 일부다처와 독신주의에 대한 평가와 의의 • 288

제12장 성(性) 문제들
―간음, 음란, 매매춘, 성병, 동성애 • 293

I. 칼뱅 성 의식의 배경―성 풍속과 문화 • 295
II. 간음과 음란 또는 음행 • 300
　　1. 간음 • 301
　　2. 음란 또는 음행 • 307
III. 매매춘 • 310
IV. 성병 • 314
V. 동성애 • 316
VI. 칼뱅은 히스테리인가? • 320

▪ 참고문헌 • 325

▪ 색인 • 335

제1장

칼뱅의 인간, 어떻게 볼 것인가?[1)]

종교개혁자이며 신학자로서 많은 저술을 남긴 칼뱅은 인간에 관해 여러 곳에서 자신의 생각을 피력했다. 인간에 관한 그의 생각들은 매우 깊이 있고, 다양하고, 풍부할 뿐더러 어떤 일관성과 체계까지도 가지고 있다. 그래서 그는 인간에 관한 하나의 사상을 가진 학자라고 할 수 있고, 또 그 사상을 인간학(anthropologie)이라고 부를 수 있다.

그러나 그의 인간 사상이 정말 인간학일까 하는 물음을 제기할 여지는 있다. 과연 칼뱅은 학문적으로 '인간학'이라는 것을 가지고 있을까? 또는 인간에 관한 그의 사상은 정말 인간학일까? 거기에 대해 좀 더 살펴볼 필요가 있다. 즉 그의 사상이 인간학인지, 인간학이라면 어떤 점에서인지를 봐야 하는 것이다. 왜냐하면 인간학이라는 용어나 개념 자체가 광범위하고 복잡하며, 때로는 모호하기 때문이다.

---

1) 이 장은 나의 박사학위 논문 *L'Anthropologie*의 서론을 토대로 현대의 시점에서 다시 쓰며 수정 보완한 것이다.

I. 어떤 인간학인가?

인간학을 프랑스어로 'anthropologie'로 표기한다. 그것은 그리스어의 인간을 의미하는 '*antropos*'와 전문적 지식인 '학'이나 '론'을 의미하는 '*logos*'라는 두 단어의 합성어이다. 그래서 용어적으로는 인간에 관한 학문이란 뜻을 갖는다. 그러나 그 범위나 개념에 있어서는 상당히 넓고 복잡하다. 일단 용어 자체가 '인간학'뿐 아니라 '인류학'으로도 번역되어 혼용되고 있다. 또한 인간을 구성하는 요소가 매우 다양하기 때문에, 신체적이고 생물학적인 부분과 함께 인종적이고 종교적이고 문화적인, 그리고 사회적이고 심리적이고 언어적인 매우 많은 부분들을 포함하고 있다. 그래서 사전적으로 인간학이란 그렇게 다양한 인간에 관한 영역들을 다루는 인문 그리고 자연과학들이 각각의 영역에서 인간을 연구하면서도 또한 그것들을 종합(synthèse)해나감으로써 전체로서의 인간 혹은 인간성이 무엇인지를 찾아나가는 학문이라고 할 수 있다.[2]

그처럼 인간학은 하나의 종합적이고 전체적인 학문이기 때문에 각 학문 분과에서 그 전체를 하겠다고, 혹은 그 전체라고 주장할 수 없다는 데 문제가 있다. 즉 인간학, 인류학이란 용어나 개념은 가능하지만, 어떤 한 분과가 그것을 실제로 하기는 불가능하다는 것이다. 가령 의학자나 생물학자가 하는 인간에 관한 연구가 인간학일까? 또는 의학자가 인간에 관한 각 영역의 연구들을 종합해서 하나의 인간학을 내놓을 수 있을까? 그것은 고고학자나 역사학자, 심리학자도 마찬가지이다. 심지어는 모든 학문의 기초이고 또 전체라고 볼 수 있는 "지혜를 사랑하는 학문"인 철학자들마저도 역시 그렇다. 이는 근대 이후 다양한 학문 분야들이 독립해서 개별적으로 또 매우 전문적으로 발전해왔던 결과 때문이다. 실제로 같은 인간을 놓고

---

2) Cf. http://fr.wikipedia.org/wiki/Anthropologie.

한 연구결과를 다른 분야의 학자들은 이해조차도 못하는 일이 비일비재할 정도가 되었다.

그런 점에서 볼 때, 칼뱅이 인간에 관해 연구했고, 성찰하고 말했던 모든 사상들도 '인간학'이라고 하기는 어렵다. 더구나 칼뱅은 철학적이거나 과학적인 의미에서 인간학을 하려고 하지도 않았다. 그가 인간에 관심을 기울이고, 관찰하고 경험하고, 또 그 결과를 글이나 말로써 많이 발표했다고 해도, 그는 그것들을 하나의 인간학으로 체계화하지 않았다. 그가 『기독교 강요』에서 창조된 인간에 관해 비교적 정리된 사상을 보여주기는 했지만[3] 그래도 인간학을 구성하려는 의도를 가진 것은 아니었다. 즉 순수하게 인간에 관한 관심을 가지고 인간 자체에 대해 존재론적이거나 우주론적으로 체계화된 지식을 추구하지 않았다는 것이다.

그렇다면 칼뱅이 의도했던 것은 무엇일까? 그것은 성서에 계시된 하나님과 진리를 밝히고, 그 뜻에 따라서 교회와 세상을 위한 사역에 종사하려는 것이었다. 그래서 그에게서 항상 두드러지게 나타나는 것은 하나님과 복음을 향한 그의 지속적인 관심과 이해였다. 그리고 그가 하려던 것도 그런 지식, 즉 하나님과 하나님이 창조한 세상과 교회와 역사, 그리고 그 구원과 생명에 관한 지식이었다. 요컨대 칼뱅이 한 것은 신학이었지 인간학이 아니었다.

그렇다면 칼뱅은 인간학을 하지 않았을까? 그에게는 인간학이 전혀 없을까? 결과적으로 그는 인간학을 했고, 인간학을 남겨주었다. 그는 자신의 전체 신학사상 안에 인간학 또는 좁게 말해서 인간론을 구성했다. 그는 우주론적인 관점에서, 혹은 과학적인 관점에서 인간학을 하지는 않았으나, 신학의 틀 속에서 인간학을 했고, 또 그 결과물들을 보여주고 있다. 다시 말해서 칼뱅은 신학의 구도 안에서 인간의 기원과 전개과정, 종착점까지 구성하고 설명했다. 그 구도 속에서 그는 또한 인간의 선과 악, 행복과 불

---

3) *Institution*, I, 15.

행, 자유와 운명, 생명과 죽음, 그리고 인간 삶의 다양한 면과 모습들을 그려냈다.

따라서 칼뱅이 인간에 관한 하나의 사상을 체계화했다는 것은 부정할 수 없고, 그 체계를 '인간학'이라 불러도 문제될 것이 없다. 단 그의 인간학이 신학의 구도 안에서 이뤄진다는 점에서 '신학적'이라는 형용사를 더해서 "신학적 인간학"(anthropologie théologique)이라고 불러야 할 것이다. 마치 철학에서 하는 인간학을 "철학적 인간학"으로 부르는 것처럼 말이다.

II. 칼뱅의 신학적 구도로서의 구속사

칼뱅은 기본적으로 인간을 신학적 구도 속에서 설명한다. 그것은 세상과 인간을 창조하고 구원하는 하나님의 경륜으로서, 전통적으로 구속사(Heilsgeschichte)라고 표현되어 왔다. 칼뱅에게서 인간은 창조된 인간, 타락한 죄인, 그리고 그리스도의 구속으로 회복된 그리스도인이란 단계를 가진다. 물론 그것이 시간적으로나 성격적으로 분명하게 구분되지는 않지만 크게 봐서는 그런 각각의 상태로 각기 다르게 묘사되고 설명된다. 그래서 칼뱅은 엄격한 의미에서 구속사 신학자라고 할 수는 없지만, 그래도 그의 인간과 역사에 대한 인식은 그런 구속사의 범위 안에서 이루어진다. 즉 칼뱅은 전체 역사를 하나님이 인간을 위해 전개하고 이뤄나가는 것으로 파악했다.

성서와 그리스도교의 전통적 역사관이기도 한 그런 관점에서 볼 때, 역사에는 시작과 중심과 목표가 있다. 하나님은 인간을 창조했다. 그러나 인간은 하나님을 배반하고 비참한 상태로 떨어져서, 탄식하고 고통당하며 죽어간다. 그러나 자비로운 하나님은 인간을 구원하고자 개입한다. 하나님은 주도권을 가지고 인간의 역사를 최종적인 목표점으로 향해 이끌어간다. 그 역사의 중심에서 하나님은 스스로 인간이 되었다. 구속주 예수 그리스도이다.

    칼뱅이 인간을 이해하고 설명하는 것은 하나님이 이루어가는 바로 그 역사를 통해서, 그리고 그 역사 안에서이다. 칼뱅이 창세기주석을 시작하며 썼던 글은 그 점을 잘 보여준다. "하나님은 세상을 창조하셨고, 그리고 인간은 지성과 이성 그리고 많은 특혜들을 받았지만 그의 잘못으로 타락했으므로, 그가 받은 모든 보화들을 박탈당했다. 그 뒤, 하나님의 자비로써 그는 잃어버렸던 생명을 그리스도의 은혜로써 다시 얻게 되었으며, 이는 소망 가운데서 하나님으로부터 입양된, 그리고 그런 확신으로 하나님을 예배하는 모임이 지상에 언제나 있게 하려는 것이었다. 또한 하나님께서 그의 교회에 대해 특별히 배려함으로써 인류를 보존하려는 것이 바로 역사의 전 과정이 지향하는 목표이다."[4] 그런 구속사는 칼뱅의 인간을 이해하는 틀이 된다. 다른 말로 칼뱅의 인간은 다름 아닌 그런 구속사의 단계와 과정 속에서 이해되고 설명된다. 그래서 칼뱅의 인간을 창조와 타락과 회복의 순서에 따라 설명할 수 있고, 또 그렇게 하는 것이 가장 좋은 방법이다.

    그러나 칼뱅이 인간을 단지 구속사 안에서만 보았다고 할 수는 없다. 그에게서 인간은 창조와 타락을 거쳐 그리스도의 은총으로 회복되는 존재이기는 하지만, 그런 교리적 틀을 넘어서는 더 자유롭고 유연한 존재이기도 하다.

    칼뱅의 저술들, 특히 설교들을 보면 인간에 대한 현실적이고 구체적인 여러 문제들이 다양하게 서술되고 있다. 즉 그에게서 인간은 구속사를 넘어서는 광범위한 존재이다. 인간의 사회적인 문제들, 자연적인 문제들, 심리적인 문제들 그런 것들이 다양하게 관찰되고 묘사되면서, 그의 인간 사상을 풍요롭게 하고 있다. 그런 점에서 칼뱅의 인간은 기본적으로는 구속

---

4) *Commentaire*, Genèse, préface, 21 Cf. "Epître à tous amateurs de Jésus-Christ et de son Evangile," *La vraie piété, divers traités de Jean Calvin et confession de foi de Guillaume Farel*, présenté par I. Backus et C. Chilli (Genève: Labor et Fides, 1986), 25-29.

사의 틀 안에서 봐야 하지만, 구체적이고 개별적인 여러 주제들에 대해서는 그 틀을 벗어나거나 넘어서서 그 자체대로, 즉 칼뱅이 생각하고 말한 내용을 충실하게 따라야 한다.

III. 선행연구들: 토마스 토랜스와 메리 포터 엔젤

칼뱅의 인간학 또는 인간 사상은 다른 주제들에 비해 거의 주목을 받지 못했다고 할 수 있다. 그래서 그의 신이나 기독론, 교회론 같은 주제들과는 달리 축적된 연구물들도 별로 없다. 물론 그의 인간에 관해 여러 연구들이 있지만, 대체로 단편적이거나 부분적인 연구에 머물렀고, 그 전체를 그려내고 깊이를 파헤친 철저한 연구는 거의 없다고 해도 과언이 아니다. 그래도 칼뱅의 인간 연구로서, 토마스 토랜스의 *Calvin's Doctrine of Man*(칼뱅의 인간 교리)과[5] 메리 포터 엔젤의 *John Calvin's perspectival Anthropology*(존 칼뱅의 관점적 인간학)[6]가 대표적이라고 할 수 있다. 그래서 여기서는 그 두 연구를 소개하고, 그것들이 어떤 의미와 장점을 갖는지, 그리고 어떤 문제점들이 있는지 비평하며 그 대안들도 모색해본다.

---

[5] T. F. Torrance, *Calvin's Doctrine of man*(London: Lutterworth Press, 1952).
[6] M.-P. Engel, *John Calvin's perspectival Anthropology*(Atlanta: Scholar Press, 1988). 그 외에 단편적이고 개별적인 연구들로서 P.-W. Pruyser, "Calvin's view of Man: a psychological commentary," in *Theology Today*, 1969, no. 1. J.-D. Douglass, "The Image of God in Humanity: A comparison of Calvin's Teaching in 1536 and 1559," in *Papers from the 1986 International Calvin Symposium McGill University*. G.-Ph. Widmer, "La dramatique de l'image de Dieu chez Calvin," in *Humain à l'image de Dieu*, éd. par P. Bühler(Genève: Labor et Fides, 1989). 그리고 *L'Anthropologie*는 전체적이고 포괄적인 연구이긴 하지만, 그 기본적인 관점과 특징은 거의 그대로 이 책에서 이어지고 있으므로 별도로 소개하지 않는다.

1. 토랜스 연구의 개요

토랜스는 자신의 저술을 위해 『기독교 강요』뿐만 아니라 *Corpus Reformatorum*(종교개혁자총서)에 들어 있는 설교들, 그리고 무엇보다 영어로 번역된 성서주석 전 권을 연구했다. 그 결과 그는 칼뱅 자신의 신학적 입장이 그동안 칼뱅주의라는 이름으로 이어져왔던 "가혹한 체계"와는 매우 달랐다고 고백한다. 과거의 그런 칼뱅 이해는 무엇보다 칼뱅 자신이 전력을 기울여 반대했던 일종의 아리스토텔레스주의에 의해 덧입혀진 "종교개혁자의 사상의 슬픈 그림자"라는 것이다.[7]

그런 "전통적인 설명과 해석의 불행들 중 하나"로서 토랜스는 지나치게 단순하고 경직된 해석을 제시했다. 즉 그동안 "무미건조한 논리의 형식들로써 칼뱅 자신을 너무 깨끗하고 엄격하게 구분해놓았고, 그래서 그의 사상의 유연성과 넓이 그리고 심오함을 보여주지 못한 채 너무 단순화시켜 왔다"는 비판이다.[8] 그래서 토랜스는 자기 연구의 목표를 그런 해석들의 오류를 벗겨내면서 동시에 무엇보다 칼뱅 자신의 사상을 규명하고, 그것을 최대한 그 자신의 방법과 그 자신의 말들을 통해 설명하려는 데 두었다.[9] 요컨대 토랜스는 인간에 관한 "칼뱅 자신의 가르침의 생생한 넓이와 풍부함"을 보여주겠다는 것이다.[10] 그를 위해 토랜스는 다음의 세 가지에 역점을 두었다.

첫째, 칼뱅의 『기독교 강요』보다는, 그것과 병행해서 성서주석들과 설교들을 많이 읽고 참조한다는 것이다. 사실 과거 "해석의 불행들"은 토랜스가 지적했듯이 『기독교 강요』 같이 지나치게 교리적이고 논쟁적인 저술들에 의존했다는 데 이유가 있다. 그래서 토랜스는 『기독교 강요』를 넘

---

7) *Ibid.*, 7.
8) *Ibid.*
9) *Ibid.*
10) *Ibid.*, 8.

어서 성서주석이나 설교들 속에서 "이제까지 결코 충분하게 빛을 보지 못한 더 깊이 있는 그의 신학"을 발견하고 그것을 보여주고자 했다.[11]

둘째, 과거의 전통적인 해석들, 칼뱅주의로 표현되는 유산들과 거리를 취하고, 그것이 어떤 것이든 칼뱅에 관한 2차적 연구들에 의존하지 않는다는 것이다. 심지어는 그 자신이 고백하듯 "어떤 학파들이 가지고 있는 당파성의 혐의로부터 자유로운 입장을 취하려고" 당시 유럽 신학계를 주도했던 바르트 학파의 그리스도중심적 연구자들 가령 "빌헬름 니이젤이나 후기 페터 바르트 같은 독일 칼뱅주의자들로부터도 거리를 둔다"는 것이다.[12]

셋째, 자신이 밝혀낸 칼뱅 사상에 대해 거의 비평하지 않겠다는 것이다. 그것은 "인간교리에 관한 칼뱅의 가르침을 그 자신의 빛에서 시작하려는" 그의 "목표"에 따른 것이기도 하지만, 사실 16세기의 사상에 대해 현재의 관점에서 판단하고 비판하는 것은 단순한 일이 아니기 때문이다. 이미 수세기가 지나는 동안 시대적이고 사회적이고 문화적인 많은 변화가 있었기 때문에, 현대인의 눈으로 판단하고 비평할 때 시대착오(anachronism)의 오류를 범할 위험이 있다. 토랜스는 그런 비판보다는 16세기 당시 칼뱅의 "성서적 입장과 인간의 본성을 이해하려는 그의 탐색에 주의 깊은" 노력을 기울였다.[13] 그런 목표와 방법을 가지고 토랜스는 칼뱅의 인간 교리들 중에서, "인간의 자기인식", "창조에서의 인간의 지위", "하나님의 형상", "전적 타락" 등의 주제들을 집중적으로 다루었다.

토랜스에 따르면, 칼뱅에게서 인간 인식은 하나님 인식의 반영(reflection)이다. 인간은 하나님을 알기 위해 그리고 하나님의 은혜에 힘입어 살기 위해 만들어졌다. 그러므로 인간이 은혜의 말씀에 응답할 때만이 원래 창조목적에 맞게 만들어진 존재가 되고, 그때 비로소 그 자신의 진실한 본성도 알게 된다.[14]

---

11) *Ibid.*
12) *Ibid.*, 7.
13) *Ibid.*, 8-9.

하나님의 형상에 관해, 토랜스는 우선 칼뱅에게서 그 형상이 두 가지 의미를 갖는다고 전제한다. 하나는 일반적 의미로, 모든 피조물들이 창조주 하나님의 영광을 반영한다는 것이다. 또 하나는, 특별히 인간이 말씀에 대한 지적인 응답을 통해서 하나님의 영광을 반영한다는 것이다. 그것은 하나님이 은혜로써 자기 자신을 인간에게 반영하는데, 이것은 특히 하나님의 영광의 분명한 형상인 그리스도 안에서 인간을 자신의 자녀로 받아들인다는 것을 의미한다. 인간의 편에서 볼 때, 인간은 사랑과 신앙 안에서 그 은혜로운 하나님의 결단에 응답함으로써 하나님의 형상을 지니게 된다. 하나님과 인간 사이의 그런 형상-관계(imago-relation)와 병행해서, 아담과 하와 사이에도, 즉 인간들 사이에도 서로가 서로에 대한 응답과 순종으로써 그런 관계가 이뤄진다.[15]

그래서 토랜스는 칼뱅에게는 하나님의 형상이 근본적으로 영적이라는 점을 강조했다. 그 점은 우리에게 하나님의 형상이 영혼의 어떤 자연적 소유물이 아니라 모든 인간을 특성화하는 거룩함과 의, 지식과 진리 안의 영적 반영이라는 것을 말해준다. 그래서 하나님의 형상은 영혼의 소유가 아니며, 결과적으로 영혼은 하나님의 형상의 자리라고 말해질 수 없다는 것이다.[16] 또한 토랜스는 칼뱅의 하나님의 형상을 "계속적 창조" 교리와 관련지었다. 창조는 그것의 실존을 매순간 하나님의 은혜로우신 의지에 빚지고 있다. 하나님의 형상은 하나님의 존재의 정적인 반영이 아니라 하나님의 말씀과 의지에 대한 적극적 순종의 방식에 의한 역동적 반영이다. 그것은 하나님의 은혜에 대한 인간의 지성적인 삶-응답이고, 그래서 그것만으로도 하나님을 향한 방향에서 그의 마음과 의지의 지속적인 관계이다. 이것은 하나님의 형상이 목적론적으로 그리고 종말론적으로 이해되어야 한다는 것을 의미한다. 왜냐하면 그것은 오직 그가 완성에 이를 때까지는 인

---

14) *Ibid.*, 13.
15) *Ibid.*, 35.
16) *Ibid.*, 52.

간 안에 어렴풋이 나타나는 것일 뿐이기 때문이다.[17]

　토랜스는 칼뱅의 하나님의 형상이 특히 욥기설교에서 풍부하게 잘 나타나는 것을 발견했다. 거기서 하나님의 형상은 부성적인 눈을 가진 하나님의 인간에 대한 의지에 근거하고, 그분의 지속적이고 은혜로운 방문에 의해 유지된다. 인간 안에 반영된 형상은 그의 자연적 존재의 문제가 아니라 자연을 넘어서, 그리고 인간을 지상의 모든 창조된 존재들로부터 구별하시는 하나님의 친근한 현존의 관계 안에 근거한다. 인간의 측면에서는, 형상은 그런 하나님의 친근한 다가옴(address)에 대한 그의 응답 안에 근거하지만, 그것은 그의 자신의 본성의 능력으로써 그가 할 수 있는 응답이 아니다. 그것은 오직 성령의 생동케 하는 말씀을 통해서만 가능할 뿐이다.[18]

　그런 식으로 토랜스는 칼뱅의 하나님의 형상을 오래 탐구한 뒤 전적 타락의 문제를 다루었다. 그에 따르면, 칼뱅의 타락교리는 새 창조의 복음으로부터의 결론인 은혜의 교리에 따른 추론이다. 즉 복음이 인간의 전적 구원을 말하기 때문에, 인간의 타락은 전적인 것이다. 그것은 하나님의 형상에 대해서도 마찬가지이다. 복음이 새 창조를 말하기 때문에, 그리고 우리에게 인간이 오직 자기 자신으로부터 하나님의 생생한 형상인 그리스도에게로 나아감으로써만 하나님의 형상 안의 존재로 회복될 수 있다고 말하기 때문에, 결과적으로 자기 자신 안에서 인간은 그 형상을 상실했고, 반면에 그것의 어떤 것이 남아 있다면, 그것은 무섭도록 변형된 것이다. 칼뱅은 형상이 인간에게서 전적으로 손상되었다는 것을, 그리고 인간이 완전히 절망과 죄 가운데서 죽었다는 것을 인정한다. 그 의미에서 타락한 인간 안에 남아 있는 형상의 일부를 말할 수 없다. 그러나 칼뱅은 영적인 것과 자연적인 것을 구별한다. 타락에서 인간은 모든 영적 은사들을 박탈당했고 그의 자연적 은사들은 부패했으며, 그리고 그것은 그의 전체 본성의 부패를 의미한다. 죄는 영적인 의미에서 전 인격의 완전한 부패를 의미하지만 인간

---

17) *Ibid.*, 61.
18) *Ibid.*, 73.

의 자연적 은사들은 아직 하나님의 의지에 의해서 존재 가운데 손상되기는 했지만 유지된다.[19]

더 나가서 토랜스는 인간의 전적 타락을 인간과 하나님 사이의 역동적 관계에 대한 교리와 연관지어 해석했다. 즉 전적 타락은 살아 있는 하나님과의 지속적인 관계 안의 은혜에 의해 근거되는 인간의 인격적 존재가 그가 하나님으로부터 지속적으로 멀어지는 실존으로 떨어졌고 그래서 그가 그의 하나님으로부터 주어진 은사의 실행 가운데서 하는 모든 것은 다 하나님에게 반대된다는 것을 의미한다. 이 모든 것 안에는 강한 의지적 불복종의 요소가 있다. 인간은 스스로 변화될 수 없고 좋아질 수 없다. 그는 오직 하나님으로부터 소외되어 멀어질 따름이다. 그런 타락은 결코 멈추지 않는다.[20]

2. 토랜스 연구에 대한 비판과 평가

그렇게 요약, 정리될 수 있는 토랜스의 연구는 다음의 몇 가지 점에서 문제점을 갖는다.

첫째, 토랜스가 과거 칼뱅에 대한 전통적 연구들, 특히 지나치게 교리적이고 조직신학적인 경향의 연구들을 배격하고 성서주석이나 설교 등을 폭넓게 참조하여 "칼뱅 자신의 가르침의 생생한 넓이와 풍부함"을 보여주려고 했다. 그러나 그 의도에 비해 결과는 별로 그렇지 못하다는 평가이다.

우선, 토랜스는 성서주석적 저술들을 많이 참고한 것은 사실이나 그 해석은 전통적인 조직신학적 틀과 관점을 벗어나지 못했다. 창조에서의 인간의 지위나 하나님의 형상, 전적 타락이라는 주제도 조직신학적인 것이고, 그 해석도 전통적으로 구속사적 구도 안에서 설명되는 내용과 다르지 않다. 책의 제목도 사실상 *Calvin's Doctrine of Man*(칼뱅의 인간교리)으

---

19) *Ibid.*, 83,
20) *Ibid.*, 106.

로서 그 안에서 다루어질 주제나 내용이 교리적임을 시사해준다. 요컨대 토랜스는 칼뱅이 인간에 관해 풍부하게 말해주는 성서주석적 저술들을 읽고 참조하면서도 정작 『기독교 강요』의 관점을 넘어서지 못했다는 것이다. 또한 칼뱅의 저술들, 특히 설교나 성서주석들을 읽다보면, 그의 인간에 대한 사상이 매우 다양하고 폭넓게 나타난다는 것을 발견하게 된다. 즉 그 안에는 교리적인 것들을 훨씬 넘어서는 인간 자체의 문제들, 아주 구체적이고 현실적인 삶의 다양한 주제들이 많이 나타나고, 그런 것들로부터 칼뱅의 인간에 관한 사상이 더 풍부하고 생생하게 드러난다. 그럼에도 불구하고 토랜스는 칼뱅의 인간론 중 일부 주제만을, 그것도 교리적인 것들만을 가지고 그의 사상을 밝혀보는 데 그쳤다.

둘째, 토랜스 연구의 상당부분을 차지하는 하나님의 형상 해석에 있어서의 문제점들이다. 토랜스는 하나님의 형상을 어떤 실재가 아닌 하나님과 인간 사이의 관계를 보여주는 '거울'과 같은 은유로서, 하나님과의 관계 속에서의 올바른 응답과 태도 같은 것으로 보았다. 그런 해석은 사실 토랜스 자신이 거리를 취하고자 했던 빌헬름 니이젤 등의 그리스도중심적 연구자들의 해석과 다르지 않다. 그들은 대체로 하나님의 형상을 주로 인간의 구원의 문제가 거기 걸려 있는 하나님과의 관계의 문제로 환원시켰다. 그에게서 하나님의 형상은 자연적 소유물(property)이 아니라 정신적 숙고(spiritual reflection)였는데, 이는 하나님의 형상을 인간 안의 하나의 객관적 실재로 보게 될 때 오직 외부로부터 들어오는 그리스도의 은혜로써만 구원을 얻는 복음의 선포가 위협받는다는 바르트적인 사유와 상통하는 것이다.[21]

그러나 칼뱅의 여러 저술들 특히 설교들을 보면 하나님의 형상은 단순한 유비나 은유가 아니라 하나의 실재(realité)이기도 하다. 이것은 특히 리샤르 스토페르가 밝혀낸 것으로서, 그것은 관계에서의 어떤 태도나 응답

---

[21] 참고. 제4장 V. 2. "하나님의 형상, 은유적 해석과 실재론적 해석."

의 은유가 아니라 창조 시에 그리고 출생을 통해서도 계속적으로 인간에게 부여되는 하나의 성질(qualité 또는 소질)로서 모든 사람들에게 공통되고 일반적인 실재이다. 요컨대 토랜스는 칼뱅이 하나님이 자신의 형상을 각 인간 존재에게 새겨놓았고(engravé), 또 찍어놓았다(imprimé)고 역설했던 수많은 진술들을 외면하고,[22] "하나님의 영광이 인간에게 반영된(reflect) 것"이라고 함으로써 형상의 의미를 훨씬 더 좁고 유약하게 해석했다고 할 수 있다. 그런 해석은 칼뱅의 하나님의 형상이 가지는 윤리적이고도 실천적인 의미들도 보지 못하게 했고,[23] 무엇보다 하나의 해석적 오류를 범하고 말았다. 그것은 토랜스가 하나님의 형상을 하나의 실재로 보지 않음으로써 형상의 자리가 영혼임을 부정했다는 것이다.

칼뱅에게서 하나님의 형상은 인간의 고귀성과 존엄성을 말해주는 것으로서, 특히 인간의 고유한 영혼의 능력에서 잘 나타난다. 즉 인간은 영혼의 능력인 지성과 이성과 의지로써, 하나님을 생각하고 선악을 판단하며 생각하고 뜻한 바를 자유롭게 실천한다. 그래서 하나님의 형상이란 바로 그 영혼에 속한 어떤 성질(qualité) 혹은 실재로 나타나는데, 다음과 같은 칼뱅 자신의 말이 그것을 증명한다. "하나님의 영광이 인간의 외면에도 새겨져 있기는 하지만 그러나 그 형상의 위치가 영혼이라는 사실은 의심할 나위가 없다."[24]

3. 엔젤 연구의 개요

토랜스의 연구가 칼뱅의 인간론에서 몇몇 제한된 주제들만을 다루었다는 점에서, 메리 포터 엔젤의 저서는, 그 자신이 자부하듯, 칼뱅 인간학 분야에서 거의 유일한 "철저하고 분량을 가진"(full-length) 또한 다른 교

---

22) *Ibid.*, 125-126.
23) *Ibid.*, 118 이하.
24) *Institution*, I, 15/3. 그리고 *Ibid.*, 114-115.

리들로부터 독립된 연구라는 것에[25] 동의할 만하다. 그 말에 합당하게 엔젤의 연구는 칼뱅 인간학에 관한 풍부한 주제들을 다양한 시각에서 다루었고, 더군다나 그의 연구 방법과 관점들은 매우 독특한 성격을 가지고 있다는 점에서 흥미를 자아낸다.

엔젤은 자신의 저술에서, 칼뱅의 인간학을 살펴보기 위한 관점으로서 우선 신중심주의를 배격했다. 신중심주의가 인간성에 대해 비관주의적 접근을 하기 때문이라는 것이다. 엔젤은 또한 그 반대의 이유로써 인간중심주의도 거부했다. 인간중심적 관점을 취하면 칼뱅 사상이 가진 신에 대한 경외나 영광, 절대성 같은 특성들을 무시하게 만든다는 이유이다. 그뿐만 아니라 엔젤은 인간중심주의와 신중심주의라는 두 관점의 절충이나 타협도 거절했다. 왜냐하면 단순한 절충이나 타협은 칼뱅신학의 충분한 해석열쇠를 제공해 줄 수 없다는 이유 때문이다.[26]

그렇다면 어떤 관점을 가지며, 어떤 접근을 해야 할까? 그것을 찾기 위해 엔젤은 먼저 칼뱅의 신학이 역동적이고 복합적인 구조를 가지고 있다는 점을 주목했다. 그 신학의 구조는 칼뱅 신학 전체에, 특히 그의 인간학에 통일성을 제공해주지만, 신중심주의나 인간중심주의 같은 관점들을 훨씬 넘어선다.[27] 그 구조는 신(God)과 인간성(humanity)이라는 두 개의 중심을 가진다는 점에서 복합적이다. 그것은 그 두 중심이 때로 서로 대체되고 때로 변용된다는 점에서 역동적이다. 그래서 엔젤은 관점주의(perspectivalism)라는 것을 내세웠다. 그것은 칼뱅 사상의 내적인 구조와 다양성들을 파악하기 위해 그때그때마다 적절한 "관점 취하기"라고 볼 수 있다. 엔젤은 그 관점주의를 또한 "역동적이고 복합적인 해석 모델"이라고 부르기도 하는데,[28] 그를 위해 기본적으로 신과 인간이라는 관점을 취했다.[29] 그

---

25) M.-P. Engel, ix.
26) *Ibid.*, x-xi.
27) *Ibid.*, 1.
28) *Ibid.*, xi.

래서 엔젤은 인간의 창조와 구속의 구원사적 틀 속에서 그 두 기본관점을 취하면서 또한 변용하면서 여러 인간학적 주제들, 즉 하나님의 형상이라든지, 이성과 의지, 섭리와 자유, 영혼과 몸과 같은 주제들을 이해하고 설명했다.

엔젤에 따르면, 칼뱅 사상 안에서 인간성 관점은 상대적인 관점인 반면 신 관점은 절대적이다. 신 관점에서 볼 때, 인간은 하나님에 비해 매우 열등한 존재로서 신적 존재와는 완전하게 대립적으로 나타난다. 하나님이란 거대한 관점에서 인간은 한낱 미미한 존재, 고유한 정체성도 없는 숱한 대중의 한 부분일 따름이다. 반면에 상대적인 인간성 관점에서 보면, 인간은 다른 피조물들과 차별화되면서 심지어는 하나님의 상대자로까지 격상된다. 칼뱅이 인간을 이성적이면서 또한 책임적인 존재로 이해하고 설명했던 것은 바로 그 관점에서였다는 것이다.

그런데 그 두 관점은 각 교리들에 적용될 때마다 변용될 수 있다. '창조 속에서 신' 관점은 여러 개의 하위 관점들, 예를 들면 '창조주 하나님', '자비로우신 아버지 하나님', '영원한 관점' 또는 '영원한 생명' 등으로 변용되고, 인간성 관점은 경우에 따라서 '지상 생애'나 '지상적 관점'으로 달라진다. 그런 식으로 구속의 교리 속에서도 기본관점들은 주제들을 설명하기 위해 거기에 맞게 또 달라진다.[30] 엔젤의 관점주의를 잘 이해하기 위해서 좀 더 자세히 살펴보자.

엔젤에 따르면, "거의 '아버지 하나님'의 자녀들이며 영원한 왕국의 상속자들이었던"[31] 최초 사람들의 죄는 "'영원성'과 '지상성'을 잘못 이해하고 그 구분을 실패한 데서 비롯된 것이다." 그런데 그 실패는 "하나님과 인간 사이의 갈등을 야기했고, 구분의 구원론적 적용의 필요성을 갖게 한다."[32]

---

29) *Ibid.*, 1-2.
30) *Ibid.*, 4-24. 이하 작은 인용부호에 묶인 것들은 엔젤이 말하는 기본 관점과 변용된 관점들이다.
31) *Ibid.*, 18.

'심판주 하나님'은 사람들을 왕국으로부터 추방했고, 그럼으로써 '영원한 생명'의 희망과 왕국의 보화를 누리는 '현재의 생명'을 박탈했다. 어떤 의도 갖지 못한 사람들은 '심판주 하나님' 앞에서 자신들의 잘못을 고백할 도리밖에 없다. 그러나 '상대적 인간성'의 관점에서 사람들은 다른 사람들에 비해서는 우월한 어떤 의를 가질 수 있다. 그럼에도 불구하고 사람들은 오직 '예수 그리스도 안의 하나님'에 의해서 "그리스도의 왕국을 통해 그들의 회복에 이르는 유일한 길"로 인도된다.[33] 그래서 사람들은 세상의 종말을 기대하면서 자신들의 '지상 생애' 동안에 '영원한 생명'을 누리게 된다.

엔젤은 칼뱅의 다양한 사상들을 오직 하나의 고정된 관점이 아니라 다양한 관점들을 취해서 해석하고 설명했다는 강점을 가지고 있다. 그렇게 함으로써 칼뱅의 저술들과 사상들 속에 드러나는 여러 모순들을 해소하겠다는 것이다. 예를 들어 칼뱅은 신자가 의인이면서 동시에 죄인(simul justus et peccator)이라는 것을 인정했다. 어떻게 그것이 가능할까? 엔젤은 이렇게 풀어나간다. 칼뱅은 '심판주 하나님' 관점과 '예수 그리스도 안에 있는 하나님' 관점이 신자들의 마음속에 공존한다고 보았다.[34] 그래서 '심판주 하나님' 관점에서 인간은 죄인이고, '예수 그리스도 안의 하나님' 관점에서 의인이라는 것이다. 그처럼 보는 관점에 따라 달라지므로 모순들은 해소되어 더는 문제가 될 수 없다는 설명이다.

칼뱅이 자유선택(liberum arbitrium)과 자유의지(libera voluntas)를 구별하며, 자유선택은 배격한 반면 자유의지는 인정했던 것에 대해서도 마찬가지이다. 엔젤은 거기에도 역시 적절한 관점을 채택한다. 자유선택은 인간의 타락 이후 상실되었다. 그래서 인간은 자신의 구원을 위해서 어떤 선택을 자유롭게 할 수 없다. '구속 속에 있는 심판주 하나님'의 관점에 따

---

32) *Ibid.*, 17.
33) *Ibid.*, 18.
34) *Ibid.*, 22-23.

르면, 인간의 구원은 심판주 하나님이 죄인들에게 자비를 베풀어 구속하려는 의지에 달려 있을 따름이다. 반면에 인간에게 자유의지는 가능하다. 자유의지는 인간이 독재자의 억압이나 강제로부터 자유로워지려는 의지이다. 자유의지는 타락 이후에도 남아 있게 된다. 칼뱅은 그런 자유의지를 '창조 속의 인간성'이란 관점에서 인정했다.[35]

4. 엔젤 연구에 대한 비판과 평가

엔젤의 연구는 어떤 문제점들을 가지고 있을까? 나는 특히 다음의 두 가지 점이 비판되고, 극복되어야 한다고 본다.

첫째, 엔젤은 자신의 관점들 사이의, 특히 하나님 관점들 사이의 내적인 관계를 보지 못했다는 것이다. 물론 엔젤이 하나님의 양상들의—그것들로써 세상에 참여하거나, 세상을 초월하거나 했던—차이와 중요성을 주목한 것은 사실이다. 그러나 엔젤은 창조주 하나님이든지, 아버지 하나님이든지, 심판주든지, 혹은 예수 그리스도 안의 하나님이든지 하는 양상들만 중시했다. 즉 그의 관점들은 그 어떤 내적 연관성 없이 각각 분리된 것들로서, 이것저것 필요할 때마다 갖다 쓰는 소모품 같은 것들이라고 할 수 있다. 그는 칼뱅의 상반된 여러 진술이나 견해들을 해소하기 위해 신과 인간의 관점들을 적당하게 변용시켜 적용하는 기술적이고 방법적인 연구에 치우쳤다. 결과적으로 엔젤은 칼뱅의 인간과 그 성격들을 깊이 있게 또 구조적으로 파악하지 못했다고 할 수 있다.

내가 볼 때, 칼뱅 신학에서 중요한 것은 엔젤이 관점들로 취한 하나님의 양상들보다는 오히려 그 양상들 사이의 거리(distance)이다. 이를테면 창조주 하나님과 구속주 하나님, 심판주와 자비의 주, 정의의 하나님과 사랑의 하나님, 초월적인 하나님과 예수 그리스도 안의 하나님 등으로 대비

---

35) *Ibid.*, 124 이하.

되는 양상들 사이의 거리 혹은 대립성이 중요하다는 것이다. 하나님은 언제나 그 거리를 가지고 인간에게 참여한다. 그리고 그 거리가 인간으로 하여금 자신의 실존을 전개하고 펼쳐나가도록 한다. 즉 하나님은 거리 혹은 대립성을 가지고 있기 때문에, 그 하나님 앞에 선 인간은 두려워하기도 하고, 안심하기도 하고, 그 앞에서 자신을 부정하기도 하고 긍정하기도 하고, 비관적이 되기도 하고 낙관적이 되기도 한다. 인간은 언제나 그런 긴장 속에서 어떻게 응답하고 선택하고 사느냐에 따라서 그 실존이 달라지고 삶이 성격지어진다.

칼뱅에게 인간은 항상 그런 하나님 앞에 선 인간이다. 그래서 칼뱅의 인간학을 구성하는 가장 근본적인 구조는 그 양극적 하나님 앞에 선 인간이고, 그 양극 사이의 거리를 가지고 인간에게 다가와서 항상 어느 한 쪽에 치우치거나 안주하려는 인간을 날마다 뒤흔들며 깨우는 하나님과의 관계 속에 있는 인간, 그리고 언제나 그 하나님 앞에서 삶의 고비 고비마다 그 하나님을 받아들이거나 혹은 거부하는 인간이다.[36]

둘째는, 첫째와도 연관되지만, 엔젤이 칼뱅 신학에서 아주 특징적으로 나타나는 하나님과 인간 사이의 역설적 혹은 변증법적 관계를 이해하지 못했다는 점이다.[37] 예를 들어, 칼뱅의 죄론을 저자는 잘 모르거나 최소한 그 심각성에 대한 이해가 부족하다. 칼뱅에게서 죄는 인간에게 너무나 깊게 뿌리 내린 나머지, 인간 스스로 해결할 수 없고, 어떤 방식으로도 근절될 수 없다. 오직 신앙으로써만 죄가 용서될 수 있을 뿐이고, 그래서 용서받은 죄인은 의인으로 인정되는 것이지 죄인이 아닌 것이 아니다. 그리스도인들이 의롭다고 하지만 여전히 자기중심적인 죄인이고, 실제로도 죄를 짓고 있다.

그래서 칼뱅에게 인간이란 언제나 자기중심적 욕망과 교만에 빠져 들어가는 자신과 자기를 버리고 절대 타자인 하나님을 받아들이려는 자신 사

---

[36] 제2장 "칼뱅의 인간학적 원리" 참조.
[37] 칼뱅 신학에서 역설 또는 변증법에 관해서는 『칼뱅의 신과 세계』, 44-49.

이에서 끊임없이 갈등하고 투쟁하는 인간이다. 죄인으로서의 자신을 버리라고 요청하며 다가오는 하나님의 개입 앞에서, 인간은 자신의 죄와 무능을 깨닫고 자신에 대해 절망하게 된다. 그런 죄인을 구속주 예수 그리스도의 공로로써 용서하고 자녀로 받아들이는 분은 하나님이다. 그럼에도 불구하고 죄인은 죄의 권세를 완전히 벗어나지 못하기 때문에 언제나 하나님의 값없는 자비에 의존해야 한다. 즉 죄인은 자신의 능력이나 자질이나 공로로써가 아니라 성령의 특별한 역사인 신앙으로써 구원된다. 그 하나님 앞에서 죄인이 자신의 죄를 더 깊이 깨달을수록 그는 의롭게 되고, 반대로 자신에 집착할수록 하나님의 구원의 은혜에서 멀어진다. 칼뱅 인간학에서 하나님과 인간 사이의 그런 역설적 또는 변증법적 관계가 가장 중요한 점이다.

그런데 엔젤은 그런 관계를 모순으로 잘못 생각했다. 그 오류는 그의 연구 처음부터, 즉 칼뱅 연구사에서 두드러졌던 신중심주의를 인간중심주의와 반대된 것으로 제시했던 출발점에서부터 드러난다. 물론 신중심주의의 어떤 잘못된 형태들이 있는 것도 사실이다. 그것들은 칼뱅의 하나님을 변덕스럽고 폭군적인 존재, 그래서 인간의 주체를 압살하는 존재로 그려냈다. 그런 잘못된 신중심주의는 인간중심주의와 반대되는 것도 사실이다.

그러나 칼뱅에게 나타나는 신중심주의는 그런 것이 아니다. 칼뱅에게서 신중심은 인간중심을 배제하지 않는다. 칼뱅의 인간중심주의도 마찬가지이다. 칼뱅이 인간중심사상을 펼쳤다고 해도 신중심을 배제한 것이 아니다. 칼뱅에게서 신중심은 역설적으로 인간중심이며, 인간중심은 또 신중심이다.[38] 칼뱅에게서 인간은 하나님을 알고 믿을 때 자유롭고 진정한 존재가 된다. 인간은 하나님을 주로 섬기고 그분에게 영광을 돌리면서, 충만한 자신감과 적극성을 가지고 자신을 구현하며 동시에 사회에 참여해서 새로운 역사를 창조해나간다. 그처럼 신중심주의는 인간의 자유와 주체, 자기

---

38) *Ibid.*, 387-394.

실현의 신비를 포함하고 있다. 진정한 신중심이 되어야 비로소 인간에 대해 낙관할 수 있는 이유도 거기에 있다. 그러므로 칼뱅에게는 신과 인간이, 신중심과 인간중심이 모순적이 아니라 역설적이며 변증법적이다. 그래서 칼뱅의 신학이나 인간학 또는 어떤 주제들을 연구할 때, 그의 사상이 가지는 역설이나 변증법의 성격을 깊이 있게 파악해야 한다는 것이다.

IV. 어떤 자료를 볼 것인가?

칼뱅은 인간에 관해 그의 저술 곳곳에 말하고 있다. 그래서 그의 인간을 이해하기 위해서는 그의 저서들 전부를 열람할 수밖에 없다. 그것은 지난한 작업이다. 우선은 방대한 분량 때문이다. 여러 판의 『기독교 강요』들, 신구약의 대부분을 설명한 성서주석들, 또한 3,000편에 이르는 설교문들, 서간문들, 또한 신학논문들은 그 부피와 분량에서 연구자들을 압도한다. 더군다나 그의 저서들은 우리말로 번역되지 않은 부분들이 많고, 번역되었다 해도 전문적 연구를 위해 사용될 수 있을 만큼의 수준을 갖지 못한 경우가 많다. 그래서 칼뱅의 원서가 쓰여진 16세기 프랑스어와 라틴어 해독능력이 필요하고, 그렇지 않으면 영어나 독일어 번역본들과 (또는 우리말 역본과도) 비교해가며 볼 수 있어야 한다. 그런 점들이 칼뱅 연구를 어렵게 하는 요인이 된다.

그래도 역시 칼뱅의 저서들에 대한 직접적인 강독을 피할 수 없다. 그의 저술을 읽지 않고 그의 사상을 아는 것이 불가능하기 때문이다. 칼뱅의 인간 사상을 위해서도 마찬가지이다. 그가 인간을 다루었던 저술들을 가급적 많이 읽어서, 그 전체에 흐르는 사상과 또 구체적이고 개별적인 생각들을 파악하는 것이 필수적이다. 그래야 칼뱅이 인간에 대해 어떻게 생각하고 말했는지, 그가 말하고 설명했던 인간, 그것은 누구이고 어땠는지를 알 수 있고, 밝힐 수 있다. 그런 점을 전제로, 칼뱅의 인간을 알기 위해 주로 봐야 하는 그의 저술들을 소개하면 다음과 같다.

먼저 『기독교 강요』의 여러 판들이다. 주지하듯이 『기독교 강요』는 그의 사상을 비교적 체계적으로 알 수 있게 해준다. 물론 주로 교리적인 저술이지만, 그 안에는 그의 신학의 거의 대부분의 주제들이 다루어졌다. 『기독교 강요』는 1536년 바젤에서 라틴어로 초판이 발행되었는데, 그 뒤 계속적으로 증보되었다. 칼뱅은 최종판을 1559년 라틴어로 제네바에서 출간했고, 그 이듬해 최종판의 프랑스어판을 간행하는 것으로 끝마쳤다. 최종판은 현재 우리가 보고 있듯이 전체 4권으로 구성되었다.

이 연구는 프랑스어 최종판을 주로 사용한다. 이 최종판으로서, 스트라스부르대학교의 장 다니엘 브느와가 펴낸 판은 방대한 주와 색인을 가지고 있고, 초판 이후 계속 증보되어가는 과정을 잘 보여줌으로써, 학문적이고 전문가적인 연구에 많은 도움을 준다. 또한 몽펠리에신학대학의 장 카디에가 편집한 판은 16세기 프랑스 고어를 현대어로 고쳐서 펴냄으로써 현대인들이 읽기 쉽게 해주었다는 특징을 가진다. 반면에 색인이나 주해는 꼭 필요한 것들 외에는 절제되어 있어서 학문적이기보다는 대중적인 판이라고 해야 할 것이다. 나는 과거 박사논문을 쓰면서는 브느와판을 사용했으나, 귀국한 뒤 한국어 연구를 위해서는 필요한 경우 외에는 거의 카디에 판을 사용하고 있다. 물론 『기독교 강의』 최종판 이외에도, 초판이나 재판 등을 봐야 할 경우에는 또 그것들을 열람하고 인용하기도 할 것이다.[39]

『기독교 강요』 최종판에서 칼뱅은 창조 속에서의 인간을 제 1권 15장에서 다루었다. 그리고 인간의 타락과 죄, 구원에 있어서의 무능 등은 2권 처음 다섯 장에 걸쳐서 다루었다. 또한 인간의 구속은 제 2권 마지막 여섯 장인 12-17장에서 그가 그리스도론을 서술하면서 함께 다루었다. 칼뱅은 성령론과 관계된 제 3권에서도 19개의 장에 걸쳐 중생과 자기부정, 칭의,

---

39) 『기독교 강요』 초판과 이후의 주요 판들은 *Opera*, I-II. 그리고 1539년판의 프랑스어판인 1541년판은 *Institution*(1541).

그리스도인의 자유 등 여러 주제들을 설명했다. 그리고 같은 책 9장 "내생에 대한 명상" 그리고 25장 "최후의 부활"에서 인간의 종말을 다루었다. 그런 주제들은 물론 인간에 관한 것들이지만, 성령론이나 종말론의 범주 안에서 다뤄지는 것이 더 적절하다.

『기독교 강요』 외에, 칼뱅은 몇몇 교리적 저술들을 남겼는데, 그것들 중 특히 *Psychopannychia*(영혼의 불면)가 우리 연구를 위해서 중요하다. 이 책에서 칼뱅은 인간의 죽음 이후를 다루었는데, 특히 인간의 영혼의 성격을 잘 보여준다. 이 책은 1534년 라틴어로 기록되었다가 1558년에 프랑스어로 번역되었으며, 내가 사용하는 판은 1842년에 그의 몇몇 프랑스어 저술들과 함께 편집되어 출간된 판이다.[40] 또한 칼뱅의 성서주석들이 있다. 주지하듯이 칼뱅은 제네바에서 많은 제자들과 학생들, 청중들을 상대로 성경을 강의했다. 그의 강의는 전부 속기되어서 출간되었는데, 그것이 바로 칼뱅의 성서주석이다. 그의 주석으로서는 아가서나 지혜문학, 요한계시록 등을 제외하고서 대부분의 성경이 남아 있다.[41]

칼뱅의 설교들 역시 빼놓을 수 없는 자료들이다. 칼뱅의 설교들은 3,000편에 이르는 매우 방대한 분량으로서 그의 전체 저술의 거의 3분의 1을 차지하고 있다. 더군다나 그의 설교들은 교리서들이 가지기 어려운 매우 현실적이고 생생한 칼뱅의 목소리를 들려준다. 그것은 그가 강단에서 당시 제네바인들을 대상으로 한 실제 설교들이다. 그의 설교들은 속기사들

---

40) *Oeuvres françaises de J. Calvin*, éd. par Jacob P.-L.(Paris: Charles Gosselin, 1842).

41) 프랑스어로 편집된 칼뱅의 성서주석들은 다음과 같다. *Commentaires de Jehen Calvin sur le Livre des Pseaumes*, 2 vols.(Paris: Meyrueis et Compagnie, 1859). *Commentaires sur le Nouveau Testament*, 4 vols.(Toulouse: Société des Livres Religieux, 1892-1894). *Commentaires Biblique; Le Livre de la Genèse*(Genève: Labor et Fides, 1961) 등. *Commentaires de Jean Calvin sur le Nouveau Testament*, 3 vols., éd. par Réveillaud M. etc.(Genève: Labor et Fides, 1960-1968).

이 기록했다가 칼뱅의 검토를 거쳐 출간한 책이거나, 혹은 미간행 원고로 남아 있는 것들이다. 칼뱅은 설교에서 하나님, 예수 그리스도, 성령, 교회 등을 말하면서, 혹은 신자들의 삶의 여러 주제들을 말하면서 인간에 관한 그의 사상을 피력했으므로, 설교를 많이 읽을수록 그의 인간학을 풍부하고도 생생하게 이해하고 또 구성할 수 있다. 그리고 서신들, 교리문답서들, 교회법령 등 여러 자료들도 참고할 수 있다. 그런 모든 저술들은 59권으로 편집된 칼뱅총서(*Opera*)에 수록되어 있으며, 또한 일부 중요한 저술들은 그 총서 밖에서 다시 출간되어서, 현대 독자들이 쉽게 접근할 수 있게 해준다. 칼뱅총서에 담지 못한 미간행 설교들은 세계개혁교회연맹의 기획으로 프랑스와 독일, 영미 등의 학자들이 참여해서 현재까지도 계속 편찬해내고 있다.[42]

---

42) *Supplementa*.

제2장

칼뱅의 인간학적 원리
신의 초월과 임재의 변증법적 긴장 속의 인간[1]

그 프랑스인 종교개혁자 칼뱅은 인간에 관해 무엇을 생각하며, 무엇을 말할까? 질문은 간단하지만 대답은 그렇지 않다.

먼저 칼뱅에 따른 인간은 언제나 하나님 앞에 있는 인간, 긍정적이든 부정적이든 하나님과의 관계 속에 있는 인간이다. 그래서 인간을 알기 위해서는 먼저 그 배경이 되는 하나님을 이해해야 한다. 좀 더 구체적으로 말하면, 칼뱅의 하나님의 특성을 알고, 그 하나님이 어떤 방식으로 인간에게 다가오며, 인간은 거기에 대해 어떤 식으로 반응하고 응답하는지를 파악하면, 인간의 존재와 그 특성, 삶과 미래, 운명을 이해할 수 있게 된다. 그것은 칼뱅의 인간을 가장 기본적이고도 핵심적으로 이해하는 방법이기도 하다. 즉 칼뱅의 인간을 그가 말하는 신-인 관계 속에서 구조적으로 또는 원리적으로 파악한다는 것이다. 구속사가 칼뱅이 인간을 말하는 구도(plan) 혹은 순서(order)라면, 그것은 칼뱅의 인간 사상의 내적인 원리(principle) 또는 구조(structure)라고 할 수 있다. 그래서 이 장에서는 칼뱅의 인간 이

---

1) *L'Anthropologie* 중 칼뱅의 인간학적 원리를 중심으로 한 발표, 이오갑, "*Deus maiestatis*와 *Deus nobiscum* 사이의 양극긴장 속에 있는 인간", 「신학논총」 2집 (연세대 한국기독교문화연구소, 1996)을 재정리한 것이다.

해를 그 내적 원리와 구조를 중심으로 살펴본다.

I. 칼뱅의 변증법적 하나님

칼뱅의 인간은 신 앞에 선, 신과의 관계 속에 있는 인간이다. 그런데 칼뱅의 신은 복합적인 양상을 갖는다. 그 하나님은 먼저, 지고하고 절대적인 하나님이다. 칼뱅은 하나님의 주권(Souveraineté)을 매우 강조한다. 그는 전 우주의 창조자이며, 그만이 창조된 세계를 최종점을 향하여 이끌고 간다. 칼뱅 신학 속에는 "하나님과 창조된 세계 사이의 질적 차이 말고는 거기에 어떤 일치성이나 상응점을 찾아볼 수 없다." 그 "질적 차이", 그 "거리"(distance)는 칼뱅의 신학을 특징짓고, 그리고 그의 모든 교리들의 밑바탕에 놓여 있다.[2]

그러나 칼뱅에게 있어서, 그 "지고한 하나님"은 언제나 그의 계시 속에서 알려지고, 포착된다. 계시의, 또는 구원사역의 정점에서 그 자신이 예수 그리스도가 되었고, 그를 통해 인간에게 결정적으로, 그리고 완전히 계시했고, 또 자신을 내어주었다. 그래서 칼뱅은 예수 그리스도 밖에 있는 하나님을 조금도 탐구하지 않는다. 그러므로 칼뱅의 신은, 한편으로는 하나님의 주권과 존엄과 초월과 불가역성들을 포함하고, 다른 한편으로는 그의 참여와 임재와 성육신과 자기부정들을 포함한다. 즉 칼뱅에게서 하나님은 '초월'과 '임재'라는 두 극을 갖는다.

칼뱅 자신의 저술들 중에서, 초월과 임재라는 양극적 신의 양상이 가장 잘 나타나는 곳은 그의 1536년『기독교 강요』의 초판 제 2장의 한 본문이다. 더 나가서 칼뱅은 그 본문에서 하나님의 상반된 그런 모습들을 가장

---

2) P. Gisel, *Le Christ de Calvin* (Paris : Desclée, 1992). 이 책의 기본 관점과 칼뱅 신학에 전체에 깔려 있는 그 "거리"에 관해서 참고. 이오갑, "최근 불어권 스위스에서의 칼뱅연구",「神學硏究」34집(1993년), 229-238.

전형적인 용어들로써 표현하는데, 그것은 *maiestas ipsa Dei*(하나님의 존엄)와 *Deus nobiscum*(우리 안에 계신 하나님)이다. 그는 말한다.

"만일 하나님의 존엄 자체(*maiestas ipsa Dei*)가 우리에게 내려오지 않았더라면 모든 것이 절망적이었을 뿐, 그러므로 어떤 해결책도 남아 있지 않았을 것이다. 왜냐하면 그는 우리가 그 존엄에까지 올라갈 수 있는 능력 안에 계시지 않기 때문이다. 그러므로 하나님의 아들이 우리에게서 우리와 함께 계신 하나님(*Deus nobiscum*)이라는 뜻인 임마누엘이 되어야 했던 것이다."[3] 이 본문의 라틴어 원본에 나오는 *Deus nobiscum*, 즉 "우리와 함께 계시는 하나님, 임마누엘"은 칼뱅의 하나님에 있어서 참여적이고, 내재적이며, 성육신한 하나님이라는 면을 표상한다. 그리고 본문의 "하나님의 존엄 자체"(*maiestas ipsa Dei*)는 지고하고, 존엄하며, 초월적인 하나님을 표현해준다. 그리고 그 두 용어는 이 연구 속에서 칼뱅의 하나님의 양극적 모습을 표현하는 대표적인 것들이라고 할 수 있다. 나는 칼뱅 하나님의 양극성을 표현하기 위해 과거 박사학위 논문에서 이 두 용어를 선택해서 사용한 바 있다. 그러나 결국 그것은 칼뱅 하나님의 초월과 임재, 자유와 참여, 루터적인 용어로 숨어 있는 하나님(*Deus absconditus*)과 계시된 하나님(*Deus revelatus*)을 표상하는 말과 다르지 않다고 할 수 있다.

II. 변증법적 하나님이 유발하는 긴장

초월과 임재의 동시적 공존으로 표현되는 변증법적 하나님은 그 자체로서도 의미가 있지만, 특히 인간과의 관계에서 독특한 성격을 가지고 있다. 그것은 하나님은 그 두 극을 가진 존재로서 인간들에게 현현함으로써 긴장을 유발한다는 점이다. 하나님은 인간들에게 언제나 나타나며 숨고,

---

3) *Opera*, I, 65.

말씀하며 침묵하고, 다가왔다가 물러난다. 하나님은 언제나 그런 방식으로 자신을 계시함으로써, 인간을 긴장의 상태 속으로 빠트린다. 인간은 그 하나님 앞에서, 하나님을 알면서도 여전히 모르고, 임재를 체험하면서도 부재를 느끼고, 안심하면서도 불안하다. 즉 인간은 그 하나님 앞에서 완전한 평화나 완전한 안정이나 완전한 앎을 얻지 못한다. 그래서 인간은 하나님 앞에서 항상 긴장하고 불편하고 안심할 수 없다.

실상 하나님은 인간에게 구원에 있어서 필요하고, 유익하고, 알아야 할 모든 것을 알게 하신다. 그러나 인간이 다 알았다고, 다 되었다고 생각한 순간, 즉 인간이 자신의 이해와 체험에서 안정을 구하는 순간, 하나님은 그를 벗어나면서, 즉 그의 이해를 초월하면서, '아니오'를 말하면서 다시금 그를 흔들어 놓는다. 그러므로 그런 하나님 앞에 서 있는 인간은 긴장 속에 있는 인간이다. 인간은 그 긴장 속에서 어떻게 반응하느냐에 따라 그의 실존이 죄인의 것인지, 아니면 구속된 자의 것인지 판명된다. 칼뱅에 따른 인간은 바로 그런 변증법적 양극 긴장 속에 있는 인간이다.

III. 타자들의 관계 속에 있는 인간 – 선행하는 신인관계

그렇다면 칼뱅의 인간은 단지 하나님과의 관계 속에만 있는 인간일까? 칼뱅에게는 인간이 다른 인간들과 자연과 같은 다른 피조물들과 맺는 수평적 관계는 도외시했을까? 그런 의문을 품을 수 있다. 그래서 하나님 앞에서의 인간의 문제를 본격적으로 들어가기 앞서 먼저 그런 의문들, 또는 오해들을 풀 필요가 있다.

간단히 말하면, 칼뱅에게서 인간은 단지 하나님과의 관계만이 중요한 것은 아니었다. 인간은 다른 이웃들과 맺는 관계, 심지어는 자연 속의 하찮은 피조물 하나와도 맺는 관계가 다 아름답고 소중했다. 요컨대 칼뱅에게는 인간이 그의 환경, 즉 하나님이나 자연, 사회, 교회, 또는 다른 사람들과 분리된 존재로서 나타나지 않는다. 인간은 언제나 그들과의 관계 속에 있다. 그는 창조주 하나님에 의해 창조되었으며, 모든 다른 피조물들과 함께 더불어 살도록 운명지어졌다.[4] 즉 칼뱅의 인간은 창조주 하나님을 비롯한 수많은 피조물들, 타 존재들과 관계를 맺으면서, 그 관계망 안에서 살아가는 존재이다.

그런데 칼뱅에게서는 그 관계들이 다 필요하고 중요하지만, 그런 모든 관계들 중에서 가장 근본적이고, 모든 다른 관계들에 선행하는 것이 바로 인간이 하나님과 맺는 관계이다. 칼뱅은 무엇보다 먼저 하나님과의 관계를 우선으로, 그리고 궁극적인 것으로 고려한다. 모든 다른 존재자들의 창조주이며 초석을 놓은 하나님이 없이, 그들과 진실한 관계 속에서 살아간다는 것은 가능하지 않으며, 또한 그 다른 존재자들 없이 하나님에게 나아가는 것도 가능하지 않다. 이런 관점에서 볼 때, 다른 피조물들과의 관계는 하나님과의 관계로 이어지는 통로이며, 또는 하나님과의 관계를 반영해주는 구체적인 표현이기도 하다.[5]

인간이 만일 하나님과 올바른 관계 속에 산다면, 하나님을 사랑하고, 듣고, 따르는 거기에서, 그는 또한 다른 피조물들과 잘 화합한다. 이 점에서 칼뱅은 그 관계를 먼저 밝혀보고자 노력한다. 아마도 그것이 넓게 보아서 그의 신학의 주요관심이자 대요(大要)이다. 그래서 칼뱅에 따른 인간은 기본적으로 또 우선적으로 하나님 앞에 서 있는, 즉 하나님과의 관계 속에 있는 인간이며, 다른 피조물들과의 관계는 하나님과의 관계에 뒤따라오고, 또 그 관계를 반영해주는 것이다. 그래서 하나님과의 관계의 성격을 밝히면 다른 관계들도 쉽게 이해된다.

---

4) 이오갑, "칼빈의 자연사상", 「기독교사상」 412~413호(1993년 4월, 5월) 참고.
5) 6ème sermon sur le ch. 4 du Deutéronome, *Opera*, XXVI, 162.

IV. 신인관계의 방식
― '접근과 도망의 끝나지 않는 놀이'

칼뱅에게서 인간과 하나님의 관계는 단순하지 않다. 칼뱅이 다음과 같이 말했을 때, 그 관계는 "접근과 도망이라는 끝나지 않는 놀이"처럼 보인다. "사람들은 자연적으로 하나님을 찾게끔 기울어져 있습니다. 왜냐하면 그들은 그가 없이는 길 잃은 사람들처럼 된다는 사실을 알고 있기 때문입니다. 그러나 하나님이 자신을 드러내면 그들은 물러선 다음, 도망갑니다."[6] "그러나 하나님이 우리를 모으기를 원할 때는, 우리는 다가가는 대신에 물러섭니다. 우리는 목자의 휘파람소리를 듣자마자 풀밭으로 달려 나가는 양들과 같아야 하지만, 오히려 마치 사나운 야생동물들과 같습니다."[7]

칼뱅에 따르면 인간은 본성적으로 하나님을 향해 나아갈 수 있고, 또 그러기를 원한다. 그러나 그는 순수함과 의로움 가운데 계시는 하나님을 견딜 수 없다. 그것은 인간이 죄인이고,[8] 또는 야만적이기[9] 때문이다. 그래서 그는 도망간다. 그러나 인간은 하나님의 부재를 견디지 못하기 때문에, 하나님에게 다시 다가가고, 그러고 나서는 다시 도망간다. 만일 인간을 그 과정으로부터 끄집어내는 기회가 생기지 않는다면 그것은 끝없이 반복된다.

왜 그럴까? 하나님은 인간과 완전히 다르기 때문이다. 즉 초월적 하나님이라는 것이다. 칼뱅에게 하나님은 인간을 무한히 능가하는 분으로 나타난다. 그의 존엄은 "사람들이 거기에 도달하기에는 너무 높다."[10] 그는 존

---

6) 57ème sermon sur l'Harmonie évangéllique, *Opera*, XLVI, 717.
7) 9ème sermon sur le livre de Michée, *Supplementa*, V, 73.
8) 5ème sermon sur l'Harmonie évangélique, *Opera*, XLVI, 718.
9) 9ème sermon sur le livre de Michée, *Supplementa*, V, 73.
10) *Institution*, II, 6/4.

엄하고, 지고하고, 그리고 "모든 것의 위에"[11] 존재한다. 그러므로 그는 인간이 다가갈 수 없고, 이해할 수 없다.[12]

칼뱅은 그런 존엄은 인간에게는 없다고 본다. 타락 이전의 인간들조차도 그렇게 존엄하지 않고, 지고하지 않고, 무한하지 않아서, 언제나 자신 안에서 하나의 한계와 유한성을 갖는다. 그래서 인간은 자신 안에 하나의 결핍(manque)을 가지고 있고, 언제나 그것에 의해 점유되어 있다. 그는 결핍을 채워야 한다. 자기 안의 결핍은 자기로부터는 채울 수 없다. 그는 그것을 밖으로부터, 즉 초월적인 존재로부터만 채울 수 있다. "사람들은 자연적으로 하나님을 찾도록 기울어져 있다"[13]는 칼뱅의 말도 그런 맥락에서 이해될 수 있다.

V. 신인관계의 두 가지 기본성격

칼뱅에게서 하나님의 우월성 또는 불가해성은 하나님과 인간의 관계의 성격을 결정하는 기본적 요소이다. 다시 말해서, 하나님의 초월 또는 이타성(alterité)이 관계를 성격짓는다. 그 성격은 다음의 두 가지 점으로 설명된다.

첫째로, 주도권을 가지고 관계를 만드는 분은 언제나 하나님이다. 그는 인간이 다가갈 수 없는 곳에 있지만, 또는 인간에게 이해될 수 없지만, 그러나 그 자신이 인간에게 내려와서 인간이 그에게 다가갈 수 있게 되고 이해할 수 있게 된다. 칼뱅은 그 점을 이렇게 확신했다. "하나님은 우리에게까지 내려옵니다. 그러나 그것은 그분의 의도에서이지, 우리 마음대로가 아닙니다. 우리가 그에게 다가갈 수 없으므로, 그가 자기를 낮추어야 합니다."[14]

---

11) *Institution*, I, 14/5.
12) 9ème sermon sur le ch. 4 du Deutéronome, *Opera*, XXVI, 202-203.
13) 57ème sermon sur l'Harmonie évangéllique, *Opera*, XLVI, 717.

칼뱅에 따르면 하나님은 창조를 통해서,[15] 역사를 통해서,[16] 말씀과 성서를 통해서[17] 자신을 계시한다. 그런 계시사건들의 최고도에서, 그는 인간이 된다. 칼뱅의 독특한 표현을 빌리면 "그는 우리의 살과 본성을 입으셨다." 예수 그리스도 안에서, 하나님은 완전히 인간 가운데 있고, 그래서 말하자면 우리 안에 계신 하나님, 임재하시는 하나님이다. 칼뱅은 이렇게 말한다. "하나님이 자신을 우리에게 알리고 싶어 하셨는데 바로 그를 통해서입니다. 우리가 하나님 아닌 데서 우리의 생명을 찾으려고 합니까? 그런데 신성의 충만함이 우리 주 예수 그리스도 안에 있습니다."[18] 그러므로 하나님 자신이 낮아지고 자기를 계시하는 방식으로 인간과의 관계를 창조했다. 사람들은 그 관계 속에서 하나님이 세운 중재물을 통해 그를 보고, 성찰하고, 만질 수 있다. 그렇게 관계를 창조하는 하나님은 은혜의 하나님이고, 그 관계 역시 인간의 측면에서는 은혜로써만 이해된다.

둘째로, 칼뱅에 따르면, 하나님이 계시에 의해서든, 성육에 의해서든 인간과의 관계 속으로 들어오지만 거기에 제한되지는 않는다. 물론 그는 인간이 자신의 구원을 위해 알아야 하고, 알 수 있는 모든 것을 계시한다. 그러나 그는 사람들이 자신의 본질을 포착하는 것은 허락하지 않는다. 계시에도 불구하고 본질은 언제나 숨겨지고, 사람들에게 이해될 수 없는 것으로 남아 있다. 더 정확히 말하자면, 계시되는 것은 하나님의 본질이 아니라 그의 영광의 표시(marque)나 신호(signe)이다. 그는 말한다. "그의 존엄이 우리의 모든 감각으로부터 멀리 숨겨 있으므로 그의 본질은 불가해하다. 그러나 그는 자신의 모든 작품들 속에 자신의 영광의 표시들을 확실하

---

14) 5ème sermon sur le ch. 4 du Deutéronome, *ibid*., 152.
15) *Institution*, I, 5/1.
16) 그는 또한, 비록 *Ibid*., 5/7, 8에 국한되기는 하지만, 역사 속에서의 계시를 인정한다.
17) 1er sermon sur le ch. 33 du Deutéronome, *Opera*, XXIX, 111. 그리고 *Institution*, I, 6/1 등
18) Sermon de la nativité de Iesus Christ, *Opera*, XLVI, 962.

게, 게다가 아주 명백하고, 고상하게 새겨놓았다."[19] 여기서 드러나는 것은 하나님과, 그가 그것들을 통해 자신의 뛰어남을 계시하는 중재물 사이의 '거리'이다. 즉 자연이나 역사나 기록 등과 같은 중재물들은 계시자를 보여주지만 계시자 자신은 아니다.

하나님이 그를 통해, 그 안에서 자신을 완전하게 나타내신 예수 그리스도에게서도 역시 마찬가지이다. 칼뱅은 예수 그리스도가 하나님의 의지뿐만 아니라 또한 그의 본질 자체를 계시한다는 사실을 조금도 의심하지 않았다. 왜냐하면 예수 그리스도는 "영원 전부터 영원한 하나님이며",[20] 또는 "그의 아버지와 같은 하나의 본질이기"[21] 때문이다. 그러나 예수 그리스도가 하나님 아버지와 같은 본질을 가진 계시자이지만, 그를 아버지와 동일시할 수 없다. 이 의미에서 예수 그리스도조차도 하나님이 아니라, "하나님의 매우 완전한 형상"(image très parfaite de Dieu)[22]이거나, 또는 "하나님이 그의 선함의 무한한 보고를 거기서 명시하며",[23] "우리가 거기서 하나님을 성찰하는"[24] "거울"이다. 우리는 거기서 또한 하나님 자신과 계시자 사이의 거리를 본다. 다시 말해서, 계시하는 자(le Révélateur) 자신이 '계시되는 자'(le révélé)가 되지만, 그러나 후자는 전자가 아니다. 그래서 사람들은 하나님을 예수 그리스도 안에 가두거나 잡아넣어서는 안 된다. 그러므로 주목해야 하는 것은, 하나님과 그의 작품들 사이에 언제나 구별이, 즉 거리가 개입된다는 점이다.

---

19) *Institution*, I, 5/1.
20) 18eme sermon sur le livre de Michee, *Supplementa*, V, 154.
21) *Commentaire*, Jean. 1:1, 참고. 1:14.
22) *Institution*, I, 15/4 ets.
23) "Congrégation sur élection éternelle," *Homme d'Eglise, oeuvres choisies* (Paris/Genève: "je sers"/ Labor, 1936), 85-86.
24) *Institution*, III, 2/1 etc.

VI. 관계의 특징이 인간에게 요청하는 것

그와 같이 하나님이 관계를 창조하고 거기에 자리 잡을 때, 사람들은 그를 알고 그와의 관계 속으로 들어간다. 그런데 그 관계의 특징을 고려할 때, 사람들에게 요청되는 것이 있다. 그것 역시 다음의 두 가지로 나타난다.

첫째, 사람들은 하나님을 그의 접근, 즉 그 관계 속에 가두거나 제한해서는 안 된다는 것이다. 다시 말해서, 인간은 하나님을 자신의 처분권(disponibilité) 속에 놓아서는 안 된다. 종교개혁자는 그를 처분권 가운데 놓는 것을 '가진다'(avoir)라는 동사를 써서 표현한다.[25] 만일 사람들이 하나님을 가둔다면, 그는 더는 하나님이 아니다. 왜냐하면 그는 그의 작품들 속에서 나타나지만, 그것을 넘어서는 분이기 때문이다. 그러므로 그들은 하나님을 '가질' 수 없다. 다시 말해서, 만일 그들이 하나님을 '가진다'면, 그것은 거짓 하나님(non-dieu)이나, 또는 가짜 하나님(faux dieu)일 뿐, 그 이상이 아니다.

그렇게 볼 때, 사람들이 하나님을 그의 접근 속에 가두어 놓으려고 한다면, 하나님은 그들을 다시 벗어난다. 그래서 하나님은 초월적이 된다. 칼뱅은 말했다. "우리가 그가 명하신 것 이상으로 탐색해 나갈 때, 하나님은 반대로 우리로부터 멀어집니다."[26] 그래서 사람들은 하나님을 처분할 수 없고, '가질' 수도 없다. 하나님이 창조하는 관계는 인간에게 그 점을 요청한다.

둘째로, 그 관계는 인간에게 관계 속에 나타나고 드러난 바에 따라서 하나님을 알고, 이해하고, 존중하라는 것이다. 인간이 하나님과의 관계 속에 살면서 올바르게 그를 알려고 한다면, 그들은 그를 있는 그대로 존중해

---

25) *Institution*, I, 12/3. II, 8/29 등.
26) 4ème sermon sur le ch. 4 du Deutéronome, *Opera*, XXVI, 140.

야 하고, 그 자체대로 그를 이해해야 한다. 그러므로 하나님을 '가지는' 것은 그를 '가지지' 않는 데 있고, '처분하는' 것은 처분하기를 거절하며 그의 자유를 인정하는 데 있다. "그래서 우리가 유일한 한 하나님을 가지기를 원한다면, 그의 영광을 조금이라도 제거해서는 안 되며, 그에게 속하는 모든 것이 오직 그에게 있어야 한다는 사실을 기억하자."[27]

그것은 사람들은 하나님이 다가올 때, 그의 접근 속에서, 즉 그의 참여와 그의 말씀에 따라서 그를 이해하고 따른다는 사실을 의미한다. 다시 말해서, 우리와의 관계 속에서 활동하는 하나님을 있는 그대로 받아들이는 것이다. 그것이 바로 칼뱅이 말하는 '겸비'(humilité)이고 '복종'(obéissance)이다. "하나님이 하는 모든 것에 있어서 바르고 옳다는 영예를 그분에게 돌립시다. 우리의 환상(fantasie)에 따르면, 우리에게 이상하게 보이는 것일지라도, 또는 우리가 거기에 반박할 수 있다고 생각될지라도 혈기가 일어나는 것을 삼갑시다. 그리고 하나님의 존엄 앞에서 겸비합시다. 우리가 그를 찬양하는 것은 그의 모든 작품들 가운데서입니다. 그의 작품들이 우리의 평가에 부합되지 않아도, 그렇게 하는 것이 참된 신앙의 복종입니다."[28]

VII. 인간의 두 가지 오류: 우상 숭배와 미신

그런 논의와 관계해서 나타나는 인간의 오류, 또는 죄의 행태 또한 두 가지이다.

그것은 첫째로, 하나님의 접근, 즉 임재만을 집착하는 것이다. 다시 말해서 하나님의 임재를 벗어나는 초월이나, 자유나, 존엄, 불가역성을 인정하지 않는 것이다.

---

27) *Institution*, I, 12/3.
28) 45ème sermon sur le chapitre 2 du Deutéronome, *Opera*, XXVI, 45.

앞에서 보았듯이, 지고한 하나님은 세상과 사람들을 창조하고, 그들과의 관계 속으로 들어간다. 그는 이 관계 속에서 더는 멀리 있는 하나님이 아니다. 그는 그의 작품들을 중재로 그들에게 자신을 보여준다. 그는 사람들에게 말씀하고, 그리고 자신이 직접 인간이 되었다. 그의 계시는 그들의 구원에 있어서 "유익하고", "효과적이고", 그리고 "충분하다."[29] 그럼에도 불구하고 칼뱅에 따르면, 죄인들은 그 같은 하나님의 접근을 기뻐하고 즐기는 대신에, 그를 그의 작품들 속에 가둔다. 그것을 칼뱅은 "혼동"(confusion)으로 보며, 현실적으로는 우상 숭배(idolâtrie)로 나타난다고 보았다.[30]

그러나 하나님은 사물들 속에 가두어지는 분이 아니므로, 그들이 그를 가두고자 노력하면 할수록, 하나님은 그들로부터 더욱 멀어진다. 다르게 말해서, 하나님은 그들의 손과 생각을 언제나 다시 벗어난다. 결과적으로 그들의 노력은 하나님을 부재하게, 그리고 초월적이게 한다.

그런데 그런 죄인들은 하나님의 부재를 못 견뎌 한다는 점에서, 그들은 모든 노력을 기울여서, 모든 방법을 동원해서 그를 찾아나선다. 그러나 죄인들은 하나님의 현현 그 자체대로 그를 받아들이고, 그와의 관계 속으로 들어가지 못한다. 왜냐하면 언제나 임재하지만 초월하는 변증법적 '거리'를 가지고 다가오는 하나님, 즉 긴장과 불안을 주는 하나님을 견디지 못하기 때문이다. 그래서 두 번째 오류가 발생한다. 즉 사람들은 하나님의 현현, 하나님의 계시 그 자체를 듣고 하나님을 아는 것이 아니라, 즉 나타나는 하나님에게 겸손하게 복종해서 그와의 바른 관계에 들어가는 것이 아니라, 자기들 스스로 하나님을 상상하고, 만들어낸다는 것이다. 칼뱅에 의하면 그것이 바로 '미신'(superstititon)이다. 즉 하나님을 계시 밖에서 상상하고, 꾸며대는 것이다.[31] 그런 식으로 그들은 자신들의 입맛에 맞게, 취향에

---

[29] 이 주제에 관하여 *Stauffer*, 56.
[30] 칼뱅은 특히 가톨릭교회를 비판하면서 그 점을 많이 비판한다. 예를 들어 *Institution*, IV, 2/2, *Commentaire*, Jean. 8:35, 36 등.

맞게, 임의로 종교를 만들어낸다.

그러나 그 두 가지 인간의 오류는 현실 속에서 혼재되어 나타난다. 미신은 우상 숭배와 결합되어 있고, 우상 숭배는 미신을 구체화한다. 즉 죄인들은 하나님의 계시를 떠나 자기들 마음대로 상상하는 미신 속에 살면서, 하나님과 그의 계시를 분별없이 혼동하는 우상 숭배 가운데로 떨어지는 것이다.

미신과 우상 숭배로써, 사람들은 참된 관계의 현실 속에서 사는 것이 아니라, 자기중심적인 교만으로 세계를 지배하는 명령자로서 산다. 그들은 자신들의 유한성과 완악함과 약함과 그리고 무력함 등을 인정하지 않는다. 그들이 강하고, 중심적이고, 지고하다고 상상하면서, 그들은 점점 더 세상의 중심이고자, 점점 더 세상의 주인이고자, 자신들을 둘러싸고 있는 모든 것들을 빨아들이고 싶어 한다. 그렇게 해서 그들은 존재하는 모든 것을, 하나님까지도 지배하고 소유하고 통제한다. 그래서 그들은 모든 타 존재들을 자신들의 처분권 안에 집어넣고 살아가는 독재자들과 같이 된다. 그런 구조 속에서는, 그들은 자신들을 상대화시키는, 자신들의 노력을 헛된 것으로 만들어 놓는, 자신들에게 '아니오'(non)를 말하면서 다가오는 참된 하나님을 받아들이지 않는다. 바로 그 이유 때문에 그들은 진짜 "하나님이 자신을 드러낼 때는, 뒷걸음치다가 도망가 버리고 만다"는 것이다.

VIII. 관계에의 복종과 자기부정

칼뱅에게서 하나님은 사람들의 완악함과 약함에 자신을 적응시킨다. 요컨대 그는 그들에게 예수 그리스도로서, 성령으로서, 참된 계시에 닫혀 있는 폐쇄적인 죄인들에게 찾아가서 특별한 은총으로 그들을 열어놓는다.

---

31) 예를 들어 *Institution*, I, 5/1, III, 20/22 등.

칼뱅에 따르면, 그런 은총을 받아 구속받은 이들은 하나님과의 참된 관계 속으로 들어가는 복종이 가능하다. 그리고 그 복종은 죄된 자신의 오류와 행태, 그리고 끊임없이 죄 가운데로 충동하는 욕구들을 버림으로써 이루어 진다. 칼뱅은 그런 욕구(affection)를 '열망', '입맛', '욕망', '탐욕', '야망', '욕정', '정욕' 등으로 매우 다양하게 부른다. 거기에 어떤 의미나 뉘앙스의 차이가 있을지라도, 이 단어들은 공통적으로 현재의 상태나 소유에 전혀 만족하지 않고 끊임없이 대상을 추구해나가는 자연인들의 어떤 욕구를 의미하고 있다.[32] 그 점에서 종교개혁자는 그것들을 또한 은유로써 "만족하지 않는 아가리들"(gouffres insatiables)[33]이라고 부르기도 한다. 그 욕구는 만족할 줄 모르고, 타자를 고려할 줄 모르며, 오직 자신을 높여서 타자들을 지배하려고만 하는 자기중심적 욕구로 간주된다. 그래서 사람들이 하나님과의 옳은 관계 속에 살기 위해서는 그들의 나쁜 욕구들을 버리거나 길들여야만 한다.

칼뱅은 욕구를 길들이는 것, 즉 '복종'은 우선적으로 "우리의 본성과 우리의 의지를 포기하는 데 있다"고 말했다. 그러므로 복종은 '자기부정'과 상통한다. 만일 사람들이 자신들을 그런 식으로 버리지 않는다면, 그들은 언제나 하나님으로부터 등 돌리고 있으며, 그를 알지 못하고, 그와의 올바른 관계 속에서 살지 못하게 된다. 칼뱅은 말한다.

"우리가 우리를 떠나기를 배우기 전까지는, 선하고 올바른 것을 지향하거나 열망하지 않으려고 본성적으로 하나님으로부터 등 돌리고 있다. 그래서 그렇게 자주 그가 우리에게 옛사람을 벗어버리라고, 세상과 육신을 포기하라고, 우리의 깨달음의 정신을 새롭게 하기를 힘쓰라고 명하고 있는 것이다."[34]

"하나님이 우리 가운데서 일하시도록 우리는 완전히 쉬어야 한다. 우

---

32) 제7장 "인간의 욕망" 참고.
33) 5ème sermon sur le livre de Michée, *Supplementa*, V, 41.
34) *Institution*, III, 3/8.

리의 의지를 꺾어야 하고, 우리의 마음을 포기해야 하고, 모든 우리 육신의 욕정을 버리고, 그리고 떠나야 한다. 간단히 말해서, 우리 가운데서 일하는 하나님을 가지면서 우리의 생각으로부터 일어나는 모든 것을 멈춰야 한다."[35] 이렇게 완전히 자기욕구를 길들이고, 순화시키면서, 죄와 오류로 얼룩진 자기를 버리면서, 자기만을 향하는 욕정을 버리면서 사람들은 신과의 바른 관계 속으로 들어간다. 사람들은 그 관계 속에서 존엄한 하나님을 그의 접근 속에서 알고, 그리고 더는 그를 자신들의 필요에 따라서 가두어놓는 일을 하지 않으며, 오직 그가 그인 그대로, 그를 인정하고, 따르고, 섬긴다. 그것이 바로 인간에게 요청되는 하나님과의 관계에의 복종이다.

IX. '이중의 관점'과 관계 속에 사는 신자들의 삶

칼뱅은 초월적이며 동시에 내재적인 하나님 앞에서의 그런 인간을 "신앙과 희망, 그리고 사실과 경험이라는 이중의 관점"(double vue de foi et d'esperance, et de fait et d'experience)으로 설명하고 있다. 무슨 얘기인가? 먼저 인용해본다.

"거기에 이중의 관점이 있습니다. 즉 그것은 신앙과 희망이라는 것인데, 그 관점으로써 우리는 숨겨진 것들을 봅니다. 그는(하나님) 감추어진 것과 같습니다. 그의 얼굴을 보지 못하면서, 우리는 그가 우리로부터 멀다고 느낍니다. 그러나 우리는 그런 숨겨진 사실들을 알게 하는 신앙의 관점을 갖게 됩니다. 그런데 또 하나의 관점은 사실과 경험이라는 것입니다. 즉 하나님이 말씀들로써 약속한 것을 우리에게 보여주실 때, 그리고 그가 그것을 선포하고, 우리에게 그것을 느끼게 하실 때, 그때 우리는 신앙이나 희망에 의해서뿐만 아니라, 또한 그가 그것으로써 보여주신 바대로, 또 그가

---

35) *Institution*, II, 8/29.

모든 약속에 신실하다는 것을 우리에게 느끼게 해준 대로 그의 의로우심을 알게 됩니다."[36] 그 이중의 관점은 다음과 같이 설명될 수 있다.

먼저 '신앙의 관점'은 아직 있지 않은 것을 보는 관점이다. 그것은 지금은 있지 않지만 장차 있으리라는 믿음을 가지고, 아직 있지 않은 현재를 견딘다. 그래서 신앙의 관점은 없음(absence)을 견디게 하고 인내하게 한다. 신앙의 관점은 아직 도래하지 않은 것이 장차 도래하리라고 믿기 때문에, 그것은 희망하고 기대하게 하기도 한다. 그래서 칼뱅은 그 관점을 또한 '희망의 관점'이라고도 부른다. 그 관점으로써 사람들은 이제 하나님의 부재나 초월을 못 견뎌 하지 않으며, 오히려 현재의 부재 속에서 미래의 임재를 보면서 그를 기다린다. 이것이 바로 초월적 하나님 앞에서 사람들이 가지고 있고, 또 가져야 하는 '신앙의 관점'이다.

반면에, '사실의 관점'은 하나님의 임재와 그의 행동을 사실로서 느끼고 확인하는 관점이다. 신의 계시, 신의 임재를 느끼는 사람은 실제로, 경험으로써 하나님을 알고 확신한다. 그 이유에서 그것은 '경험의 관점'으로 표현되기도 했다. 바로 이 관점으로써 사람들은 하나님이 자신의 약속에 신실하다는 사실을 확인한다. 그래서 그들은 그렇게 신실하다고 인정된 하나님을 향한 신앙 가운데로 다시 들어가게 된다. 그러므로 '사실의 관점'은 사람들이 임재한 하나님 앞에서 가지고, 또 가져야 하는 관점이다. 그리고 그것은 신자들에게서 찬양과 예배와 그리고 감사의 생활을 불러일으킨다.

칼뱅에게서 그 두 관점은 하나도 소홀히 할 수 없는 언제나 필수적인 것들이다. 그것들은 신자들의 삶의 두 요소들을 함축한다. 신자들은 자신들이 완성에 이르기까지 늘 이 관점들을 가지고 산다. 신의 부재에 대해서, 즉 초월적인 하나님에 대해서는 신앙과 희망의 관점을 가짐으로써 그 부재를 잘 견뎌내고, 신의 임재에 대해서는 사실과 경험의 관점으로써 그분의

---

36) 27ème sermon sur le livre de Michée, *Supplementa*, V, 230.

현존을 즐거워하고 감사하고 찬양한다. 그러한 끊임없는 길에서, 신자들은 하나님을 점점 더 환하고 쉽게 알게 된다. 그것이 하나님과의 관계라는 현실 속을 살아가는 신자들의 삶이다.

X. 신학적 의의와 현재성

흔히 학자들은 칼뱅의 사상을 그의 사상적 복합성을 고려하지 않고 손쉽게 판정하는 습관을 가져왔다. 그러나 현대의 연구는 모순적이고, 때때로 대립적이기까지 한 칼뱅 신학의 양상들과, 그것들을 하나의 사상 속으로 체계화하는 통일성을 함께 규명해보려는 경향을 갖고 있다.[37]

칼뱅의 인간을 변증법적 하나님 앞에 서 있는 복합적이고 역동적인 인간으로 보는 이 연구 역시 그런 경향을 반영하고 있다. 칼뱅의 인간 사상 속에는 이율배반적이고 모순적인 것처럼 보이는 많은 요소들이 있는 것이 사실이다. 그것을 숨길 필요도 없고, 숨긴다고 해서 숨겨지지도 않는다. 그것은 그의 사상의 어떤 오류나 오점이 아니다. 문제는 그의 사상의 그런 이중성이나 복합성을 있는 그대로 보고, 그 속에서 의미를 찾는 데 있다. 더 나가서는 그렇게 모순적이며, 상반되기까지 한 다양한 그의 사상들, 표현들을 보면서, 그 안에 놓여진 근본적인 하나의 원리 또는 구조까지 파악해

---

[37] 그런 경향은 사실상 이미 에밀 두메르그에 의해 설명되었고, 실제화된 바 있다. E. 두메르그, 이오갑 역, 『칼빈사상의 성격과 구조』 특히 2부 2장. 그리고 *Doumergue*. 그러나 그 경향은 오랫동안 잊혀졌다가, 최근에 와서야 다양한 방식으로 다시 나타나고 있다. 예를 들어, E. Fuchs, *La morale selon Calvin* (Paris : Cerf, 1986), M. P. Engel, W. J. 부스마, 이양호·박종숙 옮김, 『칼빈』(서울 : 나단, 1991), P. Gisel 등. 그리고 80년대 중반까지의 연구경향에 관해서는 참고. W. Klempa etc., "Colloquium : The Image of John Calvin in recent research," *In Honor of John Calvin, 1509-64, papers from the 1986 International Calvin Symposium McGill University*, ed. by E. J. Furcha(Montreal : McGill University, 1987), Ch. IV, 343-383.

야 하는 데까지 이르러야 한다. 그럼으로써 칼뱅 사상의 전체적이고 종합적인, 또는 통일성 있는 이해에 도달하게 되는 것이다.

요컨대 나는 칼뱅의 인간 사상의 바탕에 놓여진 하나의 구조 혹은 원리는 신의 초월과 임재의 변증법적 긴장 안에 있는 인간이라고 본다. 그리고 그 구조 안에서 인간의 자기전개, 그의 출생과 죽음, 그의 성공과 실패, 그의 전진과 후퇴, 그의 참과 거짓, 그의 가능과 불가능들을 파악하고 설명하며, 그렇게 해야 칼뱅의 인간의 진면목을 잘 이해할 수 있다고 생각한다.

전체적으로 그려보면, 칼뱅에 따른 인간은 초월적 하나님이지만 세상 속으로 임재하는 하나님 앞에 서 있는 유한한 인간들이며 동시에 미신과 우상 숭배 속에서 안전을 꾀하는 죄인들이다. 그 죄인들은 거기서 임재하신 하나님마저도 거부하는 사람들이다. 그들은 자신들이 오류 가운데 있다는 것을 알지 못하는, 더 정확히 말하면, 조금도 알고 싶어 하지 않는 무지한 사람들이다. 그런 점에서 칼뱅의 인간 이해는 비관적이고 또 절망적이다. 만일 사람들이 칼뱅의 이런 비관적인 인간만을 포착한다면, 그 종교개혁자는 인간을 지나치게 부정적으로만 봄으로써 인간의 주체와 가능성과 존엄성을 말살하는 가학적 독재자라고 간주될 수밖에 없다.

그러나 칼뱅 자신의 의도는 인간의 비관적이고 운명적인 모습을 묘사하려는 것이 아니라, 오직 인간의 현실을 보여주고, 현재의 사실들을 인정하면서 거기로부터 사람들을 끌어내려는 데 있었다. 자신들의 현실을 결코 인정하지 않으며, 오직 자신들의 가상적 세계만을 연장시키려고 하는 수많은 적대자들 속에 살면서, 종교개혁자는 동시대 사람들이 상상하고 있는 것보다 훨씬 덜 아름다운 인간의 실제 얼굴, 그 모습을 말하고 또 말하는 것 밖에는 다른 해결책을 가지지 못했었다. 그래서 칼뱅은 사람들에게 그들의 구겨진 모습을 바로 보고, 인정하고, 받아들이라고 수없이 권했다. 그는 사람들에게 가상적 현실 속에서 자신이 주인이고 명령자인 그 왜곡된 현실을 버릴 것을 촉구하며, 타자와의 관계 속에 있는, 그 관계를 바르게 살 줄 아는 인간이 되는 길을 열어주었다.

그렇게 바른 관계, 즉 초월적이며 동시에 내재적인 하나님과의 관계 속으로 들어갈 때, 그들은 참 기쁨과 진정한 사랑, 참된 자유, 참된 확신을 체험하게 되고, 그리고 이제 그런 관계를 살아갈 수 있게 된 자기 자신에 대한 충만한 신뢰를 경험하게 된다. 즉 그들은 하나님과 타자들과의 올바른 관계 속에 살면서, 타자들에 대해 그리고 자기 자신에 대해 충만한 신뢰심을 가지지 않을 이유가 없다. 그들은 복합적인 현실을 점점 더 쉽게 이해해나가는, 그리고 그 현실이 주는 긴장을 점점 덜 힘들게 견디는 좋은 방향의 길 위에 서 있으면서, 하나님이 계시하는 그대로를 받아들이기를 주저하지 않으며, 또한 계시된 바를 넘어서는 하나님은 모르는 그대로 존중하기를 어려워하지 않게 된다. 그렇게 해서 인간은 점점 더 이해의 폭이 넓은 사람이 되어가며, 점점 더 타자와의 관계에 복종적이고, 점점 더 선한 사람이 되어간다. 칼뱅의 인간 이해는 그렇게 낙관적이다.

그러나 거기에도 위험은 있다. 즉 오직 하나님의 임재에만 집착하면서 초월에는 무관심하게 되는 위험이다. 사람들은 점점 더 선하게 되어가는 자기 자신과 자기의 삶에 만족하면서, 율법주의나 문자주의, 도덕주의 등 복잡한 현실에 대한 이해가 없는 단순성 속으로 달려갈 수 있다. 그런 경향은 개신교 스콜라주의나, 후기 칼뱅주의들 중의 경건주의나 청교도 등에서 발견된다.

칼뱅은 물론, 하나님의 작품들(임재)을 매우 강조했다. 그리고 동시에 작품들을 통해서 하나님을 이해해야 한다고 했다. 그리고 또 작품들을 넘어서는 미지의 하나님, 초월적인 하나님이 있다는 것을 인정하라고 역설했다. 그러므로 사람들이 만일 그 변증법성이 주는 긴장을 거절하고, 그 중 하나에게로만 달려간다면, 인간 주체와 존엄성을 말살하는 비관주의에 빠지거나, 아니면, 삶의 깊이가 없는, 즉 복합적 현실에 대한 이해가 없는 천박한 낙관주의로 귀착된다. 그래서 하나님의 임재와 함께 초월적 하나님을 보아야 하고, 동시에 초월적 하나님의 임재를, 임재한 그대로 받아들여야 한다는 것이다. 그러므로 나는 칼뱅의 신학과 인간학의 독특성(spécipicité)

을 사람들이 언제나 거기 다시 놓여지는 초월적 하나님과 내재적 하나님 사이의 변증법적 또는 역설적 긴장의 구조 속에서 찾는다. 그리고 칼뱅의, 그리고 더 넓게는 개신교의 후예들이 오늘날에도 여전히 이어받아야 하는 것도 바로 그 구조라고 생각한다. 만일 그 구조를 취하는 데 실패하면, 교회는 정신적, 영적 파산이라는 대가를 지불하게 될 것이다. 종교개혁자가 자신의 전 생애를 바쳐 싸웠던 것이 바로 그 실패에 대항해서였다.

제3장

창조된 인간

　인간이란 무엇일까? 그것은 사람들이 오랫동안 물어왔던 질문이다. 그리고 그에 대한 답변도 여러 가지로 주어져 왔다. 그러나 사람들은 그 대답들에 만족하지 않고 여전히 다시 질문을 제기한다. 인간이란 정말 무엇일까? 인간이 무엇인지는 그만큼 어렵고 복잡해서 사람들의 머릿속을 맴도는 풀리지 않는 수수께끼처럼, 아니 마음속에 뭉쳐진 답답증처럼 작용해왔던 것이다. 칼뱅 역시 그 물음을 가졌고, 한 명의 사상가로서 대답을 시도했다. 즉 인간이 무엇인지를 밝히고자 했고, 또 그것을 설명했다.

　칼뱅에게 특징적인 것은 인간을 하나의 관점으로 보지 않았다는 데 있다. 즉 칼뱅은 인간을 서로 다른 관점들을 가지고 접근하고 설명했다. 그리고 그 관점들은 별개의 것들이 아니라 내적으로 서로 연관성을 갖는다는 점에서 그의 인간 사상은 하나의 통일성과 체계를 가지고 있다. 또한 칼뱅은 그런 인간 사상을 계획적으로 또는 순서적으로 제시했다. 그것은 하나님이 이뤄나가는 역사의 전개과정의 각 단계를 표현하는 것으로서, 각각 서로 판이한 양상을 지니지만, 전체적으로는 하나의 질서 속에 묶여진다. 그것은 주로 창조와 타락, 그리고 구속의 순서로 이어지는, 1장에서도 설명했지만 구속사(Heilsgeschichte)라는 구도이다. 칼뱅은 대부분 그 구도 속에서 인간을 설명한다. 그래서 그에게서 인간은 창조된 인간, 타락한 인간 또는 죄인, 구속된 인간으로 나눠서 표현되고 설명된다.

칼뱅이 구속사라는 전통신학의 범주 속에서 인간을 다루었다고 할지라도 그의 사상이 진부하거나 상투적인 것은 아니다. 그의 사상의 질서와 관점은 전통적이지만, 세부적인 내용에 들어가면 새롭고 매우 흥미 있는, 그리고 인간에 관한 여러 학문들이 발달한 현대세계에도 많은 시사점과 논점을 제공하는 부분들이 많다. 그런 점들을 전제로 하며 이 장에서는 그런 구속사, 즉 창조와 타락, 구속이라는 순서에 따라 먼저 창조된 인간을 살펴본다.

I. 인간의 완전한 창조와 그 상태

칼뱅에 따르면, 인간은 하나님으로부터 창조된 존재이다. 인간은 스스로 존재한 것이 아니라 조물주의 개입과 능력에 의해 만들어졌다. 칼뱅은 인간의 창조를 이렇게 묘사했다. "그런데 가장 고귀한 창조, 그것은 바로 사람입니다. 지금 우리는 우리 안에서 두 가지를 봅니다. 하나는 우리가 그분에게 영광 돌릴 수 있도록, 마치 하나의 극장에서처럼 이 세상에서 높여져서 모든 피조물들을 바라볼 수 있도록 머리를 위로 들 수 있게 해주셨을 때, 하나님이 거기에 베푸신 존엄성입니다."[1] 여기서 칼뱅은 인간이 가장 고귀한 신의 창조물이며, 하나님께 영광을 돌릴 수 있게 머리를 들 수 있고, 모든 피조물들을 내려다볼 수 있는 '존엄성'을 가진 존재로 묘사한다. 그런 인간의 존엄성은 하나님의 창조세계 어느 곳에서도 발견할 수 없는 독특하고 탁월한 것이다. 칼뱅은 그렇게 뛰어난 존엄성을 이렇게 감탄한다.

---

1) Sermon sur la Genèse, 1er sur 1 ; 1-2, *Supplementa*, XI/1, 8.

"하나님이 그가 전에 만든 모든 것 이상으로 하나의 걸작품을 만들겠다고 선언하실 때, 그의 배려가 우리에게 드러납니다. 비록 해와 달이 거기에 어떤 신성이 나타나는 것처럼 고상한 피조물들이라고 할지라도, 비록 하늘 또한 사람들을 놀라게 하고 유혹하는 모습을 하고 있다고 할지라도, 비록 이 땅에도 열매와 다른 여러 가지들이 매우 다양하게 있어서 우리에게 하나님의 존엄성을 선포하고 있다고 할지라도, 우리가 만일 그 모든 것을 인간과 비교해본다면, 우리는 인간에게서 훨씬 더 위대하고 훌륭한 것들을 발견합니다."[2]

인간의 그런 존엄성과 우월성은 현실 속에서 다른 피조물들을 다스리는 지배권으로 설명되기도 한다. "그러면 그는(모세) 우리가 야생 짐승들과 다르다는 것을 어디에서 봅니까? 우리는 본질적으로 무엇입니까? 우리는 흙으로 만들어졌습니다. 소와 나귀와 개처럼 우리의 기원도 전적으로 똑같습니다. 그러나 우리는 이성과 지성을 가지고, 그리고 모든 것에 대한 지배권을 가지고 있어서 하나님께 다가갈 수 있을 만큼의 높은 신분을 갖게 되었습니다."[3] 그처럼 인간은 존엄하고 뛰어나게 창조되었고, 다른 피조물들을 지배할 수도 있었지만, 그래도 하나님께 예속되고, 그분께 영광 돌리고 순종해야 하는 존재였다. 그것은 선악과에 대한 계명을 주신 데서 잘 드러난다.

"그러나 하나님은 우리의 조상 아담에게 선과 악을 알게 하는 나무는 먹지 말라고 금지하셨습니다. 그래도 하나님은 그에게 생명나무를 주어서 그 열매를 먹게 했습니다. 그런데 여기서 우리는 하나님은 태초부터 인간이 그분을 향해 순종하기를 원하셨다는 것을 주목해야 합니다. 그 이유는 이것입니다. 모든 의와 정직의 기준은 바로 우리가 하나님의 뜻에 예속된다는 것이고, 그리고 그분이 우리를 다스리시며, 우리 위에서 지배하시며,

---

2) Sermon sur la Genèse 1:26-28, *ibid.*, 55.
3) *Ibid.*
4) Sermon sur la Genèse 2:15-17, *ibid.*, 110-111.

그래서 우리는 그에게 모든 우위와 지배권을 돌려드려야 한다는 것입니다."[4] 즉 인간은 하나님을 주로 섬기고 그분과의 지속적인 관계에서 살아가도록 지음을 받았으며, 그 관계를 스스로 선택하도록 자유를 주셨다고 할 수 있다. 계명을 듣고 스스로 선택해서 자발적으로 하나님을 주로 섬기고 그의 뜻을 따르게 했다는 것이다. 그만큼 인간을 향한 창조주 하나님의 특별한 사랑과 배려가 크다는 것인데, 그 호의는 더군다나 하나님이 "우리에게 선과 악에 대한 분별력을 주신"[5] 데서 아주 잘 드러난다. 즉 계명을 잘 따라서 선을 선택하고, 하나님과의 관계를 누리는 데 조금도 부족함이 없이 만들어주셨다는 것이다.

그처럼 인간의 창조는 완전했다고 할 수 있다. 인간은 존엄하고 탁월했을 뿐만 아니라 하나님의 창조 목적을 따라 그분과의 관계를 즐기고 기뻐할 능력까지도 부여받았다. 그에게는 어떤 오점도 없었고, 그 자신 가운데 어떤 분열이나 분리도 가지고 있지 않았다. 그래서 그 최초의 인간은 다른 존재들과, 특히 자신의 존재의 근거가 되는 하나님과의 완전한 연합 가운데서 살았고, 계속해서 살 수 있었다.

칼뱅은 그 최초의 인간들 속에서, 하나님으로부터 받은, 인간의 존엄성과 지배권, 분별력 등의 근거가 되는 것을 이렇게 설명했다. "나는 그 인간 속에 성부와 성자와 성령을 닮은 어떤 것이 있었다고 말한다. 그 문제는 인간의 본성 가운데서 특별하게 빛나고 있는 하나님의 영광에 관계된 것이며, 이해력, 의지, 그리고 모든 지각들로서 신적인 질서를 표상하고 있다."[6]

최초의 인간은 하나님으로부터 받은 그런 은사들 덕분에 자신들 가운데서 스스로, 그뿐만 아니라 다른 피조물들 가운데서도 하나님을 볼 수 있었다. 자신 속에 신적인 특별한 소질들을 가진 인간에게는 하늘과 땅, 온 우주가 "너무나 웅장한 극장"이 된다. 그래서 인간은 그 "극장"에서 "하나

---

5) Sermon sur la Genèse, 1er sur 1:1-2, *ibid.*, 8.
6) *Commentaire*. Genèse 1:26.

님의 무한한 선과 의, 진리, 지혜들을 날마다 바라보며 명상하는" 것이다.[7] 그러므로 창조된 인간은 하나님을 알며, 어떤 장애물도 없이 그분에게 다가가며, 그분과의 평화를 누렸다는 것이다.

칼뱅은 그런 식으로 인간이 하나님에게 나아가는 어떤 통로가 있었다는 것을 발견했다. 물론 그 통로 역시 하나님이 창조한 것이었다. 그렇다면 그 통로는 무엇일까? 좀 더 포괄적으로 봐서, 하나님을 알고, 그에게 나아갈 수 있고, 그와 교제할 수 있었던 인간은 구체적으로 어떤 구조를 가졌을까? 어떻게 창조되었기에 그럴 수 있었던 것일까? 그것은 무엇보다도 그가 영혼을 가진 존재로, 그리고 하나님의 형상으로 창조되었다는 점으로 설명된다.

II. 영혼을 가진 인간

칼뱅은 성서의 창조기사에 입각해서 인간이 진흙으로 빚어졌을 뿐만 아니라, 생기를 부여받고, 영혼을 보유하게 된 존재라는 사실을 조금도 의심하지 않았다. 창조주는 인간에게 영혼(âme)을 부여하고, 거기에다가 자신의 형상(image)을 새겨놓았다.[8] 이 '하나님의 형상' 문제는 뒤에서 다루게 된다. 어쨌든 칼뱅에 의하면, 하나님으로부터 창조된 인간은 영혼과 육체라는 두 부분으로 구성된다.

그러나 영혼의 문제에 본격적으로 들어가기에 앞서서 먼저, 다음의 두 가지 점을 지적해야 할 것이다.

첫째는, 영혼과 영(esprit 또는 정신)의 구별 문제이다. 흔히 그 둘을 혼동하는 경우가 많은데 칼뱅 역시 그 점을 간과하지 않았다. 그래서 그는

---

7) *Ibid.*, 2:3.
8) *Ibid.*, 2:7.

이렇게 말한다. "때때로 성경은 그것(영혼)을 영이라고 명명하지만, 이 두 명칭은 서로 결부되어 있기는 해도 그 의미가 각기 다르다."9)

그러나 칼뱅 자신도 영을 영혼과 혼동해서 동의어로 쓰기도 했다는 점을 간과할 수는 없다. 가령 『기독교 강요』 1권 우상 숭배를 다루는 자리에서 이렇게 말했다. "인간의 영(esprit)은 언제나 우상들을 만들어내기 위한 공장이라고 볼 수 있다. 인간의 오성은 교만과 무모함으로 채워져 있으므로, 감히 그의 머리가 생각해내는 대로 하나님을 상상한다. 그가 우둔하고 둔탁한 무지로 뒤덮여서, 그는 하나님 대신에 온갖 허풍과 지독한 유령들을 붙잡는다. 그런 악들에 덧붙여서, 그가 하나님에 대해서 스스로 생각해낸 미친 것들을 바깥에다 표현해 놓으려는 오만까지 있다. 그래서 인간의 영은 우상들을 고안하고, 그의 손들은 그것들을 만들어놓는다. 그것이 우상 숭배의 기원이다. 즉 인간들은 그들이 육적인 방식으로 하나님을 현재하는 것처럼 해놓지 않으면, 하나님이 자신들에게 임재한다고 믿지 않는 것이다."10) 그렇다고 할지라도 이 경우는 "인간의 영"이라는 분명한 서술어가 붙어 있다는 점에서 그것이 신적인 것이 아니라 인간의 것, 즉 영혼임을 말하고 있다는 것을 알 수 있다.

그런 경우를 제외하고서, 칼뱅에 따르면, 영은 영혼과 같이 불멸성을 가지고 있지만, 영혼과 차이가 있다. 영혼은 인간의 존재를 구성하지만, 영은 아니다. 즉 영은 인간의 구성요소에 속하지 않는다. 즉 영은 신적인 것이고, 인간의 외부적인 것으로서, 인간에게 역사하고, 또 때로 내재하기도 하지만 창조된 인간의 구성물은 아니라는 것이다.

둘째는, 육체의 문제이다. 칼뱅은 육체가 인간의 주요 부분이라고 했

---

9) *Institution*, I, 15/2.
10) *Institution*, I, 11/8. 또한 "그들이 진리를 따르려는 그런 의도를 가지고 있다고 해도 참된 목적에 가 닿는 사람은 하나도 없다. 오히려 모두는 자신들의 상상 속에서 길을 잃는다. 그래서 우리는 인간의 영의 큰 쇠약함을 보게 된다. 그것은 스스로 올바르고 진실한 것을 전혀 생각할 수 없을 뿐만 아니라, 오히려 참된 원리를 가지고 오류들을 만들어내기까지 한다." *Commentaire*, Matt. 16:14.

지만, 그 문제를 길게 다루지 않았다. 그가 그 문제를 다루었을 때라고 할지라도, 그것은 거의 언제나 영혼과의 관계에서였다. 칼뱅에게 있어서 육체는 두 가지 측면에서 중요성과 가치를 지닌다. 하나는 그것이 인간 자신의 교만을 물리치게 한다는 점이고,[11] 또 하나는 육체가 하나님의 뛰어난 솜씨를 드러냄으로써 인간이 창조주를 경외하게 한다는 점이다.[12]

1. 영혼이란 무엇인가?

그러면 칼뱅이 본 영혼과 그것을 지닌 인간의 문제에 본격적으로 들어가 보자. 그는 영혼을 어떻게 보았을까? 영혼에 관한 그의 다양한 설명들을 들어본다.

"나는 영혼이라는 용어를 불멸의, 그러나 창조된 영이라는 의미로 쓴다. 그것은 (인간에게 있어서) 가장 고귀한 부분이다."[13] "우리는 영혼이 하나의 본체(substance)이며, 지각과 지성을 갖춘 것으로서 육체가 죽은 후에도 진실로 살아남는 것이라고 확신한다."[14] "인간의 영혼은 바람과

---

11) 종교개혁자는 말한다. "그런데 주목해야 할 것은 첫째로, 그가 흙으로부터 되었다고 하는 것은 교만해지지 않도록 고삐를 묶어놓기 위함이었다는 점이다. 그래서 우리가 진흙과 수렁으로 된 곳에서 살고 있으면서도 우리가 존엄하다며 뽐내고 있는 것처럼 이성에 거슬리는 것도 없다고 하겠다." *Institution*, I, 15/1. 그러나 주의하라. 이 인용은 인간의 육체를 천하고, 악하게 보는 이원론적 스토아주의를 지지하는 것이 아니다. 이 문제는 곧 다시 다루게 된다.
12) 칼뱅은 욥기에 대한 한 설교에서 이렇게 말했다. "하나님이 우리 가운데서 행하신 놀랄만한 솜씨를 보게 될 때… 거기서 우리는 하나님의 선과 능력과 지혜를 더 잘, 더 명백하게 알게 됩니다. 우리는 우리 자신에 대해서, 우리에게 속한 것에 대해서 부끄러움을 느껴야 할 것입니다. … 그러나 또 다른 측면에서, 그분은 우리를 그의 아름답고, 탁월한 걸작품으로 만들었으므로, 우리는 하나님의 은혜와 인자하심을 깨닫고 기뻐하게 됩니다." 39e sermon sur Job, *Opera*, XXXIII, 486-487.
13) *Institution*, I, 15/2.
14) "Psychopannychie," *Oeuvres Françaises de J. Calvin*, 32-33.

같이 지나가 버리고 흩어져 버리는 어떤 일시적인 기운이 아닙니다. 그것은 자신의 영원한 생명을 가지는 영이거나 영적 본체입니다."[15] 이 인용문들에서 보듯이, 영혼은 불멸의 영으로 창조되었다. 그것은 인간의 구성요소 중 가장 고귀한 부분이다. 그것은 하나의 본체로서 지각과 지성을 갖고 있으며, 사람이 죽은 후에도 살아남는다.

그런데 칼뱅에 의하면, 영혼은 하나님으로부터 부여된다. 구체적으로, 그것은 창조 시에, 그리고 수태 시에[16] 인간의 육체에 부여된다. 바로 그렇게 부여된 영혼의 능력으로써 육체는 생명을 얻으며, 그 이유에서 "영혼이라는 단어는 종종 '생명'이라고도 불려진다"는 것이다.[17] 그러나 칼뱅은 영혼이 생명과 혼동되는 것을 경계한다. 영혼은 생명이 아니다. 단지 생명을 지시하는 "환유"(méthonymie)일 뿐이다.[18] 그것은 영혼이 "생명의 원인"이고, "생명은 영혼에 의해서 이루어졌다"[19]는 뜻이다. 같은 이유에서 영혼은 "인간들에게 호흡을 가져다주었으며, 육체의 생명운동이 거기에서 비롯된 숨결(혹은 생기)"[20] 역시 아니다.

종합적으로 볼 때, 칼뱅에 따른 영혼은 하나의 본체이다. 그것은 영적인 것이어서, 육체와 세상을 초월하며, 그것들과 분리될 수 있다. 그것은 육체와 결합됨으로써 하나의 인간을 만든다. 그럼에도 불구하고 그것은 육체가 사멸한 후에도 여전히 살아남는다. 왜냐하면 그것은 영적 본체이기 때문이다. 만일 그렇다면, 죽음 이후에 살아남은 영혼은 어떻게 될까? 그것

---

15) Sermons on the Acts of the Apostles, 7:58-60, *Supplementa*, 402.
16) 종교개혁자는 수태 시에 영혼이 부여된다는 점을 다음과 같이 말했다. "…하나님이 한 인간을 어머니의 복중에 생기게 할 때까지 영혼은 존재하지 않는다. 반면에 우리는 피조물(태아)이 어머니의 복중에 수태될 때, 하나님이 거기에 영혼을 불어넣는다고 알고 있다. 바로 거기에 생명의 씨앗이 있다는 것이 확실하다." 12e sermon sur Job, *Opera*, XXXIII, 162.
17) "Psychopannychie," 33.
18) *Ibid.*, 34.
19) *Ibid.*
20) *Ibid.*

은 어디로 가며, 어떤 식으로 살게 되는가? 이것은 종말론에서 다뤄질 주제이지만, 간단히 말해서, 칼뱅에 따르면, 죽음 이후의 영혼은 안식과 평화를 얻는다. 그런 평화 속에서 그것은 하나님이 새 하늘과 새 땅을 완성하는 대심판의 날을 기다린다.[21]

2. 칼뱅은 신플라톤주의적인 이원론에 빠져 있는가?

그러면 사람들은 종교개혁자의 사상을 이원론적 신플라톤주의적이라고 의심할 수 있게 된다. 만일 칼뱅이 인간은 불멸의 영혼과 소멸하고 말 육체의 두 본질로 구성되어 있다고 하거나 육체를 무시하는 반면 영혼을 고상하고 가치 있는 것으로 간주했다면 그가 어떻게 신플라톤주의의 혐의를 벗어버릴 수 있을까?

그러나 칼뱅의 영혼관을 자세하게 들여다보면 그의 사상은 헬라적 이원론과는 매우 다르다는 점을 알게 된다. 특히 다음의 두 가지 점에서 그렇다.

첫째로, 칼뱅은 영혼이 영원하다고 생각하지 않았다. 영혼은 시작된 것이다. 즉 시점을 갖는다. 왜냐하면 그것은 하나님에 의해서 창조되어서, 인간의 창조 시에 (혹은 수태 시에) 인간의 조상(彫像)에 주어진 것이기 때문이다. 그것은 영원한 신적 본질로부터 유출된 것이 아니라 무로부터 창조되었다. 칼뱅은 신플라톤주의의 영혼유출설(émanation)을 배격한다. "간단히 말해서, 우리는 영혼이 모든 오물과 악취의 동굴이라고 알고 있다. 만일 우리가 영혼이 나무의 본체에서 나오는 잎사귀같이 하나님의 본질에서 나오는 일부분이라고 믿는다면, 그것은 하나님의 본성에 (사악한 영혼의 책임을) 전가하고 마는 일이다. 누가 그렇게 망칙한 일에 몸서리치지 않을 것

---

21) 죽음 이후의 영혼의 문제는 종말론에서 본격적으로 다뤄져야 할 주제이다. 칼뱅은 종말론을 『기독교 강요』 3권 9장, 25장 등에서 다루며, 특히 죽음 이후의 영혼의 상태에 대해서는 "Psychopannychia," 49s.에서 말하고 있다.

인가?"²²⁾ 그러므로 영혼은 신적인 본질이 아니다. 그것은 육체와 마찬가지로 창조된 본체일 뿐이다. 그뿐만 아니라 칼뱅이 영혼은 죽음 뒤에 육체와 분리된다고 생각했을지라도, 그것은 영혼에 신적 본질로서의 불멸성을 부여하기 위한 것이 아니라, 인간이 죽음 이후에라도 언제나 인내(persévérance)해야 하는 하나님의 구원의 대상이며, 그래서 필연적으로 하나님 앞에서 책임적 존재로 남아 있게 된다는 점을 강조하기 위해서였다. 니이젤 역시 칼뱅의 신학으로부터 그 점을 밝혀주었다. "창조는 유출이 아니요, 무에서 생긴 존재의 시작인 것이다. 인간의 최선의 부분, 즉 우리의 영혼도 무로부터의 창조이다. 영혼불멸을 구원과 혼동해서는 안 된다. 세계 내에서는 영원한 실체로서의 영혼은 존재하지 않는다. 한 인간이 날 때마다 신은 영혼을 무로부터 창조하신다. 영혼불멸은 육체적 사후에도 그의 날을 기다리게 하는 신의 은혜인 것이다. 만약 신이 그 은혜를 거두신다면 육신이 먼지인 것처럼 없어질 입김에 지나지 않는다. 그것은 그 자신 안에 영원성을 가지지 않는다."²³⁾

둘째로, 종교개혁자는 영혼이 완전하다고 생각하지 않았다. 영혼은 불완전하다. 그리고 무엇보다도 죄에 의해서 왜곡된다. 그러므로 그것은 신적인 어떤 존재가 아니다. 인간의 영혼은 성서의 어떤 본문들 속에서는 "하나님의 영이 우리 가운데서 새롭게 만든"²⁴⁾ 것으로 나타나기도 한다. 칼뱅 역시 그 점을 이렇게 말한다. "그러므로 성 바울이 영이 육체에 대적한다고 말했을 때라고 할지라도, 그는 영혼이 육신에, 또는 이성이 감성에 대항해 싸운다는 것을 의미하지 않았다. 그러나 영혼 자신은 하나님의 영의 지배를 받게 되면, 아직 하나님의 영을 받지 못한 채 자기 욕망에만 치

---

22) *Institution*, I, 15/5.
23) 『칼빈의 신학』, 62. 니이젤의 저술은 칼뱅의 수많은 글들을 직접 인용, 연결시키면서 자신의 글을 이어나간다는 특징을 갖는다. 우리가 인용한 이 짧은 글도 칼뱅으로부터 다섯 군데를 인용하고 있다. 거기 들어 있는 칼뱅 자신의 원출처들의 표기는 생략한다.
24) "Psychopannychie," 35.

우쳐 있는 자기 자신에 대항해서 싸운다."²⁵⁾ 그와 같이 칼뱅은 영혼을 하나님이 그것을 완성시켜주기까지는 언제나 불완전하고, 미완성인 본체로 간주했다. 영혼에 관한 그 같은 생각은 인간을 영혼과 육체로 구분하고, 육체를 소멸되고 불완전한 것으로, 영혼을 영원하고 신적인 것으로 이해하는 신플라톤주의와는 확실하게 다르다.

3. 영혼은 어떻게 이루어지는가?

그렇다면 영혼은 어떻게 구성되어 있을까? 그리고 영혼의 각 요소들은 어떤 작용을 할까? 칼뱅은 영혼을 두 요소로 구분한다. 그것은 지성(intelligence)과 의지(volonté)이다. 그에 따르면, 지성은 "우리에게 제시되는 모든 것들을 분간하고, 우리에게 인정돼야 하는 것인지, 정죄돼야 하는 것인지를 판단하기 위한" 것이다. 그리고 의지는 "오성(entendement)이 좋은 것이라고 판단한 것을 선택해서 추구하며, 반대로 그것이 배격하는 것은 내버리거나 피하기 위한" 것이다.²⁶⁾

따라서 인간의 지성은 분간하고, 판단하며, 이해하는 능력으로써 영혼을 주도한다.²⁷⁾ 동시에 지성은 인간으로 하여금 눈에 보이지 않는 하나님과 천사들을 알아차리게 해주기도 한다.²⁸⁾ 인간은 그 지성 때문에 생각하고 반성하는 능력을 갖는다. 따라서 인간은 창조 시에 "자신이 창조된 목적과 자신이 어떻게 살아야 했는지를 알 수 있었다."²⁹⁾ 그 결과 인간은 지성으로써 하나님을 알 수 있고, 선과 악을 분별하며, 영혼과 육체를 포함한 자신의 전 존재를 자신의 이해와 판단에 따라서 이끌어갈 수 있는 존재이다.

---

25) *Ibid.*
26) *Institution*, I, 15/7.
27) *Ibid.*, 15/7, 8.
28) *Ibid.*, 15/2.
29) *Commentaire*. Genèse 2:9.

칼뱅에 따르면, 지성에는 이성(raison)과 지각(sens)과 감정들(affections)이 결부되어 있거나, 의존한다. 지성과 마찬가지로 이성은 인간에게 하나님을 알고, 그에게 다가가며, 판정할 수 있게 해준다. 물론 그것은 타락 이전의 창조상태에서 그렇다는 것이다.[30] 지각과 감정들은 지성이나 이성과 관계를 갖고 있는데, 거기에 의존하거나 예속하는 것들로서[31] 종교개혁자는 그것들에 대해서 상세하게 다루지는 않았다.

그런데 몇몇 설교들 속에서 칼뱅은 지성과 이성을 하나님의 형상에 연결시키기도 했다. "그러므로 우리는 이성과 지성을 소유하기 위해서 하나님의 형상으로 창조되었던 것이다."[32] "우리는 우리가 가지고 있는 지성과 이성이 언제나 하나님의 성령의 불꽃처럼 존재하고 있다고 알고 있다. 그래서 그것은 심지어는 그분의 형상과 모습으로부터 우리에게 주어진 표시라고까지 할 수 있다."[33] 그런 본문들은 이성과 지성이 하나님의 형상으로부터 주어진 것이라는 점을 시사해주고 있다. 그래서 그것들이 영혼의 부분, 혹은 요소라고 보았던 것과 모순되지는 않는다. 왜냐하면 뒤에 나오는 하나님의 형상문제에서 보게 되겠지만, 칼뱅에게 있어서 하나님의 형상은 기본적으로 영혼에 새겨지는 것이기 때문이다. 그러나 칼뱅 자신은 영혼과 하나님의 형상, 이성과 지성 등의 복잡한 상관관계들에 대해서 상세하게 탐구하지는 않았다. 그래서 이 문제에 관한 칼뱅의 견해를 확실하게 알기는 어렵다.

지성의 문제와 관계해서 지적하고 넘어가야 할 것이 있다. 그것은 칼뱅이 지성의 남용이나 그것에 대한 지나친 의존을 경계했다는 점이다. 그에 따르면, 인간은 자기의 지성만을 의지해서는 안 된다. 지성이라는 것은

---

30) *Commentaire*. Jean. 1:4, 5, 9.
31) 41e sermon sur II Samuel, *Supplementa*, I, 359, *Institution*, I, 15/7, *Ibid.*, 11:33-35 etc.
32) 7e sermon sur le ch. 4 du Deutéronome, *Opera*, XXVI, 176.
33) 41e sermon sur II Samuel, *Supplementa*, I, 359.

그 주체인 인간이 지혜와 선의 유일한 근거인 하나님에게 복종할 때만, 그리고 그것이 하나님의 말씀과 부합될 때만 바르게 사용될 수 있다. 그 점을 칼뱅은 선악을 알게 하는 나무에 관해 주석하면서 말했다. "그는(하나님) 인간이 짐승들처럼 판단이나 분별력이 없이 이리저리 방황하게 하려고 금지한 것이 아니라, 인간이 자신에게 합당한 것 이상을 갈망하지 않음으로써, 자신의 감각만을 믿고 하나님의 멍에를 벗어던진 뒤 자기 스스로 선과 악의 판단자, 주재자가 되지 않게 하기 위해 금지했다."[34]

4. 의지란 무엇인가?

그렇다면 영혼의 두 부분 중 또 다른 하나인 의지는 무엇일까? 칼뱅은 이 문제를 매우 중요하게 여겼다. 왜냐하면 의지는 인간의 행동을 지배하는 것이고, 그래서 인간의 죄와 타락을 직접 야기했던 원인이었기 때문이다. 칼뱅은 창세기설교에서 이렇게 말했다. "모든 선과 모든 의를 따르는 의지가 있어야 하는데, 그것은 영혼에서 두 번째로 중요한 부분입니다. 만일 그렇다면 거기에 부수적인 것이 필요합니다. 즉 우리의 모든 감각이 잘 정리되어서, 방탕한 것이 아무것도 없으며, 대립하는 것이나 투쟁하는 것이나 감춰지는 것이 아무것도 없게 되는 것 말입니다."[35]

거기서 보듯이, 칼뱅은 의지는 우선 영혼과 영혼에 속한 지성의 이해 혹은 판단에 복종하는 것으로 보았다.[36] 그러나 의지 역시 스스로 "선택"(élection)한다.[37] 그래서 의지는 맹목적으로 지성을 추종하지는 않으며, 또 거기에 자동적으로 복종하지도 않는다. 의지는 선택이기 때문에, 의지를 가지고 창조된 인간은 로봇이 아니라 통전적(intégral) 인격을 가진 자

---

34) *Commentaire*. Genèse 2:9.
35) Sermon sur la Genèse 1:26-28, *Supplementa*, XI/1, 60.
36) *Institution*, I, 15/7.
37) *Ibid.*, 15/8.

유인이었다. 그래서 첫 인간은 그런 통전적 상태로 창조되었으며, 거기서 그의 지성과 의지는 선하고 완전한 상태에 부합되게 기능했던 것이다. 그런 점들을 칼뱅은 이렇게 말했다.

"영혼의 모든 부분들은 아주 잘 정리되어 있었다. 오성(entendement)은 건강했고, 완전했다. 의지는 선을 택할 수 있도록 자유로웠다."[38] "그것들은 인간의 처음 상태가 장식하고 뽐내던 능력들이었다. 거기에는 이성과 신중, 판단력, 분별력들이 있어서, 지상생활의 제도뿐만 아니라 하나님과 완전한 축복에까지 이를 수 있게 했던 것이다. 그리고 거기에는 욕망들을 인도하고, 신체적이거나 몸이라고 불리는 모든 운동들을 다스리는 선택까지 부가되었다. 그래서 의지는 이성의 규칙과 판단에 완전하게 합치했던 것이다."[39] "이것 (의지) 역시 몸에까지 확장됩니다. 그런데 영혼을 섬기는 도구여야 하고, 거기에 기쁘게 사용돼야 할 우리의 몸이 그럼에도 불구하고 마치 마귀와 한편이 되어서 우리와 전쟁을 일으키고, 그래서 우리 몸의 모든 부분이 마귀가 우리를 멸망으로 이끌어갈 목적으로 사용하는 도구들이자 죄의 무기들과 같은 종류가 됩니다."[40]

5. 자유의지의 신학 문제

주지하듯이 칼뱅은 자유의지(franc-arbitre)에 관해서 많이 말했다. 그에 따르면 창조된 인간은 자신의 통전성 속에서 자유의지를 갖는다. 흔히들 칼뱅은 자유의지를 부정했다고 말한다. 그러나 그것은 사실이 아니다. 칼뱅은 인간의 자유의지를 인정했다. 단 그것이 타락했기 때문에 그것을 인간 구원의 기초로 삼아서는 안 된다고 했을 뿐이다. 그는 복음적 그리스도교의 전통과 함께, 우리의 구원은 인간의 자유의지가 아니라 그리스도

---

38) *Ibid.*
39) *Ibid.*
40) Sermon sur la Genèse 1:26-28, *Supplementa*, XI/1, 60.

의 십자가와 그 공로, 그래서 전적으로 값없는 은혜로부터 비롯된다는 점을 역설했다. 자유의지는 구속된 신자들의 중생과 함께 다시 태어나야 하고, 새롭게 회복되어야 하는 것이다.[41] 그래서 자유의지는 이제 "그리스도인의 자유"라는 이름으로 새롭게 불려진다.

어쨌든 칼뱅에 의하면, 첫 인간은 지성과 이성, 지각, 의지 등의 영혼의 소질들을 완전하게 그리고 균형 있게 가질 때, 자유의지 역시 소유하고 있었다. 인간은 자유의지로써, 만일 그가 "원했다면 영생을 얻을 수도 있었다."[42] 인간은 선과 악 사이에서 선택할 수 있었다. 인간에게 부여된 자유 때문에 타락했다고 말해서는 안 된다. 즉 자유의지 자체를 타락의 원인이나 위험성으로 간주할 수 없다는 것이다. 만일 그렇게 본다면 그것은 하나님의 완전한 창조사역을 부정하는 결과가 된다. 또한 자유의지가 타락의 핑계나 변명으로 행사되어서도 안 된다. 범죄는 자유의지를 가졌기 때문이 아니라, 그것을 인간이 잘못 행사함으로써 일어났기 때문이다.

그래서 범죄와 타락의 책임은 자유의지를 주신 하나님에게 있지 않고, 그것을 나쁘게 행사한 인간에게 있다. 오히려 자유의지를 통해서 하나님 창조사역의 위대성, 특히 인간을 향하신 하나님의 사랑을 깨달아야 한다. 왜냐하면 하나님은 인간을 법칙과 질서에만 얽매여 있는 동물이나 식물, 천체나 모든 무생물들과 확연히 다르게, 자신과 같이 자유를 지닌 자발적 존재, 책임적 존재, 자신의 파트너로서 창조했기 때문이다. 이 얼마나 위대한 창조인가? 자유의지의 부여는 그 점을 말해준다. 그런 자유의지로써 인간은 스스로 판단과 의지의 주체가 된다.[43] 그런데 문제는 인간이 그 자유의지를 잘못 사용했다는 데 있다. 그는 그것으로써 하나님의 은혜를 감사

---

41) *Commentaire*, Jean. 8:32.
42) *Ibid*.
43) 칼뱅은 질문한다. "인간에게 자유의지를 준다고 했을 때, … 그가 자신의 판단과 의지의 주인이라고 사려 없이 생각하지 않을 사람이 얼마나 있겠는가?", *Institution*, II, 2/7.

하며, 그분의 뜻을 따라야 했다. 그는 하나님 앞에서, 하나님과 함께, 그분의 뜻에 부합되는 방식으로 자유로워야 했다. 게다가 그에게 주어진 지성은 그가 신의 뜻에 알맞게 자신의 삶을 영위할 수 있도록 돕기에 충분했다. 그럼에도 불구하고 첫 인간은 나쁜 선택을 했고, 다른 길을 갔다. 그래서 인간은 변명할 수 없으며, 자신의 범죄의 책임을 져야 했다. 그런 이유에서 칼뱅은 자유의지를 다루면서 두 가지 점을 지적했다. 즉 하나는 창조의 완전성, 혹은 위대성이다. 창조 시에 인간은 자유를 가진 인격체로 완전하게 창조되었다. 또 하나는 타락의 책임소재이다. 인간은 자유의지를 들어서 타락의 책임을 창조주에게 전가해서는 안 된다는 것이다.

자유의지의 문제와 관계해서 반드시 봐야 할 것이 있다. 그것은 칼뱅의 다양한 저술들 속에서 자유의지가 대체로 매우 비관적으로, 혹은 부정적으로 드러나고 있으며, 특히 그의 방대한 설교들 속에서는 자유의지가 전혀 언급조차 되지 않는다는 사실이다.[44] 그 점을 어떻게 이해해야 할까? 다음과 같은 설명이 가능하다.

칼뱅은 인간이 자신의 자유의지를 자랑할 것이 없다는 점을 강조했다. 특히 인간은 그것을 자신의 도덕적 행위의 근거로 삼을 수 없다. 그것은 종교개혁의 본질적인 문제에 관계된다. 중세의 종교는 인간의 다양한 종교적, 도덕적 행위, 즉 선행들(oeuvres)을 통한 구원을 유포시켰다. 그것은 중세 가톨릭의 공로사상에서 비롯된 것이며, 인간이 각종 행위를 통해 공로, 더군다나 여분의 공로까지 세워, 자신과 연옥에 가 있는 가족이 죄 사함을 받고 낙원에 이른다고 설교했다. 그리고 각종 순례, 성유골 판매와 숭배, 면죄부 판매 등의 폐단을 만들어냈다. 가톨릭이 그런 행위와 자신들의 도덕의 근거로 삼았던 것이 바로 자유의지였고, 그들은 그 자유의지로부터 인간에게 고유한 어떤 소질이나 가능성, 능력을 유추했다.[45] 그래서 종교

---

44) *Stauffer*, 205.
45) *Commentaire*, Jean. 8:32.

개혁자가 자유의지를 말할 때 일반 대중들은 오해할 소지가 많았다. 그 이유에서 종교개혁자는 그런 자유의지를 설교 같은 데서는 전혀 언급하지 않았으며, 다른 저술 속에서도 비판적이거나 부정적으로 말할 수밖에 없었던 것이다.

그러나 칼뱅이 자유의지를, 정확히 말해서 자유의지의 능력을 부정했던 것은 타락 이후의 상태에 있는 인간에게서일 뿐이다. 특히 타락한 인간에게서 구원이나 선행의 가능성으로서의 자유의지가 적극 부정되었다. 인간의 구원은 그리스도의 십자가의 공로로 비롯된 순수한 은혜의 사건이다. 자유의지는 그리스도의 은총의 구원을 얻고 성령을 통해 중생한 그리스도인들에게서 회복될 것이다.

따라서 정리하면, 칼뱅에 따른 인간은 태초에 육체와 영혼을 가진 존재로 창조되었다. 그리고 그가 영혼을 가졌다는 점에서 가치와 존엄을 지닌 존재이다. 영혼은 육체를 초월하고, 그것과 분리된다(죽음). 영혼으로써 인간은 다른 피조물과 구별되고, 그것들 상위의 존재로 평가된다. 영혼의 능력 중 가장 중요한 것은 하나님을 알게 하고, 따르게 한다는 점이다. 인간은 영혼으로써 하나님과의 관계를 유지한다. 영혼의 주요 능력은 지성과 의지이다. 또한 인간이 창조 시에 부여받은 자유의지 역시 영혼의 능력과 관계된다. 그런 능력들로써 첫 인간은 하나님과 연합해 있었고, 그 속에서 그분을 아버지로 인정했으며, 기쁨으로 창조주를 찬미했다.

III. 하나님의 형상을 가진 인간

그처럼 태초에 인간은 완전하고 고귀한 존재로 창조되었다. 그래서 인간은 "모든 다른 피조물들을 넘어서는 창조의 걸작품(chef-d'oeuvre)"[46]

---

46) "La congrégation sur la divinité de Jésus-Christ," *Opera*, XLVII, 480, 그리고

으로 묘사된다. 인간이 그렇게 고귀하고 뛰어날 수 있었던 이유는 어디에 있을까? 그것은 인간의 육체성 때문이 아니라 그가 영혼을 보유하고 있으며, 특히 '하나님의 형상'(imago Dei)으로 창조되었기 때문이다. 칼뱅은 이렇게 말한다. "나는 내가 앞에서 제시했던 원리를 재확인한다. 그것은 하나님의 형상이 (인간의) 모든 존엄성에 미쳤다는 것이다. 그래서 인간은 모든 종류의 동물들보다 뛰어나게 된 것이다."[47] 즉 칼뱅에게서 인간은 영혼을 보유할 뿐만 아니라 하나님의 형상으로 창조된 존재이다. 그런데 칼뱅에게서 그 하나님의 형상이 무엇을 말하는지, 어떤 의미를 갖는지를 알기는 쉽지 않다. 왜냐하면 그는 하나님의 형상을 명쾌하게 정의하지 않았기 때문이며, 무엇보다도 그가 여러 저술들 속에서 모순되고 상충되는 진술을 많이 했다는 데 중요한 이유가 있다. 특히 『기독교 강요』와 설교문들 사이에 두드러진 모순점들이 나타난다. 우리는 그것을 뒤에서 자세히 보게 된다. 그래서 스토페르가 말했듯이, 칼뱅에게 있어서 하나님의 형상의 문제는 가장 난해한 부분들 중의 하나이다.[48] 그것이 어려운 주제이기 때문에 칼뱅 연구자들의 해석상의 차이나 논쟁들도 고려하지 않을 수 없다.

그래서 칼뱅의 하나님의 형상을 살펴보는 것은 상당한 분량의 지면을 필요로 한다. 토마스 토랜스가 자신의 *Calvin's Doctrine of Man*에서 거의 반에 가까운 분량을 '하나님의 형상'에 할애한 것도 같은 이유에서이다. 그래서 하나님의 형상에 관해서는 다음 장에서 독립적으로 다루게 될 것이다. 여기서는 단지 칼뱅에 따른 창조된 인간은 하나님의 형상을 가진 존재

칼뱅은 다른 곳에서 이렇게 말하기도 했다. "모든 것들의 매우 완전하고 탁월한 장인(匠人)인 창조주 하나님은 인간을 그가 이미 찬탄할 만한 분이라는 것을 보여준 모든 다른 피조물들 이상으로 하나의 걸작품으로서 만들었다. 그래서 그 걸작품을 통해 사람들은 그의 특별한 탁월성을 성찰할 수 있다." "Epître à tous amateurs de Jésus-Christ et son Evangile," *La vraie piété*, éd. par I. Backus et C. Chimelli(Genève: Labor et Fides), 1986, 25.

47) *Institution*, I, 15/3.
48) *Stauffer*, 201.

로서, 그것 역시 인간의 존엄성과 우월성의 이유와 근거된다는 점만을 지적한다.

IV. 창조된 인간의 유한성

칼뱅은 인간이 아무리 창조 시, 즉 타락 이전이라고 할지라도 그렇게 완전하고 존엄하기만 한 존재는 아니었다고 보았다. 인간은 하나님의 완전한 창조 가운데서 여느 피조물들과는 다른 특별한 존엄성과 완전성을 가지기는 하지만, 겸비하고 비천한 조건들도 품고 있었다. 그래서 인간은 창조 시에도 여전히 인간일 뿐이었다는 것이 칼뱅의 시각이었다. 요컨대, 창조의 관점에서도 인간은 긍정적이고 낙관적인 존재만은 아니었다. 인간은 창조 속에서도 겸손하고, 겸비해야 하는 필연적인 이유들을 가지고 있었다는 것이다.

1. 인간은 피조물일 뿐이다

칼뱅에 따르면, 태초에 하나님은 인간을 완전하게, 또한 하나님의 형상에 따라 창조했다고 할지라도, 인간은 그 자신 안에 유한성을 가진다. 즉 인간은 유한하게 창조되었다. 그래서 칼뱅에게는 창조에 있어서도 인간의 위치가 그렇게 격상되고, 존귀하게만 이해되지는 않는다. 칼뱅은 그런 인간의 조건을 무엇보다도 하나님과의 관계에서 파악했다.

그에 의하면, 인간은 하나님과의 관계에서 열등한 존재이다. 하나님은 창조주인 반면, 인간은 피조물일 따름이다. 즉 인간은 하나님에 비해서 비천하고 유한하다. 그것은 언제나 마찬가지이다. 그가 다른 피조물에 대해서는 특권적인, 혹은 우월한 위치를 갖는다고 할지라도 말이다. 이미 보았듯이 인간은 완전하고, 고귀하고, 존엄하게 창조되었다. 그는 창조 시에 완전한 존재였다. 그러나 조심해야 한다. 그는 완전했지만, 어디까지나 인간으로서 완전했다는 것이다. 인간은 신이 아니다. 그는 신과 동등하지 않다. 그는 신의 피조물일 뿐이다.

칼뱅은 언제나 신과 인간의 그런 질적 차이를 깊이 인식했다. 그래서 인간은 자신의 완전성 속에서도 언제나 열등한 존재이다. 그는 자신의 완전성을 지속시키기 위해서는 언제나 밖으로부터의 도움을 필요로 한다. 왜냐하면 그는 완전성을 밖으로부터 받았기 때문이다. 다시 말해서, 그는 언제나 하나님으로부터 가능한 자신의 이해와 지식과 그를 통한 하나님과의 관계, 축복들을 유지하기 위해서 늘 도움이 있어야 한다. 바로 그 점에서 칼뱅은 말한다. "인간이 완전하게 남아 있다고 할지라도, 그의 조건은 하나님에게 도달하기에는 너무나 비천하다. 하물며 자기의 치명적인 멸망으로 죽음과 지옥에 빠져버린 다음에야 그런 수준에서 얼마나 더 낫다고 할 수 있을 것인가?"[49]

2. 인간의 유한성의 이유

칼뱅은 인간의 그런 유한성, 제한된 조건을 다음의 두 가지 점에서 설명했다.

첫째는, 최초의 인간들이 인내심(persévérance)은 받지 못했다는 것이다. 즉 아담이 '창조의 걸작품'으로서 충분한 모든 축복과 능력을 받았지만, 그러나 그런 자신의 축복을 지속시키는 능력은 없었다는 것이다. 종교개혁자는 말한다. "지속시키는 항구성은 그에게 주어지지 않았다. 바로 그것이 그가 그렇게 빨리, 그렇게 쉽게 넘어지게 된 이유이다. 그런데 하나님이 그에게 인내의 덕목을 주지 않은 점에 관해서는, 그분의 내밀한 계획 속에 숨겨져 있으므로, 우리의 과제는 겸손함 가운데서가 아니라면 아무것도

---

[49] *Institution*, II, 12/1.

알지 않겠다고 하는 데 있다."⁵⁰⁾

　창조된 인간에게 있어서 인내가 결핍되었다는 것은 무엇을 의미할까? 그것은 인간이 완전한 상태 속에서라도 하나님에게 의존돼야 하는 존재라는 것을 말해준다. 인간은 그런 근원적인 한계를 자신 안에 가지고 있다. 그런 유한한 존재로서, 그는 하나님과 함께, 그리고 다른 피조물과 더불어 살도록 운명지어진 것이다. 특히 자신의 완전한 존재를 유지하기 위해서 언제나 하나님을 향해 있어야 하고, 그분의 은혜로써 살아야 한다. 그것은 그가 언제나 창조주 하나님과의 관계 속에서 살아야 한다는 것을 의미한다. 그것은 또한 하나님 앞에서 인간이 취해야 하는 태도와 관계된다. 이는 두 번째 사항이다.

　둘째로, 인간은 자신의 창조의 완전성 속에서도, 하나님 앞에서는 언제나 겸비한 존재라는 것이다. 칼뱅은 그것을 창세기설교에서 말한다. "모세는 우리에게 우리가 만들어진 재료를 고려함으로써 우리는 우리를 영광스럽게 할 어떤 것도 가지고 있지 않다는 것을 보여주었습니다. 그래서 우리는 언제나 우리가 거기서 나온 기원을 생각해서, 우리는 흙과 먼지에 불과하다고 고백하면서 눈을 낮추고 겸손하게 나가야 한다는 것입니다."⁵¹⁾ 그 점을 프랑수아 벤델은 이렇게 설명했다. "타락 이전부터, 하나님과의 관계는 그가 인간에게까지 기꺼이 자신을 낮추기를 원해야 했다는 점에서만 수립될 수 있었다. 하물며 인간이 그때도 하나님에게까지는 올라갈 수 없었으니 말이다."⁵²⁾

　이 인용문이 강조하듯이 칼뱅은 언제나 인간이 하나님에 비해 낮고 비천한 존재로 인식했다. 만일 인간이 하나님에게 스스로 다가가기를 원한

---

50) *Institution*, I, 15/8. 인내의 결핍에 관해서는 참고하시오. J. Boisset, La sagesse et sainteté dans la pensée de Jean Calvin, Essai sur l'Humanisme du Réformateur francais(Paris: PUF, 1959), 21.
51) Sermon sur la Genèse 2:7-15, *Supplementa*, XI/1, 96-97.
52) *Wendel*, 162.

다면 미궁(labyrinthe) 속으로 떨어질 뿐이다.[53] 그것 역시 인간의 유한한 조건을 말해준다. 인간이 무흠하다고 해도, 그리고 어떤 범죄도 저지르지 않았다고 해도, 그는 언제나 그런 근본적인 유한성으로 특징지어지는 존재이다. 그런 이유에서, 인간이 창조주에게 다가갈 수 있는 유일한 방법은 바로 자신의 유한성을 인정하는 것이다. 인간은 겸비하면서, 즉 자신의 열등한 처지를 받아들이면서, 하나님을 알게 되고 그와의 관계에 들어가게 된다. 최초의 인간들의 타락은 바로 그 점에서 실패한 것이었다.

V. 칼뱅에 따른 창조된 인간, 평가와 의미

칼뱅의 인간관은 창조의 관점에서 볼 때 낙관적이라고 할 수 있다. 그는 창조된 인간을 그 자체로서 긍정적으로 보았다. 인간은 영혼을 가진 존재로, 하나님의 형상에 따라 지음을 받았다. 그는 존엄하고, 완전하며, 자유의지까지 가지고 있었다. 그래서 그는 자신의 창조주인 하나님과 올바른 관계를 가지고, 아름다운 동산에서 영원히 살 수 있는 존재였다.

그럼에도 불구하고 칼뱅의 인간관은 창조라는 관점에서도 그렇게 낙관적이거나 긍정적이지만은 않다. 처음 인간은 유한하게 창조되었다. 그는 하나님과의 관계에서 열등하고, 더군다나 자신의 지고한 축복들을 지속시킬 만한 인내심은 결여되어 있었다. 그래서 인간은 타락 이전이라고 할지라도 겸비하고 조심하며 살아야 했던 존재였다. 그렇게 볼 때, 칼뱅이 창조의 관점에서 본 인간은 전체적으로는 긍정적이고 낙관적이다. 그러나 동시에 부정적이고 비관적인 면도 포함하고 있다. 즉 창조된 인간은 긍정적이지만 그 안에 부정적인 면도 가지고 있는 인간형이었다.

그것은 칼뱅의 인간 이해가 복합적이며 현실적이라는 점을 말해준다.

---

53) *Institution*, I, 6/1, 13/21 etc.

칼뱅은 인간을 이상적이거나 관념적으로만 보지 않는다. 그것은 창조의 관점에서뿐만 아니라, 타락의 관점에서, 그리고 구속의 관점에서도 역시 마찬가지이다. 전체적으로 볼 때 칼뱅은 가능한 있는 그대로의 현실로써 인간을 보았다. 절대적으로 선하거나 완전한 사람은 없다. 또한 절대적으로 악하거나 추한 사람도 없다. 정도의 차이는 있지만 사람은 다 어느 정도 선하고, 어느 정도 악하다. 그것은 타락 이전의 인간에 있어서도 마찬가지이다. 그는 선하고 완전했지만 여전히 불완전하고 부족한 면을 가지고 있었다. 칼뱅은 창조의 인간 속에서 그런 점을 통찰했다.

칼뱅의 그런 사상을 볼 때, 우리는 사람에 대한 어줍지 않은 판단을 경계하게 된다. 사람에 대한 절대적인 신봉이나 예찬, 절대적인 비난이나 배척 모두를 피하게 된다. 그 대신, 사람의 긍정적인 면을 그것 자체로서 긍정하고 좋아하는 한편, 부정적인 면은 조심하고, 경계해서 더 나빠지지 않도록 하며, 더 나가서는 그 점을 개선할 수 있게 한다. 그런 인식과 접근은 더욱 자기 자신에 대해서 적용되고, 또 되어야 한다.

칼뱅은 사람들의 교만을 강하게 비판했다. 그것은 자기 자신을 있는 그대로 보는 것이 아니라, 그 이상으로, 절대적인 존재로까지 격상시키는 태도이자 행위였다. 그것을 피하는 길은 사람들 모두가 자기 자신을 있는 그대로 보고, 좋은 면은 발전시키되, 부정적이고 왜곡된 점들은 인정하고, 조심하며, 더 나가서는 개혁해나가는 데 있다. 그런 점에서 칼뱅의 사상은 오늘날의 사람들에게도, 자신들의 인간성 형성과 개혁에 필요하며, 타자들을 바라보는 시각과 태도, 더 나가서 그들과의 관계 형성에도 많은 도움을 준다고 할 수 있다.

칼뱅의 인간 사상에 나타난 특징 중 하나는, 그가 영혼과 육체를 가르고, 영혼만을 중시하고 예찬하는 이원론적 헬레니즘에 빠져 있지 않다는 점이다. 그는 오히려 성서적이고, 헤브라이즘적 특징을 지닌다. 물론 칼뱅은 영혼을 중시하고, 영혼불멸성을 믿으며, 인간이 영적 존재라는 점에서 우월성과 완전성을 찾기도 한다. 그러나 그것은 헬레니즘적 이원론에 토대를 둔 것이기보다는 오히려 창조된 인간이 다른 피조물들과 비교해서 가지는 우월성, 정신과 의지의 다양한 능력들, 자유, 초월성 등 그런 것들에 대한 설명에서 비롯된 것이다. 요컨대 칼뱅은 영혼과 그 능력을 중시하면서도, 육체의 오묘함과 아름다움, 완전성을 강조한다. 그는 인간의 육체를 하나의 "소우주"(microcosmos)라고 보았고, "창조주의 행위를 환하게 비춰주는 거울"[54]이라고 했다. 이 점은 다음 장 "하나님의 형상"에서 더 잘 알게 될 것이다.

---

54) *Institution*, I, 5/3.

제4장

하나님의 형상

칼뱅은 성경에 따라 하나님이 인간을 자신의 형상으로 창조했다는 것을 믿었다. 그래서 그에게서 인간은 바로 하나님의 형상(*imago Dei*)이었다. 그가 인간을 하나님의 형상으로 본 것은 중요한 의미를 갖는다. 하나님의 형상은 기본적으로 인간을 고귀한 존재, 가능성이 많은 존재, 사랑하고 존경할 만한 존재로 바라보게 한다. 칼뱅 역시 그런 시각을 받아들였고, 하나님의 형상을 매개로 자신의 사상을 매우 풍부하고 다양하게 전개해나갔다. 그 결과 그의 인간 이해는 깊이와 의미가 있고 오늘 현대인들도 받아들여 발전시킬 만한 많은 가치를 가지게 되었다.

그러나 리샤르 스토페르가 지적했듯이 칼뱅이 말하는 하나님의 형상은 그의 여러 신학주제들 가운데서 가장 어려운 것들 중의 하나이다.[1] 그 이유는 다음의 두 가지 때문이다.

첫째, 칼뱅은 자신의 저작들 중에서 하나님의 형상을 다양하게, 그리고 자주 언급하지만, 그것을 분명하게 정리해주지는 않았다. 그뿐만 아니라 그는 일치되지 않거나, 때로 상반된 면을 보여주기까지 한다. 그래서

---

1) *Stauffer*, 201.

그 같은 진술들을 접하는 사람들은 혼란스러운 느낌을 가지게 된다.

둘째로, 그럼에도 불구하고 칼뱅 자신은 그 다양하고 때로 모순된 표현들에 대한 이유를 설명하지 않았다. 그래서 하나님의 형상에 관한 다양한 표현들 배후에 있는 어떤 일관되고 통일된 사상을 알기가 어렵다. 그 이유에서 메어리 포터 엔젤은 이른바 그의 '관점주의'(perspectivalism), 말하자면, 다양하고 상충된 진술들에 각기 적합한 관점의 채택과 적용을 통한 문제해소라는 방식으로 칼뱅에 따른 하나님의 형상을 설명하기도 한다.[2]

그러나 칼뱅이 하나님의 형상을 다양하게 표현할지라도, 거기에 어떤 바탕 또는 배경이 되는 근원사상이 없는 것은 아니다. 즉 여러 가지 진술들의 바탕에 일관되게 나타남으로써, 각기의 표현들에게 하나의 통일성을 주는 초점과 기본 경향이 있다. 나는 그것들과 관계해서, 칼뱅의 '하나님의 형상'의 중심요소를 이해하고, 그 요소와 관계된 여러 가지 표현들을 살펴보며, 그 표현들 사이의 관련성을 찾아보는 방식으로 문제를 풀어나가려고 한다. 그럼으로써 전체적으로는 그의 하나님의 형상이 가지는 내용과 의미, 그 중요성 같은 것들을 찾아보고자 한다.

I. 하나님의 형상이란 무엇인가?

우리가 '형상'이라고 번역하고 있는 라틴어의 '*imago*'는 원래 새겨지거나 그려진 상이나 초상을 뜻한다. 그래서 일반적으로 '하나님의 형상'이라고 할 때, 그것은 하나님의 모습이 새겨진 조각이나 조형물, 그려진 초상으로 이해된다.

신은 보이거나 만질 수 없는 존재이다. 그래서 사람들은 언제나 그림

---

[2] M. P. Engel, 37-63.

이나 조각, 기타 어떤 매개물들을 통해서 신을 표현한다. 그런 매개물들은 동서고금을 막론하고 신성하고 고귀한 것으로 인정되어 왔다. 성서와 그리스도교의 신학에서는 사람이 바로 그 신성한 매개물, 즉 하나님의 형상으로 창조되었다고 한다. 종교개혁자 칼뱅 역시 같은 전통에 의거해서, 태초에 인간이 하나님의 형상을 따라서 창조되었다고 보았다.[3]

그러나 먼저 주의해야 할 것이 있다. 그것은 칼뱅이 그 용어를 쓸 때는 언제나 스콜라주의자들의 견해를 반박하는 것으로부터 시작했다는 점이다. 스콜라주의자들은 창세기 1장에 나오는 '형상'(image)과 '모습'(ressemblance)을 구별하면서, 전자는 '본체'로 후자는 '우연성'(accidents)이나 '성질들'(qualités)로 간주했다.[4] 그러나 칼뱅에 따르면 '모습'이라는 말은 '형상'을 더 잘 나타내고자 부가된, 혹은 반복된 것에 불과하다. 그의 논점을 직접 들어보자.

"'형상'과 '모습'에 관계된 사소하지 않은 논쟁이 하나 있다. 왜냐하면 연구자들은 그 두 단어 사이의 차이점을 찾아내고자 애쓰지만 그것은 무의미하다. 왜냐하면 모습이라는 명칭은 형상을 밝혀주기 위해 부가된 것에 불과하기 때문이다. 그런데 우리는 하나를 설명하기 위해 두 번 반복하는 것이 히브리인들의 습관이라는 것을 알고 있다. 결과적으로 인간은 하나님을 닮았기 때문에 하나님의 형상이라고 명명되었다는 것을 의심할 수는 없다. 그래서 형상이라는 명칭을 영혼의 본체에 부여하고, 모습이라는 명칭을 성질들에 부여한다든지 하는 식으로 더 복잡하게 생각하는 사람들은 우스꽝스럽게 될 뿐이다."[5] 그래서 칼뱅은 중점이 되는 '형상'이라는 용어만을 가지고 논의를 전개하며 그 의미를 밝힌다.

---

3) *Institution*, I, 15/3, 그리고 *Commentaire*, Genèse 1:26 이하.
4) *Ibid.*, *Commentaire*, Genèse 1:26 etc.
5) *Institution*, I, 15/3.

II. 하나님의 형상의 구속사적 의미

칼뱅은 하나님의 형상을 우선적으로, 그리고 주로 구속사적 관점에서 정의하고 설명한다. 즉 창조와 타락, 그리고 그리스도를 통한 회복이라는 구속사의 각 단계를 통해서이다. 그러므로 칼뱅의 하나님의 형상을 그리스도를 중심으로 하는 구속사적, 또는 교리적 관점에서 해석하는 것이 그의 사상과 근본의도에 잘 부합된다. 실제로 거의 대다수의 연구자들, 예를 들어 빌헬름 니이젤,[6] 토마스 F. 토랜스,[7] 챨스 파티,[8] 가브리엘-Ph. 비드메르[9] 등이 모두 그 관점으로 보았다.

1. 태초의 하나님의 형상

칼뱅에 따르면, 태초에 아담이 부여받았던 하나님의 형상은 아름답고 완전한 인간의 '통전성'(intégrité)을 의미했다. 그 통전성 덕분에 태초의 인간은 "총명해서 올바른 정신으로 즐겁게 살았으며, 잘 정리된 감정들과 순화된 감각들, 그리고 자신 안에 모든 것이 잘 정돈되었으므로 창조주의 영광을 나타냈었다."[10] 그는 창세기주석에서도 역시 같은 것을 말한다. "그 모습이나 형상이란 말은 아담이 올바른 지성과 잘 정돈되고 이성에 복종하는 감각들을 가지고, 모든 선함 속에서 참으로 탁월했던 때, 그의 모든 본성의 통전성을 의미한다."[11]

---

6) 『칼빈의 신학』, 64-65, 76.
7) T. F. Torrance, 35-82.
8) C. Partee, *Calvin and Classical Philosophy*(Leiden: E. J. Brill, 1977), 52-54.
9) G.-Ph. Widmer, 213-229.
10) *Institution*, I, 15/3.
11) *Commentaire*, Genèse 1:26.

칼뱅은 최초 인간들이 받았던 하나님의 형상을 그렇게 정의한 뒤 곧 바로 인간의 타락과, 그리고 무엇보다도 그리스도를 통한 회복이라는 관점으로부터 설명하려고 했다. "이 형상에 관한 완전한 정의"(pleine définition)는 "인간의 타락된 본성의 회복에 의해서만 더 잘 이해될 수 있다"는 이유에서이다.[12] 그에게서 타락과 회복이라는 관점으로부터의 정의는 매우 중요했다. 왜냐하면 현재 타락해서 부패한 본성을 가지고 있는 우리는 그리스도의 은혜로 회복된 하나님의 형상으로밖에는 그것을 알 도리가 없기 때문이다. "하나님의 형상이 아담의 타락으로 인해서 우리 가운데서 지워졌기 때문에, 우리는 아담의 회복에 따라 그것이 무엇인지를 판정해야 한다."[13] 그래서 칼뱅은 곧 바로 타락과 회복의 관점으로 넘어간다.

2. 타락 이후 하나님의 형상의 부패

칼뱅은 하나님의 형상이 아담의 타락 이후 어떻게 변화되었는지를 설명한다. "자기 위치에서 타락한 아담이 그런 배반으로 인해 하나님으로부터 소외되었다는 데는 의심의 여지가 없다. 그래서 우리가 하나님의 형상이 그에게서 완전하게 철폐되고 말소되었다고 보지는 않지만, 그러나 그것은 남아 있는 것마저도 모두가 추하게 일그러졌을 정도로 심하게 부패했다."[14] 이는 타락한 인간에게 아직 하나님의 형상의 잔재가 남아 있기는 하지만, 그것이 완전히 더럽혀지고 무너져서 더는 하나님의 영광을 보여주지 않는다는 뜻이다. 즉 하나님의 형상은 타락한 인간 속에 더는 존재하지 않는다고 할 수 있다. 이 사실은 그의 창세기주석에서 다시 확인된다. "그 형상의 어떤 자취들이 우리에게 남아 있다고는 해도, 그것들은 너무나 부패하고, 너무나 불완전해서, 그것이 말소되었다고밖에는 말할 수 없다."[15]

---

12) *Institution*, 15/4.
13) *Commentaire*, Genèse 1:26.
14) *Institution*, I, 15/4.

요컨대 인간은 타락으로 인해 하나님의 형상을 사실상 상실했다. 그는 더는 자신의 지성으로써 하나님을 알 수 없으며, 자신의 의지로써 더는 하나님을 따를 수 없게 되었다. 그 결과 그는 하나님 앞에서, 하나님과 함께 사는 진정한 삶을 영위할 수 없게 되었다. 왜냐하면 형상이 인간의 완전성 혹은 통전성을 의미하기 때문이다.

주지하듯이, 인간이 타락 이후에도 완전한 영혼의 능력과 함께 하나님의 형상을 보유한다면, 그리스도 사건의 의미는 없어지거나 반감된다. 다시 말해서, 인간이 중재자 그리스도의 공로로써만 구원을 얻는다는 복음사상은 약화되거나 사멸되고 만다. 그 관점에서는 인간의 전적 타락을 강조하지 않을 수 없다. 그러므로 그런 교리적인 차원에서 종교개혁자는 인간의 전적이고 완전한 타락을 매우 강조했다. 가령 그는 이렇게 말한다. "그의 본성은 완전히 타락해서 정신은 눈멀었으며, 그의 마음은 비뚤어졌고, 남겨둔 것 하나 없이 모든 통전성을 상실했다."[16]

그럼에도 불구하고 칼뱅은 그리스도의 의미가 감소되지 않는 범위에서 인간이 타락 이후에도 여전히 하나님의 형상을 보유하고 있으며, 그럼으로써 하나님을 알고 경외할 수 있다는 점을 인정했다.[17] 그러나 그 경우 그렇게 얻어진 인간의 지식과 예배는 우상 숭배와 미신으로 귀착되고 만다는 점이 명시된다. 그러므로 타락한 인간이 자신의 구원을 위해서 의존해야 하는 것은 자기 안에 남아 있는 어떤 형상의 잔재가 아니다.

정리하면, 하나님의 형상은 창조 시에 인간이 가졌던 완전함을 의미하지만, 타락 이후 그것은 완전히 변형되거나 소멸되었다. 그래서 인간은 자신의 구원을 위해서 자신 안의 어떤 것에도 의존할 수 없다.

---

15) *Commentaire*, Genèse 1:26, 36-37.
16) "Au roi de France," *Lettres*, II, 153.
17) *Commentaire*, Genèse 1:26, Jean. 4:36, 9:39 etc.

3. 회복된 하나님의 형상

칼뱅에 따르면 최초 인간들의 타락으로 부패한 하나님의 형상은 예수 그리스도를 통해서 회복된다. 칼뱅에게서, 예수 그리스도는 하나님의 "매우 완전한(très parfaite) 형상",[18] 또는 "매우 생생한(très vive) 형상"[19]이다. 하나님은 보이지 않는 존재이다. 그래서 그는 사람들에게 자신을 보여줄 어떤 매개물, 즉 형상을 택한다. 칼뱅은 그 형상이 바로 그리스도이고, 그래서 현재 우리가 하나님의 형상인 그리스도를 통해서만 하나님을 볼 수 있고, 알 수 있다. 그는 말한다.

"그리스도는 우리에게 하나님을 보여주기 때문에 하나님의 형상이라고 말해진다. 하나님은 그 자체로서, 즉 그의 지고한 존엄성으로 인해, 육체의 안목에서뿐만 아니라 인간의 지각들로써도 보이지 않는다. 그러나 오직 그리스도 안에서 나타났으므로, 우리는 마치 거울처럼 그를 통해 하나님을 살펴본다. 그러므로 그리스도 밖에서 하나님을 찾지 않도록 하자. 왜냐하면 하나님을 표현하고자 하면서 애초부터 그리스도 밖에서 추구하는 모든 것은 우상이기 때문이다."[20]

하나님을 보고 아는 계시나 인식의 문제뿐만 아니라 구원의 문제도 역시 마찬가지이다. 즉 부패한 하나님의 형상을 가진 죄인은 오직 그리스도의 형상으로 회복될 때 구원을 받을 수 있다. 칼뱅은 말한다. "구원을 향한 출발점은 우리가 예수 그리스도로 말미암아 얻는 회복 가운데 있다. 그 이유에서 그는 둘째 아담이라고 불린다. 왜냐하면 그는 우리에게 참된 통전성을 다시 세워주기 때문이다. 우리의 중생의 목적은 바로 예수 그리스도가 우리를 하나님의 형상으로 개혁하려는 데 있다."[21] 여기서 칼뱅은 '첫

---

18) *Ibid.*
19) 21e Sermon sur le Livre II Samuel, *Supplementa*, I, 187.
20) *Commentaire*, Colossiens 1:15.
21) *Institution*, I, 15/4.

째-둘째 아담'이라는 바울신학의 구원사적 관점을 도입했다. 즉 첫째 아담이 타락으로 인해 잃어버린 하나님의 형상을 둘째 아담인 그리스도가 자신의 의로 회복함으로써 죄인이 구원받는다는 의미이다. 그래서 어떤 경우든지 타락한 인간은 그 자신이 하나님의 완전한 형상인 그리스도를 통해서 회복된 형상을 가지게 된다.

"우리는 그리스도가 하나님의 매우 완전한 형상임을 알고 있다. 우리는 그의 모습에 부합됨으로써, 참된 경건과 의, 순수, 그리고 지성 가운데서 하나님을 닮게 되기까지 회복된."[22] "바로 그 이유에서 그는 우리에게는 안 보이는 성부 하나님의 생생한 형상이라고 불리는 것입니다. 그래서 그에게서 우리는 모든 지혜와 선함과 그리고 모든 의를 얻습니다."[23] 여기서 하나님의 형상은 '경건'과 '의'와 '지성', '지혜'와 '선'이라는 면에서의 하나님과의 유사성으로 표현되는데, 칼뱅은 그것을 창세기주석에서는 바울의 표현을 빌어서 하나님의 형상은 "진정한 의와 거룩함 가운데서 이루어진다"고 했다.[24] 그러나 어떤 경우에서든지 그런 '경건'이나 '의', '거룩', '지혜' 등의 표현들은 그가 설명하는 대로 "전체를 (표현하기) 위해 부분을 택하는 제유법(synecdoque)"이다.[25]

그런 제유법적 표현들을 빌어서 칼뱅이 하나님의 형상을 의미하고자 하는 것은, 아담이 그의 타락으로 상실했으나, 그리스도에 의해서 회복되고 완전해진 "본성 전체의 완전성"(l'intégrité de toute la nature)[26]이었다. 즉 그에게서 하나님의 형상은 하나님의 창조의 솜씨를 비춰주는 것뿐만 아니라, 타락한 죄인을 구원하여 바른 인간으로 회복시켜주는 구속주의 은혜를 보여주는 그리스도인의 전 인격, 완전한 인간성을 의미했다.

그러나 한 가지 분명히 해야 할 것이 있다. 그것은 하나님의 형상은

---

22) *Ibid.*
23) 21e sermon sur II Samuel, *Supplementa*, I, 187-188.
24) *Commentaire*, Genèse 1:26, 36.
25) *Ibid.*
26) *Ibid.*

그리스도의 은혜 안에서 하나님의 자녀로 받아들여진 사람들에게서 다시 나타나게 되었다고 할지라도, 그들의 형상은 언제나 하나의 모호성을 갖는다는 점이다. "현재 이 형상은 성령으로써 중생한 선민들에게 부분적으로 그리고 단편적으로 나타나지만, 그것은 하늘에서나 완전한 빛을 얻게 될 것이다."[27] 즉 신자들이 가지는 하나님의 형상은 완전한 것이 아니라 그것의 일부, 또는 조각일 뿐이어서 여전히 어두움과 불완전함을 내포하고 있다. 이는 칼뱅에게서 그리스도의 은총으로 한 번 회복된 형상이라고 해도, 여전히 다시 회복되고 발전되어야 한다는 생각으로 이어진다. 즉 "그를 창조하신 분의 형상으로 새로워진 새 인간"에서 "그 회복은 단 순간에 또는 하루만에, 또는 일 년 안에 이루어지는 것이 아니라 시간의 지속적인 흐름에 따라서, 말하자면 조금씩 조금씩"[28] 이루어진다. 여기에서 칼뱅이 이해하는 하나님의 형상은 그리스도인의 삶의 궤적인 성화의 끝없는 과정을 수반한다.

이와 같이 볼 때, 칼뱅은 일차적으로 하나님의 형상을 창조, 타락과 그리스도를 통한 회복, 그리고 최후의 완성을 향해 있는, 즉 오스카 쿨만의 표현을 빌리자면, '이 시간'(cet aiôn-ci)과 '오고 있는 시간'(cet aiôn qui vient), 또는 '이미'(déjà)와 '아직 아니'(pas encore) 사이를 산다고 표현되는 신자들의 실존이라는 구원사적 사고 속에서 이해하고 있다. 거기서 하나님의 형상은, 창조에 있어서, 완전하게 창조된 아담의 인간성, 그러나 타락에 의해 사실상 소멸된 후, 그리스도 안에서, 또는 그리스도를 통해서 회복된 인간성, 그리고 이미 이루어진 구속의 은혜 속에서 살면서도, 동시에 여전히 자신 안에 죄와 타락의 뿌리를 가지는 이중적 현실 속에 사는 그리스도인들 안에서 끊임없이 새롭게 이루어지고, 발전되는 인간성이라고 이해된다.

---

27) *Ibid.*
28) *Institution*, III, 3/9. 같은 책에서 칼빈은 이렇게 말하기도 했다. "하나님은 그의 형상을 우리 가운데서 조금씩 조금씩 개혁해 나가기를 좋아한다." 20/45.

III. 하나님의 형상의 자리
— 영혼인가 육체인가? 사람인가 자연인가?

루터와 마찬가지로 칼뱅에게서도 사람이 하나님의 형상으로 창조되었다는 것만큼 인간의 고귀성과 존엄을 잘 설명하는 것은 없다. "하나님의 형상은 모든 존엄성에 미치고 있으며, 그것으로 인해 인간은 어떤 종류의 동물들보다 탁월하다."[29] 그 이유를 칼뱅은 인간이 가지는 영혼의 고유한 능력, 즉 하나님을 생각하고, 선악을 판단하며, 생각하고 뜻한 바를 자유롭게 실천하는 힘에서 찾았다. 그 점에서 칼뱅은 하나님의 형상이 사람의 구성 중에서 특히 영혼에 위치하고 있다고 보았다. 영혼의 능력인 지성과 이성과 의지로써 다른 여러 피조물과 구별되며, 또 그것들에 의해서, 자신의 독특성과 탁월성이 매우 잘 드러난다. 하나님의 형상은 바로 거기에 관계된다. 그 점을 살펴보자.

1. 영혼과 관계된 하나님의 형상

칼뱅은 먼저 하나님의 형상을 "혼동되게 영혼과 마찬가지로 육체에다가도 놓음으로써 사람들이 말하는바 하늘과 땅을 뒤섞어 놓았던 오시안더와 같은 너무 공상적인 사람들"을 반박했다.[30] 즉 그는 하나님의 형상을 강조점 없이, 그리고 구별 없이 봄으로써 그것의 의미를 혼동되고, 모호하게 만드는 무분별한 주장을 비판했던 것이다. 그는 말한다. "하나님의 영광이 인간의 외면에도 새겨져 있기는 하지만, 그 형상의 위치가 영혼이라는 사실은 의심할 나위가 없다."[31]

---

29) *Institution*, I, 15/3.
30) *Ibid*.
31) *Ibid*.

더군다나 칼뱅은 하나님의 형상을 분별없이 인간의 육체에 적용하게 될 때 일어나게 되는 사람들의 오류를 잘 알고 있었다. 그것은 가시적이고 물질적이고 유한한 것에다 그것을 넘어서는 정신적이고 불가시적이고 유동하는 이른바 영적인 요소들을 가두어 놓음으로써, 다시 보고, 다시 듣고, 다시 생각해야 하는 끝없는 노력을 회피하는 행태에 관계된다. 이는 곧 굳어져서 그 이상의 것에 닫혀 있는 오류, 즉 살아 있는 하나님 대신 죽은 우상에서 안정을 구하는 미신과 우상 숭배의 오류였다. 이런 맥락에서 칼뱅은 인간의 외형으로써 신을 표현하려는 신인동형론(anthropomorphisme)을 배격한다. 이것은 신을 손쉽게 포착하려는 생각과 다름이 아니었다. 칼뱅에게서 하나님은 인간이 보고, 알고, 믿고 있는 것보다 훨씬 큰 존재이다.

따라서 하나님의 형상은 인간의 구성 중에서 안 보이는 곳에 있다는 것이다. 그것도 어떤 서술이나 묘사가 손쉬운 것으로서가 아니라, 그런 묘사나 서술을 언제나 넘어서는 '영적인 것', 즉 인간의 이해를 벗어남으로써 언제나 새로운 이해로 인도해가는 '정신적인 것'으로써 표현되었다. 그러므로 칼뱅에게 나타난 하나님의 형상을 니이젤이 하나님과의 관계 속에 나타나는 인간의 '태도' 또는 '자유', '올바른 관계'로써 파악했던 것이나,[32] 토랜스가 "인간의 본성적 존재의 문제가 아니라, 본성을 넘어서서 하나님의 친근한 임재에 대한 특별한 관계에 근거한" 인간의 '응답'으로서 규명했던 것이나,[33] 비드메르가 인간을 보는 하나님의 눈과 하나님을 보는 인간의 눈, 그 상호 응시에 근거한 관계라는 의미에서, 하나님과 인간 사이의 "얼굴 대 얼굴"(face à face)이라고 했던 것이[34] 모두 타당한 이유를 갖는다.

그런 해석들은 모두 칼뱅의 하나님의 형상 이해가 어떤 물리적인 실

---

32) 『칼빈의 신학』, 64, 76.
33) T. F. Torrance, 73, 52.
34) G.-Ph. Widmer, 214-215.

재나 부여물이 아니라, 계시적이면서 동시에 인간의 계시이해를 넘어섬으로써 계시초월적인 하나님 앞에 선 인간의 이해 또는 응답, 언제나 새로운 관계를 이루면서 다가오는 하나님의 임재에 대한 자기개방의 태도, 과거의 관계에 집착함으로써 안정을 구하는 폐쇄된 자기로부터 벗어날 줄 아는 인간의 자유에 관계된다는 것이다. 다시 말해서, 인간이 가진 하나님의 형상이란 인간이 어떤 신적 실재를 가졌다는 것이 아니고, 언제나 자신을 다시 계시하는 하나님, 과거의 것을 넘어서서 새로운 것을 택해 자신을 다시 표현하는 자유로운 하나님, 인간의 새로운 상황에 응답해서 자신을 다시 던져 인간에게 받아들여지게 하는 방식으로 맺는 관계의 하나님을 볼 줄 알고 이해할 줄 아는 인간 능력이 바로 하나님의 형상이라는 것이다.

그 결과 우리가 앞에서 보았듯이, 칼뱅에게 있어서 하나님의 형상은 '지성'적이고 '영적'인 자유와 능력, 가시적이고 유한한 것에 끌려 들어가려는 끊임없는 충동을 이기면서, 영원과 초월에 열려 있는 참 종교에 귀의하는 '의'와 '경건'과 '거룩' 등으로 표현된 사람들의 완전한 인간성으로 이해되었던 것이다. 이것들은 모두 영혼 또는 정신에 관계된 것이므로, 칼뱅이 하나님의 형상의 자리를 인간의 영혼에 두었다는 점을 이해할 수 있게 된다.

2. 하나님의 형상은 육체에도 새겨져 있다!

칼뱅은 거기에만 머무르지 않았다. 그가 강조점과 이유와 의미를 가지고 하나님의 형상을 인간의 영혼에 관계시켰다고 할지라도 인간의 신체 역시 하나님의 형상을 나타내고 있다는 사실을 의심하지 않았다. "하나님의 형상의 최고의 위치가 영과 마음에, 또는 영혼과 영혼의 능력들 속에 놓여 있다고는 하지만 육체 자체에까지도 빛나는 어떤 불꽃을 가지지 않는 부분이란 없었다."[35]

---

35) *Institution*, I, 15/3.

칼뱅은 또한 창세기설교에서도 말한다. "만일 우리가 우리의 몸을 본다면, 그것은 흙으로 만들어졌습니다. 그러나 하나님은 이 부패할 그릇을 선택했고, 아무런 명예나 존귀도 없는 거기에서, 그 자신의 은혜와 그의 성령의 은사의 처소로 삼기를 원하셨으므로, 우리는 그의 형상을 간직하게 되었습니다."[36] 즉 인간의 육체 역시 하나님의 피조물로서 창조주의 영광과 능력을 나타낸다는 점에서 하나님을 보여주는 형상이라는 뜻이다. 이것은 칼뱅이 계시론에서 "인간의 육체는, 첫눈으로 보아도, 그것의 창조주가 우리의 찬양을 받을 만하다는 사실을 금방 알게 해줄 만큼 탁월한 작품이다"[37]라고 말한 것과 상통한다.

그래서 칼뱅은 하나님의 형상을 인간의 영혼에만 국한시키지 않았다. 그는 그것을 영혼에 관계시키면서 그 의미와 중요성을 충분히 논한 후, 또 다른 측면에서 그것을 인간의 육체에 적용시켰다. 즉 창조의 차원에서, 그리고 자연계시라는 측면에서, 하나님의 영광과 솜씨와 능력은 그가 지은 인간의 전체에서 나타나고 있다는 것이다. 그래서 사람들은 자신들의 육체의 아름다움과, 신체구성의 오묘함과, 생체기능의 완전함을 통해서 창조주의 영광과 능력을 보게 되고 알게 된다. 그런 이유로, 칼뱅은 하나님의 형상은 인간의 영혼뿐만 아니라 육체에도 비추어지고 있다고 했다.

3. 자연도 하나님의 형상이다!

창조로서의 계시라는 관점에서, 칼뱅은 하나님의 형상의 자리를 더 넓은 지평으로 이끌어간다. 즉 그 형상이 단지 인간에게만 국한되는 것이 아니라, 더 넓게 하나님의 창조세계 전체에 관계되어 있다는 것이다. 이 점은 특히 토랜스가 칼뱅의 용례에서 하나님의 형상이 대상을 비추어 주

---

36) Sermon sur la Genèse 1:26-28, *Supplementa*, XI/1, 61.
37) *Ibid.*, 5/2.

는 '거울'이라는 은유로 표현된다는 점을 포착해서, 창조주의 영광을 비추어주는 거울인 모든 피조물들이 하나님의 형상의 의미를 갖는다고 주장했던 바이기도 하다.[38] 이 저자는 특히 『기독교 강요』 I권 5장 1항과 로마서 주석의 두 부분을 근거로써, "전체로서의 세계이든, 가장 미소한 생물이든 모두 하나님의 영광의 형상이라고 말해지는 바", "하나님의 형상은 하나님에 의해 창조된 대우주 속의 어떤 것에든지 사용될 수 있다"고 말했다.[39]

실제로 칼뱅은 적극적인 방식으로 하나님의 형상을 설명하는 문맥들 속에서, 세계 내의 모든 것들이 하나님의 영광을 나타낸다는 점을 충분히 인정한다. "세상의 모든 부분들 속에서 하나님의 영광의 자취들이 나타나고 있다는 것이 명백한 사실이다."[40]

다른 곳에서 칼뱅은 이보다 더 적극적으로 말한다. "이 말씀들은 매우 좋고, 아주 유용한 교리를 내포하는데, 그것은 우리가 이 세상 가운데서 하나님의 형상을 볼 수 있다는 사실이다. 그래서 세상은 신성의 거울이라고 불리며, 하나님이 시야를 열어준 신자들은 각 피조물 속에서 그의 빛나는 영광의 불꽃들을 헤아려본다."[41] 그러므로 칼뱅에게 있어서 하나님의 형상의 자리는 일차적으로 인간, 특히 그의 영혼이지만, 그것을 넘어서서 인간의 육체에도 해당되며, 또한 더 넓게 인간을 포함하는 하나님의 피조 세계 전체에도 관계되고 있다. 여기에서 볼 때 칼뱅의 하나님의 형상 이해는 매우 포괄적이라는 사실을 알 수 있다.

전체적으로 보면, 그는 예수 그리스도라는 구속의 은혜나 특별계시로서 나타나는 하나님의 개입에 대한 인간의 응답과 태도로서의 영혼의 능력이라는 강조점을 유지하면서도 창조주의 영광, 즉 창조로서의 계시라는 시각을 통해 하나님의 형상이 인간의 영혼뿐만 아니라 육체에도, 인간뿐

---

38) T. F. Torrance, 35, 36.
39) *Ibid.*, 37.
40) *Institution*, I, 15/3.
41) *Commentaire*, Hébrieux 11:3.

만 아니라 다른 모든 피조물들 속에서도, 즉 세계의 모든 부분에 빛나고 있다고 보았다.

IV. 윤리적 근거로서의 하나님의 형상

『기독교 강요』나 성서주석 등에서 나타나는 칼뱅의 하나님의 형상 이해는 그 자료의 성격으로 보아서 우리가 위에서 했던 교리적 또는 신학적 해석을 요청한다. 그러나 칼뱅은 그리스도인의 윤리와 삶의 실천에 관계된 저술들, 특히 그의 방대한 설교들 속에서는 또 다른 의미로 하나님의 형상을 설명한다. 이것은 그리스도인의 책임성에 관계되는 것으로서 다음의 두 가지 차원을 가지고 있다.

1. 인간의 자의식과 그 삶으로서 하나님의 형상

먼저 칼뱅은 하나님의 형상을 그리스도인이 자기 자신에 대한 자의식과, 그에 대한 책임이라는 맥락에서 거론한다. 이 점은 연구자들이 거의 간과해왔을 정도로 칼뱅의 저술들 속에서 매우 드물게 나타나지만 빼놓을 수 없는 가치를 지니고 있다.

칼뱅은 미가서설교에서 말한다. "우리가 인간적이고, 부드럽고, 자비롭기를 바랍니다. 왜냐하면 그렇게 함으로써, 우리가 그를(하나님) 닮게 되며, 우리가 그의 자녀들이며, 그가 우리 속에 그의 형상을 새겨놓았다는 사실을 천명하게 되기 때문입니다."[42] 즉 하나님의 형상으로 새롭게 창조된 그리스도인들은 그 같은 은혜의 현실을 인식해서, 자신들이 그 형상에 맞게 살도록 부름을 받았다는 의식을 가지고 실천하며, 동시에 그 실천 속

---

42) 22e sermon sur le Livre de Michée, *Supplementa*, V, 190.

에서 다시 부름 받은 자신들을 확인하고 명시한다는 것이다.

칼뱅이 생각한 하나님의 모습을 따라 산다는 것은, 인용에서 보듯이, 근본적으로 '인간적이고 따듯하며 은총을 베풀면서 사는 것'이었다. 칼뱅은 그런 삶의 실천 속에서 그리스도인들은 하나님을 더욱 닮아가며 또한 자신들이 그 '인간적이고 부드러우며 자비로운' 분의 자녀이며 형상임을 선명하게 드러낸다고 보았다. 이것이 바로 그리스도인들이, 하나님의 형상과 관계해서, 자기 자신들에 대해 가져야 하는 책임이었다.

2. 이웃 사랑의 근거로서의 하나님의 형상

칼뱅은 또한 하나님의 형상을 "타인들에 대한 책임성이라는", 또는 "'우리에게 사랑과 형제애가 있어야 한다는 공통의 성격'[43]이라는 도덕적이고 실천적 관점"에서 이해했다.[44] 그리고 이것은 리샤르 스토페르가 종교개혁자의 설교에 관한 연구를 통해 최초로, 그리고 매우 잘 밝혀준 것이기도 하다.[45] 사실상 그 관점은, 반드시는 아니지만 주로 그의 설교에서 나타나고 있다. 칼뱅은 신명기설교에서 이렇게 말한다.

"그런데 이 형제애에 관해서, 하나님은 우리가 감동되어서 우리에게 서로를 잇는 어떤 끈이 있기를, 우리가 성격적으로 서로가 서로에게 대하여 인간적이기를 원합니다. 그리고 또한 그는 우리가 어느 누구에게도 분을 내거나, 가혹하게 하거나, 해치는 일이 없도록 제어하고자 합니다. 일반적으로 어떤 공동체가 존재하고 있으므로 모든 사람들은 그들이 하나님의 형상으로 만들어졌으며, 그들이 모두에게 공통되는 하나의 본성을 갖고 있다는 사실을 생각해야 합니다."[46] 이 인용문이 뜻하는 바는, 하나님의 형상

---

43) 1er sermon sur II Samuel, *Supplementa*, I, 6.
44) *L'Anthropologie*, 113.
45) *Stauffer*, 201s.
46) 1er sermon sur le ch. 2 du Deutéronome, O*pera*, XXVI, 8-9.

이 일반적으로 사람들 누구에게나 있으므로, 인종이나 종교나 이데올로기나 신분, 나이, 성별에 관계없이 사람들 모두가 존귀하고, 존중되어야 하며, 적어도 서로를 경시하거나, 가해하는 일이 없어야 한다는 것이다.

더 나가서 칼뱅은 『기독교 강요』에서도 이렇게 말한다. "만일 우리가 사람들의 행실을 가지고 판단해보면 그들 대부분이 그럴만한 가치가 없어도, 주님은 우리가 예외 없이 모두에게 선하게 대하라고 명령한다. 그리고 성서는 우리가 사람들을 보면서 가치가 있는 존재인지를 따지는 것이 아니라, 우리가 영광과 명예를 돌려야 하는, 모든 사람들 속에 있는 하나님의 형상을 생각하라고 권고하면서 우리 앞으로 다가온다."[47] 그러나 이 같은 가르침과 반대로, "내가 이웃을 모욕할 때, 그것은 하나님의 형상을 해치는 것과 마찬가지여서, 나는 신성모독(sacrilège)의 죄를 범하는 것입니다."[48] 여기서 칼뱅은 사람들을 존중하고 존대하는 일에는 예외가 없다고 했다. 사람들의 성별차이나 인종차이 등 존재의 여부에 관계없을 뿐만 아니라, 여기서는 행위의 여부에도 관계없이, 모든 사람은 하나님의 형상이므로 잘못했거나 죄를 지었을지라도 기본적으로 그의 인간됨을 존중해야 한다는 뜻이다. 만일 그런 점들을 어기고, 사람을 모욕하거나 가해한다면, 그것은 그 사람에 대한 침해일 뿐만 아니라, 바로 신성모독, 즉 하나님에 대한 침해라고 간주했다. 그래서 칼뱅은 하나님의 형상이 모든 사람에게 있다는 사실을 바탕으로 사람들에게 매우 다양한 방식으로 윤리적인 지침을 제시한다. 스토페르가 칼뱅의 설교들 속에서 뽑아낸 용례들을 기초로 그 내용을 간략히 재구성하면 이렇다.

사람들은 "서로 죽이는 일이나 전쟁을 그만두어야 하며, 서로 빼앗기를 포기하며, 분열들을 극복하고, 원조를 행하며, 또한 서로 용서해야 한

---

47) *Institution*, III, 7/6. 이 본문은 『기독교 강요』에서 하나님의 형상의 윤리적이고 실천적인 접근을 보여주는 두 개의 본문 중의 하나이다. 또 하나는 『기독교 강요』 II권 8/40에서 나타난다.
48) 84e sermon sur le Deutéronome, *Opera*, XXVI, 204. *Stauffer*, 203 재인용.

다. 그뿐만 아니라, 부자들은 가난한 자들을 억압해서는 안 되며, 주인들은 하인들을 형제처럼 생각하며, 교사들은 학생들의 존엄성을 기억해야 한다.…"[49]

3. 하나님의 형상은 아기들이 태어날 때 주어진다!

그렇다면 오늘날에도 사람들이 여전히 자신들 안에 가지고 있는 윤리, 도덕적 근거로서의 하나님의 형상은 어떻게, 어떤 방식으로 존재하는지 보자.

설교들 속에서 칼뱅은 그것을 이렇게 표현한다. 즉 구체적 설명이 없이 단순히 '하나님이 사람들을 자신의 형상으로 창조 또는 만들었다'거나, 또는 좀 더 명시적으로 '죄의 상태 속에서도 사람들은 그들의 창조주의 형상으로 창조된다, 또는 만들어진다'고, 그리고 가장 명시적인 표현으로서 '각 사람은 자신이 태어날 때, 자기 자신 안에 하나님의 형상을 받는다'는 것 등이다.[50]

그러나 이 세 가지 형태의 표현은 명암의 차이는 있지만, 모두 하나님의 형상이 각 사람들에게 새롭게 '창조'되고 있다는 사실을 말해준다. 그래서 학자들이 지적하듯이, 칼뱅에게서, 하나님의 형상의 존재방식은 니케아의 그레고리에 따라 '부모로부터 자녀들에게 이전된다'는 다소 자연주의에 기운 '이전설'(traducianisme)인 루터와 달리, 성 제롬(히에로니무스)과 중세기에 삐에르 롬바르, 토마스 아퀴나스 등에 의해 일반적으로 지지되었던 '창조설'(créationisme)이었다.[51] 즉 칼뱅은 어린 아이들이 출생할 때마다 하나님이 그의 형상을 부여한다는 입장이었다.

---

49) *Stauffer*, 203. 참고. *L'Anthropologie*, 114.
50) *Stauffer*, 202.
51) *Ibid.*, 208, G.-Ph. Widmer, 22.

V. 모순점들, 어떻게 볼 것인가?

이 장을 시작하며 칼뱅은 하나님의 형상을 말하면서 상반되거나 모순되는 사실들을 노출시켰다고 한 바 있다. 그런 모순들로서 특히 다음의 두 가지를 지적할 수 있다.

첫째, 칼뱅은 『기독교 강요』나 성서주석 등 주로 교리적인 저술들 속에서는 하나님의 형상이 아담의 타락 이후 사실상 파괴되었다고 했다. 거기서는 오직 예수 그리스도만이 하나님의 형상이며, 그리스도와 연합된 신자들에게서 그것이 회복되고, 또 회복되어 간다는 주장을 했다. 반면에 설교들과 같이 주로 목회적이고, 교육적이며, 실천적인 작품들 속에서는, 아담의 타락에 관계없이 모든 사람이 하나님의 형상을 가지고 태어난다고 주장했다. 그렇게 상반된 진술이 어떻게 한 사람의 사상 속에서 공존할 수 있을까?

둘째, 칼뱅은 교의학 속에서 하나님의 형상을 은유적인 것으로 시사했으나, 설교에서는 주로 실재라고 보았다. 이 모순은 토랜스나 니이젤과 같은 칼뱅해석자들이 그의 하나님의 형상을 인간이 하나님과의 관계 속에서 가지는 응답 또는 태도를 나타내는 '은유적인 의미'(metaphorical sense)에서 해석했던 것을[52] 반박하면서, 스토페르가 그것이 하나님과의 인격적 관계나 신앙의 개입이 없이도 모든 인간이 타고나는 실재(réalité)였다는 점을 밝혀냄으로써 비롯된 논제이다.[53] 그 두 가지 점을 차례로 살펴보자.

---

52) T. F. Torrance, 36.
53) *Stauffer*, 201, 204.

1. 현재 인간들 속에 있는 하나님의 형상

칼뱅에 따르면, 하나님이 자신의 형상을 따라 아담을 창조했으나, 아담은 타락으로 인해 사실상 그것을 상실했다. 그리고 그 형상은 남아 있는 잔재마저도 부패해서 인간이 더는 거기에 기댈 것이 없다. 계시론과 구원론의 차원에서, 인간은 자신을 통해 더는 하나님을 성찰할 수 없으며, 자신의 그 어떤 것으로도 구원의 근거로 삼을 수 없게 되었다. 그런 죄인들에게 참 계시와 구원을 위해서 하나님의 새로운 은총의 개입이 필요했다. 하나님의 독생자 예수 그리스도가 참 하나님의 형상으로 사람들에게 와서 하나님을 보여주고, 그의 은혜를 증거하고 보증하는 유일한 존재로서, 사람들은 오직 그 이외의 어디에서도 하나님을 알게 하는 계시자, 그를 통해 하나님과 연합되는 중재자를 찾지 않는다.

그와 같은 그리스도중심적 사고는 칼뱅의 저술 곳곳에서 나타나고 있다. 그리스도교 신학자로서, 그리고 교리적인 문제에 매우 민감했던, 출교와 종교재판이 성행했던 시대의 종교개혁자로서 칼뱅은 성서와 그리스도교의 근본사신이라고 이해되었던 그리스도중심적 복음해석을 중심교리로 삼고 시종일관 그것을 견지했다. 제네바대학 교수 가브리엘 비드메르가 칼뱅의 하나님의 형상론을 비교적 포괄적으로 해석하면서도 그리스도중심이라는 초점을 양보하지 않았던 이유가 거기에 있다.[54] 나도 역시 하나님의 형상에 관한 칼뱅의 전체 이해 속에서 강조점을 거기에 두고 있다. 그것이 칼뱅의 전체 사상과 신학적 견해에 잘 부합된다고 할 수 있다.

그러나 칼뱅은 연구실이나 신학강의실을 벗어나서, 비교적 덜 교리적이고, 더 교육적이고, 더 실천적인 설교를 위해서 강단에 섰을 때는, 위에서 본 하나님의 형상에 대한 신학적 틀을 넘어섰다. 심지어 그는 교리적 접근과는 반대되는 주장까지 했다. "하나님의 형상이 인류의 모든 사람들

---

54) G.-Ph. Widmer, 특히 223-224.

속에, 비록 그리스도인이 아니라고 해도[55] 그들 속에 실재"[56]하고 있다. 설교자 칼뱅은 하나님의 형상이 인간의 타락 여부에 관계없이, 그리스도를 믿는 신앙에 관계없이 모든 인간 속에 존재하고 있다고 보았던 것이다. 그 결과 그리스도인들은 어떤 사람이든지 하나님의 형상임을 깨달아서 돕고, 존중하며, 최소한 모독하거나 가해해서는 안 된다고 했다.

그렇게 상반된 진술들은 칼뱅이 설교들 속에서는 교의학적 차원에서 말한 바를 넘어서서 더 자유롭게 말했으며, 또 그 반대로, 교의학에서는 설교를 통해 진술했던 현실적이고 포괄적인 말들을 정밀한 교리로서 제한하고 엄격하게 표현했다는 것으로 이해될 수 있다. 그렇다면 이는 칼뱅은 상황이 새롭게 요청하는 것에 귀를 기울여서 거기에 맞는 메시지를 전달하는 적응력을 가졌다고 할 수 있다.

그러나 상황의 변화가 칼뱅에게서 기본사상, 또는 원칙을 바꾸어놓은 것은 아니었다. 나는 칼뱅의 하나님의 형상 속에 나타나는 여러 이율배반적인 것처럼 보이는 것이 실제 모순된 것이라기보다는, 그의 포괄적이고 유연한 신학사상의 결과로서 파악한다. 그것은 칼뱅 사상의 '복합성'(complexité) 또는 역설의 표현이다.[57] 그래서 다양한 상황이 바꾸어 놓은 것은 칼뱅의 근본사상이 아니라 단지 그의 포괄적이고 복합적인 사상구조 속에서 이렇게 저렇게 옮겨지는 초점과 강도일 뿐이고, 결과적으로 그의 사상 속에는 상반된 것들이 공존하는 역설 혹은 변증법적 성격을 가지게 되었다. 그 점을 다음의 두 가지만 예를 들어 설명한다.

첫째는, 칼뱅이 교의학 저술인 『기독교 강요』 속에서 하나님의 형상을 주로 그리스도중심의 교리적 해석에 강조점을 두었다고 할지라도, 범인류적인 인간애를 바탕으로 하는 도덕적이고 실천적인 해석을 배제하지 않았다는 사실이다.[58] 그래서 이 후자의 해석은 교의학적 차원에서 이차적

---

55) 41e sermon sur l'Epître aux Galates, *Opera*, XXVII, 204. *Stauffer*, 203.
56) *Stauffer, ibid.*
57) 참고. *L'Anthropologie*, 417s.

인 방식으로 전자의 해석과 함께 나타남으로써, 상호배타적인 것이 아니라 역설적이며 상호보완적인 방식으로 그의 사상 전체를 풍부하게 한다.

둘째는, 설교들 속에서, 칼뱅이 '계속적 창조'(creatio continua)를 말하며, 현재 인간이 하나님의 형상을 가지고 태어나므로 인간을 존중하고 어떤 경우에 있어서도 해치지 않아야 한다고 주장하면서도, 그러나 교의학 저술에서와 마찬가지로, 하나님을 성찰하고 그와 연합하게 하는 구원의 근거로서의 하나님의 형상은 없다고 전제했다는 사실이다. 그는 이렇게 말했다. "하나님이 어떤 사람을 창조할 때는 반드시 그에게 자신의 형상을 새겨놓는다. 죄에 의해 그 형상이 지워졌다는 것도 사실이다."[59]

그래서 현재 인간들이 받는 하나님의 형상은 "자연 질서"에 나타나는 하나님의 "선함",[60] 즉 죄나 도덕적 오류의 여부에 관계없이 어떤 사람들이든 존귀하게 창조한 하나님의 '자연적 은혜'로서 누구나 알아야 하고 지켜야 하는 일반적인 섭리의 표현이지, 그리스도 안에서 특별한 은총으로 선택한 선민들의 구원의 근거로서가 아니라는 것이다.

실제로 칼뱅은 일반인들이 가진 하나님의 형상을 말할 때는 언제나 그 타인들에 대한 형제애와 존중이라는 이웃사랑 혹은 윤리의 차원에서 말했다. 그러므로 설교에서 칼뱅이 하나님의 형상을 자연법적으로 해석했다고 해도, 그것은 그가 교리적 해석을 한 뒤에 한 것이다. 따라서 그의 사상에는 상반된 두 진술이 나란히 존재하는 역설을 갖게 되었다.

2. 하나님의 형상, 은유적 해석과 실재론적 해석

칼뱅의 하나님의 형상을 주로 교리적으로 해석했던 그리스도중심적 주석가들은 그에게 나타나는 하나님의 형상을 주로 구원의 문제가 거기에

---

58) *Institution*, II, 8/40, III, 7/6, Cf. *L'Anthropologie*, 113. 위의 주 42 참고.
59) 41e sermon sur Job, *Opera*, XXXIII, 512. *Stauffer*, 241 재인용.
60) 41e sermon sur Job, *ibid.*, 513.

걸려 있는 인간의 하나님과의 관계라는 관점으로 보아왔다.

하나님의 형상 문제를 그런 관점으로 가장 철저하고 포괄적으로 다루었던 학자는 토마스 토랜스였다. 그에 관해서는 이미 1장 연구사 부분에서 상세히 다루었으므로 핵심만 소개하면, 토랜스에게서 하나님의 형상은 칼뱅의 또 다른 용어인 '거울'이라는 은유로 이해되었다. 그것은 형상이 바로 그 형상의 주인인 하나님을 보여준다는 점 때문이다. 그래서 토랜스는 인간에게 새겨진 하나님의 형상을 그것을 통해 인간이 하나님을 알고 그에게 복종함으로써 응답하는 영적 반영(spiritual reflection)으로서의 역할 또는 행동으로서 설명했다. 즉 그는 형상이 하나님과의 관계 속에서 가지는 정신적 성찰이나 신앙적 태도 그리고 그 결과들일 뿐, 창조 시 인간에게 실제로 주어진 하나의 실재나 소유물은 아니었다. 이는 물론 토랜스가 하나님의 형상을 인간 안의 하나의 객관적인 실재로 보게 될 때, 외부로부터 오는 그리스도의 은총으로써만 구원을 얻는다는 교회의 복음 선포가 위협받는다고 생각했기 때문이다.

그러나 스토페르는 칼뱅의 설교들에 근거해서 칼뱅의 하나님의 형상은 그리스도의 공적과는 별개로 각 사람들 속에 있는 하나의 실재(réalité)임을 밝혔다. 그에 따르면, 칼뱅에 있어서 하나님의 형상은 단지 어떤 태도나 관계의 은유가 아니라, 창조에서 그리고 출생에서 계속적으로 부여되는 하나의 성질(qualité 또는 소질)로서 모든 사람에게 있어서 공통되고 일반적인 객관적 실재이다. 스토페르는 토랜스나 니이젤이 칼뱅의 설교들에서 잘 나타나는 이 같은 측면을 고려하지 못함으로써 "하나님의 형상이 칼뱅에게는 창조주를 향한 인간의 태도일 뿐, 창조주에 의해 인간에게 부여된 어떤 소질이 아닌 것"이 되고 말았다고 비판했다.

스토페르는 특히 토랜스가 "칼뱅에 따른 하나님의 형상이 어떤 경우에 있어서도 자연적 소유물이 아니라 자연과 세계의 위에 있는 정신적 소유물임을 밝히는 데 집착했고", 그 결과 그의 해석은 "어떤 본문들에게 있어서는 정당하지만", "우리의 견해로는, 특별히 하나님이 자신의 형상을 각 인간 존재에게 새겨놓았다(engravé)고, 또는 더 빈번한 표현으로 찍어놓았다(imprimé)고 역설하는 수많은 설교구절들을 저버렸다"고 비판했다.[61] 사실 인간 속에 부여된 하나님의 형상을 객관적 성질과 실재라는 바탕과 분리된 채 단지 관계적인 은유로서만 해석하기는 어렵다. 왜냐하면 칼뱅 자신의 저술들이 꼭 설교들만이 아니라도 그것을 뒷받침해 주지 않기 때문이다. 이 점에 있어서 스토페르의 주장이 설득력을 갖는다.

칼뱅의 하나님의 형상은 인간과 하나님 사이의 인격적이고 역동적인 관계 속에 나타나는 인간의 태도나 응답, 신앙과 복종 등을 나타내는 은유만은 아니다. 그의 전체 저술을 고려해볼 때, 그것은 단지 하나의 은유로서 하나님과 인간 사이의 구원론적 관계를 표현해주는 것 이상으로, 모든 인간들이 그 존재 안에 가지는 하나의 보편적 성질, 또는 실재로서 나타났다. 메어리 포터 엔젤 역시, 그리스도중심적 해석자들과 스토페르 사이의 논쟁을 집어내면서 지적한 것은 아닐지라도, 이 문제에 관해 나와 같은 견해를 밝히고 있다. "그(칼뱅)의 빈번한 형상의 용례는, 내가 볼 때, 칼뱅에게서 하나님의 형상은 철저하고 빈틈없이 **오직** 역동적 관계로서만 묘사될 수 없다는 사실을 알려준다. 만일 그것이 인간의 본성 안에 있는 현재의 성질이나 부여물이라는 측면에서 묘사되지 않는다면, 이 문제에서 하나님의 형상에 관한 칼뱅의 관점의 복합성을 놓치게 된다."[62]

따라서 칼뱅이 보았던 하나님의 형상은 두 가지 해석이 다 가능하지만, 어느 하나가 배제되지는 않는 방식으로이다. 그리스도중심적 해석에 기운 학자들, 특히 토랜스는 은유적인 측면밖에는 드러내지 못했지만, 어느 것 하나도 제거될 수 없다. 그 두 해석은 모순, 또는 양자택일의 문제라기보다는 상호보충적인 차원에서 해소된다. 그것은 칼뱅의 신학이 복합적이고 역설적이라는 사실에서 가능하다. 좀 더 들어가 보면, 칼뱅의 복합성

---

61) *Stauffer*, 201-203.
62) M. P. Engel, 53. 밑줄은 엔젤 자신의 강조임.

또는 역설은 그의 복합적인 신 이해로부터 비롯된다. 그의 하나님은 예수 그리스도로서 십자가에서 신자들을 구원하신 구속주이자, 동시에 인류와 우주를 창조하신 창조주이다. 이 두 차원의 신 지식으로써 그는 자신의 사상 전체를 구성한다.[63]

칼뱅이 신중심주의(théocentrisme)라고 할 때, 그것은 그리스도 없는 신중심이 아니며, 또한 보편적 창조주 인식이 없이 단지 나와의 인격적이고 실존적 관계 속으로만 해소되어 버리고 마는 배타적 신중심이 아니다. 그의 하나님은 은총과 자연, 구속과 창조, 교회와 세계, 신자와 비신자, '나'와 '그' 등으로 다양하게 표현되는 삶의 전 지평을 포괄하는 신이다. 그런 전체의 포착과 포괄성의 이해, 서 있는 지평에 따라서 다르게 고백되는 복합적인 신 인식은 칼뱅 신학을 특징짓는다.[64] 이 근본점의 이해 없이 그의 진술들을 하나하나 별도로 살피게 된다면, 우리는 그의 신학의 일면밖에는 파악하지 못하게 된다.

만일 그렇다면 위에서 제기된 하나님의 형상이 관계의 은유인지, 창조된 인격의 실재인지의 문제는 어렵지 않다. 하나님 앞에 자신의 생명과 구원의 모든 것을 맡기고 살아야 하는 전적 은혜의 빛에서만 사는 신자들에게 하나님의 형상은 인간이 하나님을 볼 수 있고, 알 수 있고, 그와의 관계 속에서 살아가는 바른 삶과 인격을 나타내주는 하나의 은유이다. 그는 구원을 위해 의지해야 하는 어떤 실재를 자신 안에 가지지 않는다. 그것은 언제나 다시 그 앞에 나가서야 하는 하나님 앞에 선 응답자의 실존을 표상한다. '하나님의 완전한 형상'이라고 서술된 예수 그리스도는 그 관계의 중재자로서, 신자가 자신의 내부 안에 가지는 것이 아니라, 하나님이 그를 통해 신자에게 오고, 신자들이 그를 통해 하나님에게 응답하는 참된 만남과 관계의 은유이다.

---

63) Cf. *Institution*, I, 2/1.
64) 참고. *L'Anthropologie*, 15-22. 나는 여기서 칼뱅의 사상을 그 같은 '포괄적 신 관점'(la perspective englobante de Dieu)으로 접근해야 한다는 점을 밝혔다.

그러나 그리스도인들에게 구속주일 뿐만 아니라, 온 세계와 인류를 지으신 창조주 하나님은 그리스도와 무관하게 살지만, 역시 자신이 창조한 사람들 모두에게도 자신의 형상을 실제로 부여했다. 그가 인류에게 보편적으로 부여한 그 실재인 형상은 사람들이 서로 평화롭게 살도록 지음받았다는 뜻을 알게 한다. 그래서 그리스도인들이나 일반인들 모두는 전쟁 없이, 살인 없이, 폭행이나 인권침해 없이, 서로 돕고, 존중하며, 사랑하는 평화의 세계를 이루어 나가며, 그런 아름다운 세계 속에서 사람들이 창조주 하나님의 솜씨와 섭리를 알도록 부름을 받았다. 그러므로 거기서 어떤 모순을 찾기보다는, 구속주이자 동시에 창조주인 그의 역설적 신관을 통해서 그것들의 통일성과, 통일성을 기조로 한 다양성을 함께 발견해야 할 것이다.

VI. 칼뱅의 하나님의 형상의 현재적 의의

이제까지 칼뱅이 말하는 하나님의 형상이 무엇이고, 어떤 의미를 가졌는지, 그리고 그의 사상 안의 상반된 진술들과 논쟁점, 그 이유 등을 살펴보았다. 그렇다면 그의 하나님의 형상 이해의 주요한 특징은 무엇일까? 그 신학적인 의의나 가치, 중요성 같은 것들은 무엇일까? 그것들을 특히 오늘의 현대적인 관점에서 몇 가지 살펴본다.

첫째, 칼뱅의 하나님의 형상은 인간을 구속사의 구도에서 봄으로써 그리스도교의 전통적인 기독론이나 구원론에 충실한 인간 이해를 가지고 있다. 그 결과 그에 따른 인간은 하나님의 창조와 인간의 타락, 그리고 그리스도의 회복을 거치면서, 인간을 창조하고 구원하는 하나님과의 관계 속에서 부침을 계속하는 인간으로 그려진다.

칼뱅에게서 특히 두드러진 것은 인간이 그리스도의 은총으로 하나님의 형상을 회복했다고 할지라도, 그 안에는 여전히 모호하고 불완전한 점들이 있다는 것이다. 즉 그리스도인은 이미 회복된 형상을 가지고 있지만, 동시에 여전히 회복해야 하는 요청 앞에서 살아가는 실존이다. 그래서 그리스도인은 언제나 최후의 완성을 향해 나아가는, 자신의 과거를 떠나 미래를 향해 나아가는 지속적인 순례의 여정을 살아나간다.

칼뱅의 이런 이해는 한번 믿고 그리스도인이 되면 그 이상의 어떤 자기성찰이나 고민 없이, 노력 없이 살아가는 많은 현대 그리스도인들에게 신앙의 참된 삶과 그 끝없는 여정을 가르쳐준다. 또한 자기중심적이며 현재 눈에 보이는 확실한 것에 안주함으로써 궁극적이며 영원한 것에 최소한 더 나은 것에 나아가기보다는 폐쇄적으로 살아가는 많은 현대인들에게도 중요한 점들을 일깨워준다. 즉 신앙이나 종교를 떠나 한 인간으로서 미래의 성취를 생각하며 더 나은 자신을 향해 날마다 결단하고 모험하는 진취적이고 도전적인 삶을 갖도록 도와준다는 것이다.

둘째, 칼뱅은 하나님의 형상을 인간의 영혼에 새겨진, 혹은 영혼에 자리를 두고 있는 것으로 보았다. 그가 그런 이유는 인간의 정신적인 능력, 특히 신의 개입에 응답하는 인간의 관계의 능력을 중시했기 때문이다. 동시에 인간을 무분별하게 형상화하고 신성시하는 동시대의 성상 숭배를 배격하기 위해서이기도 했다.

그럼으로써 칼뱅은 영혼에 새겨진 하나님의 형상으로써 인간을, 초월적이고 전적 타자인 신에 대한 응답적 관계가 가능한 존재로 생각했다. 그래서 그에게는 하나님의 형상이 계시적이면서 계시초월적인, 전적 타자인 신의 도래 앞에서의 자기 개방과, 과거의 자기 폐쇄적인 자기로부터의 자유의 능력이었으며, 동시에 타자와의 관계를 수용하는 사랑과 일치의 능력이기도 했다. 즉 칼뱅에게서 인간은 하나님의 형상으로써 타자의 도래 앞에서 자신을 열고 그와의 관계에 들어갈 줄 아는 존재였다. 그런 사상은 현재까지도 낯선 존재, 이방인들에게 배타적이고, 편 가르기에 익숙하며, 심지어는 정복과 지배의 관계를 추구하는 많은 현대인, 심지어는 그리스도인들에게도 역시 진정한 관계와 사랑의 의미를 알려준다고 할 수 있다.

셋째, 칼뱅은 하나님의 형상을 인간의 영혼뿐만 아니라 육체에도 적용했다. 즉 하나님의 형상을 인간의 육체에 적용시킴으로써, 육체의 탁월성, 아름다움, 가치를 높였다. 이것은 칼뱅이 헬레니즘적 이원론자가 아니라는 것을 말해준다. 그뿐만 아니라 육체의 본성이나 욕망을 억압하지 않고 긍정적으로 받아들였다는 것을 보여준다.

그런 점은 기본적으로는 성서적인 배경에서 비롯된 것이지만, 현대적으로도 매우 중요한 통찰로서 많은 시사점을 던져준다. 주지하듯이 근대세계는 이성과 정신 중심의 세계관을 바탕으로 해왔다. 그래서 인간의 정신과 이성이 숭상된 반면, 육체나 감정 같은 측면은 상대적으로 소홀히 여겨왔던 것도 사실이다. 그런 점에서 최근에 이르러서는 인간의 육체 또는 몸의 의미에 대해, 정신분석학적, 철학적, 문화적인 다양한 분야에서 재발견의 노력이 대두되는 것이 세계적인 추세이다.[65] 그런 것을 볼 때, 우리 기독교도 너무 영적이고, 금욕적이며, 현실도피적인 모습을 탈피하고, 영적이며 동시에 육체적인, 그리고 정신과 몸을 모두 포괄하는 전인적이고 통전적인 의미에서의 인간의 변화와 구원을 적극적으로 모색해야 할 것이다. 칼뱅의 인간 이해는 그런 점에 있어서도 중요한 신학적인 근거를 제공해준다.

넷째, 칼뱅은 하나님의 형상을 인간뿐만 아니라 자연에까지 적용했다. 즉 인간과 자연을 비롯한 온 피조세계 전체가 창조주 하나님의 영광과 능력을 보여주는 형상으로서 가치와 중요성을 지닌다고 보았다. 이것은 칼뱅이 자연과 우주의 아름다움을 높이 평가하는, 온 세상과 온 생명에 대한 따뜻한 마음을 가졌다는 것을 보여주며,[66] 동시에 인간중심적 근시안을 가지고 당장의 이익을 위해 삶의 터전이며 이웃인 자연을 파괴하고 남획하는 현대 세계에 중요한 가르침을 준다고 할 수 있다.

---

65) 일례로 "몸, 인문과학의 새 주제로 떠올라" 조선일보, 97년 7월 31일자 참고. 좀 더 전문적인 것으로서는, 정신분석학에서, Sami-Ali, *Corps réel, Corps imaginaire, Pour une épistémologie psychanalytique*(Paris: Dunod, 1989). D. Anzieu, *Le Moi-peau*(Paris: Dunod, 1985) etc.

다섯째, 칼뱅은 하나님의 형상을 그리스도인들의 자의식과 윤리 혹은 구체적인 이웃사랑의 문제로 가져갔다. 즉 그에게서 그리스도인은 회복된 하나님 형상을 가지고 있는 존재로서, 실제로 하나님을 닮아가야 한다는 것이다. 그것이 하나님에 대한, 그리고 이웃에 대한 그리스도인의 소명이며 책임이기도 하다. 좀 더 구체적으로 칼뱅에게서 하나님을 닮는다는 것은 "우리가 인간적이고, 부드럽고, 자비로워야 하는" 것이었다. 즉 그리스도인의 삶이란 타인들이나 타 존재들에 대해서 비인간적이지 않고, 강경하지 않으며, 무정하지 않을 뿐더러 훨씬 더 인간적이고 따뜻하고 자비로워야 한다는 것이다.

그뿐만 아니라 칼뱅은 모든 사람들은 하나님의 형상으로 만들어졌으므로, 한 형제이고 자매이며, 하나의 연대성으로 묶여 있는 존재라고 보았다. 그래서 모든 사람들을 사랑하고 존중해야 한다는 것이다. 특히 살인이나 전쟁이나 약탈이나 분열을 종식시키고, 서로 지원하고 용서해야 하며, 부자들이 가난한 자를 억압해서도 안 되고, 주인들은 하인들을 형제처럼 생각하고, 교사들은 학생들을 존엄하게 여겨야 한다고 역설했다.

칼뱅의 그런 사상은 오늘날 철저하게 자본주의적 삶과 교환방식에 물들어 있는 현대인들에게 진정한 인간의 가치나 사랑이 무엇인지를 생각하게 해준다. 더군다나 경제적인 동기로써, 혹은 종교적이거나 정치적인 명분으로써 전쟁까지도 마다하지 않는 국가들에게, 한 사람 한 사람이, 그가 타국인이든, 타종교, 타문화, 타인종이든 상관없이 모두 하나님의 형상으로 존중하고 귀하게 여기라고 요청하고 있다. 그리스도인으로 부름 받고 그리스도교적 국가로 부름 받았다는 것은 무엇인가? 그것은 하나님이 창조한 모든 존재들에게서 하나님을 보면서, 그들을 하나님을 존경하듯 존경하며, 하나님을 사랑하듯 사랑하며, 하나님을 섬기듯 섬기라는 음성을 듣는 일

---

66) 이에 관해 이오갑, "칼뱅의 생태사상", 『창조신앙 생태영성』, 한국교회환경연구소, 한국교회사학회 엮음(서울: 대한기독교서회, 2010), 253-285.

과 다름없다. 칼뱅은 하나님의 형상을 통해 그 점을 주장하고 또 호소했다.

여섯째, 칼뱅은 종교적으로나 인종적으로 편협하지 않았다는 사실을 알게 된다. 그는 오히려 인류애적이고, 보편적인 시야와 관대함을 가지고 있었다. 그는 누구든지, 인종이나 신분이나 조건에 관계없이, 그리스도인이든 아니든, 부자이든 빈자이든, 여자든 남자든 어느 누구든지 간에 다 하나님의 형상을 가지고 태어나며, 그래서 모두가 다 고귀하고 존엄한 존재라고 보았다. 그런 것은 사회와 인류의 평화를 위해서 언제나 필요한 사상이다. 특히 인종차별과 인종범죄가 심한 서구세계에서도 그렇고, 지방색으로 인한 국민 상호 간의 미움과 분열, 종교 간의 갈등과 대립, 빈부 간의 격차와 질시로 얼룩져 있는 오늘날 한국의 실정으로 봐서도, 우리 교회들이 무엇보다 앞서서 받아들여서 실천해야 할 가르침이 아닐 수 없다. 덧붙여서 칼뱅의 그런 사상은 그리스도교 신앙의 여부에 관계없이 이성에 근거해서 사람들에게 평화와 이익을 가져오는 공동선을 지향하는 자연법적 도덕과도 관계된다는 점을 지적해야 할 것이다.

사실 칼뱅에게서 신앙과 이성, 그리스도교와 일반세계는 대립되거나 혹은 양자택일로서가 아니라, 상호 보충적이거나 또는 상호 연장선 위에서 묶여진다. 즉 하나님께 영광과 명예를 돌리고자, 하나님의 형상인 사람들 누구나 존중해야 한다는 그리스도인들에게 주어진 계명은, 인간이 나면서부터 존엄하므로 성별이나, 종교나, 빈부나, 인종 등 어떤 조건에도 관계없이 기본적으로 인권이 보장되어야 한다는 '천부인권'이라는 자연법적 도덕사상으로 이어지고 있다. 물론 칼뱅의 사상이 서구세계의 천부인권설과 그에 근거한 정치철학이나 민주주의, 사회제도 등의 발전에 어떤 영향을 미쳤는지를 실증적으로 다루는 것은 신학의 범위를 넘어선다. 그러나 칼뱅의 사상 속에, 특히 하나님의 형상에 의거한 그리스도인들의 실천적 윤리 속에는, 인간의 존재와 생활사에 보편적으로 관계되는 자연법적 도덕사상이 명시적으로 들어 있다는 것만은 분명하다고 평가할 수 있다.

제5장

인간의 타락과 죄

칼뱅에 따른 죄인으로서의 인간의 문제, 또는 죄론은 후대의 연구자들에 의해 그렇게 많이 연구되었다고 할 수는 없다.[1] 칼뱅의 인간학에 관한 현대 연구로서 대표적인 메리 포터 엔젤의 저술은 칼뱅의 죄론을 거의 간과하고 있거나, 혹은 피상적으로 다루고 있을 뿐이다.[2] 프랑수아 벤델이나 T. H. L 파커와 같은 대연구자들이 그 주제를 다루었다고 해도, 단지 구속주 예수 그리스도의 문제로 들어가기 위한 배경 또는 서론의 범위를 별로 넘지 못했다. 그렇다보니 그 내용도 『기독교 강요』 2권에서 다뤄진 죄의 교리들에 머물렀다고 할 수 있다.

물론 칼뱅의 교의학적 구조 속에서는, 인간의 죄는 곧 그리스도의 구원 사건을 이해하는 전제가 되는 것도 사실이다. 실제로 칼뱅은 죄인의 문제를 『기독교 강요』 2권 그리스도론의 처음 다섯 장에서 다루었다. 즉 그

---

1) 이제까지의 연구들로서, *Doumergue*, 137-177. T. F. Torrance. 『칼빈의 신학』, 75-85. *Wendel*. T. H. L. 파커, 박희석 역, 『칼빈신학입문』(고양: 크리스챤 다이제스트, 2001), 75-84, *L'Anthropologie*. 이양호, 『칼빈, 생애와 사상』(천안: 한국신학연구소, 1997), 125-132, 그리고 특별하게 심리학적 연구로서 P. W. Pruyser 등.
2) M. P. Engel.

에게서 죄는 그리스도론에 앞선 자리에 취급됨으로써 그리스도론의 서론 격으로 간주될 수 있다.

그러나 『기독교 강요』와 함께 성서주석들과 설교 등 여러 저술들을 보면, 그의 죄인으로서의 인간 이해는 매우 폭넓고 깊이 있다는 것을 발견하게 된다. 즉 『기독교 강요』에서 나타나듯 단지 그리스도론의 전제로서뿐만 아니라, 인간성을 그 자체로서 다양하고 특징 있게 보여준다. 그래서 죄인으로서의 인간 또는 죄의 문제는 매우 깊이 있고, 흥미 있는 사상이라고 할 수 있다. 그만큼 칼뱅은 인간에 대한, 특히 죄인에 대한 심오한 통찰력을 가지고 있다. 그리고 바로 거기에서 칼뱅의 인간 이해의 독특성이 잘 드러난다.

칼뱅의 인간에 관한 진술은 단지 신학적이기만 할 뿐 아니라 철학적이고, 심리학적인 특징까지도 보여주고 있다. 비록 그의 인간 이해가 16세기의 언어와 개념들로써 표현되고 있지만, 내용은 매우 현대적이기까지 하다. 그래서 그의 죄인으로서의 인간 이해는 오늘날에도 많은 시사점과 교훈을 준다. 그 점에서 이 주제는 더 자세하고 풍부하게, 그리고 더 전체적으로 연구할 만한 가치가 있다고 할 수 있다.

칼뱅에게서 죄인으로서의 인간의 문제는 방대하고 복잡한 내용을 가지고 있다. 그 속에는 인간의 타락과 원죄, 죽음, 죄의 현상과 원인, 악한 의지, 욕망, 교만, 자기애, 소외, 불안, 단절과 고독, 고통과 절망 등 수많은 문제들이 반복해서, 서로 교대로 또는 중복되면서 나타났다 사라지곤 한다. 또한 그 문제들은 각기 나름대로의 내용을 가지면서 칼뱅의 인간학 전체를 풍부하고 값있게 만들고 있다.

그렇게 방대하고 복잡한 주제를 이 장에서 다 다루는 것은 불가능하다. 그럴 때는 많은 것들이 생략되고, 소홀히 여겨지거나 간과될 수밖에 없다. 따라서 이 장에서는 죄인으로서의 인간의 여러 문제들 중에서, 특히 최초 인간의 타락과 죄의 문제를 중심으로 살펴본다. 그리고 칼뱅의 죄론에 있어서 여러 다른 주제들은 이어지는 장들에서 계속될 것이다.

I. 인간의 타락

칼뱅은 죄인으로서의 인간 문제를 첫 인류의 타락에서부터 설명했다. 그는 인류의 조상 아담과 하와의 타락을 그들 자신뿐 아니라 그 후계를 포함한 전 인류의 운명을 결정하는 치명적인 사건으로 보았다. 즉 그는 타락을 인간운명의 대전환, 그리고 급전환을 가져온 결정적 사건으로 이해했다. 그래서 그에게서는 타락을 아는 것이 죄인으로서의 인간을 이해하는 출발점이 된다. 그가 타락을 설명하는 일에 많은 공을 들였던 것도 그만큼 그것이 중요했기 때문이다. 그렇다면 그는 타락을 어떻게 말했을까?

칼뱅은 창세기주석에서 에덴 중앙의 나무 이야기를 길게 다루면서 타락이 무엇인지를 보여준다. 그에 따르면, 하나님은 동산 가운데 선과 악을 알게 하는 나무와 생명나무를 세웠다. 생명나무는 영생의 약속을 상징하는 것이었고, 선악을 알게 하는 나무는 순종의 여부를 시험하기 위함이었다. 그는 말한다. "선악을 알게 하는 나무를 건드리지 못하게 했다는 것은 그 (인간)에게 일종의 순종에 대한 시험이었고, 그래서 그가 하나님의 계명에 기꺼이 예속되어 있다는 것을 보여주고 인증하게 하도록 했다."[3]

따라서 인간의 타락을 설명해주는 것이 바로 선악과 나무였다. 즉 논점은 선악과에 놓여진다. 그런데 그 나무의 열매는 금지되었다. 그것이 곧 첫 인간들이 창조주인 하나님께 순종을 하는지 안 하는지를 가늠하게 해주는 척도였다는 것이다.

그렇다면 첫 인간들의 순종이란 무엇인가? 칼뱅은 순종이란 무엇보다도 자신들에게 주어진 조건들에 대해 만족하는 것이라고 보았다. 그는 그것을 자주 강조했다. "그런데 그 나무의 이름은 계명이 아담이 어떤 과도한, 미친 욕망으로 더 높이 올라가려는 것 대신에 자기의 조건에 만족하는

---

3) *Institution*, II, 1/4.

것 말고는 다른 어떤 목적을 가지고 있지 않다는 것을 시사해준다."[4] "우리가 우리의 이성에 의해 납득되는 것에 대해서만 하나님에게 순종해야 한다는 말을 들을 때, 그것은 매우 위험한 유혹이다. 순종의 참된 규칙은 우리가 명령에 단순하게 자신을 맞추는 것이고, 그분이 명령하는 것은 무엇이나 바르고 옳다는 것을 믿는 일이다."[5]

따라서 인간의 순종은 자신에게 주어진 부와 풍요, 그리고 한계까지도 기꺼이 받아들이고 그를 즐거워하는 데 있었다. 즉 첫 인간들은 금지된 나무 대신에, 허용된 온갖 나무들과 그 열매들, 그 유익들을 즐기며 만족해야 했다. 그것은 피조물인 그들이 하나님이 세우신 질서와 법을 존중하고 그 안에서 자신들의 삶을 영위해 나가는 것을 의미한다.

그러나 최초의 인간들은 선악과를 따먹음으로써 그런 삶을 거부했다. 다시 말해서, 자신들에게 주어진 것을 만족하지 않고, 금지된 것을 침범하고 말았다. 칼뱅은 말한다. "하와는 그녀와 그녀의 남편이 하나님으로부터 너무나 관대한 대접을 받았으며, 하나님이 그들에게 주었던 풍족함이 충분했다고 반박하면서 사탄의 공격을 더 신중하게, 더 전심으로 그리고 더 성실하게 물리칠 수 없었다. 그들이 자신들에게 속하는 것 이상으로 욕망함으로써 그렇게 많은 풍족함에 대해서도 만족하지 못하는 것은 너무나 배은망덕한 일이었다."[6] 그래서 칼뱅은 타락이란 다름 아닌 "참되고 올바른 질서의 전복"이며, "하나님에 대한 반역과 그의 의의 위반"[7]이라고 했다. 곧 타락은 인간이 하나님께 반역하고, 그의 의를 위반함으로써 불순종하는 것이며, 결과적으로 하나님의 세우신 참된 질서를 뒤집는 것이라는 의미이다.

칼뱅에 따르면, 첫 인간들의 타락에는 인간의 "과도한 미친 욕망"

---

4) *Ibid.*
5) *Commentaire*, Genèse 3:1-3.
6) *Ibid.*
7) *Commentaire*, Genèse 3:1.

(folle et excessive cupidité)이 숨어 있다.[8] 그 욕망은 바로 모든 것을 다 소유하기를 갈망하는 것이라고 설명된다. 아담과 하와는 모든 것을 자신의 수하에 두고 싶어 했다. 그들은 아주 작은 것이라고 할지라도 자신들을 벗어나는 것을 받아들이지 않았다. 그들은 모든 것을 장악하기를 원했다. 그들은 하나님과 같아지려고 했다.[9]

그뿐만 아니라 첫 인간들은 모든 것을, 심지어는 하나님이 숨기고자 했던 것까지 알려고 했다. 그 나무의 이름이 "선악을 알게 하는 나무"라는 것은 의미심장하다. 칼뱅은 초점을 "알게 하는 나무"라는 데 둔다. 그는 이렇게 말한다. "안다는 것은 모든 사람에게 있어서 자연적 욕망이기 때문에 사람들은 거기에 복이 있는 것으로 평가한다. 그러나 하나님의 선한 기쁨에 대해 아는 것의 한계를 정하지 않았던 하와는 실패했다. 그래서 우리 모두 역시 날마다 같은 질병으로 고생한다. 왜냐하면 우리는 올바르고 주님이 우리에게 허용한 것 이상으로 알기를 욕망하기 때문이다. 그러므로 지혜의 주요점은 하나님께 순종하기 위하여 잘 정리된 절제에 있다."[10] 즉 '선악'이라는 도덕의 문제가 아니라 '앎'이라는 인식의 문제이다. 그것은 타락이 행위의 문제가 아니라 존재의 문제임을 말해준다. 앎은 소유하고, 관리하고, 지배하기 위한 첩경이다. 처음 인간들은 모든 것을 앎으로써 소유하고 지배하려고 했다. 다시 말해서 인간은 선과 악의 문제까지도 앎으로써 모든 것을 판단하고, 지배할 수 있는 신의 위치에까지 올라가려고 했다는 것이다. 그래서 타락은 단지 잘못된 '행위'를 한 것이 아니라 그 심저에 그가 스스로 하나님이 되고자 한 '존재'의 욕망과 관련된 존재론적 사건이라는 것이다.

그런데 칼뱅은 첫 인간들이 하나님의 명령을 의심했을 뿐 아니라 거짓말로 파악했다는 것을 강조했다. "그는(사탄) 처음에는 교묘하고도 입에

---

8) *Institution*, II, 1/4.
9) *Ibid.*
10) *Commentaire*, Genèse 3:5.

붙인 말로 우리를 공격한다. 그러나 그가 우리 안으로 파고 들어온 다음에 그는 하나님에 대한 교만과 허풍으로써 자기를 드높인다. 마치 지금 하와의 의심으로부터 더 나가서 하나의 완전한 부인(否認)에까지 이르게 하는 좋은 기회를 잡은 것처럼 말이다."[11]

그는 창세기설교에서도 말한다. "아담과 하와의 죄는 그 열매를 욕망했다는 데 있는 것이 아니라 그들이 감히 하나님께서 하신 말씀이 거짓일 뿐이라고 판단하면서 하나님에 대한 복종에서 등을 돌렸다는 데 있습니다."[12] 이것은 첫 인간들은 자신들의 욕망을 정당화하기 위해서 가증스러운 거짓의 구조로 들어갔다는 것을 보여준다. 그들은 진실을 거짓이라고 믿음으로써, 자신들의 잘못된 선택과 행위를 정당한 것으로 만들고자 했다. 그래서 그들은 하나님의 창조를 통해서 그리고 말씀을 통해서 자신들에게 주어진 것을 그대로 받아들이지 않고, 참인지 거짓인지를 헤아렸고, 결국에는 거짓으로 파악했다. 즉 그들은 자신들의 욕망을 따르기 위해서 진실에 등을 돌리고, 거짓을 택했으며, 결과적으로 참을 거짓으로, 거짓을 참으로 뒤바꾸어놓았다.

칼뱅은 인간의 그런 행위가 하나님이 세워놓으신 질서를, 특히 가치의 질서를 뒤집어놓는 반역의 행위라는 점을 강조한다. "인간 역시 하나님의 지배를 피하고, 반역했다는 사실이다. 그는 사탄의 궤휼에 속아 넘어간 것뿐만 아니라 진리를 무시하면서 거짓 가운데로 빠져 들어갔다."[13] 칼뱅은 그런 반역이 하나님의 말씀에 대한 불신(infidelité) 또는 불신앙(incrédulité)으로부터 생겨난다고 보았다. "불신이 반역의 뿌리였다. 거기로부터 야망과 교만이 초래된다."[14] 그는 공관복음서설교에서 말한다. "모든 불신자들은 반역자들입니다. 그 두 표현은 상호적입니다. 즉 불신앙이 있는 곳에는 어

---

11) Commentaire, Genèse 3:4.
12) 14e Sermon sur la Genèse 3:4-6, *Supplementa*, XI/1, 165.
13) *Institution*, II, 1/4.
14) *Ibid*.

다, 다시 말해서 길을 비춰주는 하나님의 말씀이 받아들여지지 않는 곳에는 어디나 반역만이 있을 뿐입니다."[15] 즉 인간은 불신앙 때문에 하나님을 버리고, 자기 자신들만의 길을 가는 반역을 행하게 된다는 의미이다.

II. 전적 타락인가, 부분적 타락인가?

그렇다면 칼뱅에게 있어서 인간의 타락은 전적인 것이었을까, 부분적인 것이었을까? 주지하듯이, 교회의 신학은 인간의 타락이 전적이냐 아니냐에 따라서 근본적으로 달라진다. 즉 인간의 타락이 전적이라면 그만큼 예수 그리스도로 말미암는 값없는 용서와 구원이라는 은혜의 신학이 강조되는 반면, 부분적이라면 인간의 도덕과 행위, 의의 가능성이 넓게 인정되는 펠라기우스적 혹은 알미니우스적인 신학이 부상된다. 즉 타락의 성격에 따라서 위로부터의 신학이냐 아래로부터의 신학이냐, 은혜의 신학이냐 공로의 신학이냐가 갈리게 된다.

그러면 칼뱅은 어떤 입장이었을까? 즉 그는 인간에게 그 어떤 선이나 가능성도 남아 있지 않은 완전한 그리고 철저한 타락을 주장했을까, 아니면 타락 후에도 여전히 어떤 소질이나 능력을 가진 부분적 타락을 주장했을까 하는 문제이다. 그런데 칼뱅의 저술에는 그 두 가지 종류의 타락이 다 가능하다고 보게 하는 글들이 공존한다. 그래서 그의 입장은 다소 불분명한 것같이 보인다.

먼저, 전적 타락을 지지하는 칼뱅을 보자. 그는 타락의 결과 인간의 영혼은 완전히 변질되었다고 한다. 즉 인간은 타락의 결과 영혼이 더럽혀졌고, 그래서 그 이상 역할을 수행할 수 없게 되었다는 것이다. 그는 말한다. "그런데 지금 우리의 영혼은 어떤가? 그것은 하나님 가운데 있는 무한

---

15) 4e sermon sur l'Harmonie evangélique, *Opera*, XLVI, 45.

하게 밝음을 잃어버리고는 희미한 불꽃같이 되었을 뿐이다. 우리 영혼은 불구가 되었다. 그것은 무지에 종속되었다. 그것은 죄, 그리고 수많은 악한 욕구들에게 종속되었다."16) 또한 창세기설교에서도 말한다. "여기에 모든 곤궁들의 가장 깊은 심연이 있습니다. 그것은 우리는 우리의 영혼이 너무나 타락해서 우리가 분명하고 사리에 맞다고 생각하는 모든 것은 무지이고 엉터리일 뿐입니다."17)

그래서 영혼이 죄에 예속되었기 때문에 그것의 모든 능력들, 가령 지성, 이성, 감각, 의지 등 역시 잘못되었다. 그것들은 자신들의 고유한 기능에 따르기는커녕 그 반대의 방향으로 움직인다. 인간은 그 이상 자신을 다스리거나 조절하거나 할 수 없게 되었다. 칼뱅은 다시 이렇게 말한다. "그래서 올바른 지성과 이성은 우리 안에서 뒤집어졌다. 그리고 우리는 암흑 가운데 있는 불쌍한 맹인같이 되었고, 의지는 사악한 욕망들에, 완전한 반역 가운데 예속되었으며, 악에 빠져 들어갔다. 간단히 말해서, 우리는 죄의 학정에 억류되어 있는 불쌍한 포로들이다."18)

그는 신명기설교에서 말한다. "여기서 우리는 하나님이 단지 육체에 대해서만 형벌을 내리는 것같이 생각하게 됩니다. 그러나 영혼 역시 면제되지는 않는다는 것이 사실입니다. 우리는 우리의 모든 감각에서 타락했습니다. 우리는 혼란스런 이성을 가지고 있습니다. 우리는 거짓과 허영으로 가득 차 있습니다. 우리는 하나님의 비밀도, 선도 이해하지 못합니다. 우리의 뜻과 감정들 속에서 우리는 너무나 반항적이어서 우리의 욕망들은 악을 지향하고 있으며 우리를 거기로 몰고 갑니다."19)

이제는 부분적 타락을 지지하는 칼뱅을 보자. 그는 『기독교 강요』에서

---

16) 5e sermon sur le ch. 4 du Deutéronome, *Opera*, XXVI, 150.
17) 13e Sermon sur la Genèse 3:1-3, *Supplementa*, XI/1, 150.
18) "Confession de foy au nom des Eglises réformées du Royaume de France, 1562," *Oeuvres françaises*, 334.
19) 18e Sermon sur la Genèse 3:17-18, *Supplementa*, XI/1, 208.

말한다. "영혼이 완전히 눈멀어서, 세상의 것에는 어떤 지식도 남아 있지 않다고 말하기는 하지만, 그것은 하나님의 말씀에 대해서뿐만 아니라 일반적인 경험에 대해서도 어긋나는 일일 것이다. 왜냐하면 우리는 인간의 정신 속에서 진리를 탐구하고자 하는 욕망이 있음을 보고 있기 때문이다. 그래서 인간의 정신 안에는 명철함의 어떤 불씨가 있어서 그는 진리에 대한 천성적인 사랑을 가지고 있다."[20]

칼뱅은 인간이 "진리에 대한 자연적 사랑"을 갖게 되는 그 "불씨"를 요한복음주석에서는 두 부분으로 나누기도 했다. "타락한 성품 가운데 남아 있는 빛에는 두 개의 주요한 부분이 있다. 그래서 자연적으로 모든 사람들은 그들 속에 어떤 종교의 씨앗을 가지고 있고, 그리고 그들은 선과 악의 차이가 새겨진 양심을 가지고 있다."[21] 칼뱅은 그것을 여러 가지 면에서 설명하는데, 결국은 인간이 이성이나 영혼의 능력으로써 세계와 하나님을 성찰하고, 선과 악을 분별하며, 사회질서를 실현하고, 문화와 종교를 창조하고 영위하는 다양하고 고유한 재능을 가지고 있다는 것이다.[22]

그럼에도 불구하고 종교개혁자는 그 가능성이 사람들을 하나님에 대한 올바른 지식과 참된 종교 가운데로 인도한다고 생각하지는 않았다. 실제로, 그 가능성은 사람들에게 어떤 과학이나 종교를 가져다주지만, 그러나 하나님에 대한 참된 지식은 아니다. 그는 앞에서 인용한 요한복음주석에서 말한다. "그러나 최종적으로는 그 열매들도 그 모든 것으로부터, 종교를 미신의 수많은 괴물들로 타락시키고, 양심은 악과 덕을 혼동함으로써 모든 판단을 더럽히는 것을 보지 않는가? 결과적으로 자연적 이성은 사람들을 그리스도에게 이끌어가지 못하는 것이다."[23]

그는 『기독교 강요』에서도 말한다. "그런데 우리에게 지성과 그리고

---

20) *Institution*, II, 2/12.
21) *Commentaire*, Jean. 1:5.
22) Cf. *Institution*, II, 2/12 이하.
23) *Commentaire*, Jean. 1:5.

의지를 수반하는 판단력이 얼마간은 남아 있다고 할지라도, 우리는 오성이 너무나 나약하고 많은 어두움으로 뒤덮여 있기 때문에 건강하고 완전하다고 말할 수는 없다. 의지에 관해서는, 그 악함과 반역이 충분히 잘 알려져 있다. 그래서 인간이 그것으로써 선과 악을 분별하고 또한 이해하며 판단하는 이성은 자연적 은사이기 때문에 완전히 없어져버린 것은 아니라고 해도, 한편으로는 나약하고 또 한편으로는 부패했기 때문에 거기에는 기형적인 잔해밖에는 나타나지 않는다."[24]

그렇다면 칼뱅이 전적 타락을 지지했느냐 아니냐에 관한 것은 쉽게 드러난다. 그는 타락 후에 인간의 이성이나 지성 등 영혼의 능력들은 더럽혀졌고 왜곡되었지만 그래도 남아 있다고 보았던 것이 분명하다. 칼뱅은 그것을 설명하기 위해서 아우구스티누스에게서 "자연적 은사"와 "초자연적 은사"라는 구분을 빌려오기도 했다.[25]

칼뱅은 자연적 은사를 이성이나 지성과 같이 영혼에 속하는 것으로서, 그리고 초자연적 은사를 "천상의 생애와 영원한 복락에 속하는 신앙의 밝음(clarté de foi)과 온전함(intégrité), 그리고 정직(droiture)" 등으로 본다. 그런데 그는 인간의 타락으로써 후자는 소멸되었지만, 전자는, 즉 자연적 은사들은 남아 있다는 것이다. 그래서 그는 자연적 은사들에 관한 한 "부분적 타락"의 입장을 견지한다. 그러나 그것들은 죄인들을 구원으로 인도하지 못한다는 점에서, 인간은 거기에 의존할 수 없다. 인간은 자연적 은사들에도 불구하고 자신의 구원에 관해서는 전적으로 무력하고 무능하다. 그래서 인간에게는 그를 그런 상태에서 건져줄 외부의 도움이 있어야 한다. 그 지점이 바로 칼뱅이 구속주로서의 그리스도론을 시작하는 출발점이 된다.

---

24) *Institution*, II, 2/12.
25) *Ibid*.

III. 죄

칼뱅은 타락에 대해 설명한 뒤 "그 두 사람의 죄는 무엇이었는지"[26]를 규명하기에 이르렀다. 물론 그가 죄와 타락을 분명하게 구별한 것은 아니었다. 그럼에도 불구하고, 그의 저술들을 보면 그 둘은 구별되고 있으며, 설명의 차이가 있음을 알게 된다. 가령 타락은 인간의 행위 또는 사건에 가까운 반면, 죄는 그 행위의 성격 또는 본질에 가깝다. 다른 말로는 타락은 죄를 짓는 행위이고, 죄는 타락이 무엇인지를 설명해준다. 그러나 그렇다고 해도, 그 둘은 떼려야 뗄 수 없는 관계를 가지고 있다. 칼뱅이 죄를 첫 인간들의 타락으로부터 유추하고 설명했던 것도 그 때문이었다.

칼뱅에 따르면, 죄는 아담과 하와가 하나님의 말씀을 듣지 않고 반역했던 것이다. 그는 창세기주석에서 말한다. "모세가 묘사하는 시험으로부터 우리는 더 충분한 죄의 정의를 취할 수 있을 것이다. 사탄에 의해 공격받고 유혹당한 여인은 처음에 불신(infidélité)으로써 하나님의 말씀으로부터 물러섰다. 그래서 인류의 파멸의 시초는 하나님의 통치에 대한 반역(révolte)이었다."[27] 즉 죄란 인류가 하나님의 말씀을 듣지 않고, 또는 하나님의 말씀에 순종하지 않고, 그분의 통치에 반역하는 행위라는 것이다. 그렇다면 인간은 왜 하나님의 말씀에 대항했을까? 그들은 왜 그의 명령을 거부했을까? 칼뱅은 죄의 원인의 문제에 다가간다.

우선, 칼뱅은 죄의 원인이 아우구스티누스가 보았던 것같이 '교만'이라는 데 대해서는 일면 동의하면서도, 거리를 취한다. 왜냐하면 칼뱅은 교만이 죄의 원인이라기보다는 오히려 죄의 양상, 혹은 원인이라고 하더라도 이차적인 것으로 보았기 때문이다. 최소한 그는 교만이 죄의 유일한 근본

---

26) *Commentaire*, Genèse 3:6.
27) *Ibid*.

적 원인이라고 생각하지 않았다. 그가 창세기설교에서 말하는 것도 교만이 죄의 원인은 아니라는 것이다. "또한 교만이 불신앙과 거역에 결합되어 있다는 것을 주목합니다. 그는 멸망하기 위해서 자기에게 허락되지 않은 정도 이상으로 높이 올라가는 어리석은 야망과 넘치는 욕구에 사로잡혀 있었다는 것입니다."[28]

그렇다면 칼뱅은 죄의 원인을 무엇으로 볼까? 앞에서 본 타락의 원인과 같은 '불신' 또는 '불신앙'이 그것이었다. 그는 창세기주석에서 말한다. "오직 신앙만이 우리를 하나님과 결합시켜주므로, 불신이 이 반역의 뿌리이다. 거기로부터 욕망과 교만이 생겨났다. 그래서 처음에는 여인이 그 뒤에는 그 남편이 하나님에 대항해서 일어나려고 했던 것이다."[29] "죄의 근원과 원인을 한 번 더 높은 곳에서 찾아야 한다. 그들이 처음부터 하나님의 말씀을 불신하지 않았다면 하나님을 대적하지 않았을 것이다."[30]

그는 『기독교 강요』에서도 죄의 원인이 불신앙이라는 점을 명시했다. "그러나 또한 주목해야 할 것은 인간 역시 하나님의 지배를 피하고, 반역했다는 사실이다. 그는 사탄의 궤휼에 속아 넘어간 것뿐만 아니라 진리를 무시하면서 거짓 가운데로 빠져 들어갔다. 그 사실로부터 하나님의 말씀을 생각하지 않으면, 사람들은 그분에게 돌려야 하는 모든 경외를 없애버린다. 왜냐하면 자신을 그분의 말씀에 맞추지 않으면, 그분의 존엄은 우리 안에 존속될 수 없으며, 그분을 올바르게 경배할 수도 없게 되기 때문이다. 그래서 불신앙은 반역의 뿌리이다."[31]

칼뱅이 죄의 원인을 불신앙으로 보았다는 것은 무엇을 말하는가? 그것은 그가 죄를 인간의 어떤 행위나 외형이 아니라 내적인 상태, 곧 인격이

---

[28] 14e sermon sur la Genèse 3:4-6, *Supplementa*, XI/1, 166.
[29] *Commentaire*, Genèse 3:6.
[30] *Ibid.*, 그리고 또한 같은 쪽에서 "만일 누군가가 더 간단하게 말하기를 원한다면, 불신이 야망에게 문을 열어주었고, 이 야망은 반역의 어미였다."
[31] *Institution*, II, 1/4.

나 마음의 문제로 보았다는 것을 의미한다. 그는 그것을 창세기설교에서 잘 말했다. "그래서 우리가 완전히 타락했고, 악이 승리한 것은 아담과 하와의 인격 속에서라는 것을 올바르게 알아야 합니다. 또한 여기서 죄는 단순히 사람들이 말하듯이 모방이 아니라 우리 안에 뿌리를 내리고 있는 것입니다."[32]

그런 점에서 니이젤이 칼뱅에 따른 죄를 "도덕적인 결함"이 아니라 "하나님과 인간과의 올바른 관계의 유기"[33]라고 설명했던 것이 타당하다. 왜냐하면 하나님과 인간의 올바른 관계는 내적인 인격의 상태 혹은 마음의 방향에 바탕을 두는 것이기 때문이다. 간단히 말해서 신앙이란 마음이 하나님을 향하고 있는 것이고, 불신앙이란 마음이 하나님을 떠난 것이다. 죄의 원인이 불신앙이란 것은 곧 마음이 하나님을 떠났기 때문에 죄가 발생했다는 의미이다. 마음이 떠날 때, 곧 불신앙일 때 관계가 파괴된다. 그래서 죄의 원인이 불신앙이란 것은 죄가 도덕이나 행위가 아니라 마음과 신앙, 그리고 두 존재 사이의 관계의 문제라는 것을 말해준다.

그런 점을 고려할 때 칼뱅이 죄를 '분리' 또는 '소외'와 직결시켰던 것도 쉽게 이해할 수 있다. 그는 그 점을 여러 곳에서 말한다. "그런데 아담의 영적 생명이 그의 창조주와 함께 결합되어 살고 있었던 것과 마찬가지로, 죽음이란 그로부터 분리되어 있는 것이다."[34] "타락이 일어난 뒤, 아담은 하나님으로부터 분리되었고, 그것으로 인해 그는 모든 올바름을 잃어버리게 되었다."[35] "그런 것은 아담의 타락으로부터 기인됩니다. 왜냐하면 그는 하나님과 분리되었고 또한 하나님으로부터 우리를 소외시켰기(nous en a alienez) 때문입니다."[36]

---

32) 14e Sermon sur la Genèse 3:4-6, *Supplementa*, XI/1, 172.
33) 『칼빈의 신학』, 79.
34) *Institution*, II, 1/5.
35) *Commentaire* Genèse, préface.
36) 18e Sermon sur la Genèse 3:17-18, *Supplementa*, XI/1, 208. 또한 "우리는

IV. 죄의 결과: 죽음

그렇다면 죄의 결과는 무엇인가? 최초에 죄를 지은 인간들에게 무슨 일이 일어났는가? 칼뱅은 성서에 따라서 최초의 죄인들이 심판을 받았다는 사실을 의심치 않았다. 특히 그 심판으로서, 칼뱅이 집중해서 다루었던 것은 죽음이었다.

그러나 특기할만한 것은 그가 죄의 결과로 죽음을 제시했다고 해도 그것은 자연적인 혹은 사실적인 죽음은 아니었다는 것이다. 우선 그의 말을 들어본다. "아담의 죽음은 범죄 이후에 즉시 시작되었다. 왜냐하면 인간의 저주받은 생명은 죽음의 시작과 다른 것일 수 없기 때문이다."[37] 또한 "우리의 반대자들은 이런 주장을 내세운다. 즉 인간은 죄와 마귀에 의해 그렇게 완전히 살해당하지는 않기 때문에, 그에게는 여전히 생명의 일정 부분이 남아 있으며, 그래서 그는 반 쯤밖에는 죽은 것이 아니라고 한다. (그러나) 하나님의 말씀은 반은 살아 있는 인간을 인정하지 않고, 오히려 그가 행복한 삶에 관해서는 완전하게 죽었다고 말하고 있는 것이다."[38] 다시 말해서, 그가 말하는 죽음은 "살아도 살았다고 할 수 없는" 상태를 의미한다. 즉 그는 죽음을 실존적으로 혹은 영적으로 이해하고 설명했다.

실존적 의미에서의 죽음은 다름 아닌 자신의 고유한 존재로부터 소외되고 분리된 인간의 비극적 상황이라고 할 수 있다. 죄인의 삶 자체는 사도 바울이 "우리는 아담 안에서 모두 죽었다"(롬 5:12)고 했듯이, 삶이 아니라 죽음이다. 칼뱅은 그것을 이렇게 설명한다.

우리 안에 있는 이 악을 생각해야 합니다. 그것은 일시적으로만 존재하는 것이 아니라, 인간이 자신의 죄로 인해 하나님과 분리된 이후에 그 저주받을 씨앗은 항상 인류 안에 있습니다." Sermon on the Acts of the Apostles, 7:38-42, *Supplementa*, VIII, 47-48.

37) *Commentaire*, Genèse 3:19.
38) *Institution*, II, 5/19.

"우리는 때로 죄가 정신과 마음을 어떻게 점령하는지를 보게 될 것이다. 사람 전체는 마치 홍수에 빠져서 머리끝부터 발끝까지 다 뒤집어쓴 것처럼 죄로부터 벗어난 부분은 한 군데도 없으며, 그 결과 그가 가진 모든 것은 당연하게 정죄되고 죄에 넘겨졌다. 성 바울이 말한 것처럼, 육의 모든 감정들은 하나님의 대적자이고 그래서 죽음이다."[39] "또한 죽음의 원인을 보아야 한다. 그것은 하나님으로부터 소외되고 분리되었기 때문이다. 거기로부터 죽음이라는 이름은 하나님으로부터 등을 돌린 아담을 뒤덮었던 모든 비극들(misères)을 의미한다. 아담은 생명의 근원인 하나님으로부터 분리되자마자 자신의 첫 번째 상태 바깥으로 내동댕이쳐졌다. 그래서 그는 하나님이 없는 인간의 삶이란 비참하고 버려진 것이며 따라서 죽음과 조금도 다르지 않다는 것을 느꼈다. 그러므로 죄 이후의 인간의 조건은 마땅히 생명의 박탈과 죽음이라고 불려져야 한다."[40]

거기서 보듯이 칼뱅이 더 중시하고 의미 있게 여기는 것은 일상생활 속에서 선험적인 분리와 상실을 경험하는 일종의 죄인들의 '죽음과 같은' 인생이었다. 물론 칼뱅이 자연적인 죽음에 대해서 전혀 언급하지 않는 것은 아니다. 그러나 그가 자연적 죽음을 말했을 때도 역시, 초점은 죽음이라는 사건 자체에 놓이지 않는다. 오히려 죽음이라는 사건에 직면한 인간의 태도 또는 심리적인 움직임 같은 데 놓여진다. 칼뱅은 말한다.

"그래서 죽음은 인간을 소멸시키기 위해서뿐만 아니라, 또한 그가 하나님의 저주를 느끼게 하기 위해서 존재합니다. 죽음은 하나님이 우리를 이 세상에서 데려가는 것뿐만 아니라, 또한 우리가 현생에서 없어지게 된다는 것뿐만 아니라, 우리에게 있어서 지옥의 아가리로 들어가는 것과 같은 하나의 관문입니다. 그러므로 죽음에 관해 말할 때, 우리는 하나님으로부터 분리되고, 모든 구원의 희망으로부터 끊어져야 할 필요가 있습니다."[41]

---

39) *Ibid.*, 1/9.
40) *Commentaire*, Genèse 2:16.
41) 1er sermon sur la passion de Jésus-Christ, *Opera*, XLVI, 840.

그것이 의미하는 바는 이렇다. 즉 사람의 몸은 죽음으로써 자연히 소멸된다. 그러나 그것보다 더 중요한 것은 인간이 죽음에서 느끼는 것, 즉 하나님의 저주, 그리고 하나님과의 분리의 감정이다. 그럼으로써 인간은 자신의 비참한 상태를 절감하게 되며, 또한 그럼으로써 참되고 진정한 생명으로 전향할 수 있게 된다는 것이다.

결론적으로, 칼뱅에게서 죽음이 죄의 결과라는 것은 부정할 수 없다. 그것은 아담이 지은 죄에 대한 징계로서 주어졌다. 그러나 칼뱅은 죽음을 실존적 의미로 이해한다. 즉 인간은 죄로 인해서 비참한 운명 속에 놓여졌다. 그는 하나님으로부터 분리되었고, 소외되었다. 그래서 그는 하나님을 올바르게 알 수도, 예배할 수도 없게 되었다. 그는 자신의 비참한 상태에서 벗어날 수 있는 어떤 근거나 가능성을 찾을 수 없다. 따라서 그는 실패와 상실, 그리고 절망 속에서 살아가는 인간이다. 그런 인간의 삶이 곧 죽음이라는 것이다.

V. 원죄

칼뱅에 따르면, 죽음이든 혹은 죄로 인해 정죄받은 삶이든 그것은 모든 사람에게 공통적이다. 어느 누구도 그것을 피할 수 없다. 즉 그것은 인간의 치명적인 운명이다. 다시 말해서 모든 인간은 예외 없이 죽음의 상황 속에 있다. 바로 거기로부터 원죄라는 문제가 제기된다.

칼뱅은 그리스도교적 전통으로부터 원죄 사상을 받아들였다. 그에 따르면, 처음 사람들의 죄는 인류에게 있어서 치명적일 뿐만 아니라 또한 운명적이다. 그래서 그 죄는 아담의 후손들에게도 언제나 참여하고 있다. 그래서 우리 인간들 모두는 최초의 죄에 묶여 있다. 칼뱅은 그 점을 자주 말했다.

"하나님의 저주가 아담 부부로 인해서 하늘 꼭대기부터 땅 아래까지 세상의 모든 지역에 유행처럼 번지게 되었으므로, 그 저주가 그의 모든 후손들에게까지 흘러내려가게 되었다고 해도 전혀 이상한 일이 아니다."[42] "죄를 지은 이후, 아담은 맹인같이 되었다. 그리고 우리도 또한 더럽혀졌다. 그래서 우리는 거의 아무것도 분간하지 못하게 되었다. 우리는 흰 것을 검은 것이라고 잘못 안다. 그리고 우리가 하나님 예배 전부를 우리의 미신들로써 더럽혀놓은 것도 역시 마찬가지이다."[43]

창세기설교에서도 말한다. "그러므로 아담과 하와의 인격 속에서 우리는 사탄의 그 독소에 물들었다는 것을 잘 알아야 합니다. 그리고 우리는 모두 한 사람의 죄와 그의 거역으로 인해서 죽은 자들입니다. 이것이 바로 원죄라고 부르는 것입니다. 왜냐하면 우리는 이 모든 유산을 우리 어머니의 뱃속으로부터 가지고 나옵니다."[44] "모세는 여기서 남자와 여자가 어떻게 그들의 창조주로부터 등을 돌리게 되었는지를 보여주고 있습니다. 그런데 현재 우리 가운데 있는 악한 모든 것은 그 기원과 그 원인으로부터 야기된 것입니다. 즉 우리의 최초의 조상과 그의 아내의 타락 때문입니다."[45]

그렇다면 칼뱅은 원죄를 어떻게 설명하는가? 그는 원죄를 후손들의 모방으로 간주하는 펠라기우스 같은 신학자들의 사상을 배격하면서,[46] 원죄를 "유전적 타락"(corruption héréditaire),[47] "자연적 타락"(perversité naturelle)[48] 등으로 불렀다. 칼뱅은 로마서주석에서 말한다.

"그런데 그가 여기서 말하는 이 '죄짓다'라는 것은 우리 모두가 부패했다는 것 말고는 다른 어떤 것을 뜻하지 않는다. 그래서 우리가 우리의 어머니의 배로부터 가지고 나오는 이 자연적 타락은, 비록 그것이 금방 열매

---

42) *Institution*, II, 1/5.
43) 2ème sermon sur la ch. 4 du Deutéronome, *Opera*, XXVI, 121.
44) 14e Sermon sur la Genèse 3:4-6, *Supplementa*, XI/1, 171.
45) 13e Sermon sur la Genèse 3:1-3, *Ibid.*, 151.
46) *Commentaire*, Genèse 3:6, *Institution*, II, 1/6.
47) *Institution*, II, 1/5.
48) *Commentaire*, Romains 5:12.

를 생산하지는 않는다고 할지라도, 주님 앞에서 죄를 짓게 함으로써 그분의 복수를 초래하게 된다. 바로 거기로부터 원죄라는 말이 나왔다. 아담이 자신의 첫 번째 창조에서 자기를 위해서 그리고 자기의 후손들을 위해서 하나님의 은사들을 받은 것처럼, 타락으로써 하나님에게 등을 돌림으로써 그는 자신의 인격 속에서 부패하게 되었고 우리의 본성을 상실했다. 그 안에서 하나님을 닮을 수 있었던 올바름을 박탈당함으로써 그는 자신과 같은 후손들만을 낳을 수밖에 없었다. 그러므로 우리는 모두가 자연적 부패에 잠겨 있으므로 죄를 짓게 되고, 그 결과 더럽게 되고 타락하게 된다."[49]

그런 사상은 1562년 프랑스 개혁교회의 신앙고백에서는 이렇게 표현되기도 했다. "우리는 원죄가 우리의 감각과 감정에 크게 퍼진 부패라고 믿는다. 그래서 우리에게서 올바른 지성과 이성은 뒤집어졌고, 암흑 속에 있는 불쌍한 맹인들처럼 되었다. 그리고 의지는 모든 악한 욕정에 종속되어서 반역으로 가득 차고 악에 휩쓸리게 되었다."[50]

그러나 주의할 것이 있다. 칼뱅이 "자연적 타락"이라고 말할 때, 그 "자연적"이라는 용어는 인간의 자연조건이나 육체상의 어떤 것을 의미하지 않는다. 요컨대 죄는 자연적 출생에 의해서 유전되는 것이 아니다. 또한 육체관계에 의한 것도 아니다.[51] 오히려 그 용어는 죄의 어떤 보편성 혹은 편재성을 나타내는 것으로 이해되어야 한다. 즉 어떤 인간도 죄의 그 보편성에서 벗어날 수 없는 운명을 의미한다.

인간은 어느 순간에든 죄의 지배를 받는다. 즉 그는 언제나 죄의 그늘 아래에서 산다. 누구든지 인간의 자녀로 태어났다면 그는 죄의 보편성과 운명성을 벗어날 수 없다. 우리 모두는 "출생 때부터 우리의 본성에 뿌리내린 질병"[52]을 앓고 있는 것이다. 그래서 우리 모두는 본성적으로, 바울이

---

49) *Ibid.*
50) "Confession de foi au nom des Eglises réformées de France de 1562," *Oeuvres francaises*, 334.
51) *Commentaire*, Genèse 3:6.

말했듯이 "진노의 자식들"(엡 2:3)이다. 인간은 죄 속에서 태어나고, 죄를 지으며 살아간다. 그가 구속주 하나님의 특별한 은총으로 거듭난다고 해도 그렇다. 그리스도인이라고 해도 역시 그는 평생 죄를 벗어나지 못한다. 따라서 그는 평생 회개해야 하는 실존이다. 칼뱅에게 있어서도 그리스도인은 루터처럼 "의인이면서 동시에 죄인"(simul justus et peccator)이다. 바로 그것이 칼뱅이 "유전적 타락", 즉 원죄로써 의미하는 인간의 운명이었다.

그런데 한 가지 부가할 것은, 인간이 단지 원죄 때문에 죄인이지는 않다는 점이다. 인간은 원죄뿐 아니라 그 자신의 죄 때문에 죄인이다. 그는 아담의 죄로 원죄 가운데 있기는 하지만 동시에 그는 자기 자신이 죄를 짓는다. 인간은 자신 안에 피할 수 없는 죄의 이유와 충동들을 갖고 있다. 그래서 그는 언제나 하나님에 대해 거역하고 불순종한다. 그래서 칼뱅은 사람이 죄에 대한 책임을 아담에게, 인류의 조상에게 전가할 수 없다고 보았다. 인간은 또한 바로 자신의 의지로써, 자발적으로 죄를 짓기 때문이다.[53] 그래서 칼뱅에 따르면 죄는 인류의 죄면서 동시에 각 개인의 죄이며, 원죄이면서도 자기의 죄이기도 하다. 따라서 죄에 대한 책임은 보편적 인간성에 있는 것이면서 동시에 각 개인에게 있다는 것이다.

VI. 칼뱅 죄론의 특징

이상에서 살펴본 타락과 죄를 중심으로 한 칼뱅의 인간론을 마치기 위해서, 신학적으로 중요하다고 보이는 점 몇 가지를 다음과 같이 지적한다.

첫째, 칼뱅에게서 인간의 타락은 '부분적 타락'과 '전적 타락'이라는 두 가지 면을 다 가지고 있다. 그것은 인간에 대한 이중적 관점을 보여준

---

52) *Commentaire*, Psaumes 62:8.
53) Cf. *Institution*, II, 3/5 등.

다. 즉 다른 피조물들과 구분되는 이성과 지성 등 우월성을 가진 긍정적 인간 인식과 동시에 뿌리 깊은 오류와 악에서 벗어나지 못하는 부정적 인간 인식을 함께 가지고 있다. 그처럼 칼뱅은 인간이 이뤄놓았던 문명들과 업적을 부정하지 않으면서도, 그러나 여전히 고통스럽고 불행한 삶이 지배하는 인간의 비극적 상황을 주목하고 있다. 그럼으로써 칼뱅은 구속주 예수 그리스도의 길을 예비한다. 즉 인간이 스스로는 자신의 비극적 상황을 벗어날 수 없고, 오직 외부로부터 그를 끄집어내는 예수 그리스도의 값없는 용서와 구속의 은총으로서만 가능하다는 점을 보여주고자 했다.

둘째, 칼뱅은 타락이나 죄의 원인을 불신앙으로 보았다. 그래서 죄는 근본적으로 인간의 내면적인 상태, 즉 마음의 문제라는 것이다. 즉 마음이 하나님으로부터 떠난 것으로써, 그 문제가 해결되지 않는 한 어떤 선행이나 도덕이나 공로로써도 죄를 극복할 수 없다는 것을 강조한다. 마음에 없는 혹은 마음과 다른 행위들은 하나님으로부터 분리된 자의 가식이나 위선, 자기만족, 자기상승을 위한 노력으로 간주될 수 있다.

칼뱅은 그 점을 중시하면서 인간이 구원을 얻는 것은 오직 신앙뿐이라는 점을 역설한다. 즉 죄의 근원이 불신앙이므로 신앙을 회복하는 것만이 죄를 떠날 수 있는 유일한 길이라는 것이다. 이것은 당시 칼뱅이 가톨릭 교회의 공로주의나 율법주의를 비판하면서, 예수 그리스도의 은총을 믿음으로써 하나님의 자녀가 되는 길을 강조했다는 것과 궤를 같이한다.

셋째, 칼뱅의 죄인으로서의 인간은, 타락과 죄의 관점에서만 볼 때도, 인간의 심리를 섬세하게 보여주고 있다. 그는 인간의 타락을 단지 교리적으로만, 형식적으로만 파악하지 않는다. 오히려 아담과 하와의 타락을 묘사하면서, 인간의 보편적인 내면의 상태를 잘 파헤쳤다. 가령 그들이 선악과를 먹기 위해서 하나님의 말씀을 교묘하게 거짓으로 돌리고, 자신들의 행위를 참된 것으로 정당화하는 등의 자기 합리화나 가치의 전복, 그리고 지배와 소유의 욕망, 자기 상승의 추구 등에 대한 묘사는 칼뱅이 인간에 대한 관찰과 성찰이 매우 현실적이어서, 현대인들이 볼 때도 수긍하고 공감

하는 데 별 어려움이 없다.

넷째, 칼뱅은 죽음을 사실적인 면보다는 실존적인 또는 영적인 의미로 파악했다. 즉 그는 죄의 결과로 주어진 죽음은 첫 인간들이 장차 사실적으로 죽게 될 순간에 시작되는 것이 아니라 이미 "여기에서 지금"(hic et nunc) 이미 이뤄진 것으로 보았다.

거기서 죽음이란 하나님과의 분리, 하나님으로부터의 소외, 그래서 현재 겪게 되는 온갖 종류의 재난들과 고통들, 비극들로 간주된다. 인간이 죽음을 극복하는 것도 장차 언젠가의 일이 아니라, "지금 여기서"의 일이 된다. 즉 자신에게 다가오는 하나님의 말씀, 계시된 예수 그리스도를 지금 믿느냐 믿지 않느냐에 따라서 나의 삶과 죽음이 나뉘게 된다. 그래서 "지금 여기"는 하나님의 말씀을 받아들이느냐 아니냐의 양자택일의 결단이 이뤄지는 결정적인 시간, 종말의 때이다. 칼뱅의 사상은 그런 점에서 매우 실존적인 성격을 갖는다.[54]

---

54) Cf. 이오갑, "칼뱅의 종말론", 「말씀과 교회」 30호, 2001년 네 번째, 특히 56 이하.

 제6장

인간은 병자인가?

　　칼뱅의 인간 이해는 긍정적이거나 낙관적이지 않다. 물론 태초에 하나님으로부터 창조된 인간은 그 자체로서 탁월하고 아름다운 존재이지만 유한하고 하나님 앞에서 겸비해야 하는 열등한 존재이기도 하다.[1] 인간에 대한 그의 부정적인 인식은 앞 장에서 보았듯이 태초에 인류가 타락한 결과 죄인이 되는 과정을 설명하는 데서 잘 드러난다.

　　그러나 그 이상으로 부정적인 것은 그가 현실적인 인간, 즉 죄인을 묘사하거나 서술할 때이다. 이것은 그가 실제로 현재 살고 있고 보고 있는 인간을 평가하고 있다는 점에서 그의 인간 이해의 실체나 진면목을 보여준다고 할 수 있다. 그렇다면 칼뱅은 동시대에 경험했던 현실 속의 인간, 교리적으로 말하면 타락 이후 현시대를 살아가는 죄인을 어떻게 보았을까?

　　그런데 이와 관련하여 이목을 끄는 것은 칼뱅이 현실 속에 살아가는 인간의 죄를 '병'(maladie)으로 보았고, 따라서 죄인을 '병자'로 간주했다는 점이다. 그는 병, 혹은 병자로서의 인간 이해를 그렇게 빈번하게는 아니지만, 『기독교 강요』나 성서주석, 그리고 특히 설교에서 종종 말했다. 즉

---

[1] 제3장 Ⅳ. "창조된 인간의 유한성" 참조.

그것은 그의 저술 전반에 걸쳐 나온다는 점에서 그의 인간 이해의 일관성과 보편성을 보여준다.

칼뱅이 죄인의 행위나 삶을 병으로 보았던 것은 그의 인간 이해의 독특한 특징이고, 더불어 우리가 거기서 그가 인간을 어떻게 생각했는지를 선명하게 파악하는 계기가 된다. 그래서 이 장에서는 칼뱅이 말하는 병을 매개로 죄인으로서의 삶이나 행태를 찾아보며, 그를 통해 더 나가서 칼뱅의 인간 특히 죄인으로서의 인간 전반에 대한 이해를 살펴본다.

선행연구나 자료에 관해서, 칼뱅의 인간론, 특히 죄인으로서의 인간론을 다룬 연구들은 앞장에서도 말했듯이 사실 그렇게 많지 않다. 그런 것들도 일반적이고 전통적인 방식의 것들이 대부분이고, '병'이라는 독특한 동기를 가지고 다루었던 것은 전혀 없다. 그래서 이 연구는 주로 칼뱅 자신의 저술들인 『기독교 강요』나 성서주석, 특히 설교들과 같은 1차자료에 의존하며, 연구물로서는 그의 인간론을 일반적으로 다룬 저서나 논문들을 참고하게 될 것이다.

I. 어떤 병인가?

칼뱅은 인간의 병에 대해서 많은 말을 한다. 그중에서 가장 흔한 것은 역시 일반적인 병, 육체의 병이다. 그 병에 대해 칼뱅이 어떻게 생각했는지, 어떤 얘기를 하기 위해서 '병'을 거론했는지는 경우에 따라 다르다. 그러나 그 병에 대해 얘기되는 내용들은 단순해서 다룰 만한 가치는 별로 없다. 예를 들면 이렇다.

"하나님께서는 그가 주신 빵으로써 우리가 살기를, 그리고 의술로써 병을 치료하기를 원한다고 선언하십니다. 그러므로 우리가 하나님이 우리의 약함을 치료하기 위해서 주신 수단들을 거부하는 것은 너무나 큰 자만입니다."[2] "큰 병에 걸린 사람이나 가난에 처한 사람은 하나님 앞에 (자비로운 분이기 때문에) 나아갈 수 있습니다."[3] 또한 가난이나 다른 나쁜 것들과 함께 병은 "하나님의 진노의 표시"라든지,[4] "하나님이 우리를 병으로 길들이신다"[5]든지, "그는 병으로 쇠잔했지만 그의 영혼은 강건했다"[6]든지, "예수는 사람들에게서 마귀들을 쫓아냄으로써 병을 치료했다"[7]든지, "우리 주 예수는 한 가지 종류의 병만을 치료하시지 않았다"[8]든지 하는 등의 말이 있다.

그러나 그 어느 것이든 일반적인 육체의 병을 말하는 것으로서 특별한 내용을 담고 있다고는 할 수 없다. 따라서 우리가 여기서 다루고자 하는 것은 그런 일반적인 병이 아니다. 우리의 주제가 되는 것은 '병'이지만 신체에 발생하는 것이 아니라, 인간의 마음이나 정신에 관계된 '병', 현대적으로 말하면 정신적이거나 심리적인 각종 증상이라고도 할 수 있다. 칼뱅은 그런 종류의 병을 갈라디아서의 한 설교에서 "영적인 병"(maladie spirituelle)이라고 불렀다.[9] 즉 인간의 영(esprit, 또는 정신)이나 영혼(âme)에 들은 병이라는 의미이다. 그렇다면 그 병이 무엇인지, 어떤 것인지 짐작하기가 쉬워진다. 영이나 영혼이 무엇이며 무엇을 하는지를 알면, 그것의 고장이나 장애, 즉 병을 파악할 수 있기 때문이다.

앞의 3장 "창조된 인간"에서 보았듯이 칼뱅에게서 '영혼'(âme)이나

---

2) 5e sermon de la Pentecoste, *Opera*, XLVIII, 661.
3) 1er sermon sur la justification, *Opera*, XXIII, 690.
4) 1er sermon sur le ch. XXX du Deutéronome, *Opera*, XXVIII, 551. 또한 내용은 다르지만 "마귀는 사람들이 그렇게 괴로운 병에 시달릴 때, 거기에는 채찍과 재앙밖에 없으며 하나님은 자신의 진노와 복수의 표시를 보여준다고 여기게 함으로써, 우리 주 예수 그리스도의 임재를 가증스럽게 만든다고 생각했습니다"라는 말도 있다. 58e sermon sur l'harmonie evangelique, *Opera*, XLVI, 724.
5) 1er sermon sur le ch. IV du Deutéronome, *Opera*, XXVI, 100.
6) 4e sermon sur le Pseaume CXIX, *Opera*, XXXII, 525.
7) 60e sermon sur l'harmonie evangelique, *Opera*, XLVI, 749.
8) 58e sermon sur l'harmonie evangelique, *ibid.*, 723.
9) 13e sermon sur l'Epître aux Galates, *Opera*, L, 433.

소문자 e로 시작되는 'esprit'인 '영'은 같은 것이라고 할 수 있다. 칼뱅은 그 둘을 혼용해서 쓰는데, 태초에 하나님께서 육체와 구분해서 창조하신 인간의 영적인 부분이다. 영혼은 인간에게 가장 고귀한 부분으로서, 지각과 지성을 갖춘 하나의 본체이다. 그것은 불멸하며 죽음 이후에도 살아남는다.[10] 그 영혼은 지성(intelligence)과 의지(volonté)의 두 부분으로 구성된다. 지성은 "모든 것들을 분간하고, 인정돼야 하는 것인지, 정죄돼야 하는 것인지를 판단한다." 그리고 의지는 "오성(entendement)이 좋은 것이라고 판단한 것을 선택해서 추구하며, 반대로 그것이 배격하는 것은 내버리거나 피한다."[11] 그래서 영혼은 지성으로써 이해하고 분간하고 판단하며 또한 선과 악을 분별하게 된다. 또한 의지로써는 지성이 판단한 선을 피하지 않도록, 또한 몸이 영혼과 반대되는 행동을 하지 않도록 통제한다.[12]

칼뱅이 말하는 영적인 '병'은 그런 영혼에 들은 병이므로, 영혼이 망가져서 엇갈리고 비뚤어져 제대로 작동하지 않는 상태나 증상이라고 할 수 있다. 가령 인간이 지성을 제대로 발휘하지 못해서 하나님이나 대상들에 대한 이해가 바르지 못하거나, 판단하거나 분간하는 일에도 오류가 생기며, 선과 악의 구분도 잘못해서 자신이 따르거나 행해야 할 것이 무엇인지도 모르는, 혹은 거꾸로 아는 증상이다.

거기서 가장 중요하고 근본적인 문제는, 인간이 자신의 영혼으로써 하나님과, 더 나가서는 이웃과의 참된 관계를 맺지 못하는 것이라고 할 수 있

---

10) "나는 영혼이라는 용어를 불멸의, 그러나 창조된 영이라는 의미로 쓴다. 그것은 (인간에게 있어서) 가장 고귀한 부분이다." *Institution*, I, 15/2. "우리는 영혼이 하나의 본체(substance)이며, 지각과 지성을 갖춘 것으로서 육체가 죽은 후에도 진실로 살아남는 것이라고 확신한다." "Psychopannychie," 32-33. "인간의 영혼은 바람과 같이 지나가버리고 흩어져 버리는 어떤 일시적인 기운이 아닙니다. 그것은 자신의 영원한 생명을 가지는 영이거나 영적 실체입니다." Sermons on the Acts of the Apostles, 7:58-60, *Supplementa*, 402.
11) *Institution*, I, 15/7.
12) Sermon sur la Genèse 1:26-28, *Supplementa*, XI/1, 60. 이상의 영혼 부분에 대해서는 제 3장 "창조된 인간", I-1 "영혼이란 무엇인가" 참조.

다. 즉 하나님과의 관계에서 인간은 계속 어떤 오해를 근간으로 반역과 불화와 파괴적인 방향으로 상황을 몰고 가지만, 그런 원인마저도 제대로 파악하지 못해 점점 더 악화되고, 결국 죽음으로 빠져 들어간다. 그래서 그것은 인간에게 매우 절망적인 병인데, 칼뱅의 표현에 따르면 "치명적이고 저주받은 병"[13]이다. 물론 전제할 것은 칼뱅이 그런 종류의 병을 말하면서 "영적인 병"이라고 불렀던 것은 예외적인 것이었고, 대부분은 아무런 수식 없이 '병'이라고 했다. 즉 그것 역시 보통의 병과 다름없이 불렀다. 그런 점에서 그가 '병'이라고 할 때는 그 내용을 보고 그냥 보통의 병인지 영혼의 병인지를 파악할 수밖에 없다. 그렇다면 그런 영적인 병은 구체적으로 어떤 것이었을까?

II. 병의 종류와 특징

칼뱅은 인간이 현실 속에서 행하는 많은 오류와 잘못들을 보면서 그것을 '병'으로 지칭했다. 그에 따르면 그가 말했던 '병'은 몇 가지로 나눠질 수 있다. 가장 흔한 것은 인간의 '망상'과 관련된 것이고, 그것의 출발점이 되는 '광적인 호기심'(folle curiosité)도 적지 않다. 또한 이기심이나 자기중심성 같은 것도 있고, 우상 숭배, 교만, 불순종, 태만이나 안일 같은 것들도 모두 '병'으로 간주되었다.

1. 호기심

인간의 호기심이 나쁜 것일 수 없다. 칼뱅도 그것이 '자연적인 것'(de nature)임을 인정했다. 즉 호기심 그 자체에 대해서 나쁘다고 할 수 없고,

---

13) 6e sermon sur le ch. I du Deutéronome, *Opera*, XXV, 668.

오히려 하나님이 인간에게 주신 천부적인 재능으로 오히려 긍정적으로 평가돼야 할 것이다. 따라서 칼뱅이 문제 삼는 호기심은 그 자체로서보다는 인간이 하나님의 말씀을 벗어나서 자기 멋대로 생각하고 탐구해 들어가는 것인데, 그것이 바로 병이었다.

칼뱅에 따르면, 인간들은 그런 호기심을 너무 좋아한 나머지, 그것이 발동하거나 충족될 기회가 주어지면 그들의 '영(정신)들은 열광할' 정도가 된다. "알려지지 않은 것들에 대해서 그런 의문들이 생겨날 때, 영들은 바로 열광합니다. 자연적으로 우리는 때로 선한 교리에 대해서도 불만인 그런 병에 기울어 있습니다. 그럼에도 불구하고 우리는 사람들이 새로운 것들(menages)을 찾아나가도록, 그리고 우리로 하여금 우리의 상상에 따라서 구름들 위로 날아오르도록 하기를 원합니다. 그러나 성 바울은 하나님의 영의 권위 가운데서 그것은 터무니없는 것일 뿐이라고 말합니다."[14]

칼뱅은 호기심에 관해 또한 이렇게 말했다. "자연적으로 사람들은 언제나 새로운 것을 알아내려는 광적인 탐욕에 기울어져 있기 때문에, 그들에게 하나님의 말씀이 우리를 세워야 한다고, 그리고 우리는 그런 헛된 것들을 즐겨서는 안 된다고 경고하는 것으로는 결코 충분하지 않습니다. 왜냐하면 그것은 너무나 깊이 뿌리내린 병을 근절하기 위한 것이 아니기 때문입니다. 오히려 우리는 우리의 영혼에 독을 주입하지 않고서는 가능하지 않은, 우리의 영혼을 구원의 교리로부터 이탈시키지 않고서는 가능하지 않은 모든 악한 호기심을 떠나도록 질책을 받아야 할 필요가 있습니다. 바로 그 이유에서 성 바울은 이 구절에서 단지 헛되고 무익한 것들을 앞세우는 사람들은 가치가 없고 고려해서도 안 된다고 말할 뿐만 아니라, 또한 그들은 타락하고, 진리를 떠나 빗나간 사람들이며, 피해야 하는 페스트들이며, 우리를 하나님에 대한 두려움으로 세워주지 않는 교리는 필요없을 뿐만 아니라, 또한 그 자체로서 큰 전염을 일으킬 것이며. 욕심이나 분쟁, 모욕, 그

---

14) 31e sermon sur I Timothée, *Opera*, LIII, 379-380.

리고 그와 유사한 것들의 열매들을 내어놓을 것이라고 말합니다."[15]

이 인용들에서 보듯이 호기심은 더는 작동될 수 없는 상황이라면 그것이 "때로 선한 교리에 대한 것이라고 해도 불만인 병"이고, "영혼에 독을 주입하지 않고서는 가능하지 않은 너무나 깊이 뿌리내린 병"이자 매우 강한 전염병인 "페스트"로 묘사되었다. 그처럼 칼뱅은 인간의 잘못된 호기심을 매우 강력하게 지적하고 질책했다. 호기심에 대한 그의 질책과 비난은 그의 저술 많은 곳에서 나타나는데, 중요한 점은 그런 호기심이 인간의 망상과 같이 인식에 있어서 치명적인 죄로 이어지며, 또한 우상 숭배와 같은 거짓 종교로 빠져들게 한다는 것이었다. 그래서 잘못된 호기심은 인간의 모든 악과 죄의 근원이라고 할 수 있고, 또 그 이유에서 칼뱅이 그처럼 강력하게 비판했다. 다음의 인용도 그런 점들을 잘 보여준다.

"심지어 우리 시대에도, 우리는 사탄이 그의 많은 졸개들을 부추겨서 모든 것을 뒤엎고자 하고, 복음의 순수한 단순성에다 그들의 광적인 발명들을 뒤섞어 놓기 위해서 그들의 호기심의 고삐를 풀어 놓고 있는 것을 보고 있습니다. 마호메트의 코란은 복음이 그들에게 전혀 만족스럽지 않아서 그렇게 날조된 것입니까? 그는 온통 뒤죽박죽인 다른 어리석은 공상들을 해야 했고, 그것은 어린 아이들조차도 거기에는 우스운 것뿐이라고 판단할 수 있을 만큼 그렇게 멍청하고 무지한 것이었습니다. 좌우간 그럼에도 불구하고 세상의 얼마나 많은 나라들이 거기 홀려 넘어가서 너무나 무겁고 방대한 사탄의 망상들과 속임수들을 믿고 있습니까."[16]

그런데 위 인용문에서도 나오지만 인간의 과도하고 그릇된 호기심은 망상으로 발전한다. 즉 호기심을 가지고 탐구한 결과에 사로잡히고, 거기에 몰입되어 살아간다는 것이다. 다음의 본문은 호기심과 망상이 밀접하게 연결되어 있다는 것을 잘 보여준다.

---

15) 48e sermon sur I Timothée, *ibid.*, 568-569.
16) 1er sermon sur l'Harmonie evangélique, *Opera*, XLVI, 4.

"하나님의 진리가 성서 안에서 우리에게 나타난 대로가 아니라면 그것을 탐구해서는 안 된다는 것입니다. 왜냐하면 하나님은, 정도 이상으로 그리고 그분이 허용하지 않은 그 이상으로 탐구해 들어가는 사람들처럼, 말하자면 우리가 거기서 핵심을 벗어나는 것을 원치 않습니다. 우리는 거기서 헛된 질문을 일삼고 하늘과 땅을 흔들고자 하며, 결코 만족하지 않는 많은 환상가들을, 많은 경박한 두뇌들을 보게 되는데 그들은 언제나 불만으로 가득 차 있습니다. 그런데 그것은 치명적이고 저주받은 병입니다."[17]

2. 망상

칼뱅에게서 우리가 망상이라고 표현하는 말은 여러 가지로 나온다. 즉 칼뱅은 그것을 여러 단어로 썼는데 '환상'이라고도 할 수 있는 'illusion'이나 'fantaisie'가 있다.[18] 그와 비슷하게 꿈이나 몽상, 공상 같은 'rêverie', 그리고 그 자체는 상상이나 상상력이지만 칼뱅이 부정적으로도 쓴 'imagination'이 있다. 칼뱅은 그런 용어들로써 인간이 거짓과 허위로 생각하고 또 그 속에서 살며, 그것을 굳게 믿고 강화하는 모습을 그려냈다.

칼뱅에게서 그런 망상으로 가장 심각한 것은 하나님에 대한 것이었다. "우리는 하나님을 실제로(en vérité) 알아야지 망상으로(en fantaisie)가 아닙니다. 인간들은 자기들의 생각에 몰두해서 하나님을 변형시켜버립니다. 그래서 그들은 하나님의 영광을 박탈하게 되고, 하나님 역시 그들에게 잘못된 감각을 보내서 그들을 혼미하게 만들어버립니다. 그들은 그런 모든 악과 불명예에 자신들을 내던지고, 거기서 그런 치욕 속에 빠져 있으며, 그들의 파렴치함이 부끄러울 정도입니다. 왜 그렇습니까? 왜냐하면 그들은

---

17) 6e sermon sur le ch. I du Deutéronome, *Opera*, XXV, 668.
18) 칼뱅은 환상이라는 말로 또한 "vision"을 쓰는데, 이것은 부정적인 의미가 거의 없다. 그러므로 여기서는 illusion이나 fantaisie를 vision과 구분해서 "망상"이라고 한다.

하나님을 영화롭게 하지 않기 때문입니다. 그들이 그분의 실제를 거짓으로 바꿔버리고, 그분을 꾸며낼 때 그들은 부당하게도 그분의 존엄성을 약화시킵니다. 그래서 그런 병은 너무나 일반적이고, 각 사람들이 자기들 안에서 그런 경험들을 다 가지고 있음을 보기 때문에, 우리는 여기서 이 가르침을 잘 주목해야 합니다. 즉 우리가 하나님에 관해 생각할 때, 우리가 허위로 그분을 상상하지 않고, 그분 그대로 그분을 알기 위한 모든 경외심을 가져야 한다는 것입니다."[19] 여기서 망상은 인간들이 자기들 생각에 몰두해서, 하나님의 실제를 거짓으로 만드는 것인데, 그 병은 너무나 일반적이고 누구나 다 그런 경험들을 가지고 있다는 것이다. 칼뱅은 고백한다.

"우리가 하나님의 말씀을 믿는다고는 하지만, 우리는 언제나 많은 갈등들에 휩싸입니다. 그리고 우리가 우리의 감각을 억누르고, 우리가 믿는 것을 방해하고 늦추기 위해서 망상 가운데서 우리에게 떠오르는 모든 생각들과 힘껏 싸운다고는 하지만, 그렇다고 해서 우리가 우리에게 마땅히 요구되는 그런 신앙의 민첩성을 갖지 못한다는 것을 경험을 통해서 보고 있지 않은 것은 아닙니다."[20]

그러나 망상은 반드시 하나님에게만 관계되는 것은 아니다. 그것은 여러 종류의 교리들이나 기타 잘못된 주장이나 신념들과도 관계된다. 가령 예수의 이름으로써 어떤 신비나 새로운 교리를 찾아내려는 것이 망상이었다. "어떤 망상가들이(fantastiques) 그 예수라는 이름에서 더 큰 신비를 추구하고자 했던 것에 대해 말하자면, 그것은 바보 같은 짓입니다. 그들은 그것은 하나님의 본질이나 영원성을 의미하는 (사람들이 말하듯이) 본질적인 그리고 비밀의 이름이기를 원합니다. 예수라는 이름이 어떤 다른 비밀을 가지고 있다고 상상하는 것은 너무나 무거운 몽상(resverie)입니다."[21]

칼뱅은 성만찬에서의 화체설 같은 것도 망상으로 규정하고 비판했다.

---

19) 19e sermon sur Job, *Opera*, XXXIII, 237.
20) 5e sermon sur l'Harmonie evangélique, *Opera*, XLVI, 55.
21) 7e sermon sur l'Harmonie evangélique, *ibid.*, 75.

"적어도 우리는 또한 우리에게 주어진 말씀과 우리가 우리의 머릿속에서 가질 수 있는 의견들을 신중하게 구분해야 하는 것입니다. 왜냐하면 오늘날 그리스도인이라고 불리는 사람들마저도, 교황주의자들을 미워하는 사람들마저도 성만찬의 빵과 포도주를 가지고 우상으로 만드는 일이 있기 때문입니다. 그들은 우리 주 예수 그리스도가 마치 거기에 갇혀 있는 것같이 여깁니다. 그 사실에서, 그들은 그를 자신들의 망상들 속에 가두어놓고, 교황주의자들이 했던 것보다도 더 대담하게 그를 경배합니다."[22] 또한 칼뱅에 따르면, 우리 인간 스스로가 "충분히 강하고 굳세다고 믿는 것"[23]도 그렇고, 구원에 있어서 인간의 "자유의지를 내세우는 것"도 역시 "몽상"(resveries)이고 "사탄의 망상"(illusion)이었다.[24]

그렇다면 그런 망상이라는 병은 인간에게 어떤 결과를 야기하는가? 앞의 인용문에서도 나왔지만, 사람들은 그런 망상으로써 "하나님을 변형시켜버리고, 그래서 하나님의 영광을 박탈하게 되며, 하나님 역시 그들에게 잘못된 감각을 보내서 그들을 혼미하게 만들어버린다. 그들은 그런 모든 악과 불명예와 치욕 속에 빠지게 되고 부끄러울 정도로 파렴치한들이 된다. 그들은 하나님의 실제를 거짓으로 바꿔버리고, 그분을 꾸며댐으로써 부당하게 그분의 존엄성을 약화시킨다."[25] 그렇게 되면 인간은 하나님을 배반하고 거역하는 것밖에는 달리 할 것이 없다. 칼뱅은 선언한다.

"우리가 우리 자신의 망상들에 대한 고삐를 풀어놓는다면 그리고 우리가 우리 좋을 대로 할 수 있는 자유를 부여한다면 우리는 하나님에 대한 반역자입니다!"[26] 그렇게 망상에 빠지면, 인간은 진위나 흑백, 선악을 구분하지 못할 뿐더러 모든 것을 거꾸로 알고 믿어서 결국은 '암흑' 속에서

---

22) 8e sermon sur l'Harmonie evangélique, *ibid.*, 97.
23) 9e sermon sur l'Harmonie evangélique, *ibid.*, 101.
24) 1er sermon sur le ch. 3 du Deutéronome, *Opera*, XXVI, 57.
25) 19e sermon sur Job, *Opera*, XXXIII, 237.
26) 4e sermon sur l'Harmonie evangélique, *Opera*, XLVI, 45.

살 수밖에 없고, "진리로써 오류들을 만들어내며" 결국 가증스럽고 불쌍하기도 한 상태에서 살게 된다. 이런 본문들은 그 점을 잘 보여준다.

"그리고 우리도 또한 부패했기 때문에 우리도 거의 아무것도 구분하지 못하고 검은 것을 희다고 합니다. 그래서 사람들을 그들의 망상(fantaisie)에 따르도록 놓아둡시다. 그러면 그들은 잘못하는 것밖에 없을 것입니다. 간단히 말해서 우리에게는 암흑밖에는 없습니다."[27] "그들이 진리를 따르려는 그런 의도를 가지고 있다고 해도 참된 목적에 가 닿는 사람은 하나도 없다. 오히려 모두는 자신들의 상상 속에서 길을 잃는다. 그래서 우리는 인간의 정신의 큰 쇠약함을 보게 된다. 그것은 스스로 올바르고 진실한 것을 전혀 생각할 수 없을 뿐만 아니라, 오히려 참된 원리를 가지고 오류들을 만들어내기까지 한다."[28] "우리는 우리의 희망을 거짓(mensonge)에 두고 있고, 우리는 피난처와 은신처를 허위(fausseté)에서 찾고 있습니다."[29]

3. 우상 숭배와 미신

칼뱅에게서 인간의 망상이나 그릇된 상상력은 우상 숭배나 미신으로 이어진다. 인간이 신에 대한 망상, 신과 신의 계시에 대한 잘못된 인식과 이해는 그의 예배와 종교를 타락시키기 때문이다. 즉 인간은 참된 하나님이 아니라 그의 잘못된 인식이 빚어내는 거짓 신, 즉 우상을 믿고 섬기게 된다는 것이다. 우상이란 결국 사람들의 망상이 빚어내는 것일 뿐이다.

"하나님에 대한 어떤 형상(figure)을 가지려고 욕망하는 모든 사람들은 그들이 그분에게 완전히 거역하는 것이라는 것을 보여줍니다. 그리고 그들은 마귀적인 무모함을 보여줍니다. 그들이 자기들의 망상(fantaisie)에 따라서 신들을 만들어내고 세우려고 생각하기 때문입니다."[30]

---

27) 2e sermon sur le ch. 4 du Deutéronome, *Opera*, XXVI, 121.
28) *Commentaire*, Matt. 16:14.
29) 56e sermon sur Esaie, *Supplementa*, II, 541.

칼뱅은 그런 우상 숭배와 미신 역시 '병'이고 '지병'이라고 말했다. "그러나 어쨌든 우리가 우리의 지병(infirmité)[31]을 잘 바라볼 때, 우리는 오늘날 이 가르침이 우리에게 해당된다는 것을 알게 됩니다. 우상들에 대한 모든 기억들이 사라지고 더는 거기에 덧붙여지는 것이 없어야 합니다. 그런데 이 병(maladie)이 우리에게 너무나 강하게 뿌리를 내리고 있는 나머지—나는 미신의 병을 말하고 있습니다.—마귀가 이제는 우리를 거기로 끌어당기지 못하도록, 그가 우리를 잡아채고자 올가미를 놓지 못하도록 우리가 오직 하나님만이 영광을 받고 예배 받으시기를 원한다는 것을 아는 것 외에는 다른 어떤 처방도 없습니다."[32]

칼뱅은 사람들이 자신들의 망상에 합치된 신, 즉 자신들의 믿음과 다르지 않는, 자신들을 그 이상 벗어나지 않는, 자신들에게 더는 요구하지 않는, 그리고 언제나 자신들과 화합하는 신들을 찾아낸다고 보았다. 그래서 죄인들은 참된 하나님을 다른 어떤 것으로, 예를 들어 그들 자신 안의 어떤 것으로, 하나님에 대한 어떤 사상으로, 어떤 물질적인 것으로 대체한다. 그래서 그 이상 움직이지 않고, 더는 그들을 벗어나지 않으며, 또 그들에게 다가와 그들을 흔들어놓지 않는 신이 그들에게 들어서는 것이다.

칼뱅은 사람들의 그런 노력이 "타락한 종교에 대한 미친 열망"(affection folle de religion déréglée)으로부터 기인된다고 생각했다. "이것은 우리가 더 심각하게 주의해야 하는 것인데, 인간의 오성의 무례함과 과격함은 그분의 은혜를 얻기 위해서 그분에게 돌리는 새로운 경외와 예배를 만들어내는 데 기울어져 있다. 타락한 종교에 대한 그 미친 열망은, 우리의 정신에 자연적으로 뿌리를 내리고 있는 것으로서, 모든 인류에게 있어서 언제나 있어 왔고, 또 현재도 여전히 있는 것이다. 그것은 인간들이 하나님의 말씀이 없이 의를 얻는 어떤 방식을 창출해내기를 좋아하기 때문이다."[33]

---

30) 5e sermon sur le ch. 4 du Deutéronome, *Opera*, XXVI, 155.
31) 결함이나 약점, 불구 같은 뜻으로 쓰이지만 옛날에는 지병(持病)의 뜻을 가졌다.
32) 1er sermon sur le ch. 12 sur le Deutéronome, *Opera*, XXVII, 157.

이 인용에서도 언급되었지만, 우상 숭배와 미신은 인간 오성의 무례함과 과격함과 관계된다. 즉 인간 영혼의 일부인 오성[34]이 망가지고 잘못되고 병들어서 일어난 형상이라는 것이다. 칼뱅은 그것을 이렇게 설명한다. "인간의 영은 언제든지 그리고 항상 우상들을 만들어내기 위한 공장이라고 볼 수 있다. 인간의 오성은 교만과 무모함으로 채워져 있으므로, 감히 그의 머리가 생각해내는 대로 하나님을 상상하는 것이다. 그가 우둔하고 둔탁한 무지로 뒤덮여서, 그는 하나님 대신에 온갖 허풍과 지독한 유령들을 붙잡는다. 그런 악들에 덧붙여서, 그가 하나님에 대해서 스스로 생각해낸 미친 것들을 바깥에다 표현해 놓으려는 오만까지 있다. 그래서 인간의 영은 우상들을 고안하고, 그의 손들은 그것들을 만들어놓는다. 그것이 우상 숭배의 기원이다. 즉 인간들은 그들이 육적인 방식으로 하나님을 임재하는 것처럼 해놓지 않으면, 하나님이 자신들에게 임재한다고 믿지 않는 것이다."[35]

4. 교만

칼뱅은 교만도 역시 병이라고 생각했다. 그는 갈라디아서 2:17을 설교하며 말한다. "그래서 우리 주 예수가 그의 복음의 밝음으로써 우리 안에 있었던 영적인 병을, 하나님 앞에서 혐오스럽고 우리가 수치스러워 해야 할 오염들과 악취들을 앞에다 놓으신 것입니다. 그러므로 우리가 이 모든 것을 씻어낼 때, 어떤 오점이나 비난이 그에게 전가되어야 합니까? 그것이 얼마나 배은망덕입니까? 그러므로 교만으로 터질 듯한, 그리고 억제되는 것을 견디지 못하는 이 복음의 적대자들의 망언들과 불만들을 꺾기 위해서 충분한 대답이 여기 있습니다. 그들은 자신들이 어떤 의나 성결을

---

33) *Institution*, II, 8/5.
34) "영혼의 모든 부분들은 아주 잘 정리되어 있었다. 오성(entendement)은 건강했고, 완전했다. 의지는 선을 택할 수 있도록 자유로웠다." *Ibid*.
35) *Institution*, I, 11/8.

가지고 있다는 것을 보여주기 위해서 그들이 할 수 있는 것을 논증하지만, 언제나 그들 가운데는 더러움밖에는 없다는 것이 발견됩니다."[36]

칼뱅은 그 교만의 병을 이렇게까지 말했다. "최소한 우리는 교만이 사람들에게 너무나 뿌리 깊은 병이어서 그 치료법들은 과격한 것들이어야 함을 봅니다. 하나님은 그 병을 치료하기 위해 독 같은 것을 사용해야 할 정도입니다."[37] 또한 사마리아 여인에 대한 기사를 주석하면서도 이렇게 말했다. "그러나 이 여자는 거의 모든 사람들에게 자연스러운 것을 했다. 우리는 평가받기를 원하며, 사람들이 우리를 무시하는 것을 견딜 수 없다. 이 병은 사람들에게 너무나 자연적이어서, 자기의 악들도 다른 사람들의 마음에 들기를 원한다. 우리를 반박하거나 우리가 말하거나 행한 것을 비판하는 사람이 있다면 우리는 분별없이 마구 화를 낸다. 누구든지 자기 자신을 자세히 살펴보라. 그러면 그는 자기 마음에 이 교만의 씨앗을 발견하게 될 것이다. 하나님의 성령이 그것을 제거하기까지는 말이다."[38]

칼뱅은 여인들이 옷차림 같은 데서 보여주는 사치나 허영도 교만의 병으로 간주했다. "우리는 왜 하나님이 우리에게 겸손과 절제를 요청하고 권고하시는지를 알아야 합니다. 그것은 우리가 너무나 쓸데없는 옷차림을 하고 있고, 그런 악을 고치는 것이 아주 어렵기 때문입니다. 그런데 우리는 병을 알면 치료법을 찾아가야 합니다. 그러므로 여인들이 그런 교만이나 허영을 알 때 그녀들은 거기에 거슬려 싸워야 하고, 성 바울이 여기서 말하고 있는 그 덕목들을 행해야 합니다. 즉 겸손과 겸비입니다."[39]

교만이 병이라는 점에서 망상이나 상상과 관련을 갖는 것은 자연스러운 일이다. 칼뱅이 교만을 그런 영적인 병들과 더불어 정의하고 설명했던 것은 그 때문이다. "인간들은 한마디로 언제나 자기들 안에 어떤 이성을

---

36) 13e sermon sur l'Epître aux Galates, *Opera*, L, 433.
37) 2e sermon surle ch. XXXII du Deutéronome, *Opera*, XXIX, 62.
38) *Commentaire*, Jean. 4:9.
39) 17e sermon sur I Timothée, *Opera*, LIII, 205.

가지고 있다고, 그리고 그것은 당연히 자기 자신을 지배할 수 있을 만큼 충분하다고 믿습니다. 바로 그것이 첫째로 교만인데 사람들은 선과 악을 구별하려고, 그것도 자신들의 망상(fantaisie)에 따라서 구별하려고 합니다."[40] "우리는 언제나 교만 때문에 명백한 증거에 의해서 우리의 불의, 악, 우매와 분수 등을 심각하게 느끼게 될 때까지는 자신들을 의롭고 완전하고 현명하고 신성한 것처럼 보게 된다. 자신만을 볼 뿐 하나님을 보지 못하는 한 나면서부터 외식에 치우친다."[41] 그래서 장 다니엘 브느와가 『기독교 강요』 색인에서 "교만의 망상"(Illusion de l'orgueil)[42]이란 명칭을 썼지만, 요컨대 교만은 허튼 상상을 가지고, 자신이 무엇이나 할 수 있다고 생각하면서 하나님마저도 강제하고 우상이나 미신까지도 만들어내는 인간의 치명적인 병이다.

"만일 우리가 하나님의 약속으로부터 배제된다면 우리가 그분을 희망한다고 천명한다고 할지라도 거기에는 헛되고 하찮은 상상(imagination)만이 있을 뿐입니다. 약속하는 것은 결코 인간이 아닙니다. 우리가 무슨 권리로, 무슨 자격으로 하나님을 강제, 다시 말해서 우리를 돕게 하겠습니까? 사람들이 그렇게 자기 머릿속에서 만들어내려고 하는 것은 너무나 어리석은 교만(arrogance)입니다."[43]

5. 자기중심성

칼뱅에게는 인간의 자기중심성도 병이었다. 그것은 인간이 철저하게 자기위주로 생각하고, 자기만을 위하며, 그런 자신을 유지하고 보호하기

---

40) 1er sermon sur le ch. 4 du Deutéronome, *Opera*, XXVI, 107.
41) *Institution*, I, 1/2.
42) Ed. J.-D. Benoi t, *Instirurion de la religion chrestienne*, 5e vol., Glossaire, Tables et références, 295.
43) 1er sermon sur le ch. 3 du Deutéronome, *Opera*, XXVI, 55.

위해 진리마저도 거부하거나 거짓으로 만들어버리는 것이라고 할 수 있다. 사실 망상이나 교만, 우상 숭배 같은 모든 것들이 모두 근본적으로는 죄인이 자신의 죄책을 무마하고, 자신을 합리화하거나 정당화하기 위해서 만들어놓은 허구라는 점에서 자기중심성의 표현들이라고 할 수 있다.

그러나 칼뱅은 그런 연관성을 밝히지는 않고, 자기중심적 성향이나 행위만을 지적하며 그것을 병으로 명시했다. 가령 그는 인간의 얄팍한 변덕과 하나님 앞에서 자기중심적으로 움직이는 것을 규탄하며 말한다. "그러므로 여기서 마귀는 하나의 병을 보여주고 있는데, 우리 모두는 그 병에, 하나님이 그의 은혜로써 우리를 치료하실 때까지는 짓눌려 있습니다. 즉 그것은 번영의 때는 우리가 하나님께 좋은 말들을 할 수 있지만, 그가 우리를 힘들게 할 때는 말을 바꿔서 그에 대해 불평하기 시작하고, 우리가 그에게 찬사를 보냈던 모든 것을 잊어버린다는 것입니다."[44]

칼뱅에 따르면 인간이 자기 자신에게 너무 빠져 있는 것도 심각한 병이었다. "그러나 우리 주님은 여기서 우리가 사랑 가운데서 사는 것을 방해하는 우리의 병을 살펴보기를 원하십니다. 바로 우리가 이미 앞에서 말했던 대로, 사람들이 자기 자신에 너무 빠져 있지 않아야 모든 사람들 사이에 선한 사랑과 일치가 있을 것입니다. 그러나 거기서 그 감정이 우리의 눈을 멀게 할 정도로 과도하기 때문에, 그리고 그것이 우리의 이성이나 공평이나 정직을 빼앗기 때문에, 바로 그 이유에서 하나님은 우리가 우리 자신과 같이 이웃을 사랑하라고 말씀하십니다."[45]

거짓된 인간, 즉 죄인의 자기보존이나 자기수호를 위한 것들도 병에서 빠질 수 없다. 칼뱅은 "미친 사람 같다"는 말까지 하며 그런 자기중심성을 비판했다. "결국 불신자들은 자기들이 손해볼 것이 하나도 없다고 생각할

---

[44] 5e sermon sur le 1er ch. sur Job, *Opera*, XXXIII, 69. 혹은 사람들이 너무 장례식을 너무 과도하게 치르는 것도 "세상에 만연한 병"으로 간주되었다. 1er sermon sur le ch. 14 sur le Deutéronome, *Opera*, XXVII, 275.

[45] 35e sermon sur l'Epître aux Galates, *Opera*, LI, 20.

때는 하나님과 그의 성서에 어떤 존경을 표한다. 그러나 성서가 가까이 와서 자기들의 야망과 탐욕과 교만과 자만과 타락과 위선과 사기와 싸우려고 할 때는, 그들은 예의고 뭐고 다 잊어버리고 미친 사람같이 된다."[46]

III. 병의 원인과 처방

그렇다면 인간은 왜 병자인가? 거기에 대해 칼뱅은 별도의 원인을 분석하거나 제시하지는 않았다. 우리가 보았듯이 그는 인간의 죄와 그 양상들, 그 행태들을 지적하면서 '병'이라고 부르면서 비판하고 규탄했을 뿐이다. 칼뱅이 그런 인간의 영적이고 종교적인 병의 원인을 별도로 보지 않은 것은 그가 이미 그가 인간의 죄와 타락의 문제를 통해 말했기 때문이라고 할 수 있다.

사실 칼뱅은 인간의 죄를 병으로 보았기 때문에, 병의 원인은 곧 죄의 원인과 같다. 병의 원인분석도 죄의 원인분석과 다를 수 없고, 그에 대한 처방 역시 마찬가지이다. 그래서 근본적으로는 그것이 모두 동일하다고 할 수 있다. 그럼에도 불구하고, 칼뱅이 인간의 죄를 병으로 독특하게, 그리고 더 좁혀서 보았기 때문에, 그 병에 국한해서 원인과 처방의 문제를 다룰 수 있을 것이다.

칼뱅에게서 인간이 '병자'인 것은 다름 아니라 그의 죄 때문이다. 그 죄는 사람들에게 보편적이고 일반적이어서, 그 기원을 최초의 인류인 아담과 하와의 타락에 둔다. 즉 그들의 타락을 보면 인간의 죄를 볼 수 있는데, '병'도 역시 마찬가지이다. 칼뱅에 따르면 인류의 타락 자체가 "참되고 올바른 질서의 전복"이고, "하나님에 대한 반역과 그의 의의 위반"[47]이었다. 즉 타락은 인간이 하나님께 반역하고, 그의 의를 위반하는 것이며, 결과적

---

46) *Commentaire*, Matt. 2:4.
47) *Commentaire*, Genèse 3:1.

으로 하나님이 세우신 참된 질서를 뒤집는 것이다.

그 반역, 질서 전복의 중심에는 아담과 하와가 '선악을 알게 하는 나무 열매'를 따먹은 사건이 놓여 있다. 칼뱅은 그것을 '앎'의 문제에 초점을 두어 설명했다. 그들은 하나님이 알리지 않으려고 했던 것까지 알려고 했다. 그럼으로써 하나님과 같아지고, 더 나가서는 스스로 하나님이 됨으로써 참하나님을 배제하고 축출하려고 했다. 하나님이 허용한 한계와 범위를 넘어서려는 데는 그런 동기가 숨어 있다.

그런데 최초 인간들의 그런 반역에는 우리도 역시 참여하고 있다. 그런 점에서 그것은 모든 인류의 공통적이고 근원적인 '병'이다. "안다는 것은 모든 사람에게 있어서 자연적 욕망이기 때문에 사람들은 거기에 복이 있는 것으로 평가한다. 그러나 하나님의 선한 기쁨에 대해 아는 것의 한계를 정하지 않았던 하와는 실패했다. 그래서 우리 모두 역시 날마다 같은 병으로 고생한다. 왜냐하면 우리는 올바르고 주님이 우리에게 허용한 것 이상으로 알기를 욕망하기 때문이다. 그러므로 지혜의 주요점은 하나님께 순종하기 위하여 잘 정리된 절제에 있다."[48]

인간들은 스스로 신이 되고자 참된 질서를 뒤집고, 자신들의 질서를 만들어낸 것이다. 그러나 그 질서는 하나님과 그의 진리에 입각한 질서와는 대립되고 충돌한다. 자신들의 질서가 살기 위해서는 하나님의 질서가 죽어야 하고, 하나님의 질서가 살면 자신들의 질서가 죽어야 한다. 인간들이 그렇게 강하게 자신들의 질서를 집착하고, 강화하고, 유지하려는 데는 그런 이유가 있다. 그래서 그들은 끊임없이 하나님의 말씀을 부정하고, 자신들의 상상과 망상을 고집했던 것이다. 칼뱅은 말한다. "아담과 하와의 죄는 그 열매를 욕망했다는 데 있는 것이 아니라 그들이 감히 하나님께서 하신 말씀이 거짓일 뿐이라고 판단하면서 하나님에 대한 복종에서 등을 돌렸다는 데 있습니다."[49] "인간 역시 하나님의 지배를 피하고, 반역했다는 사

---

48) *Commentaire*, Genèse 3:5.

실이다. 그는 사탄의 궤휼에 속아 넘어간 것뿐만 아니라 진리를 무시하면서 거짓 가운데로 빠져 들어갔다."[50]

바로 거기에 칼뱅이 '병'이라고 했던 인간의 과도한 호기심이나 망상, 교만, 우상 숭배, 자기중심성의 원인이 다 들어 있지 않은가?! 인간이 병자인 것은 하나님이 창조한 세계와 질서를 거부하고 자신들 스스로 신이 되려는 욕망에서(교만), 하나님이 허용하지 않은 것까지 알려고 하며(호기심), 참을 뒤집고 거짓을 고집하며(망상), 거짓의 질서 속에서 자신들이 만들어놓은 관념이나 제도, 관습, 가치 등을 절대화하며(우상 숭배), 그 모든 것들을 통해 결국 자신들을 유지 강화시켜나가는 것(자기중심성)이라고 할 수 있다.

그렇다면 그런 병에 대한 처방은 쉽게 나온다. 즉 근본적으로 하나님을 거역하고 몰아내면서 자신들이 중심이고 신인 질서를 만들어나갔던 것이 원인이라면, 그것을 고치고 바로 잡는 것은 다시 하나님에게 돌아가, 그와의 올바른 관계를 회복하며, 그의 말씀을 듣고 뜻을 따르는 것 외에 다른 처방이 있을 수 없다.

실제로 칼뱅은 인간의 병을 말하면서 병행적으로 그것을 고치는 방법, 처방까지도 직, 간접적으로 늘 말해왔다. 방금 인용한 글들만 봐도 "우리는 올바르고 주님이 우리에게 허용한 것 이상으로 알기를 욕망하기 때문이다. 그러므로 지혜의 주요점은 하나님께 순종하기 위하여 잘 정리된 절제에 있다"[51]고 했는데, 호기심에 대한 처방은 하나님이 허용한 범위에서 알고 배우는 절제라는 것이다. 또한 "그들이 감히 하나님께서 하신 말씀이 거짓일 뿐이라고 판단하면서 하나님에 대한 복종에서 등을 돌렸다는 데 있습니다"[52]에서도 마찬가지이다. 그 말에는 결국은 다시 하나님께 돌아가서 복

---

49) 14e Sermon sur la Genèse 3:4-6, *Supplementa*, XI/1, 165.
50) *Institution*, II, 1/4. 이상 병의 원인 문제는 제5장-III. 죄 참조.
51) *Commentaire*, Genèse 3:5.
52) 14e Sermon sur la Genèse 3:4-6, *Supplementa*, XI/1, 165.

종하는 것이 처방이라는 뜻이 들어 있다. "인간 역시 하나님의 지배를 피하고, 반역했고" "진리를 무시하면서 거짓 가운데로 빠져 들어갔다"53)는 말 또한 하나님의 지배를 받아들이며 진리를 존중하고 거짓을 버리는 길 외에는 방법이 없음을 시사한다.

이 외에도 우리가 위에서 인용한 수많은 본문들이 그런 식으로 처방을 함께 말하고 있다. 그런 점에서 일일이 그것을 다 다시 가져올 필요는 없다. 단지 근본적으로 하나님과의 회복된 관계 속에서 그를 주로 섬기며, 그의 말씀에 귀를 기울이며, 그의 뜻을 따라 세상에서 그가 원하는 질서를 만들어나가는 데 있다는 것으로 충분할 것이다.

IV. 인간을 병자로 본 칼뱅의 특징과 의미

이상에서 살펴본 대로 칼뱅은 인간의 여러 가지 모습들이나 행태들, 끝없는 호기심이나 망상, 우상 숭배, 교만, 자기중심성 같은 것들을 보면서, 그것들을 죄를 넘어선 하나의 병으로 파악했다. 그 외에도 칼뱅은 인간의 불순종,54) 태만이나 안일함,55) "하나님을 조롱할 정도로 인간이 어리석은 것"56) 등도 병으로 보았지만, 별로 상세하지 않고 단편적으로만 말했을 뿐이어서 이 연구에서는 생략했다.

병을 매개로 한 칼뱅에 따른 인간의 현재 모습에서 주목할 만한 것은 무엇인가? 특히 그의 인간 이해의 특징과 관련해서 봐야 할 것은 무엇인가? 나는 거기에 대해 다음의 세 가지 점을 지적하고 그 의미를 밝히고자 한다.

첫째, 칼뱅은 타락 이후 현실 속에서 살아가는 사람들을 **모두** 병자라

---

53) *Institution*, II, 1/4.
54) 46e sermon sur l'harmonie evangelique, *Opera*, XLVI, 572-573.
55) *Ibid.*
56) 2e sermon sur le ch. XXIII, du Deutéronome, *Opera*, XXVIII, 80.

고 보았다는 것이다. 위에서 병으로 열거된 호기심이나 망상, 교만 같은 것뿐만 아니라, 그 외의 다른 모든 죄와 죄의 행태들이 모두 병이고, 그런 점에서 인간은 모두 다 병자라는 것이 그의 인식이다. 그것은 칼뱅이 『기독교 강요』에서 자기부정을 다루는 자리에서 이렇게 말했던 것으로 분명해진다. "이 사람들이나 저 사람들이나 다 같은 병자는 아니다. 그래서 모든 사람들을 똑같이 치료할 필요는 없다. 그래서 주님은 이런 사람은 이런 종류의 십자가로, 저런 사람들은 또 저런 식으로 치료한다. 그럼에도 불구하고 모든 사람들에게 건강을 주기 위해서 그는 어떤 이들에게는 더 부드러운 약을, 다른 어떤 이들을 위해서는 더 쓰고 엄격한 약을 사용한다. 그는 모든 사람들이 병자라는 것을 알고 있기 때문에 하나도 예외로 남겨두지 않는다."[57]

칼뱅이 형태나 양상은 다르지만 인간이 모두 병자라고 했던 것은 그의 인간 인식의 비관성 또는 운명성 같은 것들을 잘 보여준다. 그만큼 그의 인간 인식은 부정적이고 어둡다. 그것은 이미 그가 죄론에서 원죄를 통해 말하는 죄의 보편성과 맥을 같이하지만, 교리적인 차원에서뿐만 아니라 그가 체험하고 목격한 동시대의 사람들의 모습으로부터, 즉 그 자신의 경험으로부터 추론한 것이라고 볼 수 있다. 그만큼 그는 병으로서의 죄나 병자로서의 인간을, 앞에서 많은 인용들을 통해 보았듯이, 매우 생생하고 현실감 있게 묘사했던 것이다.

둘째, 칼뱅은 인간을 병자로 말하면서도 사실상 치료될 수 있다고 보지는 않았다는 것이다. 물론 그가 치유될 수 있는 길을 열어놓기는 했지만, 인간이 완전히 죽을 지경이 되어야만 가능하다고 보았다. 그런 경우도 인간이 스스로가 아니고, 자신을 돌이켜서 하나님께 돌아감으로써 그분에 의해서 치유된다는 것이다. 그는 욥기를 설교하며 말했다.

"욥이 여기서 우리에게 보여준 질환(affection)은 우리가 충분히 경험

---

57) *Institution*, III, 8/5.

하고 있듯이 너무나 일반적인 병입니다. 우리가 그것에 짓눌리는 것을 느낄 때 그보다 우리를 괴롭히고 시달리게 하는 것도 없고, 우리는 우리의 악들로부터 빠져나갈 곳들을 전혀 알지 못하고, 우리가 사면으로부터 공격을 받고 있지만 우리에게 닥칠 일이 무엇인지도 모릅니다. 우리는 완전히 제압당하고 무너지지 않으면 거기로부터 벗어날 수 없다고 결론을 내립니다. 그런데 그 병에 대한 유일한 치유책은 우리가 하나님의 섭리로 다시 돌아가는 것입니다.[58] 이것은 치유가 인간에게는 불가능하고 절망밖에 없으며, 길은 오직 하나님에게만 있다는 것을 말해준다. 하나님의 구원의 경륜 가운데서 가능한 일일 뿐, 인간의 치유의 근거를 자기 자신에게 두지 않는다. 이것 역시 인간에 대해서는 매우 비관적인 칼뱅의 시각을 확인시켜준다.

셋째, 칼뱅이 인간을 병자로 보았지만, 병자에 대한 그의 시선마저도 냉정했다는 것이다. 죄인이라면 그렇지 않지만 병자라면 사람들의 연민과 동정심을 자아낸다. 그래서 칼뱅이 인간을 죄인이 아니라 병자라고 했을 때는 비난하고 정죄하기보다는 불쌍하게 여기고 감싸주는, 인간에 대한 연민의 정을 기대할 수 있게 된다. 병이란 어쩔 수 없는 것 아닌가? 잘못해서 병에 걸렸다고 해도 병자라면 아프고 신음하고 죽어가는 사람 아닌가? 원인을 끄집어내서 비난하기보다는 위로하고 붙들어 주려는 마음이 필요하지 않은가?

칼뱅은 그런 면을 보여주지는 않았다. 오히려 인간을 병자로 봄으로써, 인간의 죄와 오류, 잘못들을 '지독한' 것으로 그려냈고, 그만큼 죄인에 대한 비난과 규탄의 강도를 더 높였다고 할 수 있다. 여기서 우리는 칼뱅의 인간에 대한 차갑기까지 한 시각을 엿보게 된다. 즉 인간을 죄인으로 보는 시각과 병자로 보는 시각 사이에는 적지 않은 차이가 있다. 칼뱅은 인간을 죄인으로서뿐만 아니라 병자로 봄으로써 부정적일 뿐 아니라 냉정하고, 더 심하게 표현하면 신랄한 그의 인간관을 드러냈다.

---

58) 13e sermon sur le ch. III du livre de Job, *Opera*, XXXIII, 172.

물론 그가 그랬던 이유는 있었다. 그것은 두 가지라고 할 수 있는데, 모두 종교개혁의 대의와 관계된다. 하나는, 인간의 치명적인 병과 대조되는 하나님의 은혜의 구원을 말하기 위해서였다는 것이다. 인간에게는 구원의 어떤 가능성도, 능력도 없으며, 오직 하나님의 중재자 예수 그리스도의 공로로써만 구원을 얻는다는 점을 강조하기 위해, 그는 비천하고 부정적인 인간을 강조했다고 할 수 있다.

또 하나는, 칼뱅이 병으로 보았던 호기심이나 망상, 우상 숭배, 교만 같은 것들은 바로 로마 가톨릭교회의 성상 숭배나 화체설 같은 문제들과 직결되어 있었기 때문이다. 칼뱅은 그런 문제들에 대해 매우 비판적이었고 공격적이었다. 그것은 종교개혁의 명분이나 목적에 관계되고, 존폐까지도 걸려 있는 문제였다. 즉 그에게서 철저하게 타파되고 부정되어야 했으므로 어떤 타협이나 동정의 여지도 없었다는 것이다.

제7장

인간의 욕망

　　칼뱅에게서 인간이 죄 가운데 태어난다는 것은 단순히, 그가 "인간 가운데 있는 의의 원초적 결여"[1]라고 부르는 어떤 흔적(marque)의 전달자가 되는 것을 의미하지 않는다. 오히려 그것은 인간이 그 본성 속에 '욕망'(désir)을 가지고 있다는 것을 의미한다. 즉 인간은 자신의 욕망으로써 더욱 죄를 짓고, 하나님의 의로부터 점점 더 멀어진다. 욕망은 인간을 더욱 죄 가운데 빠뜨리고, 결국 죄 이외에는 어떤 것도 할 수 없는 존재로 만들어버린다. 인간은 자신의 욕망으로 인해 죄를 벗어날 그 어떤 가능성도 가지지 못하고, 단지 죽음 같은 절망적인 삶을 살 뿐이다.

　　그처럼 칼뱅은 욕망으로써 인간의, 특히 죄인의 존재와 삶을 뚜렷하고 특징 있게 묘사했다. 즉 그에 따른 욕망은 인간 실존의 비극성, 인간의 뿌리 깊은 죄성을 무엇보다도 잘 설명해준다. 칼뱅 사상 속에서 욕망처럼 죄의 역동성과 비극성, 혹은 운명성을 잘 보여주는 것은 없다 해도 과언이 아니다. 그것은 인간성의 내면에서 일어나는 죄의 특징들을 매우 역동적으로 보여주며, 결과적으로 그 죄에 연루되어 있고, 거기 참여하고 있는 모든 인

---

1) *Institution*, II, 1/8.

간들의 문제를 성찰하게 해준다. 그 점에서 욕망의 문제를 간과해서는 칼뱅의 신학을, 좀 더 좁게는 인간론을 다 이해했다고 말하기 어렵다. 그래서 칼뱅에게 나타난 욕망을 살펴보는 것이 그의 인간론, 특히 죄인으로서의 인간 이해에 필수적인 요소라고 할 수 있다.

그래서 이 장에서는 인간의 욕망을 매개로 해서 칼뱅의 인간 이해에 접근한다. 즉 그의 여러 저술들을 통해서 욕망의 다양한 표현들과 의미들을 찾아보며, 더 나가서 욕망과 밀접한 관계를 가지는 교만, 자기애, 그리고 노예의지 등의 주제들을 살펴본다. 그래서 욕망이 그런 것들과 함께, 또는 그런 것들을 통해 죄인에게서 어떻게 작용하며, 죄인을 어떻게 성격화하는지를 알아봄으로써, 칼뱅의 인간을 이해하는 데 한층 더 가깝고 깊이 있게 다가가고자 한다.

I. 욕망이란 무엇인가?

칼뱅은 '욕망'(désir) 또는 '욕망하다'(désirer)라는 말을 자주 사용했다. 원래 그 말의 기원이 되는 라틴어 동사 'desirarer'는 무엇인가 자기에게 없는 것을 아쉬워한다는 뜻이다. 그래서 욕망이란 그 무엇인가에 마음이 기울어지는 것, 또는 마음이 그 무엇인가를 목표로 하고 거기에 집중되는 것을 의미한다. 쉽게 말하면, 욕망이란 대상을 좀 강하게 원하는 것이라고 할 수 있다. 칼뱅이 욕망이란 용어를 쓸 때도 역시 그런 의미로써였다.

그런데 칼뱅은 '욕망'(désir)을 여러 가지 용어로 표현했다. 가령 cupidité(탐욕, 욕심), appétit(식욕, 입맛, 욕구), convoitise(갈망, 선망, 탐욕) 등이 그것이다. 그런데 그 용어들은 모두 어떤 뉘앙스의 차이는 있어도, 칼뱅 자신은 그것들을 모두 다 욕망과 같은 의미로 사용했다.[2] 그 용어들은 부득

---

[2] *Institution*, III, 3/10, 12, 그리고 Sermon sur la Genèse 2:15-17, *Supplementa*, XI/1, 111 등.

이한 경우를[3] 제외하고는 모두 '욕망'이라고 옮겨도 별 무리는 없다. 또한 칼뱅은 아우구스티누스가 많이 썼던, 좀 더 기술적인 용어인 "concupiscence" (정욕) 역시 자주 사용한다. 그러나 그것은 나중에 살펴보겠지만 특별하면서도 제한된 의미로만 쓰인다는 점에서 '욕망'을 뜻하는 다른 용어들과는 구별된다. 그래서 나는 그것을 '정욕'으로 쓴다.

더 나가서 칼뱅이 욕망과 유사어로 사용했던 단어들이 있는데, 그것들은 감정이나 성향을 말하는 affection, 물욕에 가까운 avarice, 야망인 ambition, 열정인 passion, 관능욕인 sensualité, 그리고 음욕 또는 호색을 말하는 paillardise 등이다. 칼뱅은 그런 단어들도 종종 욕망(désir)과 같은 의미로, 혹은 욕망에 연계된 내적 동인들을 지칭하는 것으로서 함께 사용했다.

칼뱅에 따르면, 인간의 욕망은 처음 창조 시에 하나님으로부터 주어졌다. 즉 인간은 원래부터 어떤 대상에 마음이 끌리고 그것을 원하는 내적 동력을 가지고 태어났다는 것이다. 그는 말한다. "어떤 사람에게는 인간이 자연적으로 갖고 있는 모든 욕망들이 일반적으로 그렇게 정죄되는 것은 이치에 어긋난 일로 생각될 것이다. 왜냐하면 욕망들은 자연의 지은이이신 하나님에 의해 인간에게 주어진 것이기 때문이다." 그래서 욕망 자체는 나쁜 것이 아니다. 그는 이어서 말한다. "우리는 거기에 대해 하나님이 인간에게 처음 창조 시에 주신 욕망들을 정죄하지 않는다고 대답한다."[4] 심지어는 첫 사람들인 아담과 하와의 잘못도 "그 열매를 욕망했던 데" 있지 않고 "하나님의 말씀을 거짓으로 여기고 불순종했던 데" 있었다.[5] 따라서 칼뱅은

---

3) 가령 그 용어들이 병렬로 사용될 경우 "욕망(désir)과 욕구(appétit)…" 이런 식으로 번역한다.
4) *Institution*, III, 3/12.
5) "아담과 하와의 죄는 그 열매를 욕망했다는 데 있는 것이 아니라 그들이 감히 하나님께서 하신 말씀이 거짓일 뿐이라고 판단하면서 하나님에 대한 복종에서 등을 돌렸다는 데 있습니다." Sermon sur la Genèse 3:4-6, *Supplementa*, XI/1, 165.

욕망 자체를 하나의 자연적인 현상으로 간주했다. 그래서 욕망은 누구나 갖고 있는 것, 즉 "우리 안에 있는 것"[6]일 뿐이다.

좀 더 자세히 보면 그것은 인간을 구성하는 부분들과 소질들 중의 하나이다. "그런데 영혼과 정신이라는 두 용어들이 함께 결합되어 있는데, 정신은 지성을 포함하고 있고, 영혼은 의지와 감정들(affections)과 욕망들(désirs)을 포함하고 있습니다."[7] 그래서 욕망은 자연적인 것으로서 억압되거나 정죄될 이유가 없다. 칼뱅은 공관복음서 설교에서 사가랴와 엘리사벳이 평생 가지고 있었던 아들에 대한 '욕망'이 받아들여졌음을 보여준다.

"그런데 천사는 그가 평생 가지고 있던 욕망(désir)에 대해서 말했습니다. 그것은 마치 이렇게 말하는 것과 같습니다. 즉 '하나님이 네게 후손을 주지 않으셨으므로, 네가 마치 하나님이 너를 반쯤은 내버린 것처럼 평가된다. 그러나 지금 나는 네게 너의 그 욕망이 헛된 것이 아니었음을 알려준다. 여태까지는 그런 것같이 보였지만, 그러나 지금은 하나님이 너의 기도를 들으셨으므로, 네게 후손을 주실 것이다."[8] 자식 없는 부모가 자식을 '욕망'하는 것은 어떤 판단의 대상이 되지 않는 것이다. 또한 사가랴와 엘리사벳은 자식에 대한 '욕망'만이 아니라 하나님에 대한 '욕망'도 가지고 있었다. "그들이 순수하고 온전한 욕망으로써 하나님을 지향한다는 것은 사실입니다. 그러나 그럼에도 불구하고 거기에는 언제나 문제되는 것이 있습니다."[9]

이 인용에서 보듯이, 사람들은 하나님이나 진리, 혹은 참된 길을 욕망의 대상으로 삼을 수 있다. "그런데 **우리가 만일 하나님을 우리의 아버지라고 부를 수 있는, 그리고 그분에게로 나아갈 통로를 얻는 특권을 가지기를 욕망한다면**, 우리는 제일 먼저 우리 주 예수 그리스도가 유일한 아들이라

---

6) 7e sermon sur l'Harmonie evangélique, *Opera*, XLVI, 82.
7) 10e sermon sur l'Harmonie evangélique, *Opera* , XLVI, 117.
8) 3e sermon sur l'Harmonie evangélique, *Ibid.*, 31.
9) 2e sermon sur l'Harmonie evangélique, *Ibid.*, 20.

고 인정함으로써 그를 껴안아야 합니다."[10]

그런 욕망은 하나님에 대한 것뿐만 아니라 또한 교리나 가르침, 복음에 대한 것일 수도 있다. 칼뱅은 예수 그리스도의 재림에 관한 설교에서 말한다. "입과 생각(fantaisie)으로만이 우리가 우리에게 말해지는 것을 받아들이는 것이 아니라 오히려 그것이 우리 마음에 새겨져야 하고, 그래서 우리는 우리 하나님 앞에서 반항하는 것이 옳지 않다는 것을 알고 있습니다. 그래서 참된 욕망으로써 우리는 우리에게 제시되는 교리에 부합되기를 원합시다."[11]

그런데 사람들이 기특하게도 그렇게 좋은 것을 욕망한다면, 비록 그들의 욕망이나 시도가 불충분하고 잘못될 수 있다고 해도 하나님께서는 그것을 기쁨으로 받아주신다. 칼뱅은 이번에는 미가서설교에서 말한다. "우리가 하나님에게 나아가기를 욕망한다면, 그리고 그분만을 기쁘게 해드리려고 한다면 우리는 잘못을 범하게 되고, 지나치게 되고, 심지어는 넘어지게 되는 것도 사실입니다. 그러나 하나님은 우리를 다시 일으키실 것이고, 우리를 붙들어주실 것입니다. 그리고 그분의 무한한 선으로써 그분은 우리의 욕망(désir)을 완전한 것으로 받아주실 것입니다."[12] "우리는 우리가 비틀거리지 않을 만큼 그렇게, 게다가 넘어지지 않을 만큼 그렇게 똑바로 걸어갈 수 없다는 것이 사실입니다. 그러나 우리가 언제나 하나님을 따르고자 하는, 우리를 그분에게 맡기려는 그리고 우리를 그분의 선한 의지에 완전히 맞춰나가려는 욕망과 성향을 가지고 있어야 합니다. 그러므로 우리가 그 성향과 그 욕망을 가질 때, 그분은 마치 우리가 어떤 선을 행한 것처럼 받아주시고 우리를 지켜주시고, 자기 자녀들에 대한 아버지와 같이 우리에

---

10) 7e sermon sur l'Harmonie evangélique, *Ibid.*, 78. 강조는 실제로 필요한 부분으로서 저자가 한 것임.
11) Sermon du dernier avenement de notre Seigneur Jésus-Christ, *Sermon, Oeuvres de Jean Calvin* III, ed. par A.-M. Schmidt(Paris/Genève: "Je sers"/Labor, 1936), 269.
12) 7e sermon sur le livre de Michée, *Supplementa*, V, 59.

게 인자하게 대해주십니다."[13]

그러나 칼뱅에게서 욕망이 그 자체로서는 아무런 판단의 대상이 되지 않는 중립적인 것이라고 할지라도, 현실적으로는 '악한' 것으로 나타난다. 그것은 현실에서 보는 인간은 죄인이고, 죄인의 욕망이란 곧 죄의 지배를 받는 욕망, 타락한 욕망이기 때문이다. 그 점을 자세히 살펴보자.

칼뱅에 따르면, 욕망은 인간이 타락해서 죄인이 된 후에는 악하게 되었다고 한다. "그런데 우리의 영혼의 모든 부분이 우리의 본성의 타락으로 인해 부패했으므로 우리의 활동들 속에는 언제나 무질서와 과도함만이 나타난다. 그래서 우리가 갖고 있는 모든 욕망들은 그런 과도함으로부터 분리될 수 없으므로, 우리는 욕망들이 악하다고 말하는 것이다."[14] 그래서 칼뱅은 강단에서 외친다. "우리가 가지고 있는 것이, 우리의 욕구(appetit)와 우리의 욕망(désir) 안에 있는 모든 타락들 말고 무엇입니까?"[15]

칼뱅의 설명에 따르면, 타락한 욕망은 인간의 영혼과 영혼의 부분 혹은 작용인 이성(raison)이나 오성(entendement)에 들어와서 점령하고 혹은 대항해서 싸운다.[16] 또한 욕망은 인간의 의지(volonté)를 점령함으로써, 인간으로 하여금 악한 것만 원하고 행하게 만들기도 한다. "또한 의지는 그것이 인간의 본성과 분리될 수 없기 때문에, 완전히 부패한 것은 아니나, 악한 욕망들(convoitises) 아래 사로잡히고 결박되어 있어서 선한 것이라고는 아무것도 욕망할 수 없게 되었다."[17]

---

13) 7e sermon sur le livre de Michée, *Ibid.*, 60.
14) *Institution*, III, 3/12.
15) 7e sermon sur l'Harmonie evangélique, *Opera*, XLVI, 82.
16) 가령 *Institution*, II, 2/10, 3/1. 또한 "도둑이나 강도들 같은 어떤 사람들은 자신들의 욕망(cupidité)에 따라 행하기 위해서 모든 법들이 붕괴되고, 정직이 뒤집히며, 모든 의가 철폐되기를 바란다. … 그 사람들은 법들을 미워하는 것은 아니다. 왜냐하면 그들은 법들이 선하고 옳다는 것을 모르기 때문이다. 오히려 그들은 자신들의 욕망에 의해, 마치 광견병에 걸린 듯 사로잡히고 점유되어서, 이성에 대항해 싸운다. 그리고 그들이 자신들의 오성으로써 승인하는 것을 그들은 사악함이 다스리는 자기들의 마음으로 미워하는 것이다." 2/13.

따라서 욕망은 악하므로 그것이 점령한 인간의 오성이나 의지 등 영혼의 모든 능력도 악하게 되었다. 그래서 죄인이 원하고 행하는 모든 것은 선한 것이라곤 하나도 없다. 즉 죄인은 어떤 선도 어떤 의도 행할 수 없게 된다. 그처럼 죄인의 욕망은 악하고, 악한 욕망은 죄인을 더욱 죄 가운데 빠뜨리거나, 죄에 영원히 묶어 놓는 악순환이 계속된다.

그런 악한 욕망, 또는 타락한 욕망은 구체적으로 어떻게 나타날까? 칼뱅의 저술들에 따르면 다음의 세 가지로 볼 수 있다.

첫째, 욕망은 하나님에게 대항하고 거역하려고 한다. "우리는 인간이 하나님의 법에 대항하도록 인간을 부추기는 모든 욕망은 죄이며, 심지어는 우리 가운데서 그런 정욕을 낳는 부패가 죄라고까지 확신한다."[18] "육은 그렇게 타락했으므로 그것은 자신의 모든 성향들(affections)로써 하나님에 대해 반발한다."[19] 그렇게 반항하는 욕망을 칼뱅은 이렇게 묘사하기도 했다. "우리 안에 있는 성향들(affections)과 욕망들(cupidités), 그것들을 결박을 해놓았다고는 해도 계속 으르렁거리고, 이빨을 갈며, 발로 땅바닥을 긁어대는 맹렬한 야수들과 같습니다. 그러므로 우리의 모든 욕망들(désirs) 속에는 그런 반항심이 있습니다."[20]

둘째, 욕망은 금지, 즉 정해진 법이나 경계를 무시하고 넘어서려고 한다. "(우리는) 언제나 자신들에게 적법한 것 이상으로 시도하려는 광적인 욕망(appétit)으로 불타오른다."[21] 칼뱅은 지식욕을 말하면서도 "우리는 우리에게 적법한 것을 훨씬 넘어서기까지 하는 지식의 욕망을 갖고 있다"[22]고 했다. 그리고 금지된 열매를 욕망하는 하와의 시선을 주석하면서도 이렇게 말했다. "정욕의 독으로 오염되고 물든 그 응시는 그녀의 더러

---

17) *Institution*, II, 2/12.
18) *Institution*, III, 3/10.
19) *Institution*, II, 3/1.
20) Sermon sur la Genèse 2:15-17, *Supplementa*, XI/1, 111.
21) *Commentaire*, Genèse 11:7.
22) Sermon sur la Genèse 1:1-2, *Supplementa*, XI/1, 1-2.

운 마음을 알려주는 중인이었다."[23]

심지어는 복음이나 교리를 기록하는 데 있어서도 진리를 왜곡하고 위조하려는 정도를 벗어난 욕망이 작용하기까지 한다. "그런데 거기에다가 또 한 가지 다른 악이 있습니다. 그것은 즉 많은 사람들이 그들의 정도를 넘어서까지 나아가고 있다는 점입니다. 야망(ambition)이 그들을 그렇게 이끌고 갑니다. 그들은 복음의 역사를 기록하기를 원했습니다. 그러나 그것은 사실들을 불확실하게 하기 위한 것이었습니다. 만약 하나님께서 적당한 때에 앞서 오지 않았다면 마귀는 그런 술수로써 그렇게 많이 흔들어 놓았을 것입니다. 그래서 하나님이 (내가 말했던 것처럼) 그의 능력을 전개해서 진리가 온전하게 존속되고 거기에 합당한 경외로써 받아지게 하지 않았다면 기독교 신앙을 모든 조롱과 모욕에 노출시키는 미묘한 것들(badinages)이 많이 기록되었을 것입니다. 오늘날에도 여전히 우리는 많은 사람들이 그렇게 기록하려는 욕망(convoitise)에 사로잡혀서, 신실하게 잘 가르쳐진 것들을 애매하게 만들어 놓는 것을 봅니다. 자기를 주장하려는 사람은 전에는 좋은 단순성 속에서 가르쳐진 것을 위조하고 있습니다."[24]

셋째, 욕망은 한계도 없고 만족도 없다. 다시 말해서 제한되지 않고 끝도 없이 지속된다는 것이다. "경험에서 보듯이 그들의 욕망에는 끝이 없어서 사람들은 채워지지 않는 심연들이라고 말해지는 것과 같습니다."[25] "우리의 욕망들은 만족할 줄 모르며, 뿐만 아니라 우리는 중요한 것을 잊어버리고, 거기에 조금도 접근하려고 하지 않습니다."[26]

그런데 칼뱅에 따르면 그렇게 불법적이며, 정도도 없고, 제한도 없는 인간의 욕망은 현실 속에서 때로 절대 권력에 대한 야망으로서,[27] 부에 대

---

23) *Commentaire*, Genèse 3:6.
24) 1er sermon sur l'Harmonie evangélique, *Opera*, XLVI, 5.
25) 5e sermon sur le livre de Michée, *Supplementa*, V, 41. 또한 칼뱅은 탐욕(avarice)이 채워지지 않는 심연이라고 말하기도 했다. 24e sermon sur le livre de Michée, *Supplementa*, V, 200.
26) Sermon sur la Genèse 1:1-2, *Supplementa*, XI/1, 1-2.

한 강박적인 욕심으로서,[28] 이미 인용했지만, 제한 없는 지식욕으로서,[29] 도덕적 자기완성의 열심으로서,[30] 완전한 미의 추구로서,[31] 극도의 쾌락에 대한 갈망으로서[32] 매우 다양하게 나타난다.

여기서는 부에 집착하는 사람들의 물욕에 대한 사회성 짙은 그의 설명만을 들어본다. "그러나 그들은 고리대금으로써, 약탈과 불법적인 모든 방식으로써 가난한 사람들을 뼈까지 갉아먹고, 삼킵니다. 더군다나 그들은 너무나 뒤틀려 있어서, 가능하다면 가난한 사람들에게서 빛과 땅과 물과 햇볕까지도 빼앗아갈 것입니다. 그리고 그들은 가난한 사람들도 그들과 함께 같은 공기와 같은 햇빛을 즐기는 것을 배 아파하기까지 합니다. 그래서 그들은 가능하다면 그들이 자신들과 함께 공유하는 모든 것들을 빼앗고 싶어 할 만큼 잔인하고 비인간적입니다. 그런 괴물들은 인간의 반열에 포함되거나 인정될 만하지 못하다는 것은 의심할 여지가 없습니다. 그들은 야생 짐승들보다도 더 잔인하고 비인간적입니다. 그들을 인간이 아니라 잔인하고 포악한 짐승같이 될 정도로 완악하게 만든 것은 바로 마귀입니다."[33]

그렇게 묘사되는 욕망은 그것이 어떤 것이든, 부에 대한 것이든, 권력에 대한 것이든, 또는 자기 자신의 행복에 대한 것이든 매우 위험하다. 왜냐하면 그것은 하나님을 거부하고, 자기 자신을 끝없이 확장시키거나 극대화함으로써 결국은 자기 파괴적인 방향으로 나아가기 때문이다. 욕망은 하나님이 인간에 대해 원하는 것과는 반대로 한도 없이 추구한다. 욕망은 결코 만족하지 않는 죄인의 끊임없는 목표추구로서, 그것의 주체를 죄의 극

---

27) *Commentaire*, Genèse 14:1.
28) *Institution*, III, 3/10, 7/8.
29) *Commentaire*, Genèse 3:5, Jean. 3:9, *Institution*, II, 2/2.
30) *Institution*, II, 3/4, III, 7/2.
31) *Commentaire*, Genèse 3:21.
32) *Institution*, III, 3/10, *ibid.*, 19:40, 292.
33) Sermon on the Acts of the Apostles, 5:1-6, *Supplementa*, 124.

단까지 몰고 간다. 그러므로 그런 욕망에 사로잡힌 인간은 그것을 지배하고 통제하는 것이 아니라 오히려 지배를 당하고 그것의 노예가 되고 만다. 즉 자신의 욕망을 지배하지 못하고 오히려 그 욕망의 지배를 당하는 주객이 전도된 상황에 빠지게 되는 것이다. 그 점은 인간의 노예의지와 관계된 것으로서, 나중에 다시 보게 될 것이다. 여기서는 우선 인간의 그런 욕망과 더 밀접하게 관련된 주제들과 논의들을 차례로 살펴본다.

II. 정욕

칼뱅은 욕망을 아우구스티누스를 따라 '정욕'(concupiscence)이라는 기술적인 용어로 사용하기도 했다. 그런데 그 정욕은 인간이 창조 시에 받은 욕망은 아니다. 오히려 정욕은 "고삐풀리고, 갈피를 잡지 못하며 하나님의 질서에 대항하는"[34] 감정일 뿐이다. 그래서 정욕은 인간의 모든 종류의 욕망들, 감정들을 한꺼번에 통칭하는 것이 아니라, 단지 죄의 욕망, 인간의 타락한 욕망만을 의미한다. 그런데 칼뱅은 그 정욕으로써 죄인의 욕망을 매우 특징적으로 설명했으며, 그 점에서 그는 정욕을 인간의 뿌리 깊은 죄의 욕망들을 대표했다고 할 수 있다. 칼뱅은 정욕에 관해 이렇게 말한다.

"그것을 정욕이라고 불렀던 사람들은 너무 부당한 용어를 사용한 것이 아니었다. 그것이 여러 사람들에 의해 양해되지는 않았다는 점을 덧붙여야 하지만 말이다. 인간의 모든 부분들, 오성으로부터 시작해서 의지에 이르기까지, 영혼에서 육에 이르기까지 그 정욕으로써 썩게 되었고, 완전히 채워졌다. 또는 더 간단히 말해서, 인간은 그 자체가 정욕과 다름이 아니다."[35]

---

34) *Institution*, III, 3/12.
35) *Institution*, II, 1/8.

"인간 자체가 정욕"이라는 칼뱅의 말은 과격하게 들리긴 해도, 결국 그것은 죄인은 욕망의 덩어리라는 것을 강조한다. 죄인은 모든 것이 다 타락하고 부패해서 오직 악한 것만을 원하고 행할 뿐이라는 지독한 죄의 심각성을 강조하는 것이다. 그 중심에, 혹은 그 전체에 정욕, 즉 악한 욕망이 있다.

그런데 칼뱅에 따르면, 정욕 역시 고갈되지 않으며, 만족할 줄도, 멈출 줄도 모른다. "그 부패는 우리 안에서 결코 멈추지 않으며 오히려 열심히 새로운 열매들을, 다시 말해서 육의 행위들을 만들어낸다. 그것은 곧 언제 불꽃을 피우고 있는 맹렬한 화로나 끊임없이 물을 쏟아내는 샘과 같다. 그래서 인간들이 그 죽음의 몸으로부터 해방하게 하는 죽음으로써 자기 자신들로부터 완전하게 벗어날 때까지는, 정욕은 그들에게서 결코 죽지 않고 완전히 소멸되지 않는다."[36] 따라서 정욕은 그것의 주인을 정신적이든 육체적이든 완전한 파멸로 이끌어간다. 사람들은 정욕 때문에 자신들의 타락을 점점 더 넓혀나가고, 심화시켜나간다.

위에서 언급했듯이, 정욕은 아우구스티누스가 특징적으로 사용했던 용어이다.[37] 그는 죄를 정욕에 따라 일어나는 것으로 보았다. 즉 그에게는 정욕이 죄의 원인이었던 것이다. 그러나 칼뱅은 그 용어를 받아들이기는 했지만, 그것이 죄의 원인이라는 데는 동의하지 않았다. 그는 말한다. "우리는 그(아우구스티누스)와는 반대로 인간이 하나님의 법에 거슬러서 행하고자 우리 안에서 일어나는 모든 욕망(convoitise)이 죄라고 말한다. 그래서 우리는 우리 안에 그런 정욕을 일으키는 타락(perversité 또는 도착)을 죄라고 확언한다."[38]

---

36) *Institution*, IV, 15/11.
37) St. Augustin, *Contre deux Lettres des Pélagiens, à Boniface*, livre IV, ch. x, 27 s., ch. xi, 29 ss., *Contre Julien*, livre II, ch. III, 5 à VIII, 30 등. Cf. *Institution*, III, 3/10, 편자 J. Cadier의 주 4.
38) *Institution*, III, 3/10.

다시 말해서 정욕이 죄의 원인이 아니라 그것에 좀 더 앞서는 죄, 곧 타락이 있다는 것이다. 그래서 칼뱅에 따르면 정욕은 죄의 원인이 아니다. 왜냐하면 칼뱅에게서는 정욕이나 욕망이 죄의 근본적인 원인이 될 수 없기 때문이다. 이미 보았듯이 칼뱅에 따르면 정욕은 타락한 욕망이다. 욕망이 타락하게 된 원인은 욕망 자체에 있는 것이 아니라 첫 인간들이 하나님을 불신하고 거역했기 때문이다. 즉 욕망이 죄의 원인될 수 없는 이유는 이미 그에 앞서 최초 인간들의 타락이 있었기 때문이라는 것이다. 칼뱅은 욕망이 타락했던 것은 불신앙 때문이라고 보았다. "불신앙은 야망(ambition)에 문을 열었고, 그리고 아담과 하와가 욕망(cupidité)이 그들을 이끄는 대로 정도를 넘어 덤벼들었던 데서 보듯이, 야망은 교만과 허영의 어미였다."[39] 칼뱅은 그 불신앙을 바로 근본적인 죄의 원인으로 간주했다.[40]

그런데 칼뱅에게 있어서 정욕, 또는 욕망들은 교만과 밀접한 관계를 갖는다. 방금 인용한 데서 보듯이 "야망은 교만과 허영의 어미"라는 말도 그 두 관계가 떼려야 뗄 수 없는 관계라는 것을 보여준다. 그렇다면 정욕과 그렇게 가까운 교만은 무엇일까?

III. 교만과 정욕

에밀 두메르그는 칼뱅의 죄론을 전개하면서 '교만'(orgueil)과 '정욕'을 대비시켜 설명한 적이 있다. 그에 따르면, 로마 가톨릭에서 죄의 원인을 정욕으로 보는 것은 잘못이다. 정욕은 "인간의 본성을 바꾸어놓지는 못하는 우연적인 잘못(오류)만을 만들어낼 뿐이다." 오히려 칼뱅에게 있어서는 "교만이 모든 악의 시초"였다. "본질적인 것을 잊지 말자. 교만은 모든 인

---

39) *Institution*, II, 1/4.
40) Cf. 제 5장 "인간의 타락과 죄" 참조

간에 개입되어서 인간의 본성 전체를 바꾸어 놓은 죄이다. 왜냐하면 그것은 인간을 하나님으로 만들고자 하기 때문이다. 교만은 죄 중의 죄이다."41)

두메르그는 칼뱅에게서 죄의 원인이 '교만'이라고 파악했으나, 앞에서 보았듯이 '불신앙'으로 봐야 한다. 칼뱅에게는 '정욕'과 '교만'이 모두 불신앙으로부터 나온 것들이다. 어쨌든, 불신앙에서 비롯된 그 두 가지는 죄인을 성격 짓는 가장 중요한 것들임에는 틀림이 없다.

그런데 정욕과 교만, 그 둘은 어떤 관계인가? 두메르그가 보았듯이 교만은 인간의 본성을 바꾸는 본질적인 죄이고, 정욕은 우연적인 또는 우발적인 죄들만을 만들어낼 뿐인가? 그러나 우리가 살펴보았듯이, 정욕으로 대표되는 인간의 타락한 욕망들은 단지 이런저런 잘못과 오류, 죄들을 만들어내는 부수적이고 덜 심각한 요인으로 볼 수는 없다. 반면에 교만이 본질적인 죄의 원인이라고 하기도 어렵다. 두메르그가 그렇게 보았던 것은 다소 통속적인 '로마 가톨릭-정욕', '프로테스탄티즘-교만'이라는 대칭적 이해를 바탕으로 개신교에 정당성을 부여하고자 하는 의도 때문이라고 볼

---

41) *Doumergue*, IV, 141. 그의 설명을 들어보자. "만일 칼뱅에게서 최초의 죄가 교만이라면, 로마 가톨릭에서 최초의 죄는 정욕이다. 칼뱅은 이 오류와 싸운다. '하나님이 그의 취미(friandise) 때문에 그렇게 벌을 내렸다는 그런 일반적인 견해는 너무나 유치하다. … 왜냐하면 모든 면에서 그가 바랄 수 있었던 기쁨들(délices, 진미, 단맛)은 그에게 제공되었기 때문이다.' 아니다. 거기에는 '순종의 시험'이 있었다. 그것이 도덕적 존재의 의지의 밑바닥에 관계된다. '아담은 자기 조건에 만족하면서 과도하고 광적인 욕망으로써 더 높이 올라가서는 안 되었다.' 그러므로 '교만은 모든 악들의 시작이었다. … 파멸의 시작은 불복종이었다.' '그것은 가벼운 위반이 아니라 증오할만한 범죄로서… 전 인류에 대해 너무 무서운 복수를 유발하고, 거기 휩싸이게 하는 것이었다.' '그것은 단지 그의 내적인 욕망이나 관능욕(감각욕) 때문은 아니었다. … 오히려 그것은 악한 불경건이었고 … 그래서 교만은 마음의 밑바닥에 들어와 있다.' 본질적인 것을 잊지 말자. 교만은 모든 인간에 개입되어서 인간의 본성 전체를 바꾸어 놓은 죄이다. 왜냐하면 인간으로부터 그것은 하나님을 만들고자 하기 때문이다. 교만은 죄 중의 죄이다. 반면에 정욕은 하나의 인간의 본성을 바꾸어놓지는 못하는 우연인 잘못(오류)만을 만들어 낼 뿐이다. 그러므로 다시 한 번 성 바울과 펠라기우스의 차이가 드러난다."

수 있다.

두메르그의 의도와는 달리, 칼뱅에 따르면, 정욕과 교만 그 둘만 보면, 정욕이 교만보다 우선적인 요인이라고도 볼 수 있다.[42] 즉 정욕이 교만을 일으키는 것으로 이해될 수 있다는 것이다. 그럼에도 불구하고 칼뱅의 저술을 전체적으로 보면, 그 둘은 그렇게 명시적으로 '원인과 결과'의 관계는 아니다. 오히려 병렬의 관계로 나오는 경우가 대부분이다. 칼뱅은 신명기 설교에서 말한다. "만족하지 못하는 사람들의 교만과 야망, 그리고 욕망은 그들의 모든 정신들을 사로잡고 말았습니다."[43]

그는 창세기설교에서도 말한다. "또한 교만이 불신앙과 거역에 결합되어 있다는 것을 주목합니다. 그는 멸망하기 위해서 자기에게 허락되지 않은 정도 이상으로 높이 올라가는 어리석은 야망과 넘치는 욕망에 사로잡혀 있었다는 것입니다."[44] 또한 공관복음서설교에서도 말한다. "우리는 너무나 우리의 성향들(affections)에 치우쳐 있어서 하나님이 우리를 길들이기 위해서 무겁고 빡빡한 멍에를 우리에게 씌워주어야 한다는 것입니다. 그뿐만 아니라 또한 우리를 속이고 취하게 만드는 미친 듯한 자만심(outrecuidance)이 있습니다."[45] 그런 본문들은 칼뱅이 교만과 정욕을 어떤 인과관계로써 묶어놓기보다는, 죄인에게서 일어나는 죄의 공통적인 특성으로 간주한다는 것을 보여준다. 그래서 그 둘은 같은 맥락에서 나란히 등장하고 있고, 때로는 같은 것을 이렇게 저렇게 묘사하고 있다.

칼뱅에 따르면, 첫 사람들은 하나님과 같이 높아지거나, 하나님처럼 지혜로워지려고 했다. 그들은 그렇게 될 수 있다고 생각하고, 시도했다.[46] 그들이 교만해서 그렇게 욕망했을까, 아니면 그렇게 욕망해서 교만해졌을

---

42) Cf. *Institution*, II, 1/4.
43) 1er sermon sur la ch. 2 du Deutéronome, *Opera*, XXVI, 11.
44) 13:4-6, *Supplementa*, XI/1, 166.
45) 3e sermon sur l'Harmonie evangélique, *Opera*, XLVI, 28.
46) Cf. *Commentaire*. Genèse 3:5.

까? 그것을 따지는 것은 마치 "닭이 먼저냐 알이 먼저냐"와 같은 끝없는 논쟁으로 들어갈 뿐이다. 무엇보다도 칼뱅은 정욕이 그렇듯이 교만도 역시 "모든 악의 시초"[47]라고 확신했다.

그 점에서 교만이나 정욕은 깨끗하게 분리되지 않는다. 그 둘은 인간들의 생각과 의지에 작용해서 그들을 지배하고, 죄 가운데로 몰고 가는 것이다. 정욕에 사로잡힌 인간은 하나님의 말씀에 대항해서 자기를 헛되이 높인다. 혹은 교만한 인간은 하나님을 거역하고 자기를 높이고자 욕망한다. 결국 정욕에 사로잡힌 인간은 교만한 인간이고, 교만한 인간은 정욕의 지배를 허용한다. 그래서 그 둘은 죄인들을 끌고 가는 바퀴들과 같은 병렬의 관계, 혹은 동전의 양면과 같은 관계라고 할 수 있다. 그렇다면 교만은 무엇인가? 이미 앞에서 교만을 다룬바 있지만 특히 욕망과 관계해서 다시 한 번 살펴볼 필요가 있다. 그것은 칼뱅의 정욕뿐만 아니라 죄인으로서의 인간 전체를 이해하는 데 도움을 주기 때문이다.

칼뱅에 따르면, 교만이란 허용된 정도 이상으로 자기 자신을 높이는 것이다. 그것은 자신에게 주어진 경계, 법, 금지를 넘어섬으로써 하나님이 세우신 질서를 파괴한다. 그런 점에서 곧 욕망이라고도 할 수 있고, 그것의 행위라고도 할 수 있다. 교만한 사람들은 "하나님이 세우신 경계를 뒤집어놓으면서도 부끄러움을 느끼지 않는다."[48] 그들은 하나님에게 정면으로 대들면서 하나님이 명령하신 한계들, 경계들, 질서들을 개의치 않고 넘어서는 것이다. 그것은 하나님에 대한 반역이면서 동시에 무시라고 할 수 있다.

그렇게 교만한 인간은 신을 소유하고 지배하려고 하기까지 한다. 자기 자신을 신적인 위치에 격상시킨다. 칼뱅은 신명기설교에서 말한다. "그러나 오늘날에도 여전히 지배하고 있는 그런 교만은 어느 시대에나 있었습니다. 사람들은 하나님의 임재를 자신들의 욕망(appétit)과 입장에만 맞게 소

---

47) *Institution*, II, 1/4.
48) 1er sermon sur le ch. 2 du Deutéronome, *Opera* XXVI, 11.

유하려고 했습니다. 그런데 그들은 육적인 감각만을 가졌기 때문에, 그들의 본성에 따라서 하나님을 파악했고, 상상했습니다. 그리고 바로 거기로부터 그들은 하나님에 대해 형상들을 만들기 시작한 것입니다."[49]

인간은 자신들의 의도나 생각을 벗어나는 신을 배제하고, 오직 자신들의 욕망에 맞게, 자기들의 입장을 동조하는 신을 만들어낸다. 그것은 곧 인간이 신들을 소유하고 지배하려는 것이며, 자신을 신격화하는 것이라고 할 수 있다. 스스로 신이 된 인간은 모든 것을 알고, 모든 것을 판단하며, 모든 것을 지배한다. 그는 신마저도 자신들의 욕망에 맞게 만들어 놓고 지배하고 통제한다. 그것이 바로 교만이고, 교만한 인간의 죄이다.

그 결과, 교만은 인간으로 하여금 자기 자신만을 신뢰하고 의지하게 한다. 즉 교만은 언제나 인간의 이성이나 이성에 따른 판단을 절대화한다. 칼뱅은 말한다. "한마디로 사람들은 언제나 그들 안에 어떤 이성을 가졌다고, 그리고 스스로 지배하기에 아주 충분하다고 으스대고 있다는 점입니다. 그래서 사람들이 선과 악을 판단하려고 할 때, 게다가 그것을 자기들의 고유한 망상에 따라서 하려고 할 때 가장 먼저 오는 것이 바로 교만입니다."[50]

그래서 교만한 사람들은 자기들 자신의 소리 외에는, 또는 자기들이 듣기를 원하는 소리 외에는 아무것도 듣지 않는다. 그들은 전적 타자의 말씀으로서, 즉 그들을 벗어나는 존재로서 다가오는 하나님을 거부한다. 그렇지 않으면 그들은 하나님을 자신들의 망상 속에 가두어버린다. 또는 자기들의 욕망에 맞게 하나님을 변형시킨다. 그 하나님으로 하여금 자신들이 듣기를 원하는 말만을 하게 하기 위해서이다. 즉 언제나 자신들이 옳고, 자신들이 바르며, 자신들이 인정받기 위해서, 하나님마저도 자신들을 위한 존재로 만들어버리는 것이다. 그처럼 교만한 인간이 자기 자신만을 신뢰하

---

49) 5ème sermon sur le ch. 4 du Deutéronome, *Ibid.*, 148.
50) 1er sermon sur le ch. 4 du Deutéronome, *Ibid.*, 107.

고, 자기 자신만을 의지하며, 신마저도 자기를 위한 존재로 만들어버린다면, 그것은 곧 그가 지독한 자기애, 자기도취, 혹은 자기집착의 사람이라는 것을 말해준다.

IV. 자기애

칼뱅이 현대의 심리학이나 정신분석학의 주제일 것만 같은 '자기애'(amour de soi)를 이미 500년 전에 말하고 있었다는 것이 놀랍다. 더군다나 칼뱅은 그것을 매우 자주 말했고, 그것도 특징적으로, 죄인을 설명하기 위한 하나의 독립적인 개념으로써였다. 그런 점에서 칼뱅의 '자기애'는 관심과 흥미를 갖게 하는 주제가 아닐 수 없다.

주지하듯이 예수는 "네 이웃을 네 몸과 같이 사랑하라"고 했다. 그것은 예수가 '자기애'라는 말은 하지 않았지만, 그 존재를 이미 알고 있었고, 인정했다고 볼 수 있다. 현대 심리학에서, 에리히 프롬 같은 사람은 자기애를 정상적이고 건강한 것으로 파악했다. 그렇다면 칼뱅도 과연 그럴까?

한마디로 말하면, 칼뱅은 자기애를 부정적으로 보았다. 그에게서 인간의 자기애는 버려야 하는 것일 뿐이다. 그가 그렇게 본 것은 자기애를 그 자체로서가 아니라 죄와 관계되었을 때의 자기애, 죄의 의지에 사로잡혀 있는 인간의 자기애를 다루었기 때문이다. 즉 그의 표현대로 "완전히 미친 자기애와 너무나 맹목적인 감정들인 상승욕(hautesse)과 야망"[51]이 문제였던 것이다.

칼뱅에 따르면, 자기애는 죄인의 본성에 관계된 문제였다. 그는 말한다. "우리의 본성은 우리를 너무나 우리 자신에 대한 사랑으로 끌어당긴

---

51) *Institution*, II, 11. "그러나 나는 단지, 완전히 미친 자기애와 너무나 맹목적인 감정들인 상승욕(hautesse)과 야망을 벗어나서, 성서라는 거울에 자기 자신을 비춰봐야 한다는 것만을 요청한다."

다."[52] 그런데 그 사랑은 인간의 본성이 타락했듯이 타락한 사랑이다. "우리가 우리를 사랑해야 한다는 것은 광적이고 위험한 감정이다."[53] 칼뱅이 바벨탑 사건에 관해 했던 얘기는 그런 자기사랑, 자기추구의 단적인 예가 된다.

"세상의 광증은 언제나 하늘을 무시하고, 헛되고 덧없는 것들만이 있을 뿐인 땅 위에서 불멸성을 추구한다. 그래서 그들의 모든 시도들과 소원들은 땅 위에서 (자기들의) 이름과 명성을 얻으려는 것 외의 다른 목표를 갖지 않는다."[54]

그런 자기사랑은 또한 자기성찰이나 비판이 전혀 없는 타인에 대한 무자비함이나 가혹함으로 나타나기도 한다. "그리고 난 뒤에는 우리가 우리 안에 있는 오류들을 전혀 알지 못하는 우리 자신에 대한 사랑이 있습니다. 우리가 그 오류들을 우리 이웃들 속에서는 알아보면서도 말입니다. 우리 이웃들이 잘못하면 우리는 그것을 잘 알아차립니다. 누가 우리에게 (직접) 가한 잘못에 대해서는 더욱 그렇습니다. 그것이 우리에게서 하찮은 것 하나를 거둬가는 것도 아니고, 손가락 끝으로 우리를 협박하는 정도도 못 되는 것일지라도 우리는 그것을 용서할 수 없는 범죄로 여깁니다."[55] 그래서 자기애는 타락한 욕망과 마찬가지로 모든 악과 죄의 뿌리로 간주된다. 칼뱅은 미가서설교에서 말한다. "간단히 말해서 탐욕(avarice)은 모든 악의 뿌리입니다. 왜 그렇습니까? 탐욕스러운 사람은 이미 자기 자신에게 빠져 있기 때문입니다. 자기애에 기울어진 사람은 그의 이웃들을 결코 고려할 수 없습니다."[56]

칼뱅은 또 이렇게 말한다. "그런데 그것이 모든 사람에게서 인식되지

---

52) *Institution*, III, 7/5.
53) *Ibid*., 12/5.
54) *Commentaire*, Genèse 11:4.
55) 22ème sermon sur le livre de Michée, *Supplementa*, V, 186.
56) 5e sermon sur le livre de Michée, *Ibid*., 42.

는 않는 것도 사실입니다. 그러나 인간의 본성이 거기에 기울어져 있으며, 그리고 사람에게서 발견하는 것이 오직 악뿐이 아니겠습니까. 그래서 그것은 모든 죄악의 심연입니다. 왜 그렇습니까? 모든 사람이 다 자기만을 바라보고 있기 때문입니다. 그것을 부정할 수 없을 것입니다. 그런데 사람이 자만하고, 자기 자신을 사랑한다면, 그는 다른 사람들을 소홀히 하고, 또 미워하게 될 것입니다. 그리고 언제나 자기의 이익을 위해서 이웃들에게 손해를 입히게 될 것입니다."[57]

여기서 보듯이 자기애에 빠진 사람들에게서 나오는 것은 악뿐이어서, 그것은 죄악의 심연이다. 즉 악한 욕망이 그렇듯이 자기애도 역시 악의 뿌리로 이해된다. 그런 점에서 볼 때, 자기애는 타락한 욕망의 다른 이름이라고 할 수도 있다. 정욕은 자기 자신에게로 향하는, 자기 자신만을 사랑하는 내적 상태 혹은 운동이다. 그것은 또한 자기 자신을 예찬하고 높이며, 스스로 신적 위치까지 올라가려는 점에서 교만이라고도 할 수 있다. 자기만을 생각하고, 자기만을 사랑하는 사람은 앞에서 보았듯이 다른 사람들을 해치고 미워한다. 그들은 자신을 다른 사람들 위로 높이며, 그들을 지배하려고 한다. 심지어는 하나님마저도 소유하고, 통제하고, 지배하려고 한다. 그것은 교만과 다름이 아니다.

칼뱅은 자기애를 교만과 동일시했다. "우리 모두는 자기애에 빠져서 눈이 멀었기 때문에, 모든 다른 사람들 위로 자기를 높이고, 모든 사람들을 자기 아래로 멸시하기 위한 좋은 이유를 찾으려고 궁리하지 않는 사람은 없다. 만일 하나님이 우리에게 평가할 만한 어떤 것을 주셨다고 해도, 즉시 그것을 기화로 우리 마음은 높아진다. 그래서 우리가 허영에 부풀뿐만 아니라 거의 교만으로 터질 지경이 되는 것이다."[58]

따라서 칼뱅에게서 자기애는 욕망과 교만과 함께 나타나고 작용함으

---

57) 14e sermon sur le livre de Michée, *Ibid.*, 118.
58) *Institution*, III, 7/4, cf. 7/2.

로써 죄인을 지배하는 죄의 양상이기도 하면서 깊은 뿌리와 같다. 그것은 죄의 근본 원인이라고 할 수는 없으나 타락한 죄인에게서 그를 더욱 왜곡되고 잘못되게 하는 동인이다. 그것은 하나님을 불신하고, 자기 자신을 향하고, 자기 자신을 바라보며, 자기 자신에 몰두하게 한다.

칼뱅에게서 죄인은 바로 그런 자기애, 그리고 정욕과 교만으로 이뤄지는 그런 구조에 갇혀 있는 인간이다. 인간이 참된 삶과 관계를 회복하기 위해서는 그런 죄의 구조를 벗어나야 하지만, 그것을 벗어날 수 없다. 왜냐하면 인간은 언제나 자신을 높이고 자신만을 사랑하는 죄의 지배를 받고 있기 때문이다. 그것이 바로 인간의 불행이고, 운명이다. 즉 죄인은 결코 죄를 벗어나거나 극복할 수 없다. 정욕과 교만과 자기애로 나타나는 인간의 죄는 그만큼 뿌리가 깊고 치명적이다. 그것들은 이미 인간을 지배하고 자신들에게로 예속시키고 말았다. 바로 그 지점에서 종교개혁자는 인간의 노예의지(serf-arbitre)를 말하게 된다.

V. 노예의지

칼뱅은 아우구스티누스와 마르틴 루터와 함께, 노예의지가 죄인을 가장 비극적으로 만든다는 점을 확신했다. 물론 칼뱅은 자기의 저술들 속에서 '노예의지'라는 용어를 사용하지는 않았다. 그러나 내용적으로는 그것을 매우 자주 말했다. 그가 인간이 죄의 노예상태 속에서, 그 멍에를 지고 산다고 강조했다는 점에서는 이론의 여지가 없다.

칼뱅에 따르면, 죄인은 "하나님으로부터 떨어져서, 마귀의 멍에 아래에서 산다."[59] 의지가 인간 가운데 여전히 남아 있기는 해도 "그의 순수한 감정의 의지는 죄에 기울어졌을 뿐만 아니라, 거기로 서둘러서 달려가기까

---

59) *Institution*, II, 3/5.

지 한다."⁶⁰⁾ 그 점에서 인간은 죄의 노예이다. 칼뱅은 노예의지를 이집트의 포로생활과 비유하면서 말한다. "우리는 하나님이 우리를 이집트 국가로부터 이끌어내신 것뿐만 아니라 그것보다 훨씬 더 불행한 것으로부터 이끌어 내셨다는 것을 알아야 합니다. 우리는 마귀와 죽음의 밧줄에 꽁꽁 묶여 있습니다. 우리는 모두 죄의 노예들입니다."⁶¹⁾

그처럼 칼뱅에게서 인간은 다름 아닌 "사탄의 무서운 지배 아래 억류되어 있는"⁶²⁾ 또는 "사탄에게 묶여 있는 노예들"⁶³⁾이다. 인간은 완전히 죄의 포로, 죄의 노예가 되었다. 그래서 인간이 가지고 있었던 의지는 이것이나 저것을 선택할 수 있는, 다시 말해서 선택의 자유를 가지는 의지가 더는 아니다. 그것은 오직 죄 지을 자유만을 가지는, 악밖에는 선택할 수 없는 의지이다. 그래서 그것은 더는 자유의지가 아니라 죄의 노예가 된 의지이다. 칼뱅은 인간의 그런 조건을 다음과 같이 다양하게 말했다.

"우리는 우리의 자연적 조건이 어떤지를 보고 있습니다. 다시 말해서 사탄은 죄와 죽음의 학정으로써 우리를 억누르고 있습니다. 우리는 하나님의 형상으로 창조되었기는 하지만, 그것은(사탄) 우리를 노예로 만들었습니다. 우리 안에는 더러운 것밖에는 없기 때문에 우리는 저주받았고, 그 비참한 노예생활을 하는 가련한 짐승과 같습니다."⁶⁴⁾ "인간의 본성이 무엇입니까? 그것은 무서운 무질서입니다! 만약 하늘과 땅이 그렇게 뒤섞인다고 할지라도 우리가 인간에게서 보는 것같이 그렇게 크고 방대한 혼란은 없을 것입니다. 그러면 이제 그런 죄에 예속된 인간은 무엇입니까? 사탄의 노예입니다! 온갖 더러운 것의 집합입니다. 거기에는 암흑밖에 없으며, 부당한 것밖에 없으며, 하나님의 저주밖에 없습니다."⁶⁵⁾

---

60) *Ibid.*
61) 22e sermon sur le livre de Michée, *Supplementa*, V, 182.
62) *Commentaire*, Jean. 14:30.
63) 4e sermon sur Job, *Opera*, XXXIII, 61.
64) 3e sermon sur la passion de Jésus-Christ, *Opera*, XLVI, 866-867.
65) Sermon sur la Genèse 1:26-28, *Supplementa*, XI/1, 59.

그런데 죄의 노예가 된 인간은 그 스스로가 거기를 벗어나려는 노력을 해도 벗어날 수 없다. 그의 의지는 완전히 죄에 기울었기 때문에, 그가 선하다고 여기는 것도 악이고, 그가 옳다고 여기는 것도 틀린 것이다. 그가 옳은 것을 하고 선을 행한다고 해도 그는 결국 '악'을 가져올 수밖에 없다. 그래서 칼뱅은 탄식한다.

"모든 곤궁들의 가장 깊은 심연이 여기에 있습니다. 우리는 우리의 영혼이 너무나 타락해서 우리가 분명하고 사리에 맞다고 생각하는 모든 것은 무지이고 엉터리일 뿐입니다. 그리고 우리의 욕망들과 감정들은 하나님에 대해서 반감을 가지고 있으며 저항할 뿐입니다. 간단히 말해서 우리는 죄의 저주받을 노예상태에 붙들려 있어서 우리는 악을 가져오는 것밖에 모릅니다."[66] 그래서 인간들은 타락한 의지를 가지고 죄를 심화시키고, 악을 강화하게 될 뿐이다. 칼뱅은 말한다. 사람들은 "언제나 자신들의 악을 증가시킬 뿐이고, 잘못에 잘못을 더하며, 오류에 오류를 더하며, 더 큰 죄 가운데로 빠져 들어갑니다."[67]

그렇다면 인간이 자신의 의지가 노예가 되었기 때문에, 필연적으로 죄를 짓는 것이라면, 개인들에게는 죄에 대한 책임을 물을 수 없는 것이 아닐까? 칼뱅은 사람들이 흔히 죄에 대한 책임을 원죄에다 돌린다든지, 마귀에다 돌린다든지 혹은 더 소급해서 하나님에게까지 돌린다는 것을 알고 있었다. 칼뱅은 그것을 『기독교 강요』 2권에서 자유의지의 타락에 관계된 장들에서, 특히 아우구스티누스를 따라서 '강제'와 '필연'을 구분하면서 설명한다.

그에 따르면 인간이 죄를 짓는 것은 외부적인 강제에 의해서가 아니라 자신의 자발적인 의지에 의해서이다. 그런데 인간은 너무나 타락해서 필연적으로 죄를 지을 수밖에 없는 욕망에 이끌린다. 그가 죄를 짓는 것은

---

66) Sermon sur la Genèse 3:1-3, *Ibid.*, 150.
67) 4e sermon sur la passion de Jésus-Christ, *Opera*, XLVI, 877.

'필연'이긴 하나 '강제'에 의한 것은 아니므로, 즉 자신의 자발적 의지, 자신의 욕망에 의한 것이므로, 그 책임을 다른 어느 누구에게 돌릴 수는 없다는 것이다. "우리는 이 구분을 잘 지켜야 한다. 즉 인간은 타락으로 인해 부패한 후에 자발적으로 죄를 짓는 것이지 자기 마음과 다르게 짓는 것이 아니고, 강제에 의한 것도 아니다. 나는 말한다. 또한 그는 폭력으로 강제된 것이 아니라 감정에 끌려서 죄를 짓는다. 그는 외부로부터 강제되는 것이 아닌, 자신의 고유한 욕망의 운동으로써 죄를 짓는다. 그럼에도 불구하고 그의 본성은 너무나 타락해서 그는 오직 악으로만 감동되고, 재촉되고, 이끌릴 뿐이다."[68]

VI. 칼뱅의 욕망 이해, 특징과 의미

이상에서 살펴본, 칼뱅에게 나타난 인간의 욕망과, 그것과 관련된 여러 논의들을 다시 한 번 요약할 필요는 없을 것이다. 단지 여기서는 그의 논의들에 있어서 중요하다고 보이는 것들을 중심으로, 그 의미를 살펴보는 것으로써 결론을 대신한다.

칼뱅에게 나타난 인간의 내적 역동성의 중심은 욕망에 있다고 해야 할 것이다. 그는 욕망을 매우 중요하게 여겼고, 그리고 매우 빈번하게 말했다. 그래서 욕망은 그의 인간론을, 특히 죄인으로서의 인간을 이해하게 해주는 데 열쇠와 같은 필수적인 모티프이다. 그렇다고 해도 칼뱅의 욕망은 그것 자체가 결정적인 어떤 것이라고 할 수는 없다. 즉 현대적인 의미로 그가 '범욕망설'을 주장했다고 할 수는 없다. 그에게서 욕망이 매우 중요한 것임은 분명하나, 그것이 유일무이한 인간의 근원, 인간의 모든 행위를 결정하는 유일한 동력은 아니다. 오히려 그에게 있어서 의미 있는 행위의 동

---

68) *Institution*, II, 3/5.

력, 인간의 자유 행사의 동기는 불신앙이었고, 불신앙으로 인한 타락이었으며, 그리고 그것들로 인해 인간의 욕망은 가동되었고, 특징을 가지게 되었다. 이후로 욕망은 그렇게밖에는 나타나지 않는 필연적인ㅡ그러나 각 개인의 자발적이고 자의적인 것이 아니지 않은 양상과 성격을 가지게 되었던 것이다. 그래서 인간은 욕망의 노예가 되었다고도 표현되었던 것이다.

칼뱅에게서 욕망은 교만과 동전의 양면과 같은 성격을 갖는다. 그에게는 욕망이 교만의 원인인 것처럼 간주될 수 있는 본문들도 있지만, 그러나 전체적으로 보면, 그 둘은 떼려야 뗄 수 없는 관계를 가지면서 인간의 동일한 죄를 이렇게 저렇게 구성한다. 욕망은 인간 자신을 신적인 위치에까지 높이고, 타자를 지배하고 소유하게 하는 내적 동력이고, 그래서 바로 그것 때문에 인간은 교만하다. 혹은 교만한 인간은 언제나 자신을 높이고자 하는 욕망을 갖는다. 그 두 가지는 공통적으로 죄인을 자기 상승, 자기 고양, 자기 절대화의 인간, 다시 말해서 자기애의 인간을 결정짓는다. 자기애는 언제나 자기만을 향하고, 자기만을 생각하고, 자기만을 위하고, 자기만을 높이는 감정이다. 그래서 그것 역시 욕망과 불가분리의 관계를 가지면서, 죄인의 성격을 명시해준다.

칼뱅의 욕망론은 그의 인간론을 매우 깊이 있게 해준다. 칼뱅은 인간의 뿌리 깊은 죄성을 강조하고, 그 비극성을 드러낸다. 그 중심에 죄인의 욕망, 또는 정욕이 자리 잡고 있다. 그것으로써 죄인은 하나님과 이웃들을 포함한 타자들과 끊임없이, 끝도 없이 불화하고, 투쟁해야 하는, 비극적인 운명 가운데서 절망할 수밖에 없는 존재이다.

 제8장

인간의 구원

 루터나 츠빙글리, 칼뱅 등 종교개혁자들은 구원론을 중심으로 한 신학을 발전시켰다. 루터의 종교개혁 자체가 구원받는 방식의 문제에서 비롯되었고, 이후 그의 신학은 그리스도론적이고 칭의론적인 초점을 가지고 전개되었다. 이는 츠빙글리나 특히 칼뱅에게서도 마찬가지였다. 칼뱅 역시 인간이 어떻게 구원을 얻는지, 그 구원을 위해서 하나님이 어떻게 역사하는지를 규명하고 설명하는 데 집중했다. 그런 점에서 칼뱅의 신학에서 구원론은 중요하고, 그것을 앎으로써 그의 신학의 특징과 목표를 이해할 수 있게 된다.

 칼뱅의 신학에서 구원론이 중요하지만 이제까지 그의 구원론을 다룬 연구물들은 별로 없다. 물론 기독론이나 성령론, 칭의론, 성화론 같은 주제들을 다루면서 구원의 문제를 함께 다루거나, 간접적으로 설명한 연구들은 많다.[1] 그러나 '구원'의 문제만 독립적으로 또 본격적으로 다룬 연구는 드

---

1) 칼뱅의 구원론에 직·간접적으로 관계된 연구들 중 대표적인 것들은 L. Goumaz, *La Doctrine du Salut d'après les commentaires de Jean Calvin sur le Nouveau Testament* (Lausanne: Librairie Payot& Cie, 1917). D. Müller, "Création et Salut chez Jean Calvin," *Revue de Théologie et de Philosophie*, vol., 115, 1983.

물다. 특히 칼뱅에게서 구원의 방식이 아니라 구원 자체가 무엇인지, 구원에 관해 어떤 식으로 말해지는지 등을 보여주는 연구는 전무한 형편이다.

사실 칼뱅의 구원론을 다루는 것은 쉽지 않다. 그가 구원을 무엇이라고 정의했는지조차도 불분명하고, 어떤 점에서는 상이한 해석이 가능할 정도로 다양하게 말하고 있다. 또한 구원을 얻는 방법의 문제도 루터처럼 그렇게 명확하지 않다. 인간의 성화나 삶을 강조함으로써 율법주의나 공로주의적 구원의 길을 열어놓았다는 비판을 받기도 한다. 그런 이유는 그가 구원론을 체계적으로 세워놓지 않은 채 다른 교리들과 함께 부수적으로, 또는 여기저기서 산발적으로 많이 말했기 때문이라고 할 수 있다. 따라서 칼뱅의 구원을 개념부터 그 다양한 특징들까지 종합적이고도 체계적으로 살펴보는 접근이 필요하고 또 의미 있는 일이다.

이 연구는 칼뱅이 생각했던 구원이란 무엇인지, 또 어떤 것인지, 어떻게 얻어질 수 있는지 등 인간의 구원을 둘러싼 여러 가지 문제들을 그 자신의 텍스트들을 중심으로, 교리서인 『기독교 강요』뿐만 아니라 성서주석과 설교 등 가능한 그의 저술 전체를 통해 알아본다. 그럼으로써 그의 책들 곳곳에 흩어져서 부분적으로, 또 간헐적으로 나오는 그의 구원론을 재구성하고자 한다. 그것은 종교개혁자 칼뱅의 구원사상을 알게 해줌과 동시에 오늘날의 교회들에게도 개혁교회 더 나가서 개신교회적인 구원이 어떤 것인지를 재고하게 해준다. 현재 한국 교회에는 여러 종류의 잘못된 구원론들, 지나치게 개인적이거나 내세적인 구원관들, 편향적이고 위험한 묵시적 구원관들, 교리적으로 너무 단순화된 구원관들이 혼재되어 있다. 구원관이

J.-P. Pin, "La promesse et l'espérance selon Jean Calvin," *Bulletin de Littérature ecclésiastique*, no. 1, 1973. A. Lane, "John Calvin, the witness of Holy Spirit," *Faith and Ferment*(London, The Westerminster Conference, 1982), in *Articles on Calvin and Calvinism*, ed by. R. Gamble(New York/ London: Garland Publishing Inc., 1992). 신복윤, 『칼빈의 하나님 중심의 신학』(수원: 합동신대원출판부, 2005), 특히 제7장 "구원", 원종천, "그리스도와의 연합론", 『칼빈신학과 목회』, 한국칼빈학회 엮음(서울: 대한기독교서회, 1999) 등.

잘못될 때 교회 자체가 잘못되고, 교인들이 잘못된 길로 빠지게 된다는 것은 명약관화한 일이다. 그런 점에서 종교개혁자로서 개혁교회와 더 넓게는 개신교회의 신학을 세워놓았던 칼뱅의 구원론은 오늘의 교회들에게 자신의 구원을 비춰보고 방향을 찾아나가도록 도움을 줄 수 있을 것이다.

I. 구원이란 무엇인가?

칼뱅에 따르면 인간은 구원을 받아야 할 존재이다. 그것은 현재의 인간이 죄로 인해 하나님으로부터 분리되어 타락과 부패, 죽음과 심판의 고통을 겪고 있기 때문이다. 그렇다면 그런 인간에게 구원이란 무엇인가? 칼뱅은 에베소서 네 번째 설교에서 "구원의 과학"(science du salut)이란 용어를 사용하면서 말한다.

"바로 이것이 구원의 과학입니다. 그것은 하나님이 우리에게 자비를 베푸셔서, 우리의 죄들을 용서하신다는 것입니다. 우리는 그 죄 때문에 그분과 원수가 되었습니다. 그러나 또한 우리의 죄는 하나님의 값없는 선의로써 용서되었다는 것을 생각합니다. 그것은 우리 주 예수 그리스도에 의해서 지불되었던 보상(rançon)이 없으면 이뤄질 수 없는 일이었습니다. 금으로도 아니고, 은으로도 아니고, 흠 없는 어린양이었던 바로 그분이 그 일을 위해 바쳐져야 했습니다. 그러므로 우리는 자비하고 따뜻하신 하나님을 얻고자 해야 하고, 우리의 모든 감각을 높여 우리 주 예수 그리스도의 죽음과 고난을 바라봄으로써, 바로 거기서 우리가 하나님의 진노를 풀어야 할 것을 얻어야 합니다."[2]

칼뱅은 여기서 구원에 관계된 여러 가지 점들을 말하고 있지만, 구원이 무엇인지를 중심으로 정리해보면 먼저 "죄들을 용서"받고, "예수 그리

---

2) 4e sermon sur l'Epître aux Ephésiens, 1:7-10, *Opera*, LI, 285.

스도의 죽음"을 "보상"으로 "하나님의 진노를 풂"으로써 저주와 심판이 아니라 "자비하고 따뜻한 하나님을 얻는 것"이다. "구원의 과학", 즉 이론적으로 구원이 무엇인가? 그것은 죄 사함과 사랑과 자비의 하나님을 얻는 일이라는 것이다. 그것을 칼뱅은 『기독교 강요』에서 이렇게 표현했다. "그(예수)가 가까이 왔다고 선포한 하나님의 나라로써 그는 죄의 용서와 구원, 생명 그리고 일반적으로 우리가 그리스도 안에서 얻는 모든 좋은 것을 의미했다."3)

그래서 칼뱅에게서 구원이란 일차적으로 예수 그리스도의 구속의 은혜를 받아서 죄로부터 벗어나는 것이다. "복음의 대의(somme)가 무엇인가? 죄와 죽음의 노예들인 우리 모두가 예수 그리스도 안에 있는 구속으로써 벗어나고 해방되었다는 것이 아니라면 무엇인가?"4) 칼뱅은 인간의 구원을 그리스도의 구속과 죄의 용서를 중심으로 여러 관점에서 설명한다.

우선, 구원은 죄 사함 받고 예수 그리스도를 통해 얻는 의 혹은 '칭의'로서, 의롭게 되는 것이다. 칼뱅은 공관복음서설교에서 말한다. "그러므로 우리 자신은 불쌍한 죄인들이 아닙니까? 오, 우리가 의롭다고 여기지 맙시다. 그러면 어떻게 해야 합니까? 우리는 우리 자신을 떠나야 합니다. 다시 말해서, 우리는 우리가 하나님에게 가져갈 수 있다고 믿는 것에 대한 확신으로부터 비워져야 하고, 우리의 의를 예수 그리스도에게서 찾아야 하는 것입니다. 그 의는 성서가 그렇게 자주 말하고 있는 신앙의 의입니다. 그리고 그것이 모든 구원 교리의 원칙이며, 모든 종교의 근원입니다. 그러므로 우리는 하나님 앞에서 저주를 받아 썩어지기에 합당한 불쌍한 죄인이지만, 그럼에도 불구하고 우리는 의롭습니다."5) 또한 구원은 하나님과의 '화해'(réconciliation)로 설명된다.6) "그리스도가 제사장이라는 이름을 가지고

---

3) *Institution*, III, 3/19.
4) *Institution*, IV, 11/1.
5) Second sermon sur l'haemonie evangelique, *Opera*, XLVI, 23.
6) *Institution*, II, 12/3.

그 결과를 가져오는데, 그의 죽음으로써 그가 영원히 화해하게 하심으로 하나님이 우리에게 자비와 호의를 베푸시게 할 뿐만 아니라, 우리도 그런 영예에 그의 동반자로 참여하게 하신다. 그래서 우리가 우리 안에서 더럽혀졌지만, 그 안에서 제사장들이 됨으로써 우리는 그가 우리에게 준 모든 것과 함께 우리를 하나님께 바칠 수 있는 자유를 얻으며, 우리로부터 나오는 기도와 찬양의 제물들이 그분 앞에서 달콤하고 기분 좋은 향으로 피어오른다는 것을 앎에 따라 우리는 주저함 없이 하늘의 성소에 들어가게 되는 것이다."[7]

다른 말로 하면 칼뱅에게서 구원은 '입양'(adoption)으로서, 하나님의 자녀가 되고, 하늘나라에 속하는 것 혹은 "하늘의 상속을 받는 것"[8]이다. "우리의 구원에서 예를 들어 봅시다. 하나님께서 우리를 그의 자녀로 입양하지 않으셨다면 어떻게 우리가 하늘의 유업을 얻겠습니까? 우리는 누구입니까? 우리의 몸과 우리의 영혼에는 오직 더러운 것과 비참한 것만이 있을 뿐입니다. 더 나가서 우리는 죄로 인해서 완전히 악에 절어 있는 것과 같은 존재들입니다. 그렇다고 해서 하나님이 우리를 그분의 예배에 받아주시는 것뿐만 아니라 또한 그분의 자녀의 숫자에, 그리고 반열에 속하게 하지 않는 것이 아닙니다. 이는 우리로 하여금 궁극적으로 그분을 우리의 아버지로서 여기고 그분에게 나아가는 충만한 자유를 얻게 하기 위해서입니다."[9]

칼뱅은 구원을 예수 그리스도의 구속이나 입양의 은혜를 통한 "새로운 창조" 또는 "새로운 피조물이 됨"으로 말하기도 했다. 그의 설교들을 인용해보자.

"최소한 여기서 예언자가 얘기하는 창조는 모든 사람들에게 공통적인 창조가 아니라는 것을 주의합시다. 왜냐하면 하나님은 우리의 창조자인 것과 마찬가지로 터키인들과 이방인들의 창조자이기 때문입니다. 그러나 그

---

7) *Ibid.*, 15/6.
8) *Ibid.*, 12/2.
9) 6e sermon sur l'harmonie evangelique, *Opera*, XLVI, 65.

의 교회에 속한 사람들 안에는 새 창조가 있습니다. 다시 말해서, 하나님은 그들을 자신에게로 이끄시고, 그들에게 자신의 표시를 새겨주심으로써, 그들이 자기들의 입양을 확신하게 해주십니다. 그리고 그들이 그분을 마치 자신들의 아버지인 것처럼 매달릴 수 있게 하십니다."[10] "하나님께 복종하는 사람들은 '땅'이라는 용어로 이해되지 않습니다. 왜냐하면 그들은 개혁되었으며, 하늘의 피조물들이기 때문입니다. 그들은 더는 지상적이지도 않고 육신적이지도 않으며, 오히려 새로운 피조물입니다."[11]

그러나 칼뱅에게서 구원이 가장 특징적으로 잘 드러나는 것은 그리스도와의 '연합'(union), 은유적인 표현으로써 '신성한 결혼'(mariage sacré)에서이다. 그것은 구원이 그리스도에 대한 신앙으로써만 가능하다는 점과 관계된다. 칼뱅에 따르면 신앙은 다름 아니라 예수 그리스도를 믿는 것으로써 사람들이 구원을 얻는 유일한 길이다. 왜냐하면 "우리의 구원은 전적으로 예수 그리스도 안에 있기 때문이다."[12] 다시 말해서 "예수 그리스도가 그의 의로써 우리에게 구원을 가져다주는데",[13] 이는 "구원의 완전함이 그에게 있기 때문이다."[14]

그 점에서 칼뱅에 따른 구원은 예수 그리스도에의 참여나 그와의 연합과 다름 아니다. 로잔대학교의 삐에르 지젤이 말했듯이, "칼뱅에게서, 구원받는다는 것은 우선 그리고 무엇보다도 그리스도에게 연결되거나 연합된다는 것이다."[15] 그런 식으로 칼뱅은 구원을 예수 그리스도와의 연합으로 이해했다. 그는 『기독교 강요』 3권을 시작하면서 이렇게 썼다. "우리가

---

10) Sermons sur le Livre d'Esaie, Du Jeudi 1er jour de Juillet, 1557, 27:11, *Suplementa*, II, 500.
11) Sermon du Mercredi 26e jour de Juillet 1549, Jeremie 15:10-11, 14-15, Sermon sur le Livres de Jérémie et des Lamentations, *Suplementa*, VI, 31.
12) *Institution*, II, 16/1, 19.
13) *Ibid.*, II, 17/3.
14) *Institution*, III, 1/4.
15) P. Gisel, 129.

그리스도 바깥에 있고, 그로부터 분리되어 있다면, 그가 인류의 구원을 위해 행하고 고난 받으신 모든 것이 우리에게는 무익하고 아무 중요성이 없다는 것을 주목해야 한다. 그러므로 아버지가 그를 부요하게 하고 채워주신 보화들을 얻기 위해서는 그가 우리의 것이 되어야 하고, 우리 안에 거해야 한다. 그가 소유한 어떤 것도 우리가 그와 하나가 되기까지 우리에게 속하지 않는다."[16] 더 나가서 칼뱅은 그 연합을 '결혼'에 비유했다. "이 결합이 없다면 그가 우리에게 구원주로 오셔도 헛되고 무익할 뿐이다. 이 같은 목적에서 우리가 그의 살 중의 살이 되고 뼈 중의 뼈가 되는 신성한 결혼과 같이 우리는 그와 하나가 된다."[17]

칼뱅은 이 그리스도와의 연합을 그를 보내신 하나님과의 연합으로까지 확장시켰다. 즉 신자는 예수 그리스도와 하나가 됨으로써 또한 아버지 하나님과 하나가 된다. 그는 미가서설교에서 이렇게 말한다. "예수 그리스도의 고유한 직무는 바로 우리를 그의 아버지 하나님에게로 가져가는 것이다. 우리가 그의 몸과 하나를 이룰 때 우리는 우리의 하나님과 참되고 완전한 결합을 이룬다."[18] 그러나 이것은 성부 하나님과 성자 하나님이 본질의 일치를 이룬다는 점에서 교리적이고 또한 논리적인 연장이라고 할 수 있다. 칼뱅의 사상에서 초점은 역시 "그리스도와의 연합"에 있다고 본다. 그러나 어떤 경우든지, 칼뱅에게서 구원은 신앙을 통한 예수 그리스도와의 연합이라고 할 수 있다. 인간은 예수 그리스도와 하나가 됨으로써 구원주인 그가 가져온 구원을 얻는다는 것이다.[19]

---

16) *Institution*, III, 1/1.
17) *Institution*, III, 1/3.
18) 9e sermon sur le livre de Michée, *Supplementa*, V. 73.
19) 이상 "연합"으로서의 구원에 관해서 Okab Lee, "La vérité que croit et aime mon coeur- Le mysticisme de Calvin dans son idée de la foi," *Theological Forum*, vol., 44, June, 2006, 30-35.

II. 구원의 주체

그렇다면 누가 구원하는가? 이것은 구원의 주체 혹은 근거의 문제로서 칼뱅 신학의 특징을 잘 보여주는 주제이기도 한다.

칼뱅에게서 구원의 주체, 그 자신의 용어로 '창시자'(auteur)는 하나님이다.[20] 그 점은 예정론에서 잘 드러난다. 그는 이미 『기독교 강요』 초판 예정론에서부터 인간의 구원을 하나님의 영원한 선택의 근거 위에 세워놓았다. 구원받은 자가 바로 "거룩한 공교회"로서 "선택받은 자들의 수 전체"이며, 그들은 "그리스도가 그들 모두의 인도자이며 왕자이며 몸으로 볼 때 머리이므로 그들은 하나님의 왕국으로 모두 모여지기 위해서 세상이 세워지기도 전에 그분 안에서 선택되었다." 즉 하나님이 그리스도 안에서 선택한 사람들이 구원받은 자들로서 "너무나 확실하고 튼튼한 구조 위에 있기 때문에 세상이라는 건물이 무너진다고 해도. 그들의 구원은 흔들리거나 넘어지지 않으며, 어떤 경우에도 하나님은 그들의 손을 붙들어 주신다"고 역설했다.[21]

칼뱅은 『기독교 강요』 최종판에서도 말한다. "우리는 우리의 구원의 근원이 하나님의 값없는 자비라는 것을 그의 영원한 선택이 명확해질 때까지 확실하게 깨닫지 못할 것이다. 왜냐하면 그것은, 그가 구원의 희망 가운데로 모든 사람들을 무작정 채택하지 않고 오히려 어떤 사람들에게는 그가 주지 않는 것을 또 다른 사람들에게 주었다고 대조함으로써 하나님의 은혜

---

20) "(하나님이 백성들을 미리 아셨다는) 이것은 하나님이 우리 구원의 관찰자가 아니라 창시자라는 것을 분명히 보여준다. 하나님은 우리의 구원의 창시자 …(이다)." *Institution*, III, 22/6. 또한 "그렇기 때문에 유대인들은 한 번 그들의 구원의 창시자였던 하나님이 그것을 영원히 유지시켜주신다는 것을 배울 수 있었다." 2/31.
21) *Institution*, 1536, *Opera*, I, 72-76. 『칼뱅의 신과 세계』, 323 참고.

를 우리에게 깨닫게 해주기 때문이다."[22]

칼뱅은 그처럼 여러 저술들을 통해서 인간의 구원은 하나님의 선택에 근거하며, 선택의 주체인 하나님이 구원의 주체라는 점을 주장했다. 그것은 곧 인간의 구원은 인간 자신에게 달려 있지 않고, 따라서 인간은 구원을 위해 철저하게 하나님을 의지하고, 그분의 선과 호의에 매달려야 한다는 뜻이기도 하다. 칼뱅은 말한다.

"그러나 그것은 우리의 구원이 이 세상의 수단들이나 지상적인 도움들에 달려 있지 않다는 것을 보여주기 위해서입니다. 하나님만이 구원의 창시자이기 때문에 그분이 우리에게 약속하신 것을 이루기를 기뻐하실 때 사람들이 기적들로써 알게 되도록 행하시기를 원하십니다. 우리의 구원의 완성은 모든 인간의 감각을 넘어서는 놀라운 것이며, 이로써 하나님께서 영광을 받으시는 것입니다."[23]

물론 칼뱅은 그리스도론의 자리에서는 그리스도의 공로를 설명하면서, 바로 그리스도가 구원의 창시자라고 말하기도 했다. 즉 그리스도가 십

---

[22] *Institution*, III, 21/1. 마태복음주석에서도 그는 이렇게 말했다. "그것(복음)은 모든 사람들에게 구원을 위해 열려 있지만 그 열매와 효과는 선택된 자들이 아니면 주어지지 않는다. … 그리스도는 … 구원이 하나님의 선택에 근거하지 않으면 누구도 확고하게 남아 있지 못하리라고 말씀하신다." *Commentaires*, Matt. 15:13.

[23] 4e sermon sur l'harmonie evangelique, *Opera*, XLVI, 50. 또한 "우리가 그 근거에 의존하는 것을 배우지 않는다면, 다시 말해서 우리가 언제나 기다리는 모든 좋은 것은 하나님의 무상의 선으로부터 나올 뿐이라는 것을 배우지 않는다면, 우리는 언제나 하나님의 약속을 의심하게 됩니다. … 그런데 이것은, 우리가 그 보화가 어떤 샘에서 흘러나왔는지를 알지 못하면, 그것이 인간의 감각으로는 전혀 이해할 수 없는 하나님의 선하심으로부터라는 것을 알지 못하면, 믿을 수 없는 일입니다. 보십시오. 바로 거기에서, 우리가 하나님은 우리에게 자비를 베푸시기 위해서가 아니라면 우리가 누구인지를 전혀 보지 않으신다는 것을 들을 때, 신앙을 향한 통로가 열려지게 되는 것입니다. 우리가 그렇게 비참한 자들임에도 불구하고, 그분은 그래도 역시 그분의 편에서 우리에게 호의를 베풀어주시는 것입니다." 6e sermon sur l'harmonie evangelique, *Opera*, XLVI, 65.

자가의 희생으로써 하나님과 화해하게 하심으로 죄인들을 구원하셨으므로,[24] 바로 "구원의 창시자는 그리스도"[25]라는 의미이다.

그러나 여기서 우리는 칼뱅의 신중심주의를 기억해야 할 것이다. 칼뱅의 사상은 신중심주의로서, 그의 신은 그리스도로 성육신한 존재이기도 하다. 그래서 그리스도중심적이기도 한 복합적인 성격을 지니고 있다. 칼뱅 연구사에서 학자들 간에 논란이 거듭되었던 것도 바로 그런 이유와 관계 있다. 그러나 칼뱅의 저술을 상세하게 보면 결국 신중심주의라고 할 수밖에 없다.[26]

구원의 주체가 하나님이냐 그리스도냐 하는 문제도 마찬가지이다. 하나님이기도 하고 그리스도라고 할 수도 있지만, 더 전체적이고 또 우선적으로는 하나님이다. 이것은 칼뱅의 공관복음서설교의 다음 구절을 보면 분명해진다. "그러므로 보십시오. 그의 독생자가 우리가 빠져 있는 저주로부터 우리를 구원하는 이 수단을 명하신 분은 — 우리를 구원하시는 문제는 오직 그분에게만 속하는 것이므로 바로 하나님이십니다. 그러므로 첫 번째로는 하나님이 말씀하셔야 합니다. 그리고 그분의 권위 안에서 우리는 우리 주 예수가 이 세상에 헛되이 오신 것이 아니라 그가 우리에게 구원을 가져다주었고, 우리가 신앙으로써 구원을 추구할 때 그에게서 구원을 얻는다는 것을 믿어야 합니다."[27]

---

24) "(그리스도가) 타락으로 떨어진 세계를 회복하고, 잃어버린 인간들을 구조하기 위한 것이다. … 우리는 그가 하나님의 영원한 계획에 의해 인간들의 오점들을 씻기 위해서 세워졌다고 받아들이는데, 피를 뿌린다는 것은 죄의 회복의 표시이기 때문이다. 세상에 나타나신 그는 그의 도래의 이유가 우리를 하나님과 화해하게 하심으로 죽음으로부터 생명으로 들어가게 하기 위해서라고 선포했다." *Institution*, II, 12/4.
25) *Ibid.*, 13/3. 또한 16/1.
26) 『칼뱅의 신과 세계』, 387-394.
27) 7e sermon sur l'harmonie evangelique, *Opera*, XLVI, 74.

III. 구원의 방식

인간이 구원을 얻는 방식은 구원이 무엇이며, 그 주체가 누구냐의 문제와 밀접한 관계가 있다. 그래서 칼뱅에 따른 구원의 방식을 알기 위해서는 그에게서 구원은 그리스도를 통한 구속이고 그와의 일치이며, 또한 구원의 주체가 하나님이라는 점을 염두에 두어야 한다. 그런 관점에서 칼뱅의 구원의 방식은 하나님이 인간의 구원을 위해서 세상에 보내신 그리스도를 통하는 것 외에 다르게 생각할 수 없다. 실제로 칼뱅은 『기독교 강요』 등의 그리스도론의 자리에서 인간의 구원을 위한 유일한 방도로서의 예수 그리스도의 인격과 그 자체를 매우 강조했다.

"우리는 우리 구원의 모든 요강과 모든 부분이 그리스도 안에 포함되어 있는 것을 보기 때문에, 말해질 수 있는 그것의 가장 작은 부분이라도 다른 데로 넘겨주지 않도록 경계해야 할 것이다. 만일 우리가 구원을 추구한다면, 예수라는 유일한 그 이름은 우리에게 구원이 그의 안에 있다는 것을 알게 해준다."[28] "어떻게 그럴 수 있습니까? 우리 주 예수 그리스도의 인격 안에서 그렇습니다. 우리는 불쌍한 죄인들이기 때문에 누가 감히 하나님의 성소에 다가갈 수 있겠습니까? 그가 우리를 그의 어깨 위에 올려놓아야 하고, 그의 가슴에 품어야 하는 것입니다. 그런 조건 때문에 그는 우리와 결합하셨습니다. 그래서 그가 가진 모든 것은 우리의 것이 되었습니다. 그리고 그는 그 자신으로서가 아니라 우리의 인격을 대표해서 십자가에서 자기 자신을 그의 아버지 하나님에게 바치는 제사장의 직무를 수행했습니다. (왜냐하면 그는 자기의 죄를 위해서는 용서를 구할 필요가 전혀 없었기 때문입니다. 그는 흠 없이 깨끗했었습니다.) 그가 성소에 들어가셨을 때, 그는 사도가 히브리서에서 말한 것처럼, 그는 영원히 새롭게 남아 있을

---

28) *Institution*, II, 16/19.

길을 봉헌했습니다. 우리가 걸어가는 데 방해가 되는 가시덤불은 없습니다."29)

그래서 칼뱅은 인간이 구원을 얻기 위해서는 그리스도 안에 있어야 한다는 점을 매우 강조했다. 그에게서 그리스도와 함께 있다는 것이 바로 구원을 얻는 유일한 방도이고, 더 나가서는 앞에서 보았듯이 그것이 구원 자체이기도 하다.

"우리가 그리스도 바깥에 있고, 그로부터 분리되어 있다면, 그가 인류의 구원을 위해 행하고 고난 받으신 모든 것이 우리에게는 무익하고 아무 중요성이 없다는 것을 주목해야 한다. 그러므로 아버지가 그를 부요하게 하고 채워주신 보화들을 얻기 위해서는 그가 우리의 것이 되어야 하고, 우리 안에 거해야 한다. 그가 소유한 어떤 것도 우리가 그와 하나가 되기까지 우리에게 속하지 않는다."30) "그래서 우리는 우리의 구원이 소멸되지 않는 것은, 구원은 전적으로 예수 그리스도 안에 있기 때문에 그의 덕분이라는 것을 조금도 부정할 수 없다. 따라서 그에게 의지하지 않고 그에게서 만족을 취하지 않는 사람들은 모두 모든 은혜를 잃게 된다."31)

그리스도를 떠나지 않는 것, 그리스도와 함께 있는 것, 혹은 "그리스도와 교제하는 것",32) 그것은 바로 신앙을 통해 이루어진다. 그래서 칼뱅에게서 인간은 그리스도를 통해 구원을 얻지만 그것은 또한 그리스도를 믿는 신앙을 통한 것과 같다. 그는 말한다. "어떤 목적으로 우리가 신앙에 관해 토론하는가? 구원 얻는 방식을 알기 위해서가 아닌가? 신앙으로써 우리가 그리스도의 몸에 접붙여지지 않는다면 신앙이 어떻게 우리를 구원할 수 있을까?"33) 또한 그는 신앙이 성령의 첫째 역사임을 설명하면서도 이렇게 말

---

29) 2e sermon sur l'harmonie evangelique, *Opera*, XLVI, 23-24.
30) *Institution*, III, 1/1.
31) *Institution*, II, 16/1.
32) *Ibid.*, II, 12/3.
33) *Institution*, III, 2/30.

한다. "우리는 이미 구원의 모든 완전함은 예수 그리스도 안에 있다고 말했다. 따라서 우리를 거기에 참여하는 자가 되게 하기 위해 그는 우리에게 성령과 불로 세례를 주시며(눅 3:16), 그의 복음에 대한 신앙 안에서 우리를 깨우쳐주시고, 우리를 중생하게 하심으로써 우리는 새로운 피조물들이 되는 것이다."[34] 그래서 칼뱅은 구원자 예수 그리스도를 믿는 믿음을 강조하며, 그 믿음만이 하나님이 그리스도를 통해 베푸신 은혜와 자비를 확신하게 하며, 더 나가서 하나님을 아버지로까지 고백하게 한다고 역설한다.

"그런데 천사는 '그의 이름을 예수라 하라'고 말합니다. 그 의미는 구원자라는 뜻입니다. 그러나 보십시오, 그가 바로 그런 칭호를 가지고 보냄을 받은 하나님의 아들입니다. 우리는 우리의 구원에 대한 모든 신앙을 바로 그분에게 둘 수 있게 되었습니다. 그러나 그가 예수라고 불릴 때, 바로 거기에다 우리의 신앙을 세울 수 있으며, 하나님이 우리를 자비로써 받아주셨다는 것을 확신할 수 있습니다. 그러나 예수 그리스도가 구원자의 이름으로, 그리고 구원자의 인격으로 나타나실 때 보십시오. 우리가 모든 불신앙과 투쟁하게 되며, 우리가 하나님을 우리의 아버지로 내세우는 담대함을 가지게 되는 것입니다."[35]

IV. 구원의 성격

그렇다면 칼뱅에 따른 구원은 어떤 특성들을 갖는가? 가령 그의 구원은 그리스도를 믿음으로 이뤄지는 현재적 구원일까, 아니면 죽음 이후의 하늘나라에서 이뤄지는 미래적 구원일까? 또한 구원은 신앙하는 개인의 영혼이나 내면에서 이뤄지는 것일까, 아니면 삶과 실천으로써 드러나야 하는

---

34) *Ibid.*, 1/4.
35) 7e sermon sur l'harmonie evangelique, *Opera*, XLVI, 73-74.

것일까? 그뿐만 아니라 그의 구원은 개인적인 차원에 머무르는가, 아니면 공동체적이고 사회적인 차원의 구원인가? 그런 점들을 살펴볼 때 칼뱅의 구원론의 성격들을 파악할 수 있고, 더 나가서 그 가치까지도 평가할 수 있게 된다. 여기서는 그런 점들을 하나하나 살펴보자.

1. 현재적 구원인가, 미래적 구원인가?

칼뱅의 구원이 하나님이 보내주신 예수 그리스도를 믿는 데 있다면, 그리스도를 믿으면 이미 구원이 이루어진 것인가? 그래서 그것은 성취된 구원이고 신자의 믿음 속에서 현재 일어나고 있는 현재적인 구원 아닌가? 그렇다. 칼뱅은 구원이 신앙의 현재적 사건으로 성취된다는 점을 의심하지 않았다. 그에게서 구원은 현재적인 것이 분명하다. 그러나 그게 다는 아니다. 칼뱅은 구원이 여전히 미래적이며 그 구원을 희망해야 한다는 점도 잊지 않았다. 그래서 칼뱅의 구원은 현재적이면서 동시에 미래적이다. 그것은 다음의 디도서설교에서 아주 전형적으로 잘 나타나고 있다.

"하나님 편에서 그리고 우리 주 예수 그리스도의 편에서 볼 때 우리의 구원은 이미 완전합니다. 그러나 우리는 희망에 의해서가 아니라면 그 구원을 전혀 소유하지 못합니다. 우리는 아직도 그 결과를 가지고 있지 못합니다. 우리가 예수 그리스도를 믿을 때 이미 우리는 죽음에서 생명으로 넘어갔습니다. 그리고 우리는 교황주의자들처럼 예수 그리스도가 우리에게 구원의 문을 열었으니까 거기에 들어가는 것은 들어가기를 원하는 우리라고, 그가 시작했으므로 완성하는 것은 우리라고 상상해서는 안 됩니다. 그러나 우리의 구원은 우리에게 완전히 성취되었다는 것을 압시다. 그러나 우리는 아직 그 구원을 즐기지 못합니다. 왜냐하면 우리는 여기서 아직 이 사멸할 생명 안에서 싸워야 하기 때문입니다. 우리는 투쟁 가운데 있고, 반목하고 있습니다. 우리는 수많은 죽음들에 둘러싸여 있는 것 같습니다. 우리는 지옥의 입구에 떨어져 있는 것 같습니다. 그러므로 우리의 구원은 감춰져 있습니다. 그러나 우리는 희망으로써 상속자들임을 포기하지 않습니다. 다시 말해서 하나님이 우리를 훈련시키기는 하지만, 우리가 불안과 의심 가운데로 떨어질 때 우리의 약함을 느끼기는 하지만, 우리는 확신합니다. 하나님이 우리를 선택하실 때, 하나님이 우리를 입양하셨다는 것을 증거하실 때, 우리가 그분 안에서 가지는 희망은 그 신앙의 확신을 키우고 붙들어줍니다."[36]

이 설교에서 보듯이 "예수 그리스도를 믿을 때 이미 죽음에서 생명으로 넘어갔다." "우리의 구원은 완전히 성취되었다는 것을 알아야" 한다. 그것을 의심할 수 없다. 그러나 "희망에 의해서가 아니면 그 구원을 전혀 소유할 수 없다." 즉 미래적인 것이다. 사람들은 구원의 "결과를 아직도 가지고 있지 않다." 이처럼 분명하게 칼뱅의 구원은 현재적이면서 동시에 미래적 성격을 갖는다.

그렇다면 그 이유는 무엇일까? 그 대답 역시 위의 설교에 들어 있다. "왜냐하면 우리는 여기서 아직 이 사멸할 생명 안에서 싸워야 하기 때문이다." 즉 그리스도의 은혜로 구원을 받았다고 해도 인간은 여전히 죄에 기울어 있고 죄를 짓고 있는 육체 안에 살고 있기 때문에, 여전히 "투쟁 가운데 있고, 반목하고 있다. 우리는 수많은 죽음들에 둘러싸여 있는 것 같다." 그래서 이 육체, 사멸한 생명 가운데서는 "우리의 구원을 찾아볼 수 없다."

칼뱅은 그 점을 이렇게도 설명한다. "비록 우리가 하나님의 은혜로 말미암아 승리를 체험하였고 죄가 우리 안에서 왕권을 행사하지 못하였지만 죄는 여전히 우리 안에 항상 머물러 있으며, 우리의 삶에는 오점들이 있다. 그런 까닭에 우리는 신음하게 되고 우리의 본분을 우리로 하여금 하지 않으면 안 되게 우리는 신음하는 것이다. 우리는 낙심해서는 안 되는 것이다. 비록 매일같이 우리 안에서 무수한 허물들을 본다고 할지라도 우리는 그것을 뛰어넘도록 항상 노력해야 하는 것이다."[37]

---

36) 15e sermon sur l'Epître à Tite 3:3-5, *Opera*, LIV, 579-580.

결국 신자들은 이미 그리스도를 믿는 믿음으로 구원을 얻었다고 할지라도 그가 육체를 가지고 현생을 사는 동안은 불멸의 생, 하나님의 나라에서의 완전한 구원을 기대하고 소망해야 한다. "그 이유 때문에 나는 우리가 미래의 불멸을 열망해야 하고, 또 거기에서 지상 어디에서도 보이지 않는 확고한 조건을 가지게 된다고 주장한다."[38]

2. 신앙적 구원인가, 행위적 구원인가?

칼뱅에게서 인간의 구원이 신앙적인 것임은 분명하다. 즉 신자의 마음에서 일어나는 그리스도의 내적인 수용과 그와의 '하나됨'이라고 할 수 있다. 그러나 여기서도 역시 그의 구원은 신앙적인 것에 국한되지 않는다. 구원이 신앙적인 것은 분명하지만 그럼에도 불구하고 삶과 행위의 영역에서 일어나는 것도 인정된다. 칼뱅은 『기독교 강요』에서 신앙이 성령의 첫째 역사임을 설명하면서 구원의 그 두 가지 성격을 같이 말하고 있다.

"우리를 거기(구원)에 참여하는 자가 되게 하기 위해 그는 우리에게 성령과 불로 세례를 주시며(눅 3:16), 그의 복음에 대한 신앙 안에서 우리를 깨우쳐주시고, 우리를 중생하게 하심으로써 우리는 새로운 피조물들이 되는 것이다. 결국에는 우리를 모든 더러움과 추악함으로부터 깨끗케 하셔서 하나님에게 바쳐질 거룩한 성전들로 만들어 주실 것이다."[39]

여기서 볼 때 칼뱅에게서 구원은 신앙의 구원이면서 동시에 성결 혹은 성화의 구원임을 알게 된다. 신자는 믿음으로 구원을 받지만 그럼에도 불구하고 현재의 지속적인 삶 속에서 성화를 이뤄나간다는 의미이다. 칼뱅은 그것을 그리스도 안에서 얻는 구원의 이중적 은혜로 설명하기도 했다.

---

37) Serm. on Deut. 5:21, Co 26, 383, 로날드 윌레스, 나용화 역, 『칼뱅의 기독교 생활 원리』(서울: 기독교문서선교회, 1988), 409 재인용.
38) *Institution*, III, 9/5.
39) *Institution*, III, 1/4.

"나는 위에서, 율법으로써는 모두 저주 아래 있는 인간들에게 구원의 유일한 피난처는 신앙 안에 있다는 것을 충분하게 설명한 것 같다. 그런데 그 대요는 우리가 신앙으로써, 하나님의 선하심으로써 우리에게 나타나신 예수 그리스도를 받아들이고 소유한다는 것이다. 그리고 우리는 그에게 참여함으로써 두 가지 은혜를 얻는다. 그의 무죄함을 통해서 하나님과 화해됨으로써, 우리를 정죄하는 하늘의 재판관 대신에 매우 온화하신 아버지를 얻는다. 둘째로 우리는 생활의 거룩함과 흠 없음을 명상하기 위해 그의 성령으로써 성화된다."[40]

그래서 그리스도를 믿음으로 구원받은 그리스도인은 한 번의 구원에 만족하고 머무르는 것이 아니라 지속적으로 하나님의 말씀과 인도하심에 자신을 열어놓아야 하고, 세상의 악한 유혹이나 잘못들을 버리고 참되고 구별된 삶을 살아야 하는 것이다. 그것은 칼뱅의 중생론이나 성화론에서 잘 드러나지만, 다음과 같은 설교에서도 강조되고 있다.

"하나님은 우리를 그의 말씀으로써 다스려야 하고, 우리는 그 말씀이 우리의 마음 끝까지 살펴야 한다는 것을 알아야 합니다. 그리고 우리는 모든 악한 감정들로부터 순화되어야 합니다. 바로 그것이 내가 말하는 '참된 기독교인 됨'(vraye chrestienté)입니다. 우리가 모든 환상과 위선을 벗어 버릴 때, 하나님 앞에서 그리고 우리의 이웃들과 함께 모든 솔직함과 공정함을 가지고 걸어 나가게 됩니다."[41]

결국 칼뱅에게서 구원이란 그리스도를 믿는 신앙으로써 완전하고 확실하게 이뤄지지만, 그럼에도 불구하고 이 세상을 살아나가면서 그리스도인으로서의 참된 거룩과 삶, 행위로서의 열매를 필요로 한다. 그리고 바로 이 점이 칼뱅이 새로운 율법주의로의 문을 열었다고 비판받는 요인이 되지만,[42] 칼뱅에게서 행위는 언제나 하나님의 도우심이나 성령의 역사로써 이

---

40) *Ibid.*, 11/1.
41) Sermon on the Acts of the Apostles, 5:1-6, *Supplementa*, VIII, 125.
42) 예를 들어 *Wendel*, 152-153.

뤄진다. 즉 그리스도를 믿는 신앙이 하나님의 선택과 성령의 역사에 의한 것처럼, 최후의 구원을 향해가는 신자들의 신앙이나 삶 역시 하나님의 자비와 선하심에 의한 것이다. 특히 성령의 관점에서, 그리스도인의 신앙이나 삶은 무엇보다 성령의 사역이다. 성령이 우리에게 구원을 확신시켜주고, 우리의 구원을 증거해준다. 이 점은 성령론이나 성화론의 자리에서 더 깊이 봐야 하지만, A. 레인이 그런 점을 잘 지적했으므로 인용한다.

"성령은 우리가 하나님의 아들들로 입양되었다는 것을 증거한다. 성령은 우리의 마음에 우리를 향한 하나님의 부성적 사랑을 증명해서, 우리가 아버지인 그에게 기도하게 한다. 성령은 우리에게 우리의 죄가 용서되었다는 것을 확신시킨다. 성령은 우리에게 우리의 구원이 안전하고 우리에게 영생이 보장될 수 있다는 확신을 준다. 끝으로 성령은 우리의 선택을 증명한다. 성령은 복음의 객관적 사실만이 아니라 또한 우리 개인의 주관적 구원을 증거한다."[43]

3. 영적 구원인가, 물질적 구원인가?

칼뱅의 구원이 영적이라는 점은 자명하다. 그는 그리스도의 왕권은 영적이라는 것을 설명하며 말한다. "우리는 예수 그리스도의 왕권의 성격과 유용성이, 우리가 그것을 영적이라고 알 때만 이해될 수 있다. 이는 우리가 십자가 아래서 투쟁해야 하는 이 생애를 지나는 동안 우리의 조건이 비참하다는 데서 증명된다. 우리는 예수 그리스도 안의 축복에 대해 우리에게 약속되어 있는 모든 것이, 우리를 기쁘고 안도하며 살게 하고, 부요함으로 꽃피우게 하고, 편안함과 근심 없음을 즐거워하며, 육신이 버릇처럼 추구하는 쾌락을 즐기게 하는 외부적인 안락함들에 관계되어 있지 않으며, 오히려 그 모든 것이 하늘의 삶으로 돌려져야 한다는 것을 알아야 할 것이다."[44]

---

43) A. Lane, 113.
44) *Institution*, II, 15/4.

칼뱅에게서 구원은 영적인 것이므로, 지상적인 안락이나 소유, 물질, 부에 관계된 것이 아니다. "하나님의 나라는. 부패할 수밖에 없는 지상적인 것도 아니고 육체적인 것도 아니고 영적인 것이기 때문에, 우리를 저 높은 곳으로 이끌어서 영원한 생명으로 인도하심으로써, 우리는 천천히 그리고 인내로써 수많은 비참과 굶주림과 추위, 무시와 모욕과 모든 괴로움, 지겨움의 이 생애를 지나게 되며, 싸움을 다 마치고 우리가 개선하게 될 때까지 우리를 결코 내버려두지 않고 필요할 때마다 우리를 구조하는 한 왕을 가지고 있다는 이 유일한 보화로 만족하게 한다."[45] 그래서 칼뱅의 사상에서, 그리스도를 믿으면 건강해지고, 부자가 되고, 장수하고, 세상적인 복을 받는다는 식의 내용은 나오지 않는다. 그는 말한다. "그리스도의 왕국은 성령에 있는 것이지 지상적인 화려함이나 열락에 있는 것이 아니다. 그래서 우리가 거기에 참여하기를 원한다면 세상을 버려야 한다."[46]

칼뱅이 치유의 은사를 받았다고 하는 사람들을 비판하면서 말한 다음의 내용도 역시 같은 관점에서 이해될 수 있다.

"그들이 치유의 은사를 가졌다고 자랑할 때 그들은 웃음거리가 되어도 마땅하다. 우리 주님은 확실히 언제나 그의 사람들과 함께 계시고 필요할 경우 옛날과 마찬가지로 그들의 병들을 고쳐주신다. 그러나 그는 이 능력을 명백하게 드러내시지는 않으며, 그가 사도들의 손을 통해 행하신 기적들도 그렇다. 왜냐하면 이 은사는 일시적인 것이었고 또한 부분적으로는 인간들의 배은망덕으로 인해 소멸되었기 때문이다."[47]

물론 칼뱅은 구약시대에 하나님이 백성을 이집트로부터 구원했다든지 적들의 곤경에서 구원해주었다든지 하는 외적인 은혜를 거론하는 것은 사실이다. 즉 정치, 경제적인 자유를 갖게 하고, 물리적인 위험이나 곤경으로부터 구출되는 것 역시 구원임은 사실이다. 그러나 그런 은혜를 그 이상으

---

45) *Ibid.*
46) *Ibid.*, 15/5.
47) *Institution*, IV, 19/19.

로 세상적 영화나 권력, 부 같은 것에 적용하지는 않는다. 그런 외적인 구원을 보면서 사람들이 구해야 하는 것은 '성공'이나 '승리' 같은 것이 아니라 그런 것을 가능케 하시는 하나님 자신이다. 즉 그런 권세와 능력을 가지신 하나님을 바라봐야 하고 믿어야 한다.

"우리가 예를 통해서 보듯이 하나님이 우리의 적들에 대항에서 우리에게 주실 구조들에 관해 말해질 때, 우리는 그분이 하늘과 땅을 창조하셨다는 것을, 모든 것이 그분의 손에 있다는 것을, 그리고 그분이 자신의 기쁨에 따라서 배열하실 수 있다는 것을 아는 것뿐만 아니라, 우리는 하나님의 사람들이 집어삼켜질 것같이 보일 때 그분이 기적적인 방식으로 그들을 구출하셨다는 실례들을 가지고 있어야 합니다. 이에 대해서는 우리가 백성의 구출을 생각할 수 있습니다. 즉 하나님께서 백성을 이집트로부터 이끌어 내실 때와 그리고 그 뒤에 두 번째로 바벨론으로부터 이끌어내셨을 때입니다. 누가 이것을 생각할 수 있었겠습니까? 그리고 노아가 홍수로부터 구원받으리라는 것을 누가 생각할 수 있었겠습니까? 그리고 아브라함이 그를 완전히 잃게 만들 것 같았던 그에게 닥쳤던 많은 순간적인 죽음들과 혹은 그와 비슷한 일들로부터 구원받으리라는 것을 누가 생각할 수 있었겠습니까? 그리고 예루살렘성이 산헤립에 의해 포위되었으나 그의 손에서부터 구원받았는데, 이는 하나님께서 천사를 통해서 하룻밤에 그렇게 물리치셨던 것입니다. 하나님은 숨을 한 번 내쉬는 것으로도 그들 모두를 쓰러뜨리실 수 있으며, 인간들이 행할 수 있는 모든 폭력들과 노력들을 쓸어내버리실 수 있습니다. 그러므로 우리가 하나님께서는 그의 종들을 구원하실 수 있다고 우리에게 더 명시해주는 그런 사례들을 가지고 있으므로 그것을 우리가 더욱 확고히 믿어야 하는 것입니다."[48]

---

48) 8e sermon sur l'harmonie evangelique, *Opera*, XLVI, 87.

4. 개인 구원인가, 사회 구원인가?

칼뱅에 따르면 구원은 개인적이다. 그것은 구원이 신앙이고, 성화이고 또한 영적이라는 점들에서 분명하다. 그리스도 사건을 통한 죄 사함이나 구속이나 구속을 통한 화해, 일치 그 모든 것이 개인의 마음과 삶 속에서 일어나는 일이다. 그래서 구원은 철저하게 그리스도 앞에서 선 개인의 실존의 문제라는 것이다.

그러나 그것이 전부는 아니다. 칼뱅에게서 신자 개인의 하나님과의 화해나 평화는 곧이어서 혹은 동시에 이웃들과의 평화이다. 그는 사도행전 2장을 설교하면서 말한다. "참된 사랑으로 자기 이웃과 결합되어 있지 않은 사람은 하나님으로부터도 아주 멉니다. 왜냐하면 예수 그리스도는 우리를 그의 아버지 하나님과 화해시키기 위한 우리의 평화일 뿐만 아니라, 또한 우리 모두를 일치 가운데 놓기 위한 평화이기 때문입니다."[49] 즉 그리스도를 믿고 그리스도의 지배를 받는다는 것은, 그의 평화가 단지 믿는 신자 개인에게뿐만 아니라 공동체 속에, 사회 속에 이뤄지는 것을 의미한다. 사도행전 5장의 설교이다. "우리의 기독교인 됨의 첫째가는 것은 우리가 모두 함께 좋은 평화와 형제적인 일치 안에서 살아가는 것입니다. 만일 우리가 그리스도인이라는 이름을 내세우는 것을 헛되게 하고 싶지 않다면, 그리고 예수 그리스도가 우리 위에서 다스리시고 지배하기를 원한다면, 그의 평화가 우리 가운데 거하기를 원해야 하는 것입니다. 그리고 우리가 하나님을 유일한 목적으로 삼지 않으면, 우리가 용기 있게 일치할 수 없다는 것이 확실합니다."[50] 더 나가서 칼뱅은 이사야 설교에서 하나님이 우리와 함께 있다는 것의 표시가, 즉 우리가 구원받았다는 표시가 우리 사이의 평화와 상호 일치라는 점을 역설하기까지 했다.

---

49) Sermon on the Acts of the Apostles, 2:43-45, *Supplementa*, VIII, 51.
50) *Ibid.*, 138.

"여기서 우리는 하나님에 의해서 보존되기 위하여 첫째로 주의해야 할 것이 있습니다. 그것은 우리가 최대한 우리 사이에 평화와 우의를 돈독하게 해야 한다는 사실입니다. 왜냐하면 우리는 분열과 불화가 지배할 때 마귀가 우리를 흩트려놓고 우리를 헛되게 하는 최상의 기회를 가질 수 있다는 것을 알고 있습니다. 그러므로 만일 우리가 하나님이 당신의 팔을 펼쳐서 우리를 그분의 보호 아래 두기를 원한다면, 우리 사이에 평화와 상호일치(concorde)를 추구합시다. 왜냐하면 그것이 바로 하나님이 우리와 가까이에 있다는 것을 알리고자 우리에게 주시는 표시이기 때문입니다."[51]

이 말은 사람들 사이에 분열이나 반목, 불화가 있다면 하나님이 '멀다', 즉 하나님의 부재, 구원의 부재라는 점을 시사한다. 그런 점에서 칼뱅의 사상에서는 개인의 구원이 사회적인 구원으로 연장되고 확장되고 있음이 확인된다. 실제로 칼뱅은 제네바의 시민 개인들의 구원을 위해 복음을 선포하고 가르쳤지만, 동시에 제네바 사회의 정의와 평화를 위해서도 많은 노력을 기울였다. 칼뱅에게서 그것은 복음의 전파라는 목사의 사명과 동떨어진 것이 아니라 공동체와 사회와 더 넓게는 인류를 향한 하나님의 구원 사역에 참여하는 일이었다. 그런 점에서 칼뱅의 구원은 사회적인, 심지어는 경제적인 성격 역시 강하게 가지고 있다.[52]

5. 인간적 구원인가, 우주적 구원인가?

칼뱅의 구원은 인간을 대상으로 하고 목표로 한다. 위에서 살펴본 모든 내용은 인간을 위한 구원이었을 뿐이다. 그러나 칼뱅에게서 구원은 단지 인간에만 국한되지는 않는다. 그것은 자연과 더 나가서는 하나님이 창조한 우주 전체에까지 이르는 일종의 '우주적 회복'으로도 이해된다. 칼뱅

---

51) Sermons sur le Livre d'Esaie, 19:2, *Supplementa*, II, 177.
52) Cf. A. Biéler, *La Pensée économique et sociale de Calvin* (Genève: George & Cie S. A. 1959).

은 이것을 로마서 8:20을 주석하며 다루었다. 거기에 따르면 자연의 회복은 하나님의 자녀들과 함께 궁극적으로 하나님의 나라에서 이루어진다. 칼뱅은 현재 피조물들이 하나님의 나라를 간절히 기다리고 있다고 말한다.

"현재 부패 가운데 묶여 있는 피조물들은 하나님의 자녀들이 완전하게 회복되기 전에는 회복될 수 없으므로, 그들의 회복을 소망하면서 하늘의 왕국이 도래하기를 기다리고 있다."[53] "인류와 함께, 하나님은 또한 그때 현재 더럽혀지고 퇴락한 세계를 회복하실 것이다."[54]

이에 관련된 설명과 권고가 이사야설교에 잘 나와 있으므로 인용해본다. "그러므로 우리는 성 바울이 로마서 8장에서 우리에게 권고한 것을 기억해야 할 것입니다. 거기서 그는 우리는 잠시 동안만이 아니라 평생 동안, 세상의 끝 날까지 해산의 진통을 겪는 여인과 같다고 말합니다. 그런 조건은 매우 힘들고 고통스럽기 때문에, 그는 피조물들이 우리와 함께 고통을 당한다고 말합니다. 하늘도 없고, 땅도 없고, 해나 달이나 별들도 없습니다. 그것들이 다 고상하고 뛰어난 피조물들이기는 하지만, 그것들은 그들의 자연적 특성 때문이 아니라 인간의 죄 때문에 부패한 데 주어졌습니다. 세상에 있는 피조물들이 그런 것처럼, 우리가 하나님의 저주를 받았다는 많은 증거와 표시들이 있습니다. 세상은 우리 때문에 비참한 종살이에 내던져진 것입니다. 그러므로 모든 피조물들이 우리 주님이 모든 것을 다시 세우고, 완전한 상태로 되돌려 놓으시기까지는 신음하고 탄식해야 하는 것입니다. 만일 지각이 없는 피조물들이 우리 때문에, 우리의 죄 때문에 그처럼 탄식하고 있다면, 우리 편에서도 우리 역시 고통을 견뎌야 하는 것 아닙니까? 우리가 참지 못해서야 되겠습니까? 그러므로 우리 주 예수 그리스도가 온 세상을 회복하시기 위하여 나타나실 때, 우리 주님이 우리를 우리에게 약속해주신 그 완전함으로 인도하시기까지 우리는 탄식하고 수고해야

---

53) *Commentaire*, Rom. 8:20.
54) *Ibid.*, 8:21, 193.

하는 것입니다."[55]

그러나 칼뱅은 자연이나 우주적인 구원에 관해서 그렇게 많이 말하지는 않았고, 더 깊은 사상으로 발전시키지도 않았다. 그런 점에서 현재 생태학적인 위기를 정황으로 하는 현대신학으로 봐서는 아쉬운 요소로 남아 있다고 할 수 있다.

V. 칼뱅 구원론의 정리와 평가

이상에서 살펴본 칼뱅의 구원론은 다음과 같이 정리되고 평가될 수 있다.

칼뱅의 구원론에서 가장 두드러진 것은 구원의 주체가 하나님이라는 점이다. 구원은 하나님이 태초부터 선택한 백성들을 그리스도의 구속의 은총으로 자녀를 삼아 영원한 생명의 약속 가운데로 부르고 살게 하며, 결국 그 나라의 유업을 받게 하는 일이다. 그리스도를 믿는 신앙으로 죄 사함을 받고, 의롭다 여김을 받으며, 하나님과 화목된 신자는 이미 구원을 받았다. 그는 그리스도 안에서 그리스도와 또한 하나님과 하나가 되며, 그 안에서 영원한 생명을 누린다. 그럼에도 불구하고 신자는 여전히 이생을 살면서 죄의 유혹을 받고 동요되며 죄를 짓기도 한다. 성령은 신자의 생이 영원한 구원을 소망하면서 죄의 육신의 유혹과 싸우며 동시에 그리스도인으로서의 성화의 삶을 이뤄나가도록 역사한다.

결국 인간의 구원은 인간 자신이 이루거나 쌓아가는 것이 아니라 성부, 성자, 성령의 삼위일체 하나님의 사랑과 은혜와 인도하심으로써 가능한 일일 뿐이다. 여기서 우리는 칼뱅 신학의 신중심주의를 확인하면서 동

---

55) Sermons sur le Livre d'Esaie, 26:18-19, *Supplementa*, II, 457. 이상 Cf. 이오갑, "칼뱅의 자연과 생태사상",「신학논단」제59집, 2010, 122-123.

시에, 종교개혁적 구원론에 맞닿아 있음을 보게 된다. 구원은 하나님의 사건이지 인간의 사건이 아니며, 하나님의 자비에 근거하지 인간 자신에 근거하지 않는다. 즉 인간의 구원은 자신의 행위나 공로가 아니라 철저하게 하나님의 은혜이며 그리스도의 공로로써 이뤄진다는 것이다.

그렇다면 인간은 하나님의 구원사건에서 철저하게 객체이고 수동적이기만 할까? 물론 구원의 주체는 하나님이고, 신자들의 삶을 영원한 구원으로 인도하는 것도 성령이지만, 그럼에도 불구하고 칼뱅은 인간의 응답과 참여 같은 것들을 자주 강조하고, 촉구하고, 또 권면했다. 그것은 특히 앞의 여러 인용문들에서도 보았지만, 인간의 구원이 미래적이며, 미래의 완성을 향해 나아가야 하는 신자의 노력과 투쟁, 인내를 강조하는 자리에서였다. 장 삐에르 뼁은 칼뱅의 신학을 '역동적'이라고 부르며 그런 특징을 설명했다.

"칼뱅에게서 그리스도인의 실존은 지속적인 긴장이며 최종적인 계시를 향한 발걸음이다. 바울의 용어를 재취하면서 그는 기꺼이 그것이 하나의 '경주'라고 쓴다. 칼뱅의 인간학으로서의 신학은 근본적으로 역동적이다. 이 정황에서, 지상에서의 인간의 완전이나 올바름, 정의가 더 잘 이해될 수 있다. 그것들은 기대의 사실로 존재한다. 인간의 구원은 모호성들과 투쟁들 속에서 유일하고 동일한 목표, 즉 예수 그리스도를 지속적으로 따르는 데 있다."[56]

칼뱅의 구원에서 특기할만한 점은 사회적 성격을 강하게 띤다는 점이다. 오래 전이지만, 한국 교회에서 개인구원이냐 사회구원이냐는 논쟁이 치열했었다. 그러나 이미 16세기의 칼뱅은 개신교신학을 놓을 당시부터 개인구원과 사회구원이 분리되지 않는다는 점을 알고 있었고, 또 그 두 가지 구원을 동시에 수렴하는 신학을 수립했다. 칼뱅에 따르면 개인의 구원은 공동체와 사회의 평화와 복리와 자연스럽게 이어지고 확장되어야 하는 것

---

[56] J.-P. Pin, 26.

일 따름이다. 그런 점에서 한국 교회에 시사하는 바가 크다. 한국 교회는 교회 성장과 부흥에만 전력투구하고 있는 건 아닌지, 과연 그만큼 사회의 정의와 평화, 일치에 예민하고, 그만큼 노력하는지 돌아봐야 할 것이다. 한국 교회가 칼뱅의 종교개혁적이고 개신교적 구원론에 입각하려면 개인구원만 아니라 동시에 사회구원을 지향하는 사회에의 개방성과 참여가 더욱 필요하다.

또 한 가지, 칼뱅의 구원은 영적이라는 점이 주목할 만하다. 칼뱅의 구원은 물질적이거나 육체적이 아니다. 그것은 순수하게 영적이며, 신앙적인 삶에 국한된다. 즉 돈이나 명예나 성공이나 건강이나 외형적 확대 같은 것들은 인간의 구원에 들어오지 않는다. 그런 것들과 정반대로 구원은 그리스도인의 신앙과 뜻을 지키기 위해 고난을 감수하고, 십자가의 길을 가는 것이다. 물론 하나님이 외적인 위협이나 고통이나 가난이나 질병으로부터 구원하실 수는 있지만, 거기서도 인간이 바라보고 추구해야 할 것은 그런 능력을 가진 하나님 자신이고, 그의 뜻과 그와의 관계이지, 그가 주실 수 있는 성공이나 건강이 아니다.

그런 통찰 역시 한국 교회들에 필요하다. 현재 많은 교회들이 외형이나 물량, 성공, 치유은사 등에 몰두하는 세속주의적인 성향에 물들어 있다 해도 과장이 아니다. 그래서 설교나 목회의 강조점도 그런 데 있고, 교인들도 그런 걸로 표현되는 하나님의 '복'을 받는 데 열중하고 있다. 그런 상황에서 칼뱅의 구원론은 중요한 가치를 갖는다. 즉 그것은 한국의 많은 교회의 치우치고 왜곡되기까지 한 구원론과, 더 나가서는 신학과 목회를 바로잡고 새롭게 하는 데 필요한 근거와 방향을 제공해줄 수 있다는 것이다.

제9장

여성

칼뱅이 여성을 어떻게 이해했는지에 대해서는 학자들마다 평가가 너무 엇갈려서 혼란스러울 정도이다. 비전문적인 분야에서 칼뱅을 피상적으로 보고 일방적으로 평가했던 사람들을 예외로 해도 그렇다.

그중 대표적인 평가들을 보면, 먼저 앙드레 비엘레를 들 수 있다. 그는 *L'Homme et la Femme dans la morale calviniste*(칼뱅주의 도덕 안에서의 남자와 여자)라는 책을 썼다. 이 책은 16세기 종교개혁 이전의 풍속을 배경으로 한 칼뱅의 남자와 여자에 관한 교리들을 보여주는데, 주로 구속사적 틀 안에서 창조 시의 남녀관계, 타락 이후의 관계, 회복된 관계라는 관점으로 파악했다. 결론적으로 그는 칼뱅이 남성이나 여성이 영적으로 그리고 본질적으로는 철저하게 평등하다고 보았으며, 시대적이고 현실적인 이유에서 여성의 지위를 실제로 바꾸지는 못했지만 남녀의 사회적 불평등을 정치적인 상황이나 역사의 발전에 따라 바꿀 수 있다고 했던 "현대사상의 선구자"로 평가했다.[1]

제인 더글라스는 칼뱅의 여성관을 기독교인의 자유의 틀 안에서 살펴

---

1) *L'Homme et la Femme*, 특히 148-149.

보면서, 중세와 르네상스 그리고 종교개혁의 역사적인 맥락들과 연관시키면서 설명했다. 그에 따르면, 칼뱅은 역사적으로 누적된 여성 경시사상을 새롭게 전환시켜준 종교개혁자들 중에서도 더욱 선구자라고 할 수 있다. 칼뱅은 당시의 사회적 통념을 깨고 남녀가 부모의 동의 없이 결혼할 수 있으며 이에 대해 교회는 처벌할 수 없다고 보았다. 그는 여성의 침묵 같은 교회 안에서의 문제들을 다룰 때도 상황에 따라 융통성 있게 수정될 수 있는 질서와 예법의 문제라고 했다. 더군다나 더글라스는 칼뱅의 견해를 여성의 성직 임명을 반대하는 것으로 보았던 과거 전통에 반하여 정당화할 수 있는 방식으로 해석했다. 물론 이 경우도 지나친 가부장적 입장 때문에 실제로는 현실화시키지 못했다는 전제를 두었다. 그러나 어쨌든 칼뱅은 여성이해라는 관점에서 미래의 변화에 대해 개방적인 사상을 가진 사람이었다.[2]

윌리엄 부스마 역시 칼뱅이 남녀의 평등을 기반으로 한 긍정적인 여성관을 가진다고 했다. 그는 칼뱅이 남성의 권위를 주장하고 그의 설교들 속에서 드러나는 반여성적인 불평에도 불구하고 남성과 여성이 하나님 앞에서 평등하다고 보았으며, 남자들이 자신들의 우월성을 자랑하지 못하도록 경고했다. 남성의 우월성은 자연의 법칙이 아니라 실제적인 질서를 유지하기 위한 자의적인 뜻이었다. 결혼에서도 칼뱅은 하나님이 여성을 남성의 열등한 조력자가 아니라 반려가 되도록 의도한다고 보았다.[3]

한편, 존 톰슨은 칼뱅이 그렇게 적극적으로 남녀의 평등을 지지했던 사상가라는 데 대해서는 유보적인 태도를 보였다. 톰슨은 칼뱅의 사상에서 여성의 위치나 남자와 여자의 관계를 그의 하나님의 형상 이해 특히 "여성이 비록 두 번째 순서이긴 해도 하나님의 형상으로 창조되었다"는 말을 매개로 살펴보았다. 칼뱅은 하나님의 형상을 두 가지로 구분해서 정리하는

---

[2] J. D. 더글라스, 심창섭 옮김, 『칼뱅의 여성관』(서울: 무림출판사, 1990), 4-8.
[3] W. J. 부스마, 이양호·박종숙 역, 『칼빈』, 316-317.

데, 하나는 남녀가 모두 소유하고 있는 불가시적인 "영혼의 내적인 선"으로서 인간의 구원이나 성화 같은 영적인 문제에 관계된다. 또 하나는 남성만 배타적으로 보유하는, 가정이나 국가의 머리인 남성의 수장권에 관계되는 외면적이고 가시적인 형상으로서 권위의 소유와 행사로써 이뤄지지만 역시 하나님의 영광을 비추어준다. 칼뱅이 여성은 하나님의 형상의 두 번째 순서(secundo gradu)로 창조되었다고 말한 것은 바로 그런 차이 때문이었다. 여기서 중요한 것은 칼뱅에게 그 두 가지가 동시적으로 나타나지만 남성이나 여성 모두의 영적 소유로서의 내적 형상이 수장권에 관계된 남자만의 외적 형상의 배타성에 어떤 변화나 조정을 가져오지는 못한다는 것이다. 결국 칼뱅은 남성의 배타적 특권이 지나가버릴 이 세상의 질서나 예법에 속한다고 해도 그것을 수호했다는 것이다.[4]

반대로 로날드 월레스는 칼뱅이 여성을 매우 보수적으로 이해했다고 평가했다. 칼뱅에게서 아내와 남편, 자녀와 부모, 백성과 통치자 같은 관계에서 낮은 자가 높은 자에게 복종하는 것은 하나님에 의해 제정된 불가침의 질서의 한 요소이다. 특히 남자와 여자의 관계에서는 종속이 창조의 질서에 근거하고 있다. 인간의 죄로 말미암아 결과된 상태들과는 별도로 자연의 참 질서에 의하면 남자는 여자의 머리로 창조되고 여자는 남자의 일부, 즉 부속품이다. 우리의 타락한 상태에서도 비록 혼인한 여자가 그 타락 때문에 형벌로 더 많은 고통을 당하고 본래의 남녀관계가 뒤틀려 있으며 얼마간의 하나님의 복이 부스러기로 남아 있지만 남자는 그 본래의 권세를 상실하지 않았다.[5]

베르나르 꼬트레 역시 칼뱅의 여성 이해가 보수적이고 전통적이라고

---

[4] J. L. Thompson, "Creata Imaginem Dei, Licet Secundo Gradu: Woman as the Image of God according to John Calvin," *Harvard Theological Review*, 81:2(1988), 125-143.
[5] 로날드 월레스, 나용화 역, 『칼빈의 사회개혁 사상』(서울: 기독교문서선교회, 1988), 202, 204.

보았다. 그에 따르면 칼뱅이 가장 보수적으로 나타나는 곳은 바로 여성 이해에서이다. 칼뱅이 인간들 사이의 어떤 평등사상을 논박한 것은 그가 여성들이 그녀들의 배우자들과 같은 지위에 올라가겠다는 주장을 더 두려워했기 때문이다. 여성들은 자기들의 상황에 만족하는 법을 배워야 한다. 여성의 평등은 모든 질서와 통치를 파괴한다. 하와의 딸들은 그녀들의 어머니가 아담을 넘어뜨렸다는 것을 알아야 한다. 여성들에게 남은 것이라곤 정당하게 자신들을 낮추는 일뿐이고, 하나님이 그녀들에게 맡긴 예속을 참을성 있게 감당해야 한다. 꼬트레는 이런 여성의 경시가 아마도 칼뱅이 일상사의 여러 가지 것들 앞에서 겪었던 불편함으로부터 온다고 했다. 성이나 생식 같은 것이 칼뱅에게 혐오와 찬탄이라는 복합적이고 모순적인 반응을 불러일으켰다는 것이다.[6]

그처럼 상반된 평가를 가져온 칼뱅의 여성 이해는 정말 어떤 것인지 의문이 증폭된다. 그는 중세적이고 보수적인 남성위주의 사고방식을 가졌는가? 아니면 남녀평등을 지향하는 친여성적이고 현대적인 의식을 가졌는가? 그의 여성 이해는 과연 어떤 것이었는가? 이 장에서는 그런 의문들에 대해서 가급적 가장 가까운 답안을 찾아보고자 한다.

칼뱅의 사상 속에서 여성에 관한 견해들은 크게 세 개의 범주 속에서 다루어졌다고 할 수 있다. 첫째는, 남녀관계 속에서의 여성이고, 둘째는,

---

6) B. Cottret, *Calvin* (Paris: Payot, 1998), 310. 그 외에도 칼뱅의 여성관을 보수적으로 파악하는 학자들은 많다. 가령 W. De Boer, "여성에 관한 칼빈의 견해는 대단히 전통적이다. 이 세상에서 창조된 위치로 말미암아, 또한 그들에게 내려진 죄의 저주로 인하여 여성들은 남성들에게 복종한다. 여자들은 남자들을 지배할 수도 없고 가르칠 수도 없다. 칼빈은 집사직을 포함하여 여자들이 교회 안에서 어떠한 공적인 직분도 취하는 것을 금하였다." "Calvin on the Role of Woman," *Exploring the Heritage of John Calvin*, ed. David E. Holuerda, 또한 R. Mancha, "칼빈은 여성의 복종을 시종일관 가르쳤다. 이 견해는 정당하며 문제를 제기할 소지는 거의 없다." "The Woman's Authority: Calvin to Edwards," *The Journal of Christian Reconstruction*, 6(1979/80), 86-98. 이 두 학자는 더글라스, 심창섭 역, 77-79 재인용.

그리스도인의 자유에서 여성의 문제, 셋째는, 교회 내에서의 여성의 성직의 문제이다. 칼뱅은 『기독교 강요』나 주석서들, 설교들 속에서 그의 여성 이해를 다양하게 보여주지만 결국 이 세 가지가 중요하고, 또 대체로 그 안에 다 포함된다고 할 수 있다.

I. 남녀관계 속에서의 여성

칼뱅에 따르면, 여성은 남성과 함께 인류사회를 이뤄나가기 위해서 창조되었다. 그는 하와의 창조를 설명하며 말한다.

"이제 모세는 하나님이 여자를 창조한 의도를 밝힌다. 그것은 사람들이 지상에서 상호적 사회를 유지해나가게 하기 위해서이다. 그러나 그런 뜻이 그의 후손에게까지 이어지는지에 대해서 의심할 수 있을 것이다. 왜냐하면 이 말은 단지 남자가 혼자 있는 것이 좋지 않아서 그에게 도움이 되기 위해서 여자를 창조했다는 것을 의미하기 때문이다. 그럼에도 불구하고 나는 하나님이 인간 사회의 최초의 수준을 시작하셨으며 그가 각각 다른 곳의 사회들도 포함시키기를 원하셨다고 이해한다. 그러므로 원칙은 보편적인데, 즉 인간은 하나님에 의해서 하나의 사회적 동물(créature de compagnie)로 창조되었다는 것이다. 그런데 인류는 여자 없이 존속할 수 없다. 남자와 여자가 한 몸과 한마음으로 묶여지는 이 거룩한 유대는 인간 생활에서 다른 모든 것들의 상위에 나타난다."[7] 여기서 여성은 인간의 사회, 더 넓게 인류 전체 사회를 이루는 데 없어서는 안 되는 존재로 이해된다. 여성은 바로 그런 목적에서 창조되었다. 좀 더 구체적으로는 남성이 더 잘살 수 있도록 돕는 동반자로서 창조되었다고 한다. 칼뱅은 말한다.

"흔한 속담에 (여자는) 필요악이라는 말이 있다. 그러나 오히려, 여자

---

7) *Commentaire*, Genèse 2:18.

는 남자가 더 안락하게 살도록 그를 돕기 위한 동반자(compagnie)로서 남자에게 결합되었다는 하나님의 음성을 들어야 한다. 나는 여기에 기록된 하나님의 복이 오늘날에 그렇듯이 이 타락한 세상의 상태 속에서는 보이지도 않고 기운을 잃었다고 고백한다."[8]

여자는 필요악이라는 속담이 있지만, 남자가 행복하게 살도록 돕기 위해 '동반자'로 주어진 '하나님의 복'으로 봐야 한다는 것이다. 물론 칼뱅에게서 그 '동반자'는 단지 인류를 퍼뜨리기 위한 생식의 동반자가 아니었다. 그것은 인격적인 것이었고, 삶의 모든 부분에 걸쳐 있는 폭넓고 깊이 있는 유대를 의미했다.

"히브리어는 '그의 앞에'라고 말한다. 나는 그것을 여자가 어떤 교류와 일치를 함께 가지기 위해서 남자의 현전에 있는 것으로 이해한다. 거기에서 여자가 단지 인류를 번식시키기 위해서 창조되었다고 생각하는 사람들의 오류는 반박된다. 아담은 아직 육체의 욕구들에 예속되어 있지 않았는데도, 그들은 여자가 아담의 인격에 대해서 필요했다고 평가하지 않으며, 마치 그녀가 그의 인생에서 불가분리의 동반자이기 위해서가 아니라 오직 그와 함께 동침하기 위해서만 그에게 주어진 것처럼 평가한다. 그래서 '그의 앞에'라는 말은 매우 중요한데 이는 우리로 하여금 결혼이 인생의 모든 부분들과 모든 삶(usage)에까지 미친다는 것을 알게 하기 때문이다."[9]

남녀가 그렇게 깊은 관계를 유지하며 하나의 가정과 사회를 이룬다고 했던 칼뱅이 그 두 존재 사이의 동질성과 호혜를 강조했던 것은 당연한 귀결이라고 할 수 있다. 그는 여자를 남자의 갈비뼈로 만든 기사를 주석하며 말한다.

"인류의 결속이 더욱 거룩하게 하기 위해서 하나님은 남자들과 마찬가지로 여자들도 동일한 기원으로부터 나오기를 원하셨다. 그래서 그는 인

---

8) *Ibid.*
9) *Ibid.*

간의 본성을 아담의 본성으로 창조하셨고, 이 본성으로부터 하와를 만드셨으므로, 여자는 단지 전 인류의 한 부분일 뿐이다. 바로 이것이 우리가 1장에서 보았던 '하나님이 사람을 그의 형상으로 창조하셨고 남자와 여자로 창조하셨다'는 모세의 말이 의미하는 것이다. 그럼으로써 아담은 마치 거울에서 자기를 보는 것처럼 자기 부인에게서 자기를 알아봐야 했다. 하와도 또한 남편으로부터 취해진 존재로서 그에게 기꺼이 예속되어야 했다. 만일 이 두 성이 다른 기원들로부터 나왔다면 서로 멸시하고 욕심내고 분란이 일어났을 것이다."[10]

그처럼 칼뱅은 여자를 남자의 갈비뼈로 만들었다는 것을 남녀의 동질성으로 이해했다. 더 나가서 그는 갈비뼈 얘기를 하면서 남자들에게 여성의 창조로 인해 어떤 손상이나 상실, 고통을 입지 않았다고 안심시킨다. 오히려 '도움'을 얻고 '동반자'를 얻었으며 그 덕에 아담도 완전해지고, 더 나가서 인류까지도 완성되었다는 점을 강조한다.

"그는 갈비뼈를 잃었지만 그것은 그에게 훨씬 큰 대가로 돌아왔다. 그는 자기 인생의 신실한 동반자를 얻었던 것이다. 아니 오히려, 전에는 그가 반쪽에 불과했지만 그는 자기 부인 안에서 완전해진 자신을 발견했다. 그러나 주목해야 할 것은, 아담이 깊은 잠에 빠졌기 때문에 어떤 고통도 느끼지 않았고, 거치른 수술도 없었고, 자기에게서 떨어져나간 갈비뼈로 인해 어떤 상실이나 손상도 느끼지 못했다. 왜냐하면 하나님께서는 떨어져 나간 부분을 살로써 채워 넣으셨기 때문이다. 그래서 그는 충분한 힘을 가지고 있었다. 거기에는 제거된 뼈의 견고함만이 있었다. 그런데 모세는 여기서 '세우다'(édifier)라는 말을 사용함으로써 시작된 건물과 같았던 인류가 여자의 인격 안에서 완성되고 성취되었다는 것을 보여주었다."[11]

이처럼 칼뱅에게서 여성은 남성을 도와서 완성시키는 존재이다. 그래

---

10) *Ibid.*, 2:21.
11) *Ibid.*

서 여성이 어떤지에 따라서 남자가 자랑스럽게도 되고 부끄럽게도 된다. 칼뱅은 여성을 남성의 면류관이거나 장식품으로 인식했다. 그는 고린도전서 11:7의 "여자는 남자의 영광이다"를 주석하며 말했다. "여자는 남자의 뛰어난 장식품이라는 것을 의심해서는 안 된다. 왜냐하면 하나님이 그녀를 남자의 동반자로 정해서 그와 함께 살게 하고, 그를 돕게 하고, 또한 마치 몸이 머리에게처럼 예속되게 하신 것은 하나의 커다란 명예이기 때문이다. 솔로몬이 잠언에서 현명한 여인에 대해서 그녀의 남편의 면류관이라고 말한 것이 바로 그것이다."[12]

따라서 칼뱅은 남성과 여성이 항상 잘 결합해서 서로 돕는 관계여야 한다는 점을 강조했다. "그(바울)는 말하기를 남자의 성은 여자의 성에 비해 우월성을 가지며, 그 조건에서 그들은 둘 다 함께 서로 호의를 가지고 연결되어야 한다는 것이다. 그래서 하나는 다른 하나가 없이 지낼 수 없고, 그들이 분리된다면 그들은 갈라진 몸으로 불완전한 지체와 같을 것이다. 신자들은 남자의 성은 인류의 절반일 뿐이라는 것을 인정해야 한다. 그래서 그들은 기꺼이 자신들이 이 불완전한 성에 묶여 있을 수밖에 없다는 것을 안다. 마찬가지로 여성 신자들은 자신들의 의무를 생각하고, 그녀들 편에서도 남자들에게 묶여 있어야 한다. 그래서 남자는 여자 없이 이뤄지지 않는데, 이는 몸이 없는 머리이기 때문이다. 여자 역시 남자 없이 이뤄지지 않는데, 그것은 머리 없는 몸이기 때문이다. 그래서 남자는 여자를 다스리기 위해서 여자의 머리의 직을 감당해야 하고, 여자는 그를 돕기 위해서 몸의 직무를 담당해야 한다. 이것은 결혼에서뿐만 아니라 또한 결혼 바깥에서도 그렇다."[13]

그러나 여기서 더는 간과할 수 없는 사실이 있다. 그것은 칼뱅이 남성과 여성이 본성적으로 동일한 기원을 가지고 서로 보완적이고 호혜적인 관계 속에서 사회를 이룸과 동시에 인류를 번성시켜나가는 존재로 보았다고

---

12) *Commentaire*, I Corinthiens 11:7.
13) *Commentaire*, I Corinthiens 11:11.

할지라도, 그 두 성 사이에는 엄연한 차이가 있었다는 점이다. 즉 여자는 남자의 '도움'이 되기 위해 태어났다든지, '남편으로부터 취해진 존재로서 그에게 기꺼이 예속되어야 했다'든지, '남자의 장식품'이라든지, 남자를 '머리'에 여자를 '몸'에 비유했다든지 하는 것들은 모두 남성에 대한 여성의 종속적이고 부수적인 지위를 드러낸다. 그래서 칼뱅이 아무리 남녀 사이의 평등이나 상호 우애와 의존을 말했다고 할지라도 그 바탕에는 여전히 두 성 사이의 건널 수 없는 근원적 차이가 있었다.

물론 성서 자체가 여성을 그렇게 종속적으로 묘사했던 것은 사실이다. 창세기 2장의 여성의 창조이야기도 그렇고, 사도 바울 등 성서기자들이 여성에게 열등한 지위를 부여했던 것도 그렇다. 칼뱅은 성서의 설교자이고 주석가로서 성서의 진술 자체를 무시하거나 뒤집는 것은 불가능한 일이었다고 할 수 있다. 칼뱅은 성서기자들의 그런 인식을 받아들였고 그 위에서 자신의 해석을 가미했다. 그리고 그런 전제가 그의 여성 이해를 더 복잡하게 때로는 더 보수적으로 만들어나가는 요인이 되기도 했다. 어쨌든 칼뱅은 남녀의 관계를 전체적으로는 동등하게 보려고 했지만, 가부장적 성격을 가진 성서의 진술을 떠나서 멀리 가지 못했다는 것이 사실이다. 칼뱅이 사람이 하나님의 형상으로 만들어졌다는 것을 말하면서도 여자는 이차적이라고 했던 것도 마찬가지이다.

"확실히 사람들은 여자 역시 두 번째 순서이기는 해도 하나님의 형상으로 창조되었다는 것을 부인할 수 없는데, 거기로부터 남자의 창조에서 말해지는 것은 또한 여자의 성에도 속한다는 결론이 나온다. 하나님이 여자를 남자의 도움이 되게 하기 위해 그에게 주었을 때 그는 여자들에게 그녀들의 소명의 규칙을 명해서 그녀들의 임무를 가르치실 뿐 아니라 또한 결혼은 남자들에게 아주 효과적으로 그들의 인생에 아주 좋은 지원이 된다는 것을 알려주신다."[14]

---

14) *Commentaire*, Genèse 2:18.

여성은 두 번째 순서로 된 하나님의 형상이다. 남성과 같기는 해도 남성을 돕기 위해 태어났다. 하나님은 여성에게 그녀의 임무를 가르쳤다. 그래서 결혼은, 즉 그런 여성을 맞아들이는 남성은 얻는 게 많다는 인식이다. 그런 식으로 칼뱅의 의식 바탕에 새겨져 있는 기본적인 남성중심주의는 그의 여성에 관계된 모든 논의나 진술들 속에 마치 후렴구와 같이 지속적으로 반복될 것이다.

II. 그리스도인의 자유에서 본 여성 문제

칼뱅은 여성의 문제를 교의학적 관점에서는 그리스도인의 자유라는 틀에서 접근했다. 그는 그것을 최초로는 그가 27세 때 발간한 1536년의 『기독교 강요』 초판에서 다루었고, 그것은 약간의 증보가 이뤄지지만 기본적인 시각의 변동 없이 1559년 최종판에 이르기까지 이어진다. 또한 칼뱅은 이 문제를 여성이 예배에서 너울을 쓰는 것이나 교회에서의 침묵 요청 같은 것을 담은 고린도전서의 주석과 설교 등에서도 다루었다.

이에 관해 먼저 『기독교 강요』에서 여성에 관한 직접적인 언급만을 인용한다. "머리에 쓰지 않고 거리에 나서는 것이 큰 범죄일 정도로 여인의 머리 가운데 그렇게 큰 어떤 신비가 자리 잡고 있다는 말인가? 여인이 말하는 것이 큰 잘못일 정도로 그렇게 침묵이 명령되었다는 말인가? 그대로 놓아두면 범죄가 될 정도로 무릎을 꿇는 일이라든지 시체를 매장하는 일에 종교가 들어 있다는 말인가? 전혀 그렇지 않다. 머리를 가릴 여유가 없을 정도로 급하게 자기 이웃을 구해야 할 필요가 있다면, 그를 구하기 위해 벗은 머리로 달려 나갔다고 할지라도 그녀는 조금도 죄를 짓는 것이 아니다. 그리고 여인이 침묵하는 것보다는 말하는 것이 더 좋을 때도 있다."[15]

---

15) *Institution*, IV, 10/31.

여기서 칼뱅은 사도 바울이 가르쳤고 사람들에 의해 반복되던 그 가르침을 강경한 어조로 반박했다. 여자가 머리에 쓰는 것이라든지, 침묵하는 것이라든지 도대체 무슨 문제란 말인가?! 그런 걸 지키지 않았다고 해서 죄를 지었다고 비난할 수 없고, 오히려 더 정당하고 칭찬받을 만한 것일 수도 있다. 왜 그럴까? 그것은 이런 문제가 그가 주장했던 그리스도인의 자유 중에서 세 번째 문제, 이른바 '아디아포라'에 속하기 때문이다.

칼뱅에 따르면 '아디아포라'란 "좋지도 않고 나쁘지도 않은 외적인 것으로서 하나님 앞에서 구애받지 않으며, 때로는 그것들을 할 수도 있고, 때로는 무관심하게 안 해도 그만"인 것들이다. 가령, 고기나 맛있는 음식을 먹는 문제, 옷이나 장신구를 착용하는 일, 식탁에서의 예법, 포도주를 마시는 문제 같은 것들이다.[16] 그런 것들은 다 '하나님의 선물'로서 '우리의 자유에 속한 것들'이다. 그래서 "우리는 양심의 가책이나 마음의 갈등 없이 하나님의 선물들을 그것들이 우리에게 주어진 용도대로 쓸 수 있으며, 그런 확신으로써 우리의 영혼은 하나님과 함께 안식과 평안을 얻으며 우리를 향한 그의 풍성함을 인식할 수 있다."[17]

칼뱅은 여성의 침묵이나 너울을 쓰는 문제들도 모두 이 아디아포라에 속하는 것으로 판단했다. 그러므로 거기에 대해서 이렇다 저렇다 판단하고 지시하는 것은 그리스도인들에게 주어진 양심의 자유를 속박하는 것과 다름없다. "사람들이 그런 걸 지켜야 한다면 가질 수 있는 양심의 자유가 어디 있겠느냐고 말할 수 있다. 그러나 사람들이 묶여 있는 것이 영원한 법령들이 아니라 인간의 약함에 대한 외부적 도움이기 때문에 나는 그래도 양심은 자유롭고 속박이 없다고 말한다."[18]

특별히 이 주제의 발단이 된 바울을 주석하면서 칼뱅은 교리(doctrine)와 대립되는 질서(ordre)와 정치(police)의 문제로 풀어나갔다. 그의 고린

---

16) *Institution*, III, 19/7.
17) *Ibid.*, 19/8.
18) *Institution*, IV, 10/31.

도전서 설교를 보자.

"하나님의 교회에는 첫째로 교리(doctrine)가 있고, 그 다음에는 질서(ordre)와 정치(police, 또는 정책)가 있다는 것을 주목합시다. 교리에 관해서 그것은 두 가지를 포함하고 있습니다. 첫째는, 우리가 하나님에 대해 믿어야 하는 것이 무엇인가에 관한 것입니다. 또 하나는, 우리 모두가 그를 향해 나아가는 일에 관한 것입니다. 그래서 교리는 첫째로 우리에게 우리의 구원의 확신을 어디에 두어야 하는지, 우리가 하나님이 우리의 기도를 들어주신다는 것을 믿으면서 어떤 수단으로써 하나님께 기원해야 하는지를 제시합니다. 우리의 신앙에 관계된 것이 바로 그것입니다. 교리 외에 그 다음으로 정치가 있는데, 이 정치는 우리에게 자유롭게 맡겨진 것입니다. 예를 들면 지금 우리는 8시에 모입니다. 이것을 7시로 옮긴다든지, 형식을 다르게 바꿀 수도 있을 것입니다. 그 사실에서 우리는 종종 어떤 교회가 다른 교회와 완전히 같은 형태를 가지고 있지 않다는 것을 봅니다. 그렇다고 우리가 다른 기독교를 가지고 있는 것입니까? 아닙니다. 왜냐하면 외부적인 질서나 정치에 대한 것은 사람들의 자유에 맡겨진 것이기 때문입니다. 우리가 그것을 바르고 겸손하게 해야 하고, 또 그의 교회를 세우기 위해서 무엇이 적절한지를 늘 생각해야 하는 것이 사실입니다."[19]

여기에서 보듯이, 교회에는 인간의 구원에 관계된 본질적이고 변할 수 없는 '교리'가 있는 반면에, 시대나 상황이나 사정에 따라서 변경 가능한 '질서'나 '정치'가 존재한다. 이 질서나 정치는 그리스도인의 자유에 맡겨진 문제로서 적절한 판단에 의해서 변경될 수 있고 선택될 수 있다. 그런 얘기 다음에는, 논리적으로 보면, 칼뱅은 여성이 머리에 쓰는 문제를 제기하며, 이는 질서나 정치의 문제로서 항구불변의 법칙이 아니라 교회의 상황이나 사정에 따라 변경되고 수정될 수 있다는 내용을 전개해야 할 것이다. 그러나 칼뱅은 예상 외로, 여성 문제를 언급하지 않고, 질서나 정치는

---

19) 11e sermon sur l'Epître aux Corinthiens 11 et 12, *Opera*, XLIX, 710-711.

그 교회의 필요에 따라 세워지는 것으로서, 바울은 고린도교회의 평화와 일치를 위해 질서를 잘 세웠고, 따라서 이를 잘 지켜야 한다는 논조를 전개했다.

"그(바울)는 그들 사이에 완전한 예의와 평화와 일치를 유지하기 위한 것이었던 어떤 질서를 세워주었습니다. 그런데 그것은 사람들 사이에 요청되는 것입니다. 왜냐하면 우리에게 어떤 정치가 없다면, 각자가 갈채를 받기 원하게 될 것이고 그러면 그렇게 되는 일은 결코 없기 때문에 모든 것이 혼란스럽게 되고, 거기에는 많은 내분과 갈등이 있게 될 것입니다. 그러므로 복음이 어떤 장소에서 선포되고 하나의 교회가 세워질 때는, 사람들이 적절하다고 인정하는, 그리고 각각이 자신의 자유로써 이용하게 될 어떤 법령들이 세워져야 합니다. 우리가 만일 어떤 좋은 질서를 가지고 있을 때, 그것을 바꾸지 않고 잘 지켜야 하는데, 이는 우리가 사람들이 천성적으로 너무 가볍기 때문이고, 그리고 우리가 억제되지 않으면 그 경박함이 우리 각자를 지배하게 되기 때문입니다. 우리의 입맛은 너무나 변덕스러워서 우리는 날마다 어떤 새로운 것을 가지려고 합니다. 그러므로 우리가 우리 가운데 잘 세워진 질서를 바꾸고 관행을 뒤집는 우리의 미친 입맛에 빠져들지 않기 위해서 여기서 성 바울이 말한 것을 지킵시다."[20]

그렇게 설명한 후에야 칼뱅은 여성의 문제에 들어갔다. 그래서 여성의 문제가 질서나 정치의 문제이긴 해도, 바울이 세워놓은 질서를 잘 지켜야 한다는 쪽으로 이야기를 전개해나간 것은 무리가 아니었다. 그는 머리를 가리는 문제에 관해 이렇게 말했다.

"성 바울은 남자의 머리는 그리스도요 그리스도의 머리는 하나님이며 여자의 머리는 남자니라고 덧붙였습니다. 그래서 여자들에게 그렇게 머리를 드러내고 머리카락을 보여주는 것이 허용된다면, 결국에 가서는 그녀들의 젖가슴 모두를 드러내는 것도 허용될 것이고, 술집 간판에 있었던 것처

---

[20] *Ibid.*, 711-712.

럼 괴상한 짓을 하러 갈 것입니다. 그녀들은 뻔뻔스럽게 되어서 어떤 겸손함이나 수치심도 남아 있지 않게 될 것입니다. 그리고 우리는 이 세상이 모든 걸 자기 유익대로 취하는 것을 알고 있습니다. 그런데 만일 중립적인 일들에서 자유를 가진다면, 그들은 말할 것입니다. 어째서 이런 것이나 저런 건 할 수 없느냐고 말입니다."[21]

이 설교는 칼뱅이 여성에 대해 『기독교 강요』나 창세기주석에서 보여주었던 태도보다도 훨씬 더 뒤떨어지고 보수적인 모습을 보여준다. 칼뱅은 여기서 만일 바울이 세워놓은 질서를 자신이 상대화시켜서 변화 가능한 것이라고 하면 교인들의 죄된 욕망이 발동해서 교회를 무질서와 혼란으로 가져갈까 불안해진 것은 아닐까? 설교에는 그런 면이 아주 강하게 드러난다.

"우리는 인간의 정신이 계속해서 어떤 새로운 환상을 만들어내는 가게와 같다는 걸 보고 있습니다. 그래서 우리가 선한 형제애를 가지고 살아가고, 하나님이 우리로부터 영광 받는 일이 방해되지 않도록 우리 가운데 확고한 질서가 있어야 합니다. 간단히 말해서 사람들이 정도를 넘어서는 잘못을 범하지 않기 위해서 스스로 억제하고 올바르고 적절한 것이 무엇인지를 생각하지 않는다면 거기에는 어떤 단정함도 남아 있지 않을 것입니다. 이런 것이 잘 지켜지지 않는다면 사람들의 모든 삶은 혼란스럽게 될 것입니다."[22]

같은 본문의 주석서에서 칼뱅은 교회의 교리에다 질서와 정치를 대립시키기는 했지만, 이를 그리스도인의 자유가 아니라 영적인 나라와 세상의 나라의 문제로 이끌어갔다. 즉 남녀의 관계는 갈라디아서 3:28에서 보듯이 그리스도의 영적인 나라에서는 어떤 차별도 없지만, 현실적인 나라, 교회의 정치의 영역에서는 차이가 있고 불평등하다는 요지이다.

"그(바울)가 그리스도의 영적인 왕국을 다룰 때 아내를 남편으로부터

---

21) *Ibid.*, 713-714.
22) *Ibid.*, 713, 714,

조금도 구별하지 않는데, 거기서는 외적인 성질들(qualités)은 평가되지 않으며 고려되지 않는다. 왜냐하면 그것은 몸에는 관계가 없고 사람들의 외적인 사회와도 관련 없으며 오직 영적인 데만 관계되기 때문이다. 그래서 하나님 앞에서의 영적인 결합과 내적인 양심에 관한 한 그리스도는 남자와 또한 어떤 차별 없이 여자의 머리이다. 그러나 외부적 질서와 사회적 교양에 관한 한 남자는 그리스도를, 여자는 남자를 따르는데, 그것은 동일하게 평등이 아니라 오히려 불평등이 존재하기 때문이다."[23]

이어서 칼뱅은 남성의 우월성이나 통치권을 설명하지만 이에 관해서는 다음에 다룰 여성의 성직 문제에서 보기로 하고, 단지 여성이 예배 시에 머리에 너울을 쓰는 것에 관해서만 보면, 그는 여기서도 여성이 질서를 지켜서 바울의 가르침을 준수해야 한다는 입장을 보였다. "즉 여자들은 기도할 때나 예언을 할 때 머리를 가려야 하는데 그렇지 않으면 그녀들은 자기들의 머리(chef, 우두머리)를 불명예스럽게 합니다. 이는 남자가 자신의 자유를 드러냄으로써 자신의 머리를 명예롭게 하는 것처럼, 또한 여자가 자신이 예속되었다는 것을 드러냄으로써 자기의 머리를 명예롭게 하는 것과 마찬가지입니다. 그와 반대로 만일 여자가 자기 머리를 드러내면 그녀는 예속을 거절하는 것이며 이는 그녀가 자기 남편에 대한 만족이 없어야만 할 수 있는 일이다."[24]

III. 교회에서 여성의 성직 문제

칼뱅에게서 남녀는 근원적이거나 혹은 영적인 차원에서만 평등하다. 즉 우리가 앞에서 보았듯이, 하나님의 형상으로 창조되었다는 점에서 — 물

---

23) *Commentaire*, I Corinthiens 11:3.
24) *Ibid.*, 11:5.

론 두 번째 순서라는 단서가 있기는 하다. ― "남자의 창조에서 말해지는 것은 또한 여자의 성에도 속한다는 결론을"[25] 내릴 수 있으며, 남자의 갈비뼈로부터 여자가 나왔다는 점은 남녀의 동질성과 일치를 말해준다. 또한 칼뱅은 고린도전서 11장 주석에서도 "그(바울)가 그리스도의 영적인 왕국을 다룰 때 아내를 남편으로부터 조금도 구별하지 않으며. 하나님 앞에서의 영적인 결합과 내적인 양심에 관한 한 그리스도는 남자와 또한 어떤 차별 없이 여자의 머리이다"라고 했듯이,[26] 그리스도를 공통으로 머리로 하는 남성과 여성은 영적으로는 아무런 구별도, 차이도, 불평등도 없다. 그것은 앞에서 보았던 구원과 신앙, 영적인 문제에 관계된 '교리'와 사회적이고 문화적인 '질서'나 '정치' 사이의 차이와 같다. 여성을 제약하거나 차별하는 문제는 모두 교리가 아닌 질서나 정치의 문제로서 가변적인 것이다. 마찬가지로 영적인 나라에서는 남녀의 차이가 없으나 오직 외적이고 사회적인 차원에서만 남녀가 구별되고 차이가 발생한다는 것이 칼뱅의 시각이었다.[27] 즉 칼뱅에게서 남성과 여성의 불평등은 현실 사회에서 존재하는 것으로서, 그것 역시 질서나 정치의 문제이다. 물론 이것이 그것을 가볍게 여기거나 쉽사리 바꿀 수 있는 것으로 생각할 수 있다는 뜻은 아니다. 앞의 항에서도 보았듯이 결론은 질서를 존중하고 따라야 한다는 쪽으로 흘러갔다.

 어쨌든 칼뱅에게서 현실적으로 남성은 여성의 '머리'이며 '지배권'을 가진다는 것은 양보할 수 없는 사실이었다. "그(남자)는 그리스도에게 예속되는 만큼 집안의 통치에서 첫째가 되어야 하기 때문이다. 가정의 아버지는 그의 집에서 왕과 같다. 그래서 하나님의 영광이 그에게 주어진 지배권의 이유로써 그에게서 빛나고 있다."[28]

---

25) *Commentaire*, Genèse 2:18.
26) *Commentaire*, I Corinthiens, 11;3. 또한 11e sermon sur l'Epître aux Corinthiens 11 et 12, *Opera*, XLIX, 718-719. Cf. 주 23.
27) *Commentaire*, I Corinthiens 11:3. Cf. 주 23.

그런데 여기서 다루고자 하는 여성의 성직 문제와 관련해서 문제는, 이런 남녀관계가 가정 내로만 국한되지는 않는다는 것이다. 즉 결혼을 했든 아니든 사람들은 남성의 우월권과 여성의 순종의 덕을 받아들여야 한다는 점이다. "사람들은 그(바울)가 단지 결혼한 여자들에 대해서만 말하는 것이 아닌지 물을 수 있다. 왜냐하면 어떤 사람들은 성 바울이 여기서 말한 모든 것을 결혼한 여자들에게만 한정시키고 있고, 남편의 권능 아래 두는 것은 처녀들에게는 해당되지 않기 때문이라고 한다. 그러나 그들은 잘못이다. 왜냐하면 성 바울은 더 높은 곳을, 즉 여자의 성을 남자들의 권능 아래 둔 하나님의 영원한 법을 바라보고 있기 때문이다. 그러므로 모든 여인들은 남자의 성의 탁월함에 비해 열등하다고 인정해야 한다는 조건에서 태어났다."29)

칼뱅은 그런 관계를 고린도전서설교에서는 나무의 줄기와 가지의 은유로써 설명했다. "만일 여성들이 여기서 자신들의 처지에 이의를 제기한다면, 그리고 그녀들이 마치 하나님이 그녀들을 이유 없이 낮추셨다고 불평한다면, 그녀들은 성서 안에서 우리에게 제시된 것을 보아야 합니다. '누가 처음 사람이냐, 아담이냐, 하와냐?' 남자가 먼저 나왔고, 여자는 그에게서 나왔기 때문에, 하와는 일부분이거나 부속물 같아야 하는 것이, 그리고 그녀가 첫 사람의 명예를 찬탈하지 않아야 하는 것이 옳지 않습니까? 나무 가지가 뿌리나 줄기보다 더 큰 명성을 얻습니까? 보십시오. 여기에 나무줄기로부터 나온 가지가 있는데, 거꾸로 가지가 영광을 받습니까? 그러면 어떻게 되겠습니까? 그런데 여자는 남자로부터 나온 가지와 같습니다. 왜냐하면 여자는 자기의 본체로부터 나왔기 때문입니다."30)

남성이 여성의 머리로서 우월성과 통치권을 가정 내에서뿐만 아니라

---

28) *Ibid.*, 11:4.
29) *Ibid.*, 11:10.
30) 12e sermon sur I Corinthiens 10 et 11, *Opera Calvini*, XLIX, 728-729. Cf. B. Cottret, 310.

밖에서도 가진다는 칼뱅의 관점은 교회 내의 여성 문제에도 그대로 적용된다. 즉 칼뱅은 교회 내에서 여성은 남들을 가르칠 수 없다는 점을 분명히 했다.

"회원 중의 한 사람에게 예속되는 여인이 전체에 대한 지배와 권위를 가지는 것이 얼마나 부당한가? 만일 여자가 예속된다면 그녀는 설교하거나 가르치는 공적인 권위를 가질 수 없다. 그리고 사실상, 자연적 예절이 존재하는 모든 나라, 민족들에게서는 여자들은 언제나 모든 통치권으로부터 배제된다. 그래서 그런 공통적인 상식조차 우리에게 여자들이 지배하는 것은 악하고 불명예스러운 일이라는 것을 가르쳐준다. 그러니 바울의 추론은 분명하다. 즉 설교하거나 가르치는 권능은 여자에게 맞지 않는다. 왜냐하면 그 일을 하면 그녀가 거기서 듣는 모든 남자들을 지배하는 것이 되기 때문이다. 그래서 그녀는 오히려 예속돼야 한다."[31]

물론 칼뱅은 성서에서 예수의 어머니 마리아와 막달라 마리아 등이 예수 부활의 최초의 증인으로서 큰 사명을 감당했었다는 것을 알고 있었다.

"그가 여인들로부터 시작하신 일에 관해서, 그는 그녀들 앞에 나타나신 것뿐만 아니라, 또한 그녀들에게 사도들에게 알리도록 맡기셔서 사도들의 교사와 같이 되게 하신 것은 우선, 여인들이 무덤으로 부지런히 달려감으로써 특별한 보상을 받는 동안, 겁에 질려서 거의 반쯤은 죽은 사람처럼 되어 있었던 사도들의 무기력을 꾸짖고 벌하기 위함이었다. 그리스도가 마치 아직도 죽어 있는 것처럼 여겨서 그에게 향유를 바르려던 시도에 어떤 오류가 있는 것은 사실이지만, 그는 그녀들의 그런 잘못을 용서하셨을 뿐만 아니라 사도의 직무를 남자들에게서 빼앗아서 그것을 얼마 동안 그녀들에게 위임하는 영예를 갖게 하셨다."[32]

그러나 칼뱅의 이 말을 여성의 성직을 허용하는 방향으로 발전시킬

---

31) *Commentaire*, I Corinthiens 14:34.
32) *Commentaire*, Matt. 28:1.

수는 없다. 그 여인들에게 맡겨진 사명은 일시적인 것으로서 여성 성직의 본이 될 수 없다는 것이 칼뱅의 분명한 입장이었기 때문이다.

"그리스도가 자신의 부활을 사도들에게 증언하도록 여인들을 세우신 데서 우리는 그의 헤아릴 수 없는 선함이 나타나는 것을 본다. 왜냐하면 그녀들에게 주어진 사명은 우리의 구원의 유일한 근거이고, 하늘의 지혜의 주요점을 포함하고 있기 때문이다. 그러나 우리는 이것이 특별한, 마치 우발적인 일이었다고 봐야 한다. 그는 여인들에게, 사도들이 맡겨진 직무에 따라 나중에 전세계에 선포하게 될 것을 그들에게 알리라고 명령했다. 그러나 그녀들은 그 일을 사도의 직책으로 세워진 것처럼 수행하지는 않았다. 따라서 그리스도의 이 명령으로부터 여성들에게 세례의 직무를 허용하는 법을 이끌어내는 사람들은 잘못하는 것이다. 주 예수가 그녀들을 한 번 사도들의 교사가 되게 하셨을 때, 그의 은혜의 무한한 보화를 그녀들에게 펼쳐주셨다는 정도로 충분하다. 그렇기는 해도 그런 특별한 특권으로써 본이 되게 하는 것은 원치 않으셨다."[33)] 또한 칼뱅은 역사적으로도 그는 제네바 종교개혁 초기에 마리 당티에르 같은 여성 설교자들도 복음을 설교하고 개혁운동에 적극 참여해서 역할을 담당했던 것을 알고 있었다. 칼뱅은 거기에 대해서도 디모데전서주석을 통해서 적절하게 대답했다.

"만일 사람들이 드보라나 우리가 하나님께서 옛날에 백성을 다스리게 하기 위해서 명령으로써 세우셨다고 읽은 그와 비슷한 예를 제시한다면, 대답은 쉽다. 비상시의 하나님의 사건들은 그분이 우리를 거기에 예속시키기를 원하신 일반적 정치를 철폐하지 않는다는 것이다. 그래서 만일 여자들이 때로 예언자나 박사의 직무를 감당했다고 해도, 그것이 하나님의 영에 의해서 이루어진 것이어도, 모든 법을 넘어서는 분이 또한 그 일을 하실 수 있다. 그러나 그것은 특별하고 예외적인 것이므로 지속적이고 흔히 통용되는 정치에 반하는 것은 아니다."[34)] 즉 여성이 복음을 전하고 가르치는

---

33) *Commentaire*, Jean. 20:17.

것이 필요한 때가 있고, 또 그것은 하나님이 하시는 일이지만, 그런 특별한 경우가 지속적이고 일반적인 원칙이 될 수는 없고, 교회가 잘 정비되고 질서가 잡히면 여성들은 다시 본연의 위치로 돌아가서 듣고 순종하는 입장에 서야 한다는 뜻이다.

칼뱅은 고린도교회에서 여인들이 자유롭게 말하는 것을 '악'(vice)이라고까지 혹평했다. "고린도교회 역시 이 악으로 쌓여 있었다는 것이 드러난다. 즉 거룩한 공회에서 여인들의 수다나 혹은 과분한 자유가 있었던 것이다. 그래서 그(바울)는 그녀들이 공중에서 예언을 하거나 가르치기 위해서 말하는 것을 금했다."[35]

칼뱅의 그런 기조는 역시 여성의 침묵을 요구하는 디모데전서주석에서도 반복된다. "그(바울)는 그녀들에게 그녀들의 가정에서 가르치는 직무를 빼앗으려고 하는 것이 아니라, 단지 하나님께서 오직 남자들에게만 맡기신 가르치는 직책으로부터 제외시키려는 것이다. 바로 그 이유에서 여자들은 가르치는 것이 금지되는데, 곧 그녀들의 조건이 그것을 허용하지 않기 때문이다. 그녀들은 종속된다. 그리고 가르치는 일은 더 상위의 능력이나 수준을 요구하는 일이다. 그럼에도 이 이유는 예언자들이나 박사들조차도 왕이나 제후들 그리고 다른 통치자들에 예속되기 때문에 그렇게 확고하지 않을 수 있다. 나는 누군가가 통치하면서 때로 다른 측면에서는 복종하고 예속된다고 말하는 것이 별 문제 없다고 대답한다. 그러나 이것은 자연적으로 예속되고 복종하기 위해서 태어난 여자에게는 일어나지 않는 일이다. 그래서 모든 지혜자들은 언제나 여자들의 통치를 괴물 같은 것으로 여겨서 거부했던 것이다. 그래서 만일 여자들이 가르치는 권리를 빼앗는다면 말하자면 그것은 하늘과 땅을 뒤섞는 일일 것이다. 그래서 그는 그녀들은 침묵을 지킬 것을, 다시 말해서 자신들의 한계와 성의 조건 안에서 처신할

---

34) Commentaire, I Timothée 2:12.
35) *Commentaire*, I Corinthiens 14:34.

것을 명한다."[36]

따라서 교회 내에서 여성이 성직을 갖는다는 것은 칼뱅에게 있어서는 일시적으로나 상황에 따라서 일부 허용될 수는 있지만 일반적으로는 불가능하다고 해야 할 것이다. 제인 더글라스는 칼뱅에게서 '여성의 침묵'이 상황에 따라 바꿀 수 있는 '질서와 예법'으로서 '아무래도 좋은' 문제로 전제된다는 점에서 여성의 성직 임명을 지지하는 쪽으로 적극적으로 해석했으나, 전체적으로 보면, 칼뱅의 입장은 오히려 바울과 또 교회가 일반적으로 세워놓은 질서를 존중해야 한다는 쪽에 있었다.

IV. 칼뱅 여성관에 대한 평가

이상에서 살펴본 칼뱅의 여성 이해는 다음과 같이 정리되고 평가될 수 있다.

칼뱅은 남성과 여성이 모두 하나님의 형상으로 태어났고 공통의 기원을 가지고 있으며, 또한 영적인 차원에서나 종말론적 하나님의 나라에서는 모두 그리스도를 머리로 하는 동등한 지체라는 점에서 남녀의 평등을 주장했다. 그런 측면에서 남녀는 모두 상호 인격적이고 우애적인 관계를 가지게 되며 어떤 차별이나 불평등이 없다.

그러나 그는 외적인 차원에서, 즉 가정이나 사회적인 관계에서는, 그리고 현실 세계에서는 남녀 간에 차이가 있고 차별이 있다고 보았다. 남녀가 모두 하나님의 형상으로 창조되었다고 해도 여자는 두 번째 순서의 형상이므로, 혹은 여자가 남자를 돕기 위해 그의 갈비뼈에서 태어났으므로, 여자는 남자를 도움으로써 협력해야 하는 존재이다. 즉 남자는 그 기원에서부터 우월성과 또한 지배권을 가지고 태어난 까닭에 남자는 다스리고 여

---

36) *Commentaire*, I Timothée 2:12.

자는 순종하고 따르는 위치가 정해졌다.

교회 내에서의 여성의 문제에 대해서도 그런 전제가 깔려 있다. 즉 칼뱅에게 여성은 남성에게 예속되고 순종해야 하는 존재이므로 설교하거나 가르치는 것은 금지되었다. 여성은 침묵을 지키며 자신들의 한계와 조건 안에서 처신해야 한다는 것이다.

칼뱅은 또 다른 전제를 두었다. 즉 교회 내에서의 여성침묵이나 머리를 가리는 문제 등은 모두 그리스도인의 자유에 속한 것으로서 "이래도 되고 저래도 되는" 문제라는 것이다. 그것은 원칙적으로 개인의 양심에 따라 선택할 수 있고, 또 교회가 상황이나 시대에 따라서 적절하게 수정하고 변화를 줄 수도 있다. 그 문제에 차이가 있거나 서로 배치된다고 해서 그리스도교가 아닌 것이 아니고, 교회의 일치가 깨어지는 것도 아니다. 교회는 구원이나 기본적인 신앙에 관계된 '교리'는 변치 않는 것으로서 언제나 준수해야 하지만, 외적인 문제에 관계된 '질서'나 '정치'는 상황의 변화에 따라 바꿀 수 있다.

그렇게 전개되는 칼뱅의 여성에 대한 시각과 견해에서, 두드러지게 나타나는 것은 에밀 두메르그의 표현을 빌리면 '이율배반'과 '상반대립'이다.[37] 그런 역설적인 성격, 대립되는 것의 공존이란 의미의 '변증법'은 칼뱅 사상의 주요한 특징으로서 신론이나 기독론, 인간론, 종말론 등 그의 사상 전반에 걸쳐 있다.[38] 그것은 바로 우리가 살펴본 그의 여성 이해에서도 잘, 그리고 반복적으로 나타났다.

그 이유 때문에 그의 여성관에 대한 평가는 어렵고 조심스러워진다. 과연 칼뱅은 남녀의 평등을 말했는가, 차별을 말했는가? 그의 남녀관은 근대적인가, 중세적인가? 진보적인가, 보수적인가? 평등주의적인가, 가부장적인가? 페미니스트인가, 안티페미니스트인가? 그런 의문들에 대해 분명하

---

37) E. 두메르그, 이오갑 역, 71-74.
38) 『칼뱅의 신과 세계』, 45-49.

고 단호하게 말하기 어려운 점이 많다. 결국 최종적으로는 칼뱅의 언설들 전체를 균형 있게 보면서, 그가 어느 쪽에 좀 더 가까운지, 어느 쪽을 좀 더 많이, 세게 말했는지, 그의 결론이 어느 쪽으로 향하고 있는지 등을 봐야 하고, 덧붙여서 그가 살았던 시대 상황이나 한계까지를 고려해서 판단해야 할 것이다.

서두에서 보았듯이, 비엘레나 더글라스 같이 학자들은 칼뱅의 여성관을 개방적이고 진보적으로 평가했다. 그들은 그 이유로서 칼뱅이 동시대 종교개혁자들이나 종교가들 중에는 유일하게 여성문제를 고정된 것이 아니라 상황과 시대에 따라 바뀌나갈 수 있다고 보았다는 점이나, 가정에서나 사회에서 그리고 교회에서 여성의 중요성과 참여를 긍정적으로 여겼고 무엇보다 남녀를 동일한 근원을 가진 동등한 존재로 보았다는 점을 제시했다.

그렇기는 해도 칼뱅에게는 그런 적극적인 면 못지않게, 그 이상으로 여성에 대해 전통적이고 보수적인 시각이 뚜렷했다. 그는 교회 내에서의 성차별이나 여성에 대한 억압적인 요소에 대해서 별다른 감정이나 불만을 표명하고 있지 않았고 오히려 '질서'를 지켜야 한다는 주장을 거듭했다. 즉 그는 교회에서 여성문제, 여성에 대한 차별을 바꾸거나 개선하려기보다는 사도 바울이 잘 세워놓은 질서이므로 따르고 지켜야 한다는 데 초점을 두고 가르쳤다. 실제로 그가 이 문제에 대해서 교회 안에 가져온 변화도 별로 없었다. 가령 교회 찬송에서의 여성의 참여 같은 것이 제시되기도 하지만 여성의 성직에 관해서는 어떤 변화도 가져오지 않았다.[39]

그런 점들을 고려할 때 칼뱅은 당시 근대세계를 향한 개방적 여성의식보다는 중세적이거나 전근대적인 대중들의 가부장적 의식에 가까웠다고 평가해야 할 것이다. 아울러 교회 내에서의 그런 전통적이고 가부정적 남성중심주의의 극복은 결국 후세에 맡겨진 몫이고, 오늘 우리의 교회가 해

---

39) Cf. J. D. 더글라스, 심창섭 옮김, 200.

결해야 할 과제이다. 그를 위해 오늘의 교회가 칼뱅에게서 얻을 것이 있다면 주로 그의 근대적인 면모, 즉 영적으로나 하나님의 나라에서는 남녀가 평등하며 어떤 차별도 없다는 인식, 그리고 사회적이고 외적인 관계에서의 여성에 대한 차별은 사회와 인식의 변화에 따라 개선해나갈 수 있다는 유연성 혹은 개방성이라고 할 수 있다.

제10장

결혼

요즘 젊은이들이 결혼을 기피하고 있다. 경제가 나쁘고 취업 환경도 열악한 반면 주거마련이나 혼수 등을 위한 각종 결혼 비용은 수천만 원대를 넘어 억대에 들어선지 오래이다. 경제적인 이유 외에도 자신의 성장이나 목표실현을 위해, 혹은 또 다른 이유에서 결혼에 얽매이지 않고 자유로운 삶을 선호하기도 한다. 성장과정에서 여러 종류의 곤란이나 상처를 겪은 경험이 가정을 갖는다는 것을 주저하게 만들고, 핵가족 내에서 애지중지 길러진데다 입시나 취업을 위한 공부에만 전념해왔기 때문에 과연 이혼 원인 1위라는 '성격차이'를 잘 극복하고 결혼생활을 해낼 수 있을지 걱정도 되고 두렵기도 하다. 그런저런 까닭에 오늘의 젊은이들은 결혼을 하지 않고 그냥 '솔로'로 나이들만 먹어가고 있다.

그런 현상은 교회 내에서도 흔히 목격된다. 요컨대 예전 같으면 영락없이 노처녀나 노총각으로 불렸을 많은 젊은이들이 청년회원도 아니고 남, 여선교회원도 아닌 채 어중간하게 눈치 보며 다니고 있다. 물론 그들 중에는 결혼을 하고 싶어도 상대를 찾지 못했거나 여건이 안 돼서 못한 사람들도 있지만, 결혼의 이유나 필요성에 대해서 알려고 하지 않고, 또 느끼지도 못한 채, 시대나 세상의 흐름을 자연스럽게 받아들여서 '그냥 묻어가는' 사람들도 적지 않다. 그래서 오늘날 교회는 결혼과 가정에 대해 젊은이들이 올바른 이해를 가질 수 있도록 더 많은 노력을 해야 한다고 생각한다. 그를 위해서 우선 결혼에 대해 과연 올바른 이해가 무엇인지 정립되어야 하고, 따라서 그에 대한 논의가 활발하게 일어나야 할 것이다.

이 장에서는 종교개혁자 칼뱅의 결혼관을 중심으로 그와 관련된 이혼, 재혼 등의 문제를 살펴보고자 한다. 그에게 있어서 결혼은 단지 남자와 여자가 만나서 가정을 꾸리고 자녀를 낳아 키우는 일 이상의 의미를 갖는다. 그는 결혼을 통해 하나님의 뜻과 인간들 자신을 돌아보게 하며, 개인의 참된 삶의 실현과 사회와 인류에 대한 책임을 생각하게 한다. 더 나가서 결혼과 이혼에 대한 지혜와 실제적인 지침 같은 것들도 제시해준다.

그런 점에서 칼뱅의 결혼관은 오늘날의 교회에도 여전히 필요하고 되돌아볼 만한 가치를 가지고 있다. 물론 16세기의 칼뱅의 결혼관을 21세기를 사는 우리가 그대로 받아들여야 한다는 말은 아니고, 그럴 수도 없다. 당시와 현대는 시대적이고 문화적인 격차가 있기 때문에 많은 점들이 고려돼야 할 것이다. 그러나 본질적으로는 그대로 받아들여도 별문제가 없을 정도로 여전히 가치가 있다고 할 수 있다. 또한 결혼에 관한 칼뱅의 관점과 견해들은 성서적이고 신학적인 근거 위에서 오늘날의 상황과 사람들에게 받아들여지고 공감되는 이론을 정립하는 데 도움을 준다. 즉 칼뱅의 결혼관은 오늘의 논의와 이론 수립을 위한 신학적이고 역사적인 자료나 토대의 역할도 수행할 수 있다는 것이다.

자료에 관해서, 칼뱅은 결혼이나 이혼, 재혼 등에 대해서 독립적인 어떤 교리를 세우지는 않았다. 그는 이 주제를 단편적으로 또 간헐적으로 다루었지만, 그렇다고 내용이 빈약하다는 것은 아니다. 특히 성서주석이나 설교 속에서는 아주 풍부하고 다양하게 나온다. 그래서 이 연구는 주로 칼뱅 자신의 그런 다양한 저술들을 통해 그의 결혼관을 재구성하고자 하며, 또한 이 주제에 관해 칼뱅 저술의 다양한 내용들을 소개하고 주석한 앙드레 비엘레의 고전적인 연구 *L'Homme et la femme dans la morale calviniste*(칼뱅주의 도덕에서의 남자와 여자)를 중심으로 2차 자료들도 참조한다.[1]

I. 결혼이란 무엇인가?

칼뱅에 따르면 우선 결혼은 사람들이 자연적으로 짝짓는 것이 아니라 하나님이 제정하신 것이다. "이제 모세는 결혼이 하나님에 의해 세워졌다고 말하는데, 특히 이것을 알아야 유익하다. 아담은 여자를 자신의 환상에 따라서가 아니라 마치 그녀가 자신에게 주어지고 배속된 것처럼 받았다. 그래서 사람들은 하나님이 결혼의 창시자(auteur)임을 알고 결혼의 신성함을 잘 깨닫게 된다."[2]

비엘레는 이 인용문을 근거로 결혼이 하나님의 일이라는 점을 강조했다. "둘 사이의 연합은 하나님의 일이고, 그것으로써 하나님 자신이 자신의 피조물을 완성하신다. 이는 그 연합을 완성하는 것은 사람만이 아니라 하나님이라는 것을 의미한다. 만일 그것이 오직 인간적 열정이나 결단의 결과라면 가장 아름다운 결혼이나 가장 강한 사랑도 실제로는 하나님의 눈에는 간음일 뿐이다. 그래서 배우자의 선택은 하나의 우연 행위가 아니고, 그

---

1) 비엘레를 포함한 칼뱅의 결혼에 관한 주요 연구물들은 다음과 같다. *L'Homme et la femme*. C.-M. Baldwin, "Mariage in Calvin's Sermons," Article on Calvin and Calvinism, vol., 3, ed. by R. Gamble(New York & London: Garland Publishing, Inc., 1992), 107-115. J. D. 더글라스, 심창섭 역. C. Seeger, *Nullité de mariage, divorce et separation de corps a Genève au temps de Calvin* (Lausanne: Société d'Histoire de la Suisse Romande, 1989). M. Parsons, *Reformation marriage: the husband and wife relationship in the theology of Luther and Calvin*(Edmonton: Rutherford House, 2005). J. Witte and R.-M. Kingdon, *Sex, marriage, and family in John Calvin's Geneva I: Courtship, Engagement and Marriage*(Grand Rapids: Wm. B. Eerdmans, 2005).

2) *Commentaire*, Genèse 2:22.

것은 하나님의 계획(conseil)에 따라 신앙 안에서 완성된다."[3]

물론 칼뱅에게도 결혼은 남녀 사이에 이뤄지는 하나의 계약이다. 그러나 그 계약은 단지 남녀 사이를 넘어서서 결혼을 제정하신 하나님과의 계약으로 간주된다. 그래서 칼뱅은 계약이 신실하게 지켜져야 하고 그렇지 않을 경우 배우자뿐만 아니라 하나님에 대해 범죄하는 것이라고 보았다.

"우리가 하는 모든 계약들, 모든 약속들은 신실하게 지켜져야 하는 것이 사실입니다. 그러나 우리가 만일 비교해본다면, 결혼이 하나님의 계약이라고 불려지는 것이 이유가 없는 것이 아닙니다. 솔로몬은 그 용어로써 하나님이 결혼들을 주재하신다는 것을 보여줍니다. 그리고 그 이유에서 만일 남편이 자기 아내에게 한 약속을 어긴다면 그는 단지 자기 배우자에게 뿐만 아니라 하나님에게 거짓 맹세한 것입니다. 아내 역시 마찬가지입니다. 결혼이 하나님으로부터 주어진 것이고, 하나님이 결혼의 창시자이기 때문에 그분이 결혼을 유지하고자 마음을 씁니다."[4]

그러나 유의할 것은 칼뱅에게서 결혼이 그렇게 신적이고 거룩한 제도이며 계약이라고 할지라도 성례전은 아니었다는 점이다. "모든 사람이 결혼이 하나님에 의해 세워졌다고 고백한다고 해도, 다른 어느 누구도 그레고리교황 시대까지 그것이 성례전이었다고 인정하지 않았다. 도대체 얼마나 사려 깊은 사람이기에 그런 생각을 해냈단 말인가? 그것(결혼)은 확실히 선하고 거룩한 하나님의 명령(ordonnance)이다. 그러나 농부나 미장이나 구두수선공이나 이발사 같은 직업들도 선하고 거룩한 하나님의 명령이지만, 그것들은 성례전이 아니다. 성례전이 되려면 단지 하나님의 작품이라는 것만 아니라 어떤 약속을 확인하기 위해서 하나님이 명령한 외적인 의식이 있어야 한다. 결혼에는 그런 것이 전혀 없으며 어린아이들조차도 그것을 판단할 수 있을 것이다."[5]

---

3) *L'Homme et la femme*, 38.
4) 8e sermon sur le ch. V du Deutéronome, *Opera*, XXVI, 335–336.
5) *Institution*, IV, 19/34.

그러나 칼뱅에게는 결혼이 성례전이 아니라는 것이 그 가치나 중요성마저 저해하는 것은 아니었다. 오히려 사람들이 결혼하는 것은 하나님이 제정한 신성한 질서에 참여하는 것으로서 명예롭고 존경스러운 일이고, 또한 그런 상태를 지키기 위해 노력해야 한다는 것이다. "사탄이 여러 가지 방법으로 결혼을 더럽히려고 애쓰면 애쓰는 만큼 그 이상 우리는 모든 비난과 불명예에 대항해서 그것을 지킴으로써 거기에 합당한 존경을 돌리도록 해야 하는 것이다. 그렇게 해서 하나님의 자녀들은 선하고 평화로운 양심에 따라 사는 상태와 방식을 유지해야 하고, 남편들과 아내들은 그들 사이에 순수하고 올바른 행동을 해야 한다."[6]

기독교인들이 결혼을 나쁘게 생각하거나 말해서는 안 되는 이유도 마찬가지이다. 결혼은 하나님이 제정했고 이끌어가므로 결혼을 비난하는 것은 하나님을 욕되게 하는 일과 같다. "만일 우리가 결혼에 대해 명예롭게 느끼거나 말하지 않는다면, 우리는 그것의 창시자이고 주관하는 하나님을 모욕하는 것이다."[7]

그렇다면 하나님은 왜 결혼을 제정하셨을까? 칼뱅은 거기에 두 가지로 대답한다.

첫째는, 인간의 욕정 때문에 타락하고 범죄하는 일이 없도록 '구제책'으로서 제정했다는 것이다. "결혼생활은 우리가 우리의 정욕의 고삐를 늦춰놓지 않게 하기 위해서 우리의 필요라는 구제책으로서 우리에게 주어졌다."[8]

둘째는, 인간사회를 세우고 보존하기 위해서이다. "이제 모세는 여자를 창조한 하나님의 계획을 설명한다. 즉 이 땅 위에 상호적인 사회로써 서로 의지하는 사람들이 있게 하기 위해서이다. 그러나 사람들은 이것이 그의 후손에게까지 확장되는지 의심할 수 있다. 왜냐하면 이 말은 단순히 남

---

6) *Commentaire*, Genèse 2:22.
7) *Ibid*.
8) *Institution*, II, 8/41. 또한 8/43.

자가 혼자 있는 것이 좋지 않기 때문에 그에게 도움이 되기 위해서 여자가 창조되었다는 것을 의미하기 때문이다. 그러나 나는 그것을 이렇게 이해한다. 즉 하나님은 인류사회의 초보적인 수준을 시작하셨고, 그럼에도 불구하고 그는 어디에서나 다른 사람들도 포함시키기를 원하셨다는 것이다."[9]

그런 이유에서 제정된 결혼은, 칼뱅에 따르면, 단지 남녀 간의 결합이나 출산을 통한 사회의 유지, 보존, 확산보다 더 큰 의미를 갖는다. 그것은 남녀가 인생의 동반자로서, 하나의 관계 속에서 살면서 서로 조화와 일치를 이뤄나간다는 것이다. 왜냐하면 사람은 혼자서는 불완전하기 때문이라는 것이다. "남자가 인간의 반쪽일 뿐이라는 것을 말한다면, 그 이유에서 여자는 그에게 동반자로 주어짐으로써 둘이 하나가 되었다."[10]

인간은 그런 결혼을 통해서 배우자와의 완전한 일치를 이루며 동시에 자신의 인격을 완성하기도 한다. 다음의 인용문은 남성중심적 관점이 들어 있기는 하지만 그런 의미로 이해될 수 있다.

"히브리어는 '그의 앞에'라고 말한다. 나는 그것을 여자가 어떤 교류와 일치를 함께 가지기 위해서 남자의 현전에 있는 것으로 이해한다. 거기에서 여자가 단지 인류를 번식시키기 위해서 창조되었다고 생각하는 사람들의 오류는 반박된다. 그들은 여자가 아담의 인격에 대해서 필요했다고는 평가하지 않는다. 왜냐하면 그는 아직 육체의 욕구들에 예속되어 있지는 않았기 때문이다. 마치 그녀가 그의 인생에서 불가분리의 동반자이기 위해서가 아니라 오직 그와 함께 동침하기 위해서만 그에게 주어진 것처럼 말이다."[11] 여기서 결혼은 남녀가 교류하고 일치함으로써 불가분리의 동반자로서 서로의 인격을 보완해주는 것으로 이해된다.

칼뱅은 부부간의 그런 연합과 일치를 "한 몸과 한 영혼으로의 결합"이

---

9) *Commentaire*, Genèse 2:18. 또한 "하나님은 그들을 남자와 여자로 창조하셨다. 그것은 그것으로써 인류 사회가 유지되는 결혼의 관계를 높이기 위함이다." 1:27.
10) *Commentaire*, Genèse 1:27.
11) *Commentaire*, Genèse 2:18.

라고도 말했는데, 그것은 아담과 하와만이 아니라 모든 사람들에게도 해당되고 또 가능한 일이다. "인류는 여자가 없이는 존재할 수 없을 것이다. 남자와 여자가 한 몸과 한 영혼으로 결합되는 이 거룩한 유대는 인간 생활의 모든 다른 것들을 능가하는 것으로 나타난다. 나는 그것을 오직 한 인물(아담)에만 국한시키지 않고 오히려 인간 소명의 공통적 규칙으로 평가한다."[12] 또한 칼뱅은 부부의 일치를 바로 결혼의 본성 자체로 보기도 했다. "결혼이 뜻하는 것은 한 남자가 한 여자와 결합할 때 그는 그녀를 살든지 죽든지 자신의 동반자로 택하는 것입니다. 만일 결혼의 본성이 그렇다면, 그리고 남자와 여자가 그 목적에서 살아서나 죽어서나 함께 결합되고 하나가 되도록 강제된다면, 남자는 머리이고 여자는 몸이라면, 남자는 이미 그 인격의 절반일 뿐이고, 자기 아내로부터 분리될 수 없으며, 두 부분으로 나눠질 수는 더더욱 없습니다. 그것은 자연에 반하는 일입니다."[13] "결혼에서 (일반적으로 사회 속에서와 마찬가지로) 남자와 여자는 단절된 존재로 고려될 수 없다. 그들은 보완적이며, 그 조건을 벗어날 수 없다. 그 결과 결혼은 남자와 여자의 자연적 조건이고 인간 본성의 귀결이며 완전한 실현이다."[14]

칼뱅은 결혼에서 남녀 간의 교류와 일치가 얼마나 거룩하고 완전한지 예수 그리스도와 우리 사이의 "신성한 연합의 거울" 또는 "형상"으로까지 간주했다. "그런데 우리는 결혼은 우리 주 예수께서 우리와 함께 가지기를 원하시는 그 신성한 연합의 거울이라고 알고 있습니다."[15] "우리는 또한 우리 주님이 결혼을 얼마나 영예롭게 여기시는지, 그가 우리가 결혼의 신성함을 가지게 하기 위해서 그가 그것을 성령의 능력으로 자기 백성과 가지는 영적인 연합에 비유하실 때 어떤 권유를 하시는지를 알고 있습니다.

---

12) *Ibid*.
13) 7e sermon sur le ch. XXIII du Deutéronome, *Opera*, XXVIII, 143.
14) *L'Homme et la femme*, 38.
15) 3e sermon sur le ch. 21 du Deutéronome, *Opera*, XXVII, 668.

그래서 우리가 주님과 가지는 연합의 형상이 그것입니다."[16]

II. 결혼에 대한 실제적인 가르침들

칼뱅은 배우자의 선택이나 결혼 과정에 대해서 실제적인 조언을 마다하지 않았다. 가령 그는 남자들이 여자의 미모에만 빠져서 그릇된 선택을 하지 않고 온순하게 남편을 도울 심성을 가진 상대를 골라야 한다고 했다. 창세기 6장을 주석하며 그는 말한다.

"모세는 아내들을 선택하는 데 있어서 아름다움에 관심을 갖는 것에 대해 분명하게 정죄하지 않는다. 오직 아내들을 소유하는 일에서 그들을 지배하는 것이 빗나간 정욕만이라고 하는 데 대해서일 뿐이다. 결혼은 너무나 거룩해서, 남자들은 매력적인 배우자의 관능에 취한 자기들의 눈에 끌려가서는 안 된다. 우리가 전에도 보았듯이, 여자는 남자에게 도움이 되기 위해 창조되었다. 그러므로 사람들이 아름다움에 반하고 취해서 중요한 것들을 생각하지 않는 것은 야수적인 욕망이다."[17]

이 말은 1539년 칼뱅이 기욤 파렐에게 자신이 바라는 아내상을 쓴 편지를 생각나게 한다. "내가 그녀에게서 찾는 것을 잘 기억해두길 바랍니다. 나는 한 여인의 미에 한번 사로잡혀 그의 모든 결점도 사랑하는 연인들의 지각없는 부류가 아닙니다. 나를 사로잡는 유일한 아름다움이란 정숙하고 친절하여 검소하며 절약하며 인내성 있는 여인, 그리고 마지막으로 내 건강에 유의해줌을 바랄 수 있는 그런 여인의 미입니다."[18]

칼뱅은 남녀가 결혼할 때 상호 동의가 있어야 함은 물론이고, 사전에

---

16) "Traité du fidèle parmis les papistes," *Calvin, Hommes d'Eglise*, 214.
17) *Commentaire*, Genèse 6:2.
18) *Operai*, X/2. 348, Herminjard, V. 314. R. 스토페르, 박건택 역, 『남편, 아버지, 친구, 목회자로서의 인간 칼뱅』(서울: 엠마오, 1989), 26 재인용.

부모와 상의하고 동의를 얻어야 한다는 점을 강조했다. "(결혼의) 불가피성이 어느 정도는 야곱의 과오를 변호해준다고 해도 완전히 없애주는 것은 아니다. 그는 레아를 잘 물리칠 수 있었다. 왜냐하면 그녀는 그의 합법적 아내가 아니었기 때문이다. 남자와 여자의 의지와 상호 동의가 결혼을 만드는 것이다."[19] "이 예는(이삭의 결혼) 우리에게 하나의 공통의 규칙이 되어야 한다. 즉 부모의 의견과 동의로써만 자녀들의 결혼계약이 이뤄진다는 것이다."[20] 칼뱅은 이것을 교회법령을 통해 법제화했는데, 거기 따르면 남자 20세, 여자 18세 이전의 초혼인 경우 부모의 허락이 있어야 결혼했으며, 성년에 달했는데도 부모가 동의하지 않을 경우 종무원을 통해 부모들에게 "의무를 이행할 것을 권고하는" 절차를 거친 뒤에야 부모의 동의와 관계없이 결혼할 수 있었다.[21]

칼뱅은 결혼이란 하나의 관습이기 때문에 올바른 절차와 과정을 밟아야 하며, 특히 공적 증언의 과정이 있어야 한다고 보았다. "우리는 새로운 결혼들을 위해서 소원들과 기원들을 하는 예식이 어느 시대나 어느 나라에서나 엄숙했다는 것을 알고 있다. 후대는 조상들의 순수하고 합법적인 방식을 많이 벗어났다고 해도, 하나님은 어떤 공적 증언을 통해서 만일 혼인이 기도와 축복 속에 정식으로 거행되지 않았다면 그것이 합법적이 아니라는 것이 알려지도록 하기를 원했다."[22]

칼뱅은 라반의 집의 결혼예법을 칭송하며, 자기 시대 사람들의 무분별한 결혼들을 규탄하기도 했다. "신부들의 부끄러움을 존중하기 위해서 얼

---

19) *Commentaire*, Genèse 29:27.
20) *Commentaire*, Genèse 24:3.
21) 칼뱅은 1541년의 교회법령(Ordonnances)을 보완하고 결혼과 출교의 항목을 추가한 새로운 법령을 1545년 시의회에 제안했다. 이것은 그가 죽기 3년 전인 1561년 통과되어서 공표되어 이후 약 2세기 동안 제네바에서 사용되었다. "Les ordonnances ecclesiastiques de 1561," *Opera*, X, 105. Cf. *L'Homme et la femme*, 135.
22) *Commentaire*, Genèse 24:59.

굴을 가리고 신방으로 인도되었다. 그러나 지금은 사람들이 옛날의 예법을 내버리고 거의 반쯤은 짐승같이 되고 말았다."[23] 또한 그는 이삭을 절차를 잘 밟아 아내를 취했다고 칭송하기도 했다. "먼저 그는(이삭) 천막으로 데리고 갔고, 거기서 그녀를 아내로 삼았다. 이 말의 순서로써 모세는 혼인의 합법적인 방식과 야만적이고 이방적인 방식을 구분하기를 원했다. 거기로부터 결혼의 성스러움은 남자와 여자가 짐승들처럼 뒤섞여서는 안 되고, 오직 서로에게 서약을 하고 하나님의 이름으로 선포한 뒤에 그들이 함께 살아야 한다는 것을 요청한다."[24]

얼굴을 가리는 풍습을 이용해 신부를 바꿔치기한 라반의 예절이나, 들판에 나갔다가 다가오는 리브가를 보자마자 천막으로 데리고 들어가 아내로 삼은 이삭의 격식(?)이 칭송받을만한 것인지 의문은 들지만, 칼뱅은 결혼을 자기 시대처럼 아무렇게나 하는 것이 아니라 예법과 격식을 잘 갖춰해야 한다는 말을 하고자 했던 것이다.

기독교인의 결혼에서 역시 중요한 것은 믿지 않는 사람과의 문제이다. 거기에 대한 칼뱅의 입장은 분명하다. 즉 믿지 않는 배우자를 취해서는 안 된다는 것이다. "이 말들은 우리가 거룩한 결혼에서 얼마나 절제해야 하고 절도 있어야 하는지, 그리고 그것을 더럽히는 것이 하나님 앞에서 사소한 죄가 아니라는 것을 가르쳐주고 있다. 왜냐하면 여기서 성도들의 자녀들에게 비난되는 것은 간음이 아니고, 오히려 아내들을 얻는 것을 너무 쉽고 가볍게 여기는 일이다. 그래서 그들이 불신자들과 같은 멍에를 둘러매게 될 때, 시간이 흘러감에 따라 하나님의 자녀들이 타락하게 되는 것 외에 다른 일이 일어날 수 없다."[25]

단 믿지 않는 사람과 이미 결혼한 경우에는 비엘레가 잘 보았듯이, "불신앙을 이유로 헤어지는 일은 옳지 않다. 반대로 만일 믿지 않는 배우자가

---

23) *Commentaire*, Genèse 29:22.
24) *Commentaire*, Genèse 24:67.
25) *Commentaire*, Genèse 6:2.

신앙을 이유로 자신을 버린다면 자유를 얻게 된다."²⁶⁾ 칼뱅은 말한다. "첫째는, 믿는 사람은 믿지 않는 배우자를 떠나서는 안 되고, 버려지지 않았는데 이혼을 요구해서도 안 된다는 것이다. 둘째는, 믿지 않는 배우자가 종교 문제로 상대를 내버리면 형제든 자매든 그 버려짐으로써 결혼의 관계로부터 해방된다는 것이다."²⁷⁾

칼뱅은 가톨릭교도와의 결혼, 이른바 '혼합결혼'(mariage mixte)에 대해서는 별로 언급하지 않았다. 단지 고린도전서 7장 주석에서 언급하는데 그것도 직접적인 언사를 피하면서 조심스럽게 말했다. "어떤 사람들은 오늘날 우리가 교황주의자들로부터 분리할 같은 이유를 가지고 있다고 생각한다. 그러나 경솔한 잘못을 범하지 않기 위해서 우리는 거기에 있을 수 있는 어떤 차이를 신중하게 생각할 필요가 있다."²⁸⁾ 이에 대한 비엘레의 해석이 적절하므로 가져온다. "혼합결혼, 즉 개신교도 외 기독교 다른 종파 출신자와의 결혼은 불신자들과의 결혼과 동일시되어서는 안 된다. 신앙이 공유될 수 있는지 각각의 경우를 살펴보아야 한다."²⁹⁾

칼뱅은 결혼을 한 부부는 상호 간의 의무가 있음을 강조했다. 그것은 기본적으로 남편은 아내에 대해서, 아내는 남편에 대해서 자신의 역할과 책임을 다하는 것이었다. "여자들은 자신들의 임무를 알게 되었으므로, 그녀들의 남편들을 도우라는 하나님에 의해 세워진 질서를 유지하기를 배워야 한다. 남자들도 역시 인류의 절반인 자기 아내들에게 해야 할 것을 생각해야 한다. 왜냐하면 두 성의 의무는 상호적이기 때문이다. 여자는 남자가 자신의 머리와 인도자가 된다는 조건에서 남자에 대한 조력자가 된 것이다."³⁰⁾

---

26) *L'Homme et la femme*, 59.
27) *Commentaire*, I Cor. 7:12, Cf. *L'Homme et la femme*, 59.
28) *Commentaire*, I Cor. 7:12, Cf. *L'Homme et la femme*, 60.
29) *L'Homme et la femme*, 60.
30) *Commentaire*, Genèse 2:18.

그러나 칼뱅은 상호의무를 말하면서도 남편들에게 더 무거운 책임을 돌렸다. 그는 동시대 부부들, 특히 남편들을 비판하면서 남자가 아내를 어떻게 대해야 하는지를 역설했다. "그것은 남자가 자기 아내에게 인간적이어야 한다는 것과 또한 그녀를 자기의 몸처럼 사랑하라는 것과 같습니다. 즉 나쁜 점들이 있다 해도 부부 사이의 평화와 화합에 아무것도 방해가 되지 않도록 그것들을 극복하라는 것입니다. 남자들은 자신들이 그렇게 아내들에게 책무를 가지고 있다는 것을, 즉 결혼이란 그들이 평화롭게 사는 것이라는 것을 잘 알아야 합니다. 다시 말하면, 그들은 너무 괴로워하지 말고, 인내해야 합니다. 그러면 모든 가정들과 집안들에 결코 보지 못하는 다른 축복을 보게 될 것입니다. 그러나 오늘날, 대부분의 남편과 아내들은 개나 고양이들과 같습니다. 왜냐하면 그들은 자기들의 의무를 생각하지 않기 때문입니다. 만일 남자가 자기 아내 때문에 화가 나도, 자기의 감정들을 다스리기 위해 하나님께 기도해서 그분의 영을 구해야 하지만 그러지 않습니다. 오히려 그는 방탕하게 됩니다. 그가 어떤 나쁜 점을 발견할 때, 자기 아내에게 분통을 터뜨리고, 그녀를 내버립니다."[31]

칼뱅은 또 말한다. "여러분 남편들이여, 자기 아내를 사랑하시오. 미워하면서 자기 몸을 얻을 수는 결코 없습니다. 예언자 이사야가 모든 남자들에 대해 잘 논증하고 있습니다. 왜냐하면 우리는 우리 안에 공통적인 본성의 유사성을 가지고 있기 때문입니다. 그는 말합니다. 너는 네 몸을 경시하지 말라. 그러나 남편이나 아내에 대해서, 하나의 다른 이유가 있습니다. 적절하게 말해서 그것은 한 사람일 뿐이기 때문입니다. 성경은 그들에 대해 말한 대로입니다. '그들은 한 몸, 즉 한 인격인 둘이 될 것이다.' 그런데 지금 누가 자기 몸을 미워한다면 미쳤다고밖에는 할 수 없지 않습니까? 거기에 대해서 성 바울은 결론을 내리기를, 만일 남자가 자기 아내를 사랑하지 않으면 그는 괴물과 같다고 합니다."[32]

---

[31] 7e sermon sur le ch. XXIII du Deutéronome, *Opera*, XXVIII, 145-146.

물론 칼뱅은 남편들이 아내를 사랑하고 잘 해줄 수 없을 뿐더러 미워하고 분통을 터뜨리게 되는 원인을 때로 아내들이 제공하고 있음을 잘 알고 있었다.

"아내들이 종종 남편에게 미움 받을 구실을 주는 것도 사실입니다. 하늘의 천사들을 흔들어놓고 타락시키는 마녀들이 있습니다. 사실입니다. 그러나 남자는 그런 시험과 싸워야 하고, 어쨌든 그것을 이겨내야 하는데, 성령의 능력으로 말입니다. 그가 내가 여기에 한 여인과 결합해 있다는 것을 알게 될 때가 있는데, 그것이 우연히 생긴 일이 아니라 하나님이 그것을 원하셨기 때문입니다. 그러므로 나는 그것이 내게 아주 힘든 불행이라고 해도 결합해 있어야 합니다. 나는 그렇게 나쁜 아내의 악들을 고치도록 노력해야 합니다. 그러나 나는 내 안에 있는 것으로 여겨 아내를 보듬어야 하고 평화롭게 다루어야 합니다."[33]

아내와 사는 동안 힘들고 어려운 일들이 많이 일어난다. 그래도 남편들은 성령의 능력을 받아서 하나님이 아내와 살기를 원하신다는 것을 깨닫고 이겨내며, 그런 불행의 원인이 되는 아내의 나쁜 점들을 고쳐나가되 따뜻하고 평화롭게 해나가야 한다는 것이다. 그것이 남편의 입장에서 쉬운 일일 수 없다. 그래서 칼뱅은 예수 그리스도를 보라고 말하기까지 했다. "그는 더럽고 오물로 가득한 우리의 모든 잘못을 씻어주기 위해서 자신을 죽기까지 내어주었습니다. 만일 우리 주 예수 그리스도께서 우리를 씻어주시기 위해서 자신의 피를 아끼지 않으셨다면 죽어야 할 남자가 자기 아내에 대해서 무엇을 해야 합니까? 남편의 마음이 쓰라릴 때, 그가 그 이상 어쩔 수 없는 분노를 느낄 때, 그는 이 예를 봐야 합니다. 하나님의 아들입니다. 그는 자신의 피를 내게 주심으로 나를 깨끗케 하셨습니다. 그는 내게 여기서 내가 나를 다스려야 하고 나의 아내를 위해서 그것이 무엇이든 모

---

32) 3e sermon sur le ch. 21 du Deutéronome, *Opera*, XXVII, 667-668.
33) *Ibid.*, 667-668.

든 의무를 이행해야 한다는 것을 보여주십니다."[34]

칼뱅은 부부 상호 간의 의무로서 정절을 지켜야 하며, 부부라고 할지라도 품위와 절제를 지켜서 거룩한 관계를 유지해야 한다고 강조했다. "만일 결혼한 사람들이 그들의 결합이 하나님의 복으로 인함이라는 것을 인정한다면 무분별한 욕정으로 그것을 더럽히는 일이 없도록 유의해야 한다. 그러므로 그들은 모든 것이 자신들에게 허용되어 있다고 생각해서는 안 되고, 오히려 각자는 자기 아내와 신중하게 행해야 하고, 아내 역시 남편과 마찬가지며, 그들이 거룩한 결혼에 반대되는 것은 아무것도 하지 않도록 해야 한다. 그래서 하나님의 명령이 그런 절제로써 잘 정리됨으로써 방탕하고 문란하지 않아야 하는 것이다."[35]

흥미 있는 것은 칼뱅이 부부관계에서 욕정에 휘말리는 것뿐만 아니라 성을 유기하는 것도 잘못으로 보았다는 점이다. "남편들이 자기 아내와 정숙하게 살기 위해서 육체의 과도함(excès)과 유기(abandons)를 경계해야 한다."[36] 즉 칼뱅은 정숙하게 산다는 것을 '(성관계를) 안 하는 것'이라고 보지 않았다. 그래서 남편들이 아내를—반대의 경우도 마찬가지지만 성적으로 유기하는 일이 없어야 한다는 의미이다. 에밀 두메르그가 금욕주의자 칼뱅이란 그릇된 이미지를 벗겨내기 위해 했던 말이 여기에 적용된다. "그(칼뱅)는 생명을 솜씨 있게 설명한다. (영혼뿐만 아니라 육체로서의) 생명은 하나님이 인간을 위해 창조하고 준비하신 재화로서 그(인간)에게 속하며, 그래서 그는 생명을 소모하는 것뿐만 아니라 또한 즐기는 권한과 의무를 가지고 있다."[37]

정절의 의무와 관계해서 부언하면, 정절은 결혼을 약속한 사이라도 지켜져야 하고, 만일 둘이 혼전에 동거한 것이 드러나면 음행으로 간주되어

---

34) *Ibid.*, 668.
35) *Institution*, II, 8/44.
36) *Commentaire*, Genèse 2:22.
37) E. 두메르그, 이오갑 역, 84.

처벌의 대상이 된다는 것이다. 칼뱅 당시 제정된 제네바 지방 교회법령은 이렇게 규정했다.

"결혼을 약속한 사람들도 결혼식이 교회에서 거행되기 전까지는 남녀가 함께 동거하지 못하며, 그렇지 않을 경우 음행으로 처벌을 받게 될 것이다."[38] 그렇게 되면 6일간 감옥에 구금되어 빵과 물만 제공되고, 벌금으로서 60수(sous)를 내야 한다.[39]

III. 이혼

칼뱅은 이혼을 매우 엄격하게 금했다. 그 이유는 결혼이 하나님이 제정하신 것이고, 또 결혼으로 맺어진 부부는 한 몸, 한 인격이기 때문이다. 그는 이혼을 금하는 그리스도의 뜻을 빌어 말한다. "자기 아내와 헤어지는 자는 마치 자기 몸을 찢어내는 것과 같다. 왜냐하면 거룩한 결혼은 남자와 여자가 그 둘이 오직 하나일 뿐인 것처럼 결합되는 것이기 때문이다."[40] 그래서 칼뱅은 이혼하는 사람에 대해 매우 과격한 언사로써 비난한다. "결혼한 뒤에 아내를 내버리고, 배우자와 헤어지는 남자는 거짓 맹세한 자요, 음흉한 자요, 인간의 항렬에서 제외되어 마땅한 자입니다."[41]

그렇다고 부부는 이혼만 안하는 것이 능사는 아니다. 이혼할 수 없다는 이유로 함께 살면서 괴롭히고 학대하면 차라리 이혼하는 게 낫다. 칼뱅은 말한다. "남편이 자기 아내에게 '당신을 내쫓을 수 없으니까 여기 있기는 하라'고 말하면서 집에 데리고 있는 것으로는 충분하지 않습니다. 그러면서 그는 아내에게 호통치고, 아내를 포기하고, 때리고, 박대하고, 남편의

---

38) Ordonnances des Eglises de Campagne, *Calvin, Hommes d'Eglise*, 57.
39) *Ibid.*, 56.
40) *Commentaire*, Matt. 19:5.
41) 21e sermon sur la 1ere Timothée, *Opera*, LIII, 251.

직무를 하지는 않습니다. 만일 남자가 아내를 그런 식으로 집에 데리고 있다면, 차라리 내보내는 것이 나을 것입니다. 그러면 그녀는 어떤 작은 구덩이에서라도 평화롭게 살게 될 것이고, 사는 동안 내내 괴로워하고 신음하지는 않을 것이기 때문입니다."[42]

그러나 주의할 것이 있다. 이 인용문을 근거로 칼뱅이 이혼을 허용했다고 보는 것은 지나친 일이다. 칼뱅의 관점과 전체 사상을 보면, 이것은 이혼을 허용하는 것이 아니다. 즉 이혼 금지규정을 악용하지 말고 선용해서, 함께 노력하면서 화해하라는 의미이다. 비엘레의 해석을 빌린다. "이혼의 금지가 불화한 부부에게 그들의 불화를 이어가거나 강화하는 핑계가 되어서는 안 된다. 이혼의 금지는 부부간의 불만을 정당화하기 위해 원용될 수 없다. 왜냐하면 이혼은 해결책이 아니기 때문이다. 가능하고 참된 유일한 해결책은 바로 화해이다."[43]

아마 칼뱅의 이런 말이 그의 근본 뜻에 잘 부합할 것이다. "예언자의 이 구절은 우리가 지켜야 하는 것이 무엇인지를 우리에게 제시하는데, 그것은 남자는 이혼으로써 아내를 내쫓지 못한다는 것입니다. 우리 주 예수 그리스도께서 우리에게 어떤 가르침을 주시는지를 봅시다. 즉 남편은 음란을 제외하고는 그것이 무슨 이유든지 간에 아내를 내버릴 자유가 없기 때문에, 그는 자제해야 합니다. 아내가 전혀 완전하지 않고, 문제점들이 있다고 해도, 그는 그것들을 온유하게 고치려고 노력해야 합니다."[44]

심지어는 중풍 같은 불치의 병이나 천형인 문둥병에 걸린다고 해도 아내를 내버릴 수 없다. 오히려 기도하며, 절제하며, 하나님을 의지하고 성령의 도움을 받아 그 상황을 이겨내야 한다는 것이다. "(이혼을 위한 간음 외의) 다른 이유를 생각하는 사람들은 배격되는 것이 마땅하다. 왜냐하면 그들은 하늘의 주보다 더 지혜롭기를 원하기 때문이다. 어떤 자들은 아내

---

42) 7e sermon sur le ch. 23 du Deutéronome, *Opera*, XXVIII, 145.
43) *L'Homme et la femme*, 72.
44) 7e sermon sur le ch. XXIII du Deutéronome, *Opera*, XXVIII, 145-146.

의 문둥병은 남편이 그녀를 내쫓기 충분한 이유가 된다고 한다. 그 병은 남편뿐만 아니라 아이들까지 전염시키기 때문이라는 것이다. 나로서는, 신실한 남편에게 문둥병자 아내를 건드리지 말 것을 권유하지만, 그녀를 내보내는 자유에 대해서는 동의할 수 없다. 만일 사람들이 이에 반대해서, 아내 없이 살 수 없는 이들은 그들이 (욕정에) 타오르지 않기 위해서 방책이 필요하다고 한다. 나는 말한다. 하나님의 말씀 바깥에서 찾는 것은 방책이 아니다. 추가해서 말하면, 그런 일을 당한 사람들이 주님의 인도하심에 자신을 맡기면 그런 절제의 은사가 결코 결여되지 않는다. 왜냐하면 그들은 주님이 명하신 방식을 따르기 때문이다. 어떤 사람이 자기 아내에게 분이 나서 마음대로 자기 짝으로 여기지 않는다고 하자. 그렇게 자기 좋은 대로 해서 다른 아내를 얻어야 할까? 어떤 이의 아내가 중풍이나 뇌출혈이나 다른 불치병에 걸렸다고 하자. 절제할 수 없는 성격이라고 해서 아내를 버려야 할까? 우리는 그와는 반대로 자신의 정도를 가는 사람들은 성령의 도우심이 결코 떠나지 않는다는 것을 알고 있다."[45]

그러나 칼뱅은 이혼금지의 예외를 인정한다. 그것은 위 인용문에도 나왔지만, 예수 그리스도가 말씀한 대로 간음한 경우이다. "한편에서는 남자들이 나쁘게 행하고 또 다른 편에서는 아내들이 그렇게 한다고 해도, 하나님께서는 그로 인해 결혼이 중단되거나 훼손되는 것을 원치 않습니다. 나는 우리 주 예수 그리스도가 선언하신 이혼은 예외로 합니다. 남자 안에 있는 악들이 아내로 하여금 그에게 예속되고 순종하는 것을 방해해서는 안 됩니다. 그러나 아내가 요구되는 그대로 처신하지 않는다고 해도 남편은 그녀를 버릴 수 없습니다."[46]

칼뱅은 여자가 간음한 경우를 들어 말한다. "여자가 하나님과 자연의 질서를 어겼기 때문에 그는 풀려나고 자유롭습니다. 그러므로 우리 주 예

---

45) *Commentaire*, Matt. 19:9.
46) 39e sermon sur l'Epître aux Ephesiens, *Opera*, LI, 736.

수 그리스도께서 음란의 이유로 행해지는 이혼을 승인하신 것을 주목합시다. 그것은 하나님께서 세우신 어떤 것을 바꿀 수 있다는 권한을 남자에게 준 것이 아닙니다. 언제나 이것이 준수되어야 하는데, 즉 하나님이 맺어주신 것을 나누는 것이 남자에게 허용되지 않습니다. 그러나 아내가 결혼의 조건을 위반했기 때문에 남편은 그에 대한 잘못이 없습니다." [47)]

또 하나의 예외는 종교의 이유이다. 즉 위에서 보았지만 종교의 이유로 이혼 당함으로써 풀려나는 경우이다. 칼뱅은 그것을 고린도전서 7장의 바울의 가르침에서 가져왔다. 즉 그리스도인은 불신앙의 배우자와 이혼을 요구할 수 없다. 그러나 상대로부터 이혼을 당했을 경우에는 결혼으로부터 해방된다는 것이다. "여기에 관해 바울은 다른 이유를 지적한다. 즉 두 부부 중 한 명이 종교적인 미움으로써 불신자인 상대로부터 버림을 받았다면 형제든 자매든 믿는 사람은 (상대에) 묶이지 않는다. 만일 아내가 종교적인 미움으로써 남편에게 버림을 받았는데도 그녀가 믿지 않는 남편에게 묶여 있다면, 그녀는 하나님을 포기함으로써만 남편과 화목할 수 있기 때문이다. 그래서 바울이 하나님을 버리는 것보다는 차라리 죽을 수밖에 없는 인간과 분리되는 것에 동의하고 있는 것은 그렇게 깜짝 놀랄 일이 아니다." [48)]

그렇다면 구약의 율법에서는 왜 이혼이 처벌도 받지 않고 허용되었을까? 칼뱅은 그것을 두 가지로 설명했다.

첫째는, 백성의 완악함 때문이라는 것이다. 즉 구약에서 하나님이 이혼을 허용하고, 이혼자들을 처벌하지 않은 것은 백성이 완악해서 그 수준에 맞추기 위해서라는 것이다. 칼뱅은 그것을 여러 곳에서 말했다.

"그리스도께서는 모세가 이혼이 합법적이어서 승인한 것이 아니라 그들의 완악함 때문에 승인했다고 말씀하심으로써 강하게 응답했다." [49)] "하나님은 항상 그들이 저지른 대로 죄를 처벌하지는 않습니다. 가령 이스라

---

47) 1er sermon sur le ch. XXIV du Deutéronome, *Opera*, XXVIII, 150.
48) *Commentaire*, Matt. 19:9.
49) *Ibid.*, 19:7.

엘 백성에게 이혼과 같은 종류가 그것입니다. 한 남자가 (처녀를) 범했을 때, 그는 그 처녀와 결혼하기 위한 값을 치르고 그녀를 아내로 맞이해야 합니다. 그러나 우리 주님이 그 백성의 완고함 때문에 언제나 그렇게 명백한 법들을 명하지는 않으셨습니다."[50] "유대인들조차도 모세의 법을 가지고 있으면서도, 그들의 환상 가운데 떠오르는 일을 가지고서 아내들을 내쫓습니다. 만일 한 아내가 별로 예쁘지 않다면, 또 어떤 아내는 부자가 아니라면, 무분별하게 이혼이 일어납니다. 우리 주 예수 그리스도가 이혼을 인정한 것은 사실입니다만 반만 그렇습니다. 사실상 우리 주 예수 그리스도는 하나님이 거의 고쳐질 수 없고 길들여질 수 없는 이 백성의 완고함을 고려하셨다고 선언합니다. 그래서 한 남자가 자기 아내와 헤어지기를 원할 때, 그는 그녀가 자기마음에 들지 않았지만 음란하지는 않았다는 표시를 그녀에게 주어야 했습니다."[51]

둘째는, 정책(police)때문이라는 것이다. 정책이란 항구적이고 일반적인 법은 아니지만 특정 사회와 시대의 필요에 따라 제정해서 시행할 수 있는 성격의 것이다. 칼뱅은 이혼과 관계된 정책을 몇 가지 설명한다. 먼저, 첫째 이유의 연장으로서 백성의 완악함을 억제하고 제어하기 위한 고삐로서의 정책이었는데, 그것으로써 사람들의 질서를 보장하려는 것이다.

"적어도 사람들을 완전으로 인도하기 위한 것이 아니라 그들에게 어떤 고삐를 채우기 위한 정책이 있습니다. 그러나 모든 것이 그들 사이에서 혼란스럽지 않게 하기 위해서입니다. 그래서 정책은 율법이 요구하는 완전에 대한 그런 관심을 가지고 있지 않습니다."[52]

"하나님은 이혼을 처벌하지 않으셨습니다. 결혼은 본성상 율법에 관한 한, 그리고 그것을 제정하시고 결혼이 훼손되지 않아야 한다고 보여주신 하나님의 뜻에 관한 한 파기할 수 없습니다. 그래서 이혼이 허용되기는

---

50) 4e sermon sur le ch. XXII du Deutéronome, *Opera*, XXVIII, 46.
51) 42e sermon sur l'Epître aux Ephesiens, *Opera*, LI, 775.
52) 7e sermon sur le ch. XXIII du Deutéronome, *Opera*, XXVIII, 141.

하지만, 이 세상의 사람들에게 고삐를 채우는 것일 뿐이고, 성령에 의해 다스려지는, 마땅한 하나님의 자녀로서 그들을 개혁하는 것이 아닌 공통의 질서 안에서입니다. 그러므로 첫째에 관한 것이 바로 이것입니다. 즉 하나님이 합법적인 이유 없는 이혼들을 처벌하지는 않으셔도, 그럼에도 불구하고 그분은 언제나 그 불명예를 비난하며, 그래서 결혼이 손상되지 않고 남아 있기를 원하셨습니다."[53]

그 정책은 인간의 약함 때문에 세워진 것이기도 하다. "그러나 언제나 여기로 돌아와야 하는데, 하나님께서 사람들의 약함으로부터 생길 수 있는 것을 보시고 정책으로서 세웠다는 점입니다. 적어도 우리가 열망해야 하는 하나님의 말씀 안에 포함된 완전함을 방해하지는 않습니다."[54]

물론 정책이 법을 대체하는 것은 아니다. 오히려 법은 법대로 엄연하게 있지만, 약한 사람들을 엄하게 다루면 그나마 더 나빠지므로, 정책으로써 약함을 감싸주면서 점차 법이 요구하는 완전을 향해 점차 나아가도록 돕는다는 것이다. "이 법에서 첫째로 주목해야 합니다. 하나님이 그렇게 이혼을 허용하셨을 때, 그것은 그것을(이혼을) 적법한 것으로 만들기 위해서가 아니었습니다. 오히려 그것은 그분이 유대인들을 향해서 엄하게 행하기를 원치 않으셨다는 것입니다. 그런데 결혼법이 완전하게 남아 있었기 때문에, 앞에서 다루어진 대로, 정책은 십계명들을 어기기 위해서도 아니고, 수정하기 위해서도 아닙니다. 하나님은 두 돌판에다 완전함과 우리가 거기에 맞추어야 할 확실하고 변치 않는 규칙을 담으셨습니다. 그러나 정책이 있습니다. 이것은 그 십계명을 하나도 수정하지 않습니까? 예. 바로 그대로 우리는 살아야 합니다. 그러나 정책은 그것을 돕기 위해서 존재합니다. 우리에게 완전을 보여주기 위해서가 아니라, 우리를 그리로 이끌기 위해서입니다."[55]

---

53) *Ibid.*, 142.
54) 3e sermon sur le ch. 21 du Deutéronome, *Opera*, XXVII, 667.
55) 7e sermon sur le ch. XXIII du Deutéronome, *Opera*, XXVIII, 140.

또 한 가지, 이혼을 허용하면서 부당하게 버림받은 자의 명예를 지켜 주고 그 이상의 억울함을 당하지 않도록 '표시'를 주는 정책도 있었다. "이제 이혼의 문제를 살펴봅시다. 정책에 한해서, 남편이 자기 아내를 떠나는 것이 허용되었습니다. 그러나 그것은 표시를 줌으로써 자기 남편의 잔인함에 의해서, 또는 그가 가진 어떤 고통에 의해서 아내의 명예가 훼손되지 않게 하기 위해서였고, 오히려 그녀가 자기 남편에게 신실하게 행했고, 따라서 그녀가 버림받은 것이 그녀의 잘못이 아니라는 것을 사람들로 하여금 인식하게 하기 위해서였습니다. 바로 그것이 정책입니다."[56]

그러나 이혼의 허용이란 정책은 영원불변의 것이 아니다. 즉 그 허용은 구약시대의 것일 뿐, 신약 이후로 특히 칼뱅의 동시대에는 예수 그리스도가 가르친 그대로 간음 이외의 이혼이 허용되어서는 안 된다는 것이 그의 기본입장이었다. 왜냐하면 예수 그리스도의 도래 이후 사정이 달라졌고, 성전 제사를 지내야 했던 구약시대 사람들보다 당시는 큰 부담도 없이 살고 있으며, 무엇보다 구약의 정책을 인정하면 일부다처제 역시 정책으로 승인해야 하는 어려움이 있었기 때문이다. 그는 신명기설교에서 말한다.

"그런데 사람들이 의문을 품는다면, 즉 그런 (구약에서 허용되었던) 이혼이 오늘날에도 허용될 수 있을까요? 우리 주 예수 그리스도가 다루었던 것을 봅시다. 그는 말합니다. 너희의 마음의 완고함으로 인해, 그것이 금지되지는 않았다는 것입니다. 그런데 유대인들에게 그런 허락이 주어졌다고 해도 오늘날 우리에게도 같은 것이 아닙니다. 왜냐하면 우리가 알고 있듯이 일부다처제가 처벌받지 않고 허락되었기 때문입니다. 그래서 오늘도 그렇게 하는 것이 어떤가요? 아닙니다. 하나님은 자신의 뜻을 유대인들에게보다도 더 완전하게 우리에게 계시하셨습니다. 그래서 우리가 그런 구속을 당하지 않는 것이 옳습니다. 게다가 그분이 우리에게 주신 자유는 이 점에 관해서는 우리를, 유대인들이 그러지 않았던 것보다 더 요구됩니다.

---

56) *Ibid.*, 143-144.

왜냐하면 그들은 제사들이나 그와 비슷한 것들에 있어서 그보다 더한 족쇄가 없을 정도로 무거운 족쇄를 가지고 있었기 때문입니다. 그들은 등이 휠 정도로 무거운 짐을 지고 있었으므로, 그들은 신음할 뿐이었습니다. 바로 그 이유에서 그는 말하기를, 율법은 공포만을 가져온다고 말씀합니다. 현재 우리는 그렇게 무거운 멍에로부터 해방되었습니다. 특히 제사들에 있어서 말입니다. 그래도 최소한 우리는 그만큼 우리 하나님의 뜻을 따르도록 요구됩니다. 그래서 이 모든 이혼들이나 일부다처제가 유대인들에게는 자유로 맡겨졌고 처벌을 받지 않았으나 오늘날 그리스도인들에게 있어서는 끔찍한 일입니다. 그러므로 바로 그것이 정책입니다. 그러나 중요한 것은 우리가 우리에게 적법한 것을 원해야 한다는 것입니다."[57]

그렇다면 칼뱅은 간음 이외에, 그리고 앞에서 보았듯이 신앙의 이유로 불신의 배우자로부터 이혼 당했을 경우를 제외하고는 어떤 이유로도 이혼이 불가하다고 했을까? 구약의 율법보다도 더 엄격한 예수 그리스도의 가르침을 문자적으로 따를 것을 주장했을까? 칼뱅은 강단에서 선포한 내용과 사뭇 다르게, 혹은 더 유연하게, 실생활에서는 이혼의 여러 경우를 인정하고, 법제화했다. 가령 1561년 교회법령에서, 결혼을 수행할 수 없을 정도로 신체적으로 심각한 흠이 드러난다든지 할 때 결혼은 무효로 선언되고, 상대편의 분명한 과오로 간음하게 된 경우 둘 다 유죄로 인정되며, 그것이 이혼을 목적으로 기도된 과오로 확인되면 이혼을 요청할 자격이 없어진다. 심지어는 단순 간음의 경우에도 이혼보다는, 강제적으로는 아니지만 용서와 화해를 권유하도록 했다.[58]

이혼의 주제를 마치며, 칼뱅에게는 이혼의 법적 문제에 관한 한 남녀 간에 차별이 없이 동등했다는 점을 지적해야 할 것이다. 그는 이렇게 말했다.

---

57) *Ibid.*
58) *L'Homme et la femme*, 136-137. Cf. "Les ordonnances ecclesiastiques de 1561," *Opera*, X, 105-114.

"최소한 두 사람은 여기서 동등한 자유와 권리를 가진다는 것을 지적해야 하는데, 서로가 서로에게 신실하고 성실할 것을 동등하게 상호적으로 약속했기 때문이다. 그래서 다른 일에서는 남편이 유리한 점이 있다고 해도 침대의 사용에 관한 한 (부부 문제에 관한 한) 아내는 남편과 같은 권리를 갖는다. 왜냐하면 그는 자기 몸의 주인이 아니기 때문이다. 그래서 간음을 범함으로써 결혼이 끝날 때 아내는 자유롭게 된다."[59]

그리고 이 평등은 법으로 정해져야 한다고 보았다. "옛날에는 이혼의 경우에 아내의 권리가 남편의 권리와 동등할 수 없었지만, 사도의 증언에 따르면 침실의 동거에 관한 한(부부 문제에 관한 한) 의무는 상호적이고 공통적이다. 거기에서 아내는 남편에게, 남편이 아내에게 종속적인 것 이상으로 종속적이지는 않다. 만일 남편이 간음을 해서 아내가 헤어질 것을 요구한다면, 선한 권유로써 그들을 화해시킬 수 없다면 허용되어야 한다."[60]

IV. 재혼

재혼은 결혼과 이혼의 연장선상에 있다. 그래서 칼뱅의 결혼과 이혼의 관점을 잘 이해하면 재혼은 별로 어렵지 않다. 칼뱅에게서 재혼할 수 있는 경우는 다음의 두 가지이다.

첫째, 배우자의 죽음으로 인한 분리이다. 이 경우는 더 말할 나위 없이 재혼이 정당하다. 칼뱅은 말한다. "오직 한 남자와 한 여자 사이의 결합이 훼손될 수 없다는 것을 증명하기에는 창조의 질서로서 충분하다. 만일 사람들이 그렇다면 첫째 아내가 죽은 뒤 다른 아내를 취하는 것이 허용되

---

59) *Commentaire*, Matt. 19:9. Cf. *L'Homme et la femme*, 73.
60) Projet d'ordonnance sur les mariages, 19 November 1545. 이것은 관습법과 교회법을 대체한 것으로서, 부분적으로 제네바에서 유효하게 남아 있다. *Opera*, X, 41. Cf. *L'Homme et la femme*, 73.

지 않아야 한다고 말한다면, 대답은 쉽다. 즉 죽음은 결혼의 관계를 폐지할 뿐만 아니라 또한 하나님께서 첫째 아내 자리에 두 번째 아내를, 마치 언제나 동일한 아내였던 것처럼 대신하게 하신다는 것이다."[61]

둘째는, 합법적으로 이혼한 사람들에게도 허용된다. 칼뱅의 경우에 원칙적으로는 예수 그리스도의 말씀에 따라 간음한 이유 외에는 이혼할 수 없다고 했으나, 현실에서는 신앙의 차이로 버림받았을 경우 외 여러 가지 부득이한 경우도 이혼이 허용되었다. 그런 경우는 모두 분리가 합법적이므로 당연히 재혼도 합법적이고 이혼한 사람은 자유롭게 된다.[62]

반면에 칼뱅은 재혼할 수 없는 경우도 지적했다. 가령 교회법령에서 규정한 대로, 결혼생활을 수행할 수 없을 정도의 신체적 결함을 가지고 있어서 이혼(당)한 경우 재혼할 수 없었으며,[63] 또한 간음해서 이혼한 경우 간음한 당사자 역시 불가능했다.[64] 또한 칼뱅은 "버림받은 여자에게 장가드는 자도 간음이라"는 예수의 말씀을 따라 간음이 아닌 다른 이유로 이혼한 경우는 재혼이 불가능하다는 주장을 했다. 그럴 경우 혼자 살면서 화해와 재결합을 기다려야 하고, 그렇지 않고 다른 사람과 재혼하면 간음하는 것이라고 보았다.

"그런데 남편을 간음하는 자라고 말씀한 것은, 그가 자기의 결혼을 끊었기 때문이고, 그가 자기 아내와 분리되었을 때, 그가 아직 음란하지는 않았다고 해도 그가 그분이 주신 신앙을 변질시켰기 때문에, 그는 간음한 자

---

61) *Commentaire*, Matt. 19 : 4.
62) 위에서 보았듯이 *Commentaire*, I Cor. 7 : 1, 1er sermon sur le ch. XXIV du Deutéronome, *Opera*, XXVIII, 150 등이 모두 간음이나 종교상의 이유로 이혼당한 사람이 자유롭게 된다는, 즉 다시 결혼할 수 있다는 의미를 보여준다.
63) "만일 남편이 아내와 함께 살 수 없는, 천성적으로 저주받은 자이고, 이것이 자백이나 방문에 의해 사실로 확인된다면, 결혼은 무효로 선언되고, 아내에게는 자유가 선언되며, 남자에게는 이제는 어떤 여자도 속이는 것이 금지된다." *Opera*, 111. *L'Homme et la femme*, 137 재인용.
64) *L'Homme et la femme*, 74.

라고 불리는 것입니다. 우리가 말한 것이 바로 그렇습니다. 그런데 그는 자기 아내를 간음하게 만듭니다. 왜냐하면 아내가 정책에 따라서 새로운 짝을 찾을 자유가 있다고 해도, 그것이 하나님에 관해서라면, 그녀는 다른 짝을 찾아서는 결코 안 됩니다. 그리고 그녀는 미망인으로 처신해서도 안 됩니다. 그렇지 않고, 그녀가 재혼하게 되면 그녀는 간음을 범하는 것입니다. 바로 그 이유에서 성 바울도 말하고 있습니다. 만일 한 아내가 남편과 분리된다면, 간음한 이유가 결코 아닌데도, (왜냐하면 그는 그것을 그렇게 이해하지는 않지만, 결혼에서 남편이 아내를 견딜 수 없어서 같은 어떤 이혼들이 있습니다.) 그녀는 혼자서 살든지, 아니면 자기 남편과 화해하라는 것입니다. 바로 그것이 성 바울이 내린 처방입니다. 그리고 그것은 양심에 관한 그리스도인들에게도 속하는 새로운 처방이 아닙니다. 그것은 언제나 그랬습니다. 그래서 성 바울은 하나님의 율법에, 그분의 모든 자녀들의 공통적인 규칙에 하나도 덧붙이는 것이 없습니다. 그러나 유대인들이 그들의 마음의 완고함 때문에 이런 정책을 가졌지만, 그래도 아내는 그 남편이 그녀를 버렸을 때, 차라리 혼자 살아야 했거나 아니면 재혼하기보다는 그와 화해하는 수고를 해야 했습니다."[65]

V. 칼뱅 결혼관의 특징과 의미

이상에서 살펴본 칼뱅의 결혼관을 정리하면 다음과 같다.

결혼은 하나님이 세우신 거룩한 제도이고 그분이 주재하고 이끌어간다. 물론 혼인이 가톨릭교회에서처럼 성례전은 아니지만, 그 계약은 남녀 사이의 계약일 뿐만 아니라 하나님과의 계약으로서 존중되어야 한다. 인간은 결혼함으로써 사회를 이루고 인류를 번성하게 하려는 하나님의 뜻과 섭

---

[65] 7e sermon sur le ch. XXIII du Deutéronome, *Opera*, XXVIII, 143-144.

리에 참여한다. 그뿐만 아니라 인간은 남녀 각각의 성으로 태어난 불완전한 존재, 미완의 존재이기 때문에, 결혼으로 얻은 배우자와 함께 하나의 조화롭고 완성된 인격과 존재를 이뤄나간다. 부부간의 일치와 결합은 떼려야 뗄 수 없는 것으로서 신자들과 그리스도와의 연합과 같은 것이다.

그런 점에서 이혼은 근본적으로 금지되며 오직 간음의 경우에만 허용된다. 그것이 그리스도인에게 적용되는 그리스도의 말씀이고 법이지만, 인간의 약함과 완악함, 그리고 여러 복잡한 사정들을 고려해서, 구약에서도 그랬지만 정책적으로써 신중하게 제한적으로 허용될 수 있고, 간음의 경우에도 헤어지기보다는 화해하도록 권고되었다.

결혼은 절차와 격식을 갖춰야 하고, 그를 통해 부부는 사회적으로도 인정을 얻어야 한다. 그리고 부부는 하나님이 세우신 결혼의 목적을 이루기 위해서, 최소한 이혼을 하지 않기 위해서, 정절을 비롯해서 상호 간의 의무를 다해야 하며, 특히 남편들은 아내를 사랑하고, 원인이 아내에게 있다고 해도 그것을 이유로 분노하거나 유기하거나 내보내려고 하지 말고, 용서하며 끌어안고 평화와 일치를 이뤄가야 한다. 그를 위해 스스로 낮아지셔서 우리의 모든 오류와 허물과 더러운 죄를 깨끗하게 씻어주신 예수 그리스도를 보아야 하고, 성령의 도우심을 구해야 한다.

그렇게 요약되는 칼뱅의 결혼관은 다음의 몇 가지 특징을 갖는다.

첫째, 신 중심적이면서 동시에 인간의 참여와 책임을 촉구한다는 점이다. 결혼은 하나님의 계획과 뜻에 의해 세워진 제도로서 하나님이 이끌어가지만, 그럼에도 불구하고 인간의 책임과 의무가 강조되었다. 그래서 하나님의 주권과 인간의 자유가 적절하게 균형을 이루고 있다. 우리는 여기서 신중심주의와 인간중심주의의 조화 또는 역설적 일치를 발견하며, 그런 점에서 칼뱅 사유의 통전적이고 전체적인 면모를 확인할 수 있다.

둘째, 칼뱅의 결혼관은 시종일관 성서에 바탕을 두고 있으며, 성서의 가르침과 의미를 살리는 것으로 전개되었다는 점이다. 특히 결혼과 이혼에 관한 신약에서의 그리스도와 바울의 관점에 매우 의존적이고 흡사하다. 그러나 또한 그는 당시의 현실도 고려해서, 구약에서 그랬던 것처럼 정책으로서 여러 가지 점들을 반영한 결혼관을 발전시켰다. 그런 점에서 그의 결혼관은 현실적이고 또 합리적이라고도 평가할 수 있다.

셋째, 그의 결혼관은 이론적이고 관념적이 아니라 매우 구체적이고 실제적이었으며, 직·간접적인 경험에서 우러난 것이라고도 할 수 있다. 당시는 남성중심사회로서 결혼에서의 남편들의 폭력이나 혈기, 주체할 수 없는 성적 욕망과 방탕, 빌미를 잡아 내쫓은 뒤 새 여자를 얻으려는 욕심, 심지어는 합법적으로 이혼하려고 상대의 간음을 조장하는 행위, 아내에 대한 성적인 유기까지도 칼뱅의 눈에 걸려들어 그의 결혼관을 풍부하고 다채롭게 해주었다.

넷째, 결과적으로 그의 결혼관은 당시 사람들에게 결혼생활에 대한 이해를 돕고, 잘못 나가려는 욕망을 억제하면서 동시에 건강하고 화목한 결혼이 되도록 도왔다고 할 수 있다. 즉 그의 결혼관은 제네바 시민들의 결혼생활을 돕는 데 유용했다는 것이다. 그리고 그의 이론은 현대 그리스도인에게도 결혼에 대한 이해나 실생활에서 많은 도움이 된다는 것을 부인하기 어렵다.

제11장

일부다처제와 독신주의

일부다처제와 독신주의는 모두 결혼을 둘러싸고 발생하는 두 가지 양극단의 형태이다. 하나는 중혼으로서 이미 결혼했는데도 계속 결혼하는 것이며, 또 하나는 아예 결혼 자체를 거절하는 것으로서, 모두 인류 역사에 오랜 뿌리를 두고 있고 현재도 성행하고 있다. 즉 일부다처제는 이슬람문화권 내에서 합법적인 결혼으로 인정되고 있을 뿐만 아니라 서구나 동양 사회에서도 전처럼 흔하지는 않지만 음성적으로, 또는 변형된 형태로 남아 있는 유습이다.

독신주의는 주로 종교적인 영역에서 이뤄져 왔던 것으로서, 특정 종교인들에게는 하나의 의무이며 미덕으로 숭상되어 왔으며, 그런 성격은 현대에까지 불교와 가톨릭교회에서 이어지고 있다. 그러나 현대사회에서는 그런 종교인들뿐만 아니라 일반인들까지 독신으로 사는 사람들이 많으며, 독신적인 삶에 더 큰 가치를 매기며 그를 확신하는 독신주의가 확산되고 있다. 그런 현상을 보면서, 개신교에서는 이에 관해 어떤 입장을 보여왔으며, 또 보여야 할까? 단지 우려하기만 하고 비판하기만 하면 될까? 아니면 시대의 흐름과 현상으로 묵인하고, 동조하거나 혹은 개인들의 선택에만 맡겨야 할까?

그런 논의를 위해서, 이 장에서는 칼뱅이 말했던 일부다처제와 독신주의에 관해 알아본다. 사실상 그런 것들에 관한 칼뱅의 입장은 이제까지 개신교 도덕의 하나의 표준같이 되어왔던 것으로서 진부하고 새로울 것이 없다고 치부할 수 있다.

그러나 그의 말들을 전체적으로 또 상세하게 살펴보면, 그런 입장이 나오게 되는 과정들, 이유들을 생각하게 되고, 그래서 단편적인 결과들만이 아니라 하나의 맥락을 가진 사상으로 이해할 수 있게 된다. 그런 이해를 가질 때 칼뱅과 개신교의 전통적인 입장이 새로운 무게로 다가온다고 할 수 있다.

그런 이해가 현대 개신교도들의 전통적인 가르침과 규범들에 대한 태도들을 훨씬 신중하고 진지하게 한다. 그래서 그들이 전통을 수용하든, 재해석하든, 재창조하든 그 어떤 것이라도 다 이유와 의미를 가지고 가능하게 해준다. 그런 점에서 칼뱅의 생각과 주장을 살펴보는 것은 필요하고 또 중요하다고 할 수 있다.

자료로서는 주로 칼뱅의 『기독교 강요』와 성서주석들, 설교문들을 사용한다. 그 속에서 우리는 여러 정황 속에서 그가 이 주제들에 관해 했던 말들, 주장들을 생생하게 접할 수 있다. 유감스럽게도 칼뱅의 일부다처제나 독신주의를 다루었던 2차 자료는 국내외를 막론하고 거의 없다고 할 수 있다. 단지 앙드레 비엘레의 『칼뱅주의 도덕에서의 남성과 여성』에서 독신주의가 일부분 다뤄지고 있고,[1] 더글라스의 『칼빈의 여성관』에서도 역시 약간 다뤄지고 있을 뿐이지만,[2] 일부다처제에 대한 연구는 전무하다.

---

1) *L'Homme et la femme*.
2) J. D. 더글라스, 심창섭 역.

I. 일부다처제

칼뱅에게서 결혼이란 이론의 여지없이 일부일처제였으며, 그는 그 점을 분명히 하기 위해 많은 노력을 기울였다. 즉 그는 결혼을 말해야 하는 장소에서는 거의 일부일처제라는 것을 강조했고, 이어서 일부다처제를 공격하면서 그 가능성 자체를 끊으려고 했다.

"여기서 둘이라는 분명한 언급은 되어 있지 않지만 의미에 있어서 모호한 점은 전혀 없다. 왜냐하면 그는(모세) 하나님이 남자에게 여러 아내가 아니라 오직 하나만 배정했고, 일반적인 면에서 여자를 단수로 표현했기 때문이다. 그러므로 결혼은 두 사람 사이에서 이뤄지는 것이다. 거기로부터 일부다처제라고 불려지는 여러 아내를 거느릴 권리보다 더 하나님의 제도에 부적절한 것은 없다는 것이 명백하게 드러난다. 여기에서 일부다처제가 하나님의 제도에 크게 불일치한다는 점도 쉽게 드러난다. 그러므로 일부다처제라는 것이 참되고 합법적인 결혼의 타락이란 것은 의심할 바 전혀 없다."[3]

칼뱅은 말라기서의 예를 가지고도 말한다. "그는(말라기) 유대인들이 여러 아내들을 취함으로써 훼손한 결혼의 서약을 다룬다. 그 악을 고치기 위해서, 그는 하나님이 태초에 함께 결합시켜준 남자와 여자의 쌍을 '오직 한 사람'이라고 부름으로써 각자가 자기 아내에게 만족하기를 배우도록 한 것이다."[4]

그는 디모데서설교에서도 역설한다. "하나님의 첫 번째 명령에서, 우리를 창조하신 분, 우리의 아버지인 분, 그가 오직 한 남자만을 만들지 않았느냐, 그에게 한 여자만을 붙여주지 않았느냐고 말씀합니다. 한 남자에

---

3) *Commentaire*, Genèse 2:24.
4) *Ibid.*, 1:27.

게 세 명이나 네 명의 아내를 준 것이 아니지 않습니까? 그가 그 안에 풍부한 영을 가지지 않았습니까? 그래서 그는 한 아담에게 세 하와를 주지 않으셨습니다. 그는 말씀하셨습니다. 한 도움이 되라. 거기서 하나의 도움이라고만 말해집니다. 즉 남자에게 하나님께서 붙여주신 아내입니다."[5]

1. 일부다처제를 배격한 이유

칼뱅이 일부다처제를 그렇게 배격했던 것은 물론 그 관행이 너무나 만연했음을 보았기 때문이다. 그는 그 관행을 자신의 나라에서뿐만 아니라 터키 같은 이슬람 국가들 속에서, 그리고 동시대뿐만 아니라 성서, 심지어는 신약시대 속에서도 발견했고, 지적했다.

"일부다처제가, 즉 여러 아내를 취하는 것이 이미 많은 이들 가운데서 이뤄지고 있지만, 둘을 서로 함께 결합하게 하는 하나님의 법을 폐지하고 위반하는 것은 사람들의 의지나 욕구에 맡겨진 것이 결코 아니다."[6] "보십시오. 많은 나라들이 셋이나 네 명의 아내를 거느리는 것을 합법적으로 여겨 왔습니다. 그리고 오늘날에도 여전히 터키인들이 허용하고 있습니다."[7] "이런 관행은 동방의 여러 나라들에서 아주 흔한 것일 뿐이다."[8] "그런데 족장들은 악한 풍습에 의해서 더럽혀졌고, 그들의 후손은 그들의 인종으로부터 나옴으로써 피부색을 가지게 되었는데, 그들이 여러 아내들을 거느릴 권한이 주어졌기 때문입니다. 아브라함과 야곱이 그렇게 했고, 다윗과 또 그런 사람들이 그랬습니다. 성 바울의 시대에도 유대인들 사이에 한 남자가 여러 여자를 거느리는 풍습이 있었던 이유가 그것입니다."[9]

---

5) 21e sermon sur la 1ere Timothée, *Opera*. LIII, 251.
6) *Commentaire*, Genèse 16:1.
7) 42e sermon sur l'Epître aux Ephésiens, *Opera*, LI, 775.
8) *Commentaire*, Genèse 29:27.
9) 21e sermon sur la 1ere Timothée, *Opera*, LIII, 245.

그렇다면 칼뱅은 어떤 이유에서 일부다처제를 반대하고 비판했을까? 그것은 이미 위의 인용문들에서도 일부 알 수 있지만 그것이 하나님이 창조한 결혼제도가 아니라는 것이다. 즉 결혼은 일부일처제이므로 일부다처는 '결혼의 부패'이고, '적법하지 않으며' '하나님의 질서' 또는 '하나님의 법칙'을 훼손하는 것이기 때문이다. 그는 말한다.

"남자가 두 여자와 결혼하는 것은 결코 적법하지 않다는 것을 압시다. 그것은 하나님의 질서를 훼손하는 일입니다."[10] "그러므로 우리는 하나님의 순수한 말씀을 붙들고, 우리에게 적법한 것만을, 말씀에 따라 정해진 것 규칙만을 주장합시다. 바로 그것이 여기서 말해지고 있는 일부다처에 관한 것입니다. 만일 누가 두 아내를 얻는다면 그는 하나님이 세우신 질서에 반하는 것입니다."[11]

결국 일부다처제는 합법적일 수 없고, 침상을 더럽혀서 결혼을 전복시켜 놓는 일과 다름없다. 칼뱅은 사라가 아브라함에게 종을 첩으로 내어준 일을 비판하며 말한다. "아무리 사태가 절망적이었다고 해도 그녀는 하나님의 뜻과 자연의 합법적 질서에 맞지 않는 것은 절대로 시도해서는 안 되었다. 하나님은 인류가 거룩한 결혼의 방식으로 생육하고 번성하기를 원하셨다. 그러나 사라는 오직 두 사람에게만 주어진 침상을 더럽힘으로써 그것을 뒤엎어버렸다."[12]

그래서 칼뱅은 그렇게 불법적인 일부다처를 하느니 차라리 이혼하는 것이 낫다고까지 했다. 그는 라반을 비판하며 말한다. "그는(라반) 그런 불법적인 거래를 하게 됨으로써 그에게 닥칠 불명예를 생각하지 않고, 거기에서 어떤 이득이 생기기만 한다면 상관하지 않은 채 심지어 자기 딸을 매물로 내어놓기까지 한다. 그는 자기 조카를 일부다처제에 빠뜨리게 할 뿐만 아니라 그와 자기 딸들을 근친상간적 결혼으로 더럽히는 중죄를 저지르

---

10) 4e sermon sur le ch. 17 du Deutéronome, *Opera*, XXVII, 475.
11) 3e sermon sur le ch. 21 du Deutéronome, *Ibid.*, 667.
12) *Commentaire*, Genèse 16:1.

고 있다. 만일 어떤 아내가 남편으로부터 조금도 사랑받지 못할 때, 남편은 아내를 볼모로 잡아둔 채 다른 아내를 얻어서 슬퍼 죽게 만드느니 내보내는 것이다. 그래서 주께서 말라기를 통해 이혼이 일부다처보다 더 용납할 만하다고 선언하신 것이다."[13] 또한 신명기설교에서도 말한다. "우리 주님께서 그의 예언자 말라기가 일부다처를 다룰 때 그를 통해서 말씀하시는 것을 봅시다. 만일 아내가 너의 마음에 들지 않는다면 여럿을 더하러 가지 말고 차라리 아내를 내보내라는 것입니다. 그가 남자에게 아내를 내버리는 허가를 주는 것이 아닙니다. 오히려 그는 아내를 그렇게 한탄 가운데 묶어두기보다는 내보내는 것이 더 낫다고 말합니다. 그는 두 가지 악을 비교하고 있는 것인데, 우리는 언제나 최악의 것을 피해야 합니다."[14]

칼뱅이 일부다처제를 배격했던 것은 아내들 사이의 불화, 더 나가서는 가정의 불화라는 현실적인 이유도 있었다. 그는 레아와 라헬 사이의 질투와 시기, 경쟁, 분란을 보면서 사람들이 일부다처제를 두려워하게 하기 위한 하나님의 형벌을 발견했다.

"라반은 탐욕으로 눈이 멀어서 자기 딸들을 평생 동안 불화와 적대심을 가지고 싸우게 만든다."[15] "레아는 분노하며 말하는데, 이는 그녀의 마음이 분기로 가득차서 자기 동생에게 예의 바르고 온화하게 말할 수 없었기 때문이다. 아마도 그녀들이 천성적으로 투쟁적이지는 않았을 것이다. 오히려 하나님께서 그녀들이 그런 식으로 싸우게 허용하심으로써 후손들로 하여금 일부다처제의 형벌이 어떤 것인지를 보게 하려는 것이었다."[16]

---

13) *Ibid.*, 29:27.
14) 7e sermon sur le ch. 23 du Deutéronome, *Opera*, XXVIII, 145.
15) *Commentaire*, Genèse 29:27.
16) *Commentaire*, Genèse 30:15.

2. 일부다처제 어디서 왔을까?

그렇다면 일부다처제는 언제, 어디에서 시작되었을까? 칼뱅은 창세기를 주석하면서 가인의 아들 라멕에게서 일부다처제의 기원을 발견했다.

"우리는 이 불행하고 패역한 인종에서 일부다처제, 즉 여러 아내를 취할 수 있는 제도의 기원을 발견한다. 그것의 최초의 창시자는 인간성이 없는 잔인한 사람이었다. 그가 이것을 마치 지위가 높고 욕심이 많은 사람들이 흔히 그렇듯이, 자기 집안을 늘리고 번성하게 하려는 너무 강한 욕심으로 그랬는지, 음란에 사로잡혀 그랬는지를 아는 것은 그렇게 문제가 되지 않는다. 왜냐하면 그는 그 두 가지로써 하나님에 의해 명령된 결혼의 거룩한 법을 위반했기 때문이다. 하나님은 두 사람이 한 몸이 되라고 결정하셨다. 그것이 자연의 항구적인 질서이다. 라멕은 하나님에 대한 야만적인 경시로써 자연의 법칙들을 타락시켰다. 그러므로 주님은 합법적 결혼의 타락이 가인의 집과 라멕의 인격에서 시작되게 하기를 원하심으로써, 여러 아내를 취하는 자들을 그런 예를 따르는 수치를 당하게 하신 것이다."[17]

본문에서 칼뱅은 일부다처제의 원인을 규명하는 일은 중요하다고 보지 않았다. 인간의 자손에 대한 욕심 때문이든 성적 욕정 때문이든 어떤 것이든 다 작용할 수 있기 때문이다. 그가 여기서 중요시한 것은 일부다처의 기원이 잔인하고 인간성이 나쁜 타락한 가인의 가계였다는 것이고, 거기에는 일부다처주의자들이 수치스럽게 만들기 위한 하나님의 뜻이 숨어 있다는 것이다. 요컨대 일부다처제는 더러운 조상으로부터 유래된 것이다!

그런데 문제는 일부다처가 어디 한 가계, 한 나라, 한 인종만의 문제인가? 선택된 하나님의 백성, 심지어는 믿음의 조상이라고 일컫는 아브라함도 역시 그러지 않았는가? 칼뱅은 그런 딜레마를 관행에 약한 남자들의 습성에서 찾았다.

---

17) *Ibid.*, 4:19.

"일부다처제가 어디에서 온 것인지를 물을 수 있습니다. 그것은 하나님의 백성에게서가 아니라 카인의 집에서 발견됩니다. 그래서 여러 아내를 거느리는 이 악을 거기에 세운 것은 사탄입니다. 그런데 족장들이 거기에 빠져 들어갔습니다. 남자가 어떤 일이 완전히 관습이 되었을 때는 거기로부터 자기를 지키는 것이 어렵기 때문입니다."[18]

3. 성경이 일부다처제를 비난하지 않은 까닭

그렇다면 성경은 왜 그런 족장들의 일부다처에 대해 비난하거나 정죄하지 않았을까? 하나님의 신성한 결혼을 더럽히는 타락한 가인의 후예들의 악습인 일부다처에 대해 의외로 당연한 일로 받아들이는 구약성서의 시각을 칼뱅은 '허용'이라는 개념으로 풀어나간다. 즉 성서는 원래 일부다처를 합법적인 결혼이 아닌 것으로 정죄하지만, 그것이 만연한 현실에서 유대인들이나 족장들에게 '허용되었다'는 것이다.

"그래서 그것이(일부다처) 허용된 것 같습니다. 그러나 그런 경우가 있으니까 그것이 더는 일어나지 않게 하기 위해서 우리 주님께서는 왕들에게 아내 수를 늘려나가는 것을 금지하셨습니다. 그러나 여기서 다윗도 아내들이나 재물들도 많았고, 또한 솔로몬은 더 하지 않았느냐고 의문을 품을 수 있습니다. 다윗이 여러 아내를 거느렸다는 것을 부인할 수 없습니다. 그 다음에 솔로몬은 더 많은 아내를 거느렸습니다. 거기에 대해서 그가 정죄된 것 같지 않습니다. 왜냐하면 성서는 그의 마음이 이방 여인들에 의해 좌우되지 않았다면, 그리고 그 여인들이 자기들의 미신과 우상 숭배로 그를 타락시키지 않았다면이라고 언급하지 않았기 때문입니다."[19] "여기에 우선되는 하나님의 제도가 있습니다. 그리고 그것은 끝까지 지속되

---

18) 4e sermon sur le ch. 17 du Deutéronome, *Opera*, XXVII, 475.
19) 4e sermon sur le ch. 17 du Deutéronome, *Opera*, XXVII, 475.

어야 합니다. 그러므로 우리 남자들에게 그런 것이 허용되고 여러 아내를 가지는 권리가 주어졌을 때 그것은 너무 혼란스럽고 과대한 것이라고 보입니다."[20]

그러나 족장들에게 허용되었다고 해도 역시 일부다처제는 칼뱅에게 불만스러운 것이었다. 더군다나 사람들이 그것을 보고 태연하게 일부다처로 빠져들어 갈 명분을 얻을 수도 있지 않은가? 그래서 족장들은 그랬다고 해도 '우리는' 그래서는 안 된다는 것이다. 칼뱅은 말한다.

"보십시오, 믿는 이들의 아비인 아브라함도 여러 아내를 얻었습니다. 그런데도 그는 정죄되지 않았습니다. 나머지 그의 생애 전체가 천사 같은 완전함의 거울이었습니다. 그러나 그는 그 점에서는 실패했습니다. 그러므로 우리는 하나님의 순수한 말씀을 붙들고, 우리에게 적법한 것만을, 말씀에 따라 정해진 규칙만을 주장합시다. 바로 그것이 여기서 말해지고 있는 일부다처에 관한 것입니다. 만일 누가 두 아내를 얻는다면 그는 하나님이 세우신 질서에 반하는 것입니다."[21]

4. 왕이나 목사들에게 금지된 일부다처

성경에서도 그것을 강조하기 위해서 왕들이나 교회지도자들에게는 일부다처가 금지되지 않았는가? 그것은 왕들이나 지도자들은 일부다처가 안 되고 일반인들은 된다는 의미가 아니다. 오히려 영향력이 크고, 모범이 되고, 주목을 받는 사람들에게 일부다처제를 금지함으로써 그런 악행이 위로부터 퍼져나가지 못하게 함과 동시에 일반인들도 보고 배우도록 하기 위함이었다.

"남자가 두 여자와 결혼하는 것은 결코 적법하지 않다는 것을 압시다.

---

20) 3e sermon sur le ch. 21 du Deutéronome, *Ibid.*, 667.
21) *Ibid.*

그것은 하나님의 질서를 훼손하는 일입니다. 그러면 왜 그것이 오직 왕들에게 금지되었습니까? 더군다나 그들에게 더 큰 자유가 있는데 말입니다. 우리 주님은 특별히 그들에게 여러 아내들을 가지는 것을 금하셨습니다. 그리고 다스리는 이들의 예가 사적인 사람들보다 더 나쁘기 때문입니다. 만일 누군가가 악행을 한다면 그것은 자기 집이나 주변을 넘어서 밖으로 나가지 않습니다. 그러나 탁월한 사람은 높은 자리에 있어서 사람들이 멀리서도 잘 봅니다. 그리고 만일 그가 방탕하다면 그 타락은 여기저기로 퍼져나갑니다. 그래서 하나님은 왕들에게 여러 아내를 거느리는 것을 금지하실 필요가 있었던 것입니다."[22]

신약시대의 교회들에서도 마찬가지이다. 일부다처는 목사들에게 금지되었는데 그것 역시 같은 이유 때문이었다. 바울이 그 말을 했던 당시도 전래의 관습에 의해서 일부다처가 성행했기 때문에, 모두에게 한꺼번에 금지하기 어려운 고충이 있어서, 우선은 "신중함의 거울로서 존재해야 하는" 목사들에게 금지되었다는 것이다.

"아브라함과 야곱이 그렇게 했고, 다윗과 또 그런 사람들이 그랬습니다. 성 바울의 시대에도 유대인들 사이에 한 남자가 여러 여자를 거느리는 풍습이 있었던 이유가 그것입니다. 그러나 우리가 선언했듯이, 이것은 적법한 것이 아니었습니다. 단지 그런 악이 한 번에 고쳐질 수 없었을 따름입니다. 그런 악이 범해졌을 때, 기대할 만큼 그렇게 쉽게 치유책이 찾아지는 것이 아닙니다. 그러므로 성 바울은 일부다처제라고 불리는 것, 즉 아내를 여러 명 소유하는 것을 정죄하지만, 무지에 의해서 취해졌던 아내들이 남편들에 의해서 버려지는 것이나 남편들이 그녀들을 내쫓는 것이나 거의 개선하려고 하지 않았습니다. 오히려 그는 그것을 일반 대중들의 나쁜 습관이나 악을 견디고 있습니다. 그러나 그는 백성에게 신중함의 거울로서 존재해야 하는 이들에게서 그런 것을 용납하기를 원치 않았습니다. 하나님의

---

[22] 4e sermon sur le ch. 17 du Deutéronome, *Opera*, XXVII, 475.

말씀의 사역자들은 다른 사람들에게 길을 보여주어야 합니다. 어떤 악이 개인에게는 용서된다고 해도, 직책을 가진 사람에게는 훨씬 엄격하게 고쳐져야 하는 것입니다. 바로 그 이유에서 성 바울은 목사들에게 그런 덕목을 요구한 것입니다."[23]

5. 서자들을 어떻게 대할까?

그렇다면 일부다처제 하에서 태어난 자녀들, 특히 서자들을 어떻게 생각해야 할까? 하나님은 그런 불법적인 결혼을 통해서도 자녀를 허용하는 이유는 무엇일까? 또 그렇게 태어난 아이들을 어떻게 대해야 할까?

칼뱅은 아브라함이 하갈에게서 이스마엘을 얻은 것을 보면서 자녀의 축복선언은 일부다처에도 해당되는 것을 인정했다. "하나님은 반쯤은 서자인 (왜냐하면 아브라함과 하갈 사이의 그 결혼은 합법적이 아니었기 때문입니다. 그것이 음란한 것은 아니었지만, 그 결혼은 하나님으로부터 인정받지 못했습니다.) 이스마엘을 인정하셨습니다. 우리 주님이 내가 너의 기도를 들었다고 말씀하셨을 때 이스마엘은 하나님의 승인을 받은 것입니다."[24] "결혼에 부가되는 '생육하고 번성하라'는 축복은 잘못된 음행자들에게까지 미친다."[25] 또한 칼뱅은 야곱의 첩들로부터 얻은 자녀들이 정당하게 받아들여지는 것을 보며 말했다. "하나님께서 불법적인 결혼에도 후손을 주는 영예를 베푸시는 것은 놀라운 일이다. 그러므로 그분은 이 악한 결혼으로부터 태어난 아이들도 합법적인 자녀로 인정되기를 원하셨다."[26]

---

23) 21e sermon sur la 1re Timothée, *Opera*, LIII, 245-246.
24) 1er sermon sur le ch. II du Deutéronome, *Opera*, XXVI, 11.
25) *Commentaire*, Genèse, 25:5.
26) *Ibid.*, 30:5.

6. 일부다처의 해법: 남편들이여 아내를 사랑하라, 마녀와 같더라도!

결국 일부다처제는 남편들의 마음에 달려 있는 문제이다. 특히 남편이 아내를 사랑하느냐, 하지 않느냐의 문제이다. 그래서 중요한 것은 아내를 사랑하는 일이다. 사실 그것이 일부다처제의 문제를 해결할 근본적인 방법 아닌가?

칼뱅은 신명기서를 설교하면서 아내를 사랑하라고, 아내가 밉고 마녀 같은 여자라고 해도 사랑하라고 아주 '처절하게' 호소하고 있다.

"그런데 이것은 우리에게 남자가 자기 아내에게 해야 하는 사랑을 하지 않을 때 이 일부다처제는 악한 감정을 갖게 한다는 것을 보여줍니다. 만일 남자가 그에게 명령된 대로 자기 아내를 진실하게 사랑한다면, 결코 마음이 흔들리지 않아서 내가 새 장가를 가겠다고 말하는 일도 없습니다. 그러므로 남자가 두 번째 결혼을 바라기에 앞서서 그는 이미 그의 마음이 타락하고 더러워진 것이고, 자기 아내를 거스르는 악심을 품는 것이고, 그래서 그녀에게 해야 하는 자기의 의무를 하지 않는 것입니다. 여기서 말하는 것은, 여러분 남편들이여, 자기 아내를 사랑하시오. 미워하면서 자기 살을 얻을 수는 결코 없습니다. 예언자 이사야가 모든 남자들에 대해 잘 논증하고 있습니다. 왜냐하면 우리는 우리 안에 공통적인 본성의 유사성을 가지고 있기 때문입니다. 그는 말합니다. 너는 네 살을 경시하지 말라. 그러나 남편이나 아내에 대해서, 하나의 다른 이유가 있습니다. 적절하게 말해서 그들은 한 사람일 뿐이기 때문입니다. 성경은 그들에 대해 말한 대로입니다. '그들은 한 살, 즉 한 인격인 둘이 될 것이다.' 그런데 지금 누가 자기 살을 미워한다면 미쳤다고밖에는 할 수 없지 않습니까? 거기에 대해서 성 바울은 결론을 내리기를, 만일 남자가 자기 아내를 사랑하지 않으면 그는 괴물과 같다고 합니다. 아내들이 종종 남편에게 미움 받을 구실을 주는 것도 사실입니다. 하늘의 천사들을 흔들어놓고 타락시키는 마녀들이 있습니다. 사실입니다. 그러나 남자는 그런 시험과 싸워야 하고, 어쨌든 그것을 이겨내야 하는데, 성령의 능력으로 말입니다. 그가 내가 여기에 한 여인과 결합해 있다는 것을 알게 될 때가 있는데, 그것은 우연히 생긴 일이 아니라 하나님이 그것을 원하셨기 때문입니다. 그러므로 나는 그것이 내게 아주 힘든 불행이라고 해도 결합해 있어야 합니다. 나는 그렇게 나쁜 아내의 악들을 고치도록 노력해야 합니다. 그러나 나는 내 안에 있는 것으로 여겨 아내를 보듬어야 하고 평화롭게 다루어야 합니다."[27]

II. 독신주의

칼뱅의 동시대였던 15, 16세기는 독신의 풍조가 주목할 만큼 늘어났으며, 결혼을 해도 늦은 나이에 하는 만혼의 경향도 뚜렷하게 나타났다. 에릭 미들포트라는 역사가에 따르면, 그것은 유럽의 역사상 가장 중대한 인구 변동 가운데 하나였다. 그는 당시 남자들의 초혼 연령은 25~30세였으며 여자들은 23~27세였고, 독신으로 남는 사람들의 비율도 약 5% 정도에서 약 20% 정도까지 증가했으며, 일부 지역에서는 그 비율이 훨씬 더 높았다고 한다.[28]

그 기준에서 보면 서른한 살에 결혼한 칼뱅 역시 만혼이었다고 할 수 있다. 그러나 칼뱅은 결혼을 기피한 것은 아니었고, 종교개혁자로서 가난과 불안정 그리고 위험한 상태 때문이었고, 그리고 무엇보다 적당한 상대를 찾지 못했다는 데 이유가 있을 것이다. 이 점에 관해 스토페르의 보고가 의미 있다.

"젊은 시절에 그가 원칙적으로 결혼에 반대했던 것은 결코 아니다! 그

---

27) 3e sermon sur le ch. 21 du Deutéronome, *Opera*, XXVII, 667-668.
28) H. G. Eric Midelfort, *Witch Hunting in Southwestern Germany 1562-1684: The Social and Intellectual Foundations*, 184-185. J. D. 더글라스, 심창섭 역, 124 재인용.

시절 그는 여러 번 교회의 독신생활에 항의했다. 그는 자신에게 결혼의 합법성 문제에 대해 문의했던 한 알려지지 않은 인물(목사)에게 썼다. '독신생활을 그토록 반대하는 내가 아직 결혼하지 않았고, 또 영원히 하지 않을지도 모릅니다. 만일 내가 부인을 맞는다면 이는 수많은 귀찮은 일들에서 해방되어 좀 더 주님께 헌신할 수 있기 위함일 것입니다."[29]

칼뱅은 개인적으로 결혼을 늦게 했고, 또 했다고 하더라도, 그의 서신에서 보듯이 여성에 대한 동경이나 열정보다는 어떤 필요나 다소 이기적인 목적이 더 크게 작용한 결혼이었다고 할 수 있다. 그렇기는 해도 그가 결혼에 관해서 자기의 문제와 별도로, 객관적으로, 즉 청중들이나 독자들에게 서술할 때는 성서적인 가르침과 또 개신교의 신학적인 관점에 입각했다.

그에 따르면 결혼이란 하나님이 세운 제도로서, 그것을 훼손하거나 폄하하는 것은 사탄의 기도이고 획책이다. "이제 모세는 결혼이 하나님에 의해 세워졌다고 반복한다. 그래서 사탄이 결혼을 여러 가지 방식으로 더럽히려고 하지만 그럴수록 우리는 그것을 모든 비난과 멸시로부터 지켜야 하며 그래서 거기에 속한 존경을 받도록 해야 한다."[30] "사탄은 결혼을 비방하기 위해서 두 가지 기술을 가지고 있었는데, 결혼에 대한 증오를 가지고 그는 독신이라는 구역질나는 법을 도입한다."[31]

어쨌든 칼뱅은 사람들이 독신을 예찬하고 권장하는 이유를 두 가지로 파악했다. 첫째로, 결혼을 속박으로 인정하며 동시에 성적으로 자유로운 삶이 좋다는 자유의 추구로서의 독신주의이고, 둘째로는, 종교적인 이유에서의 독신주의이다. 그것을 차례로 살펴보자.

---

29) R. 스토페르, 박건택 역, 23-24. 본문 중의 칼뱅의 서간문은 "Caelibatu, in ministro non ita reauiredu, esse," *Opera Calvini*, X/1, 226-229에서 발췌.
30) *Commentaire*, Genèse 2:22.
31) *Ibid*.

1. 자유의 추구로서 독신주의

독신자들 중에는 결혼에 묶이지 않고 성적 자유를 만끽하기 위해서 혼자 사는 사람들이 있다. 꼭 성적 자유만이 아니라고 해도, 결혼생활의 여러 가지 불편함이나 불리함 같은 것들이 결혼을 회피하게 하기도 한다. 즉 관계에 예속되기보다는 홀가분한 삶을 선호하는 사람들이 많다. 그런 사정은 칼뱅 당시에도 마찬가지였다.

"많은 사람들은 독신이, 즉 아내가 없는 고독한 상태가 자기들에게 더 유익하다고 평가한다. 그 이유에서 그들은 비참해지는 것을 겁을 먹고 결혼을 삼간다. 세속인들은 아내 없는 생활이 행복한 것이라고 정의했을 뿐만 아니라 조비니안을 반박하는 성 제롬의 첫 번째 책도 비난과 모욕으로 가득했는데 그럼으로써 그는 신성한 결혼을 폄하하고 더럽게 하려고 애썼다."[32]

"그러나 하나님이 누구도 결혼을 공격하는 것을 원치 않으실 뿐만 아니라 또한 그분은 남자들이 들짐승 같은 삶을 사는 것을 원치 않고, 음란이 유행하는 것도, 사람들이 결혼하지 않고 떠돌아다니는 것도, 그리고 여기저기 모든 만남에서 들짐승처럼 자기를 내던지는 것도 원치 않습니다."[33]

그런 이유로써의 결혼 기피에 대해서 칼뱅은 하나님이라는 대의를 들어서 권면한다. 우선 하나님은, 방금 인용한 설교에서 보듯이 사람들이 들짐승처럼 아무 관계나 맺으면서 살기를 원치 않는다. 칼뱅은 이어서 말한다. "그분은 우리가 몸으로나 영으로나 순수하고 깨끗하기를 원하십니다. 그래서 우리의 영혼뿐만 아니라 또한 우리의 몸도 성령의 전이라고 말해지는 것입니다."[34] 또한 결혼생활에는 속박이 있고 불편함도 있고 어려움도 있는 것도 사실이다. 그러나 결혼은 기본적으로 하나님이 인류의 행복을

---

32) *Commentaire*, Genèse 2:18.
33) 8e sermon sur le ch. V du Deutéronome, *Opera*, XXVI, 337.

위해 제정하셨다는 것을 알아야 한다. 칼뱅은 말한다.

"그들의 견해에 의하면, 한 아내와의 결합에 언제나 예속되기보다는 결혼하지 않고 지내는 것이 더 낫다. 그러나 하나님께서는 공통적으로 인류의 선과 유익을 위해서 결혼을 정하셨으므로 거기에 마음에 들지 않는 것들이 있다고 해도 그것을 경시해서는 안 된다. 결혼에는 많은 불만과 권태가 따르기 때문에 사탄은 그것을 언제나 구역질나는 것으로 만들어서, 사람들로 하여금 거기로부터 등을 돌리게 만든다. 그러나 우리 입장에서는, 우리는 결혼 안에 있는 모든 권태들은 우발적이라는 것을 기억해야 한다. 왜냐하면 사람들의 악에서 발생하기 때문이다. 게다가 인간 본성의 타락을 고려하자. 결혼은 약으로 사용되기 위해서 시작되었다. 달콤한 것에 쓴 것이 섞여 있다고 해도 놀랄 필요는 없다."[35]

2. 종교적 독신주의

사람들이 독신주의를 주장하는 두 번째 이유는 종교적인 것이다. 그리고 칼뱅이 본격적으로 그리고 철저하게 다루었던 것도 앞의 속박을 싫어하고 자유분방한 삶을 사는 독신자들보다는 바로 이 종교적 독신주의였다. 즉 다름 아닌 로마 가톨릭교회의 사제나 수도자들의 의무로서의 독신이었다. 칼뱅은 로마교회 성직자들의 독신제를 이렇게 격렬하게 비판했다.

"교황주의에서처럼, 가장 천사와 같은 덕목이 결혼하지 않는 것입니다. 수도자들은 결혼하지 않으면서 이것이 완전한 상태라고 말합니다. 사제들은 자신들이 하나님께 바쳐졌다고 말할 것입니다. 우리가 그분의 사제일 때 우리는 교회의 꽃과 같으므로 우리는 세상의 일반적인 오염들로부터 떨어져야 한다고 말입니다. 그래서 교황주의에서는 결혼하지 않을 때 낙원

---

34) *Ibid.*
35) *Commentaire*, Matt. 19:10-12.

의 천사들과 가까워진다고 평가합니다. 그러나 우리는 너무나 마귀적인 그런 교만으로 하나님께서 조롱당하신다고 봅니다. 결혼이 그렇게 무시당하는 것은 무지 이상으로 혐오스러운 일입니다. 하나님을 분노하게 하는 사제들, 수도사들 그리고 수녀들입니다. 그들은 하나님이 그들에게 베푸신 선을 거부합니다. 그들 안에 결함이 있다면 그들은 결혼해야 합니다. 그들은 모든 것을 분하게 여기고, 멸시하며, 더러운 것으로 치부합니다. 그러나 그것은 자연을 거슬러 싸우는 일입니다. 사람들이 자신들에게 주어진 처방을 발로 밟을 때 그런 거만에 대해서 하나님이 복수해야 하는 것 아니겠습니까? 환자가 자기 의사가 준 것임에도 불구하고 건강을 위한 약을 먹는 대신 땅에 던져 버렸다면 그는 미친 것이 아니겠습니까? 그것이 바로 거룩한 결혼을 배격했던 사제들이나 수도사들 수녀들의 그 모든 해충들, 교황주의의 지옥의 천사들이 했던 일입니다. 그렇게 함으로써 그들은 명백하게 하나님과 전쟁을 벌였던 것입니다."[36]

이런 비판의 요지는 세 가지라고 할 수 있다. 첫째는, 결혼하지 않는 것이 순수하게 하나님께 바쳐진 완전한 삶이고, 결혼은 세상의 일반적 오염이라는 인식 자체가 틀렸다는 것이다. 둘째는, 그래서 그들은 하나님이 제정한 결혼을 거부함으로써 하나님을 분노하게 만들고 선을 악으로 만든다는 것이다. 셋째는, 자신들의 자연적 본성이나, 결함이나 약함 같은 것들을 외면하고 자연과 거슬려 싸우고 있다는 것이다.

특히 이 세 번째 문제는 사실 심각한 폐해로 나타나는 것이 아닐 수 없다. 자연적 본성을 거부하고 그것과 싸울 때 잘 이겨내는 사람들도 있지만 그렇지 못한 사람들도 많다. 그 결과 교회 내에서 많은 성적인 문란과 타락이 자행되었다는 것을 부인할 수 없다.

"교황제 안에서 수녀들의 그 강제적 독신주의가 날마다 얼마나 가공할 만큼 무서운 범죄를 태동하는가? 육체적 욕망을 저해하기 위해서 거기

---

36) 8e sermon sur le ch. V du Deutéronome, *Opera*, XXVI, 344.

에 어떤 울타리, 어떤 장벽, 어떤 철망을 칠 수 있을까? 나는 단지 여수도자들이나 수녀들에 대해서만 말하는 것이 아니다. 그들은 또한 사제들이나 수도사들에게도 평생 동안 결혼하지 못하도록 강제한다. 그러나 수치스러운 정욕이 그들 안에 끓고 있어서 기꺼이 순결을 지키는 사람은 열 명 중 하나이다. 수도원에 대해 말하면, 단순한 간음은 거기서 가장 작은 악에 속한다."[37]

심지어는 동성애까지도 난무했는데 그것 역시 교회의 독신주의와 관계가 있었다. "교황주의의 열성주의자들이 어떤지를 보십시오. 가장 거룩한 사람들도 살펴볼 때, 어떤 사람들은 (나는 어디에서나 알려지고 유명한 사람들에 대해서 말합니다.) 입증될 것입니다. 즉 어떤 사람들은 서약위반이 입증될 것이고, 다른 이들은 거짓이나 도둑질로, 또 어떤 이들은 모든 음행과 모든 더러운 짓에 빠져 들어가는 데 주저함이 없을 것입니다. 또 다른 이들은 너무나 더럽고 끔찍한 욕망에 이끌려서 남색가가 되는데, 이는 그들에게는 하나의 직업과 같습니다."[38]

3. 독신은 소수에게 주어진 하나님의 은사이다

결국 문제가 무엇인가? 칼뱅에 따르면 독신 그 자체는 아니다. 독신은 일부 사람들에게만 주어진 하나님의 특별한 은사이고, 그 은사로써 하나님의 일을 더 잘 할 수 있다는 것이다. "결혼하지 않고 정결을 지키는 것은 각자의 능력에 달려 있지 않다. 오히려 하나님께서 어떤 사람들에게만 부여하는 특별한 은혜로서, 하나님을 더 신속하고 자유롭게 섬기게 하신다."[39]

그 은사는 자기가 선택할 수 없고, 하나님이 주시는 것이므로 인위적으로 억지로 해서는 안 되는 일이다. 가령 스스로 거세한다든지 하는 일을

---

37) *Commentaire*, Ire Timothée 5:11.
38) 4e sermon sur Ire Timothée, *Opera*, LIII, 48.
39) *Institution*. II, 8/43.

해서는 안 된다. 독신의 정당성은 하나님의 선택에 의해서 선선하고 기쁘게, 그리고 속박 없이 주의 일에 전념하는 데 있다. "하나님은 그 은사를 그가 주고자 하는 자들에게 주신다. 그런데 그 특별한 은사를 받지도 않은 자가 결혼하지 않고 사는 것을 선택하는 것은 미친 짓이다. 그러므로 스스로 거세하는 것은 사람의 의지대로 하는 것이 아니다. 그러므로 결혼하지 않고 사는 것이 덕목이라고 상상하는 것은 미친 환상이다. 왜냐하면 금식이 그런 것처럼 (독신의) 상태 그 자체는 하나님을 기쁘게 하지 못하고, 그것이 하나님이 우리에게 요구하는 순종의 점수들로써 계산될 만하지 못하기 때문이다. 그러므로 다른 목적으로 관련되어야 한다. 그리스도께서 특히 표현하기를 원했던 것은, 사람이 음란죄를 범하지 않는다고 해도 그가 자신의 편안함과 조용함만을 위해서 결혼하지 않고 산다면, 그것 역시 하나님을 기쁘게 하지 못한다는 것이다. 그는 하늘의 생명을 위한 더 큰 자유와 명상으로써 헌신하지 않는다면 결혼하지 않고 사는 것에 대해서 변명할 수 없다. 결론적으로, 그리스도는 하나님의 영광과 최선의 일들에 종사하기 위해 더 자유롭기 위해서 심사숙고한 뒤에 결혼하지 않는 것 외에는 결혼하지 않고 순결하게 사는 것만으로는 충분하지 않다는 것을 말씀하는 것이다."[40]

4. 은사가 아니면 고생하지 말고 죄짓지도 말고 결혼하라!

그러므로 결혼이냐 독신이냐의 문제는 주어진 은사에 따라서 자연스럽게 자신이 선택하는 것이지, 일률적인 의무나 강제로써 될 일이 아니다. 그래서 독신이 자신의 은사가 아니라면 당연히 결혼하고, 또 할 수 있어야 한다.

"나는 동정이 멸시해서는 안 될 하나의 덕목이라는 것을 인정한다. 그

---

40) *Commentaire*, Matt. 19:12.

러나 그것이 모든 사람에게 주어진 것이 아니고, 또 어떤 사람들에게는 일시적으로만 주어졌기 때문에, 욕정으로 시달리는 사람들은 결혼이라는 구제책에 의존해서 자신들의 소명의 정도에 따라서 정절을 지켜야 하는 것이다."[41]

"만일 자기 육체의 욕정을 다스리고 이겨낼 능력이 없다면 그는 그것으로써 하나님이 자신에게 결혼의 필요성을 부과한 것으로 이해해야 할 것이다. 그것이 바로 사도가 '음행의 연고로 남자마다 자기 아내를 두고 여자마다 자기 남편을 두라. 그리고 '만일 자제할 수 없으면 주 안에서 혼인하라'(고전 7:2, 9)고 선언한 것이다. 그는 그 말로써 첫째로, 인간의 대부분이 욕정의 악에 예속되어 있다는 것과, 둘째로, 그렇게 거기에 예속된 사람들 중 한 명도 예외가 없으므로 음란을 피하기 위해서 그가 제안하는 그 유일한 구제책으로 달려가기를 그 모두에게 명한다는 것을 의미한다."[42]

그러므로 표준은 자기에게 있고, 자신의 능력이 정당성을 말해준다. 사람들은 누구나 주어진 자기의 길을 따라 감으로써 하나님의 본성을 거스르는 일이 없어야 한다. 칼뱅은 말한다. "우리의 삶의 양식을 우리의 능력의 정도에 맞추어서 하나님과 그가 세우신 본성에 거슬러 싸워서는 안 되지 않는가? 하나님은 이 명령(7계)에서 음란을 금지하신다. 그러므로 그는 우리에게 순결과 정결을 요구하신다. 그런데 그것을 지키는 유일한 방법은 각자가 자기의 역량을 보는 것이다. 그리고 아무도 결혼을 무익한 것이라거나 불필요한 것으로 멸시해서는 안 된다. 그리고 여자 없이 지낼 수 없다면 결혼하지 않고 지내는 것을 소원해서도 안 된다. 여기서 아무도 자기의 편안함이나 육체의 평온함을 보아서는 안 되고, 오히려 하나님을 섬기는 일을 방해할 수 있는 인연을 벗어나서 그분을 더 잘 섬길 수 있기만을 추구해야 한다."[43]

---

41) *Institution*, II, 8/42.
42) *Ibid.*, 8/43.
43) *Ibid.*

5. 목사들의 결혼을 권장하다

그것은 목사들에게, 성직자들에게도 마찬가지이다. 칼뱅은 공관복음서 설교에서 '사가랴가 제사장의 직무를 마치고 집으로 돌아갔다'는 데 착안해서 말한다.

"오히려 우리는 사도가 결혼은 모든 사람에게 있어서 명예로운 일이라고 했던 말을 받아들여야 합니다. 거기에는 어떤 예외도 없습니다. 이는 우리가 목사들은 결혼해서는 안 된다는 결론을 내리지 못하게 하기 위해서인데, 그들이 결혼을 더러운 것으로서 금지했던 것은 마귀가 교황주의자들 속에서 발명해낸 미신입니다. 그래서 성령은 그런 너무나 저주받을 환상을 예방하기 위해서 사도의 입을 통해서 결혼은 모든 사람들에게 명예로운 일이라고 선언하셨던 것입니다. 바로 그것이 성 누가가 사가랴가 자신의 직무 시간 뒤에 자신의 집으로 돌아갔다고 이야기한 데서 기억해야 하는 점입니다."[44]

6. 초대 교회의 독신녀들은 '서원'이 아니라 '직무'였다

주지하듯이 디모데전서 5장에는 초대 교회에 "60세 이상 과부들의 명부"에 속해서 주의 일을 하는 독신녀들에 관해 나오지 않는가? 그러나 칼뱅은 그녀들을 이후 교회의 수녀들과 분명하게 구별하고, '서원'이 아니라 단지 하나의 '직무'로 선발된 여인들이었음을 강조했다.

"그러나 교황제에서는 그 자체가 하나님의 마음에 드는 덕목이라는 듯이 순결의 서원을 한다. 그런데 지금은 오늘날 가톨릭 사회에서는 그때가(60세) 되기 전에, 또는 아직 열기 넘치는 꽃 같은 나이에 결혼을 포기하는 서원을 하고 있다. 그러나 우리는 결혼을 영구히 금하는 가학적인 이 법

---

44) 5e sermon sur l'Harmonie evangélique, *Opera*, XLVI, 59.

을 두 가지 이유로써 배격한다. 첫째는, 그들이 하나님에게 공로가 되는 봉사라고 상상하고 있기 때문이고, 둘째는, 그들이 깊이 생각해보지도 않고 서원하는 참람함으로써 그들의 불쌍한 영혼을 붕괴시키기 때문이다. 그녀들은 결혼상태가 하나님 마음에 들지 않는다는 식으로 순결의 서원을 한 것이 아니라 오히려 그녀들이 뽑힌 그 직무가 필요했기 때문이다."[45]

이에 관해서는 더글라스의 평가가 적절하다. "칼뱅은 (초대 교회의 여자) 집사들은 이 독신서약을 그 자체 종교적인 것으로 간주하지 않았으며 오히려 그들이 임명받은 공적 직분을 감당하기 위해 필요한 조건으로 여겼을 뿐이라고 하였다. '만일 그들이 결혼의 굴레로부터 자유롭고 독립적이지 못하다면, 그들은 그 직분을 감당할 수 없었다.' 여자 집사들의 독신서약은 그들의 직분과의 관계에 있어서 순전히 기능적인 것이었으며 그다지 구속적인 것은 아니었다. 그렇기 때문에 그들이 독신을 유지할 수 없었을 때라도 그 서약이 취소되는 것은 아니었다. 따라서 칼뱅은 가난한 자들을 돌보면서 교회 안에서의 공적 직분을 자유롭게 감당하기 위하여 독신서약을 하고 살았던 초대 교회의 과부들과 젊은 시절에 은둔의 게으른 삶으로 도피한 것으로 본 중세 수녀들을 날카롭게 구분하고 있다."[46]

III. 칼뱅의 일부다처와 독신주의에 대한 평가와 의의

이상에서 살펴본 칼뱅의 일부다처제와 독신주의에 관해서 다음의 몇 가지 평가를 하면서 그 의의를 살펴보는 것으로 결론에 대신하고자 한다.

첫째, 칼뱅은 이 주제들을 철저하게 결혼의 관점에서 보았다는 점이다. 그에게서 일부다처는 정상적인 결혼을 파괴하는 일이었으므로 금지되

---

[45] *Commentaire*, Ire Timothée 5:12.
[46] J. D. 더글라스, 심창섭 역, 84.

었다. 또한 독신주의 역시 하나님의 신성한 결혼을 훼손하거나 가치 절하하는 것으로서 잘못된 일이었다. 칼뱅에게서 정상적인 것은 일부일처제의 결혼이었으므로, 언제나 이 제도를 세우고 강화하는 것이 그의 일차적인 관심이었다. 그래서 남편들이 가진 일부다처의 욕망에 대해서도, 아내에게 불만을 갖기보다는, 그리고 그 불만을 핑계로 새 아내를 얻으려기보다는 기존의 아내를 사랑하라고 했다. 심지어는 아내가 심각한 문제를 가지고 있다고 해도, 사랑으로 고쳐가면서 살라고 권면했다. 독신에 대해서도, 결혼생활이 불편함이나 속박이나 어려움들이 있다고 해도, 그런 모든 것들은 우발적이고 사람들의 악에서 기인된 것이므로 결혼을 회피할 이유가 되지 않는다는 것이다. 그런 문제점이 있지만 결혼은 기본적으로 하나님이 인류의 행복을 위해 제정한 것이므로 '달콤한 것에 약간의 쓴 맛이 섞여 있다고 해서' 거부하지 말라는 것이다.

그런 점에서 칼뱅은 전통적인 기독교의 가르침에 입각해서 결혼과 가정을 중시했다고 할 수 있다. 현대적인 관점에서 그것은 보수적이고 관례주의(conventionalism)적으로 보일 수 있으나 16세기라는 당시의 관점에서는 꼭 그렇게 보기만도 어렵다. 당시 궁정이나 귀족, 상류층에서는 성적으로 개방되어 로코코시대를 향해가던 때이기는 하나, 일부일처의 결혼이라는 제도는 공식적으로 흔들림이 없었다는 점을 유의할 필요가 있다.

둘째, 일부다처제에서, 칼뱅은 어떤 경우에는 그것을 인정하는 태도를 보이기도 했다. 가령 그가 야곱의 사건의 결과를 주석하면서 일부다처나 비정상적 결합도 하나님의 특별한 은혜로써 인정될 수 있다고 했다. "하나님의 명령과 자연의 거룩한 질서에 반하는 그 계약은(야곱과 빌하 사이의 결혼) 아무런 가치가 없으나, 특별한 혜택으로써, 그 자체로서는 잘못되고 불법적인 것이 결혼으로 인정되는 명예를 얻었다."[47]

그러나 이것은 야곱과 빌하의 결합의 결과가 좋게 나타났다는 일종의

---

47) *Commentaire*, Genèse 30:5.

결과론적인 평가일 뿐이고, 칼뱅이 일부다처제에 대해 가진 부정적 시각을 완화시킬만한 것은 아니라고 해야 할 것이다. 그렇기는 해도 거기서 칼뱅이 일부다처의 모든 경우를 가혹하게 보기만 한 것은 아니라는 점을 엿볼 수 있지 않을까?

최소한 칼뱅은 일부다처 아래서 태어난 자녀들에 대해서는 하나님의 복을 받는 합법적인 자녀로 인정된다는 관점을 가졌다. 가령 동시대에 조선에서 기득권 양반층들이 서출들을 대했던 태도와 인식을 생각해보라. 더군다나 유교사회는 일부다처가 더 성행했고 서자들도 훨씬 더 많지 않았는가? 그런 점들은 칼뱅이 복잡한 삶의 현실에 대한 이해를 가지고 있었으며, 엄격하고 경직된 율법주의나 규범주의자가 아니었고, 또한 태생적 조건을 빌미로 약자들을 차별하거나 가혹하게 대하는 인종주의자도 아니었다는 점을 보여준다.

셋째, 종교적 독신주의와 관련해서, 칼뱅이 적극적으로 싸웠던 것은 로마 가톨릭교회의 성직자들의 독신서원에 대해서였다. 칼뱅이 그것의 여러 문제점들을 보면서 밝히고자 했던 것은 독신은 하나님의 은사로서 자발적으로 선택되어야 하는 것일 뿐 결혼보다 더 순수하고 우월한 상태가 아니라는 점이었다. 이에 대한 더글라스의 평가를 인용한다. "칼뱅에게 있어서 독신은 드물게 주어지는 하나님의 특별한 은사이며 또한 주님의 일에 헌신한 사람들 가운데 소수에게만 그 사역을 잘 감당하기 위한 목적으로 주어지는 것이지 결혼에 비해 윤리적으로나 영적으로 우월함을 뜻하는 것은 결코 아니다."[48]

더 나가서 칼뱅은 독신서원을 할 수 있는 자들은 하나님의 특별한 선택을 받은 소수로서, 일반적인 것은 결혼이었다는 점을 역설했다. 비엘레가 말했듯이 칼뱅에게 "결혼, 그것이 기준이고, 독신, 그것은 때때로 부과되는 예외지만, 영적으로 존엄한 우월한 상태는 아니다."[49] 따라서 칼뱅의

---

48) J. D. 더글라스, 심창섭 역, 148-149.

기본적인 입장은 독신의 은사를 받지 않은 사람들은 자연적인 본성을 거슬러 싸우느라고 고생하지 말고, 또 유혹에 못 이겨 타락하지 말고 일반인들이나 목사들이나 '결혼을 하라'는 것이었다.

칼뱅의 그런 태도는 그가 이데아와 현상, 정신과 몸, 영혼과 육체를 나누고 전자를 우월하고 깨끗한 것으로 보는 반면, 후자는 열등하고 속된 것으로 보는 영지주의 같은 헬레니즘의 이원론이나 금욕주의와는 전혀 관계가 없으며, 오히려 자연과 육체를 포함한 인간과 세상 전체를 하나님의 아름다운 창조로 보는 성서적인, 유대-그리스도교적 사고에 충실했다는 점을 보여준다. 그런 칼뱅은 비엘레의 평가와 같이 "개혁신학이 왜 역사를 거쳐오면서 독신을 결혼보다 우월한 상태로 높이려는 경향의 종교적 모든 일탈들에 격렬하게 맞서왔는지 이해하게"[50] 해준다.

---

49) *L'homme et le femme*, 67.
50) *Ibid.*

제12장

성(性) 문제들
간음, 음란, 매매춘, 성병, 동성애

얼마 전 종영된 TV 드라마 "인생은 아름다워"에서 남성들 간의 동성애가 정식으로 다뤄졌다. 그에 대해 많은 논란은 있었지만 점차 대중들에게 동성애 역시 인간의 사랑과 성의 한 형태로 자리잡아가고 있다는 인상을 지울 수 없다. 동성애뿐만 아니라 사실 성에 관련된 모든 것들이 현대인들에게는 이제 더 감춰지거나 억압되지 않으며 오히려 자유롭게 추구되고 향유되는 것으로 인식되고 있다. 과거에 혐오스러운 성 도착이라 여겨졌던 것들도 이제는 자연스러운 성행위의 일부인 유희로 받아들여지고, 인터넷 등 영상매체들을 통해 관음증적 쾌감의 도구로서 언제 어디서나 '즐감'되고 있다. 즉 성은 인간의 사랑이나 결혼, 가정, 출산, 도덕, 제도 등과 분리되어 그 자체로서 목적이 되어 다양한 방식으로 끊임없이 순환되거나 확대재생산되고 있는 것이다.

사실 성은 생명체에 고유한 것으로서, 인간에게도 역시 본능적이고 자연적인 것이다. 그래서 그것이 부정적으로 인식되거나 금기시될 필요는 없고, 되어서도 안 된다. 하나님의 "생육하고 번성하라 땅에 충만하라"는 창조 시의 명령은 성을 통하지 않으면 이뤄질 수 없다. 성이 성서적이고 신앙적인 입장에서도 적극적으로, 복된 것으로 받아들여져야 하는 이유도 거기에 있다.

성은 자연적인 것이라고 해도 생물학적인 영역을 훨씬 넘어서는 성격을 갖는다. 왜냐하면 성은 사람과 사람 사이의 관계성을 갖기 때문이다. 다시 말해서 사람들은 성을 매개로 혈연을 맺고 사회를 구성하며, 관습과 도덕과 문화를 만들어간다. 그래서 성은 사회적이고 문화적인 차원까지 가지는 복합적인 주제이고, 따라서 사회학이나 철학의 대상이 되며, 당연하게도 교회의 대상, 즉 신학과 목회의 대상이기도 하다. 왜냐하면 교회는 통전적인 의미에서 사람들과 공동체의 삶의 문제를 다루고 있기 때문이다. 그래서 교회는 성을 성서에 계시된 하나님의 말씀과 그것을 기반으로 한 신학의 관점에서 적극적으로 사유와 성찰의 대상으로 삼고 입장을 정리해나가야 할 것이다. 그동안 교회는 성에 관해 드러내는 일을 꺼렸고, 사회와 문화는 급속도로 변화하는데 별 다른 재고 없이 전통적인 입장들을 되풀이해왔다고 해도 과언이 아니다.

그런 점들을 전제로, 이 장에서는 16세기 종교개혁자 칼뱅의 성 담론을 살펴본다. 흥미 있는 것은 그가 성에 관해 많은 이야기들을 남기고 있다는 점이다. 그것은 물론 그가 제네바교회의 설교자로서 많은 설교들을 했고 성서를 가르쳤기 때문이다. 그러나 결과적으로 그런 저작물들로써 한 시대를 대표하는 교회의 목회자이며 사상가의 성에 대한 인식과 태도를 알 수 있는 길을 열어주었다. 교회의 옛 지도자가 생각하고 말했던 성을 가까이서 세세하게 듣고 살펴볼 수 있다는 것은 현대의 교회지도자들에게 여간 다행한 일이 아니다. 자신의 성에 관한 생각을 오롯이 남겨준 역사적인 교회 인물들이 드물고, 있다고 하더라도 아직 발굴되지 못하고 있는 실정이기 때문이다. 요컨대 현대 교회는 성을 주제로 한 신학과 메시지를 찾고 세워나가는 일에 칼뱅을 역사적이고 신학적인 자료로 사용할 수 있다. 여기서는 칼뱅에게 나타난 그런 성의 문제를 간음과 음란, 매매춘, 성병, 동성애 등의 주제들을 가지고 살펴본다. 그럼으로써 종교개혁자 칼뱅이 가졌던 성에 대한 생각과 태도를 이해하고, 현대적인 관점에서 어떤 가치나 의의를 지니는지를 평가한다.

연구를 위한 자료들은 주로 칼뱅의 설교문들과 성서주석들을 사용한다. 특히 간음이나 결혼에 관한 율법조문들을 다룬 신명기설교는 이 주제에 관해 많은 정보들을 제공해주고 있다. 반면에 교리적인 문서인 『기독교강요』나 기타 논설들은 이 주제들을 별로 다루지 않고 있다. 2차 자료로서, 관련된 선행 연구물들은 거의 없고, 예외적으로 스위스 제네바교회의 신학자이며 목사였던 앙드레 비엘레의 『칼뱅주의의 도덕에 나타난 남자와 여자』(*L'homme et la femme dans la morale calviniste*)[1]를 본다. 이 탁월한 칼뱅 연구자는 칼뱅에 나타난 남녀관계의 틀 속에서 결혼, 이혼, 사랑, 간음, 매매춘, 독신주의 등의 주제들을 세밀하게 다루었다. 나는 이 책을 이미 앞 장들에서 "여성관"이나 "결혼관"을 쓰면서 많이 열람한 바 있다. 여기서도 성 문제들에 관한 부분들을 참고하고 인용할 것이다. 단지 이 책에는 동성애는 나오지 않는다. 동성애는 연구자에게마저 터부였을까? 그래서 칼뱅의 동성애에 관해서는 2차 자료의 도움 없이 칼뱅의 설교 등을 직접 열람한다.

I. 칼뱅 성 의식의 배경 – 성 풍속과 문화

칼뱅의 시대가 더 특별하게 성적으로 문란하고 타락했었다고 볼 수 있을까? 거기에 대해서는 역사학자들의 깊이 있고 면밀한 연구가 필요하겠지만, 중세기보다는 훨씬 더 인간의 성적 욕망이 분출되고 자유롭게 행사되는 시기였다고 할 수 있다. 즉 중세로부터 근세로 넘어가는 전환기에서, 그동안 억압되었던 인간의 다양한 욕구들이 분출되었으며 성 풍속도 그만큼 문란했다는 것이다. 거창하게 말하면 그런 문명사적 전환기에 성 풍속의 변화를 촉진했던 구체적인 요인을 몇 가지로 지적할 수 있다.

---

[1] *L'homme et la femme.*

첫째, 르네상스와 휴머니즘의 사조 아래서 외설적이고 성적인 작품들의 출현이다. 좀 오래된 것으로는 보카치오의 『데카메론』이 있고, 칼뱅과 같은 시기에는 라블레의 『가르강튀아』와 『팡타그뤼엘』, 그리고 프랑수아 1세의 누이 마르케리트가 쓴 『에프타메롱』을 예로 들 수 있다. 특히 마르케리트는 개신교에 가까웠고 칼뱅과도 교분이 있었다고 추정되는 인물이고, 또 여성이며 공주라는 점에서 주목을 끈다. 풍속사가 프리샤우어에 따르면, "이 책은 마르케리트와 그의 남편 앙리가 서로 따로 즐겼던 연애담을 기초로 한 것으로서 부부는 서로의 경험을 나쁘게 생각하지 않았고 오히려 잘 되어갈 수 있도록 도왔다고 한다. 마르케리트는 당시 누구보다도 외설스러웠던 시인 끌레망 말로와 정사를 즐기고 있었으며 그 난잡한 얘기를 쓸 때도 자신은 원치 않은 것을 하기라도 하는 듯 불쾌한 심정으로 쓴다고 하면서 공주의 품위를 지키려고 했다."[2] 그런 저술들은 성이나 인간 본성에 대해 이미 개방된 세계를 반영하면서 동시에 그 방향을 촉진해서 이후 남녀 간의 사랑과 연애의 유희를 끊임없이 즐겼던 로코코 시대를 예기하고 또 지향했다고 평가된다.[3]

둘째는, 여러 역사가들이 지적한 것이지만 페스트의 영향 때문이다. 페스트는 특히 14세기 중반에 전 유럽을 휩쓸었고, 심하면 도시 절반의 인구가 죽었으며, 당시 유럽 인구의 3분의 1이 죽었다고 한다. 그것은 15세기와 16세기에도 계속 창궐했고, 1540년대는 칼뱅이 살았던 제네바도 쓸고 지나갔으며 1720년 마르세이에서 발생한 것을 끝으로 사라졌다. 페스트의 창궐은 유럽사회에 극심한 공황과 도덕적 붕괴라는 현상을 수반했다.[4] 프리샤우어도 비슷한 현상을 보고해주었다.

"이 병에 걸린 사람들은 누구나 죽었으며 가까이에 있는 사람들에게

---

2) 파울 프리샤우어, 이윤기 역, 『세계 풍속사 2』(서울: 까치, 2000), 73-74의 내용을 요약 정리했음.
3) Cf. *Ibid.*, 74.
4) B. Cottret, *Calvin*, 187. Cf. 『칼뱅의 신과 세계』, 265.

병을 전염시킬 가능성이 있었으므로 이 병은 인간의 모든 연결고리들을 토막토막 끊어 놓았다. 이 영향은 두 가지 대조적인 경향을 보여주었다. 그중 하나는 살아 있는 동안 모든 것을 즐기자는 삶의 태도였으며 또 하나는 현세의 삶이 이토록 위협받고 있는 상황 아래에서는 영원의 삶을 추구해야 한다는 태도였다. 신앙심이 깊은 사람들은 속죄를 희구하게 되었다."[5]

셋째는, 특히 제네바를 비롯한 스위스에 많이 해당되는 것이지만, 용병제와 전쟁의 여파 때문이다. 제네바는 13세기부터 사보이공국 주교의 지배를 벗어나기 위해 기나긴 투쟁을 겪었다. 그 투쟁 과정에서 자치권도 얻고, 시민들로 구성된 여러 의회들도 결성했다. 그러나 주교 세력의 끈질긴 방해와 저항은 계속되었다. 종교개혁 직전인 1534년 주교는 제네바를 무력으로 정복하려고 침략을 했다. 시민들은 영웅적인 희생을 감내하며 버텨냈다. 다행이 베른의 지원을 받아 주교의 군대를 물리칠 수 있었으나 위기가 근본적으로 사라진 것은 아니었다.[6] 즉 전쟁 재발의 위험이 상존하고 있었고, 그런 상황에서 일반 시민들의 풍속은 문란해졌던 것이다. 비엘레는 갈리프라는 다른 역사가를 빌어서 이렇게 평가했다. "언제나처럼 전쟁과 전쟁이 사람들에게 가져다준 임박한 죽음의 예감이 사랑의 개념과 성 사이의 사회적 관계들 속에 큰 변화를 가져왔다."[7]

사보아공국과의 전쟁뿐만 아니라 스위스는 용병제가 발달해서 유럽의 전쟁터들에 젊은이들을 내보내고 있었다. 츠빙글리도 그랬지만 칼뱅 역시 용병제를 철폐하기 위해 싸웠다.[8] 비엘레는 당시 용병제에서 기인된 제네바의 상황을 이렇게 설명했다.

---

5) 파울 프리샤우어, 이윤기 역, 31-31.
6) A. Biéler, *La Pensée économique et sociale de Clavin*, 57-62.
7) *L'homme et la femme*, 16. Cf. J. B.-G. Galiffe, *Genève historique et archéologique* (Genève: 1869), 2 vol., t. I, 335.
8) Cf. 1558년과 1562년에 칼뱅은 외국의 개신교 군대들과 싸우기 위해서 제네바의 징집제 창설에 대해 단호하게 반대했다. *Opera*, XXI, 683, 782, 785. *L'homme et la femme*, 16.

"제네바인들은 (유럽의 전쟁터에) 용병 병역을 위해 뛰어난 징집병들을 제공했을 것이며, 그것은 이미 14세기부터 그랬다. 그들의 상업도시의 상황과 마찬가지로, 모험과 돈을 추구했던 이 병사들로써, 제네바는 다른 도시들과 마찬가지로 모든 기독교를 훑고 지나간 도덕적 위기를 겪었다. 전사들은 영웅들이 되었고, 그들의 모습들도 그것을 보여줌으로써 여인들의 마음을 사로잡았다. 가장 화려하고 유명하고 선망의 대상이 되었던 것은 바로 독일 황제의 보병들을 두려워 떨게 했던 스위스 용병이었다. 사람들은 그를 깃털모자와 아주 선명한 색깔들로 만들어진 몸의 형태를 드러내는 꼭 끼는 상의, 홈을 내고 부풀린 소매와 반바지 같은 것들로 알아봤다. 그렇게 사치스러운 그들의 군복은 여성의 의상에도 영향을 미쳤다. 당시의 그림 같은 데서 우리는 화려하고 의기양양한 머리장식을 한 여성들을 본다. 미술, 심지어는 종교 미술조차도 변화했고, 사람들은 과거의 전통적인 형식들의 붕괴와 동시에 여성의 표현에 있어서 경이적인 자유, 그리고 일상적인 생활에서 색깔이나 장식의 놀라울 정도의 호사스러움을 목격한다."[9]

넷째, 종교 자체가 도덕적이고 성적인 타락의 진원지가 될 정도로 종교인들이 성적으로 문란했다는 점이다. 당시의 교회의 성적 타락은 많이 알려져 있는 사실이다. 비엘레의 표현을 빌면 수도자들이나 성직자들의 타락은 "그 체계의 위에서부터 아래까지" 물들였다.[10] 그래서 "타락의 움직임이 거꾸로 된 순서를 따라 사제단에서부터 일반 사회 전체로 나아갔다는 사람들의 주장도 일리가 있다."[11] 당시 많은 사제들이 비밀리에 결혼을 하고 있었고 자녀들도 낳아 기르기도 했던 것도 사실이다. 종교개혁이 사제의 독신서원을 폐지한 것은 그것의 신학적인 문제나 현실적인 폐단을 해결하기 위한 것이기도 하지만, 한편으로는 결혼한 사제들의 문제를 합법화하기 위해서라는 해석이 있다.[12]

---

9) *L'homme et la femme*, 16. 문맥을 위해 앞뒤를 바꾸었음.
10) *Ibid.*, 17.
11) *Ibid.*, 18.

비엘레는 특히 제네바에서 종교인들의 문란함을 지적하며 종교개혁 이전의 설교자들의 고발과 규탄들을 인용함으로써 그런 실상을 잘 알려주었다. "종교생활 그 자체는 때로 도덕적 혼란의 장소가, 그리고 너무나 자주 도덕적 혼란의 기원이 되었다. 그것은 종교개혁 이전에 어떤 수도승 설교자들이 청중들에게 했던 격렬한 비난들을 통해서 알 수 있다. 주일들과 축제일들은 이어서 새로운 신앙을 가져오는 근엄하고 순수한 마음을 갖게 되기는커녕 그 반대로 문란함이 증가하는 기회였다. 한 성 프란체스코 수도자가 설교에서 외쳤다. '축제일들이 어떻게 거행됩니까? 주일이나 축제일에도 상점들은 문을 엽니다. 공개적으로 사창가를 드나들고, 여러분들은 항상 하나님과 교회의 명령들을 조롱하면서 좋아합니다!' 그리고 또한 그 설교자는 사순절의 한 설교에서 선언한다. '만일 여러분들이 교회에 들어와 주신다면, 그것은 하나님을 여러분들의 옹호자로 만들기 위해서입니다. 만일 매음녀가 간음자와 계약을 성사시키기 원한다면, 그녀는 그에게 말합니다. 당신은 몇 날 몇 시에 아무개 교회로 나를 만나러 오시오. 거기서 우리의 일에 대해서 의논하게 될 것이오. 한 다른 설교자도 설교 중에 격노한다. '오늘날 수도원에서 축성일이나 다른 모든 축제일은 문란한 놀이에 이용됩니다. 여자들은 거기 들어와서 방마다 돌아다니고 모든 구석을 헤집고 다니면서 수도승들과 장난짓거리를 합니다. 수도원에는 여자들이 들어오는 것을 금해야 합니다. 정숙한 한 명이 거기 들어가는 이상으로 더 많은 유녀들이 나옵니다. 그것이 여러분 수도승 나리들을 위해서는 좋겠지요! 여러분들은 그런 일이 일어나는 것을 왜 묵과합니까? 이 중대한 범죄들, 소동들, 수치스런 악행들, 교회의 이 축제들이 만들어내는 것들입니다. 수도원들에서 뛰어다니고, 뛰어오르고, 깡충깡충 거리고, 춤추고 하는 짓거리들은 창녀촌에서나 좋을 일들입니다.' 특히 순례들은 빈번한 방탕의 기

---

12) S. 비드머/한국기독교장로회 신학연구소 역, 『1484 개혁교회의 창시자 쯔빙글리 1984』(서울: 한국기독교장로회출판사, 1993), 31-32.

회가 되었다. 한 연대기작가는 이리저리 뒤섞여서 자는 당시 관습이 정숙한 여인들을 타락시켰고, 거기에서 거룩해지는 대신에 유녀가 되어서 돌아오게 했다고 기록했다."[13]

II. 간음과 음란 또는 음행

그런 시대적 배경과 풍속 하에서 일반 시민들이나 민중의 삶이 어땠을지는 어렵지 않게 짐작할 수 있다. 칼뱅이 활동했던 제네바 역시 마찬가지이다. 사람들에게 음란의 풍조가 만연되고, 성적 일탈이 별다른 죄의식 없이 서슴치 않고 저질러지기도 했다. 칼뱅의 바로 주변에서 동생인 앙트완의 아내, 즉 제수가 간음해서 이혼하는 아픔도 겪을 정도였다. 그런 까닭에 칼뱅은 간음이나 음행 또는 음란에 대해서는 많은 말을 하면서 엄격하게 금지했다. 특히 그것은 십계명의 7계이기도 하고, 교인들의 삶과 밀접한 결혼이나 가정의 문제 아닌가? 또한 시민이며 교인이기도 했던 사람들의 풍속에 관계된 일이 아닌가? 즉 제네바 시이며 동시에 교회였던 자기 내부의 문제였다. 그런 점에서 그는 간음이나 음란에 대해 적극적으로 발언하며, 성문란의 풍조를 돌려놓으려고 애썼던 것이다.

여기서 먼저, 칼뱅이 사용한 간음이나 음란 혹은 음행이란 용어의 개념을 정리해야 한다. 왜냐하면 이 용어들은 다소 서로의 경계가 모호하고 의미도 차이가 있기 때문이다. 칼뱅 자신도 그것들을 주로 구별해서 썼지만 언제나 그랬던 것은 아니고 때로 혼동해서 쓰기도 했다.

일단 간음(adultère)은 분명하다. 즉 결혼한 남녀가 배우자 이외의 상

---

[13] *L'homme et la femme*, 17. 본문에서 비엘레가 인용한 설교들은 A, Méray, *La vie au temps des libres prêcheurs ou les devanciers de Luther et de Rabelais; croyance, usages et moerus intimes des XVIe siècles* (Paris, 1878) 2 vol., t. II, 181, 168.

대와 또는 배우자가 있는 상대와 통간하는 것이다. 즉 간통이다.

그런데 음란(paillardise)은 좀 더 포괄적인 것으로서 다양한 의미를 내포한다. 칼뱅에게서 음란은 간음의 동의어이기도 했고, 욕정을 품는 일이나 문란한 행위나 말, 복장 같은 것을 의미하기도 했다. 또한 음란은 혼전성교라는 의미를 가진 구체적인 행동, 즉 음행이라고 할 수 있는 것을 의미하기도 했다. 그래서 나는 음란을 문맥에 따라 음행으로도 사용한다. 참고로 당시 제네바교회의 법령을 보면 간음과 음란의 차이를 일부 알 수 있다.

"1. 음행(paillardise)이 발각된 사람들에게는, 만일 그것이 미혼자들끼리라면, 그들을 6일간 감옥에 가두되 빵과 물을 제공하며, 그리고 60수(sous)의 벌금을 내게 한다. 2. 만일 그것이 간음(adultère)이라면, 즉 그 둘 중의 하나가 기혼자라면, 그들을 9일간 감옥에 가두되 빵과 물을 제공하며, 죄가 훨씬 더 크므로, 위원들의 재량에 따라 공시료를 내게 한다.(payerons le ban à la discrétion de Messieurs) 3. 결혼을 약속한 사람들이라도 교회에서 결혼식을 올릴 때까지는 남녀가 함께 동거할 수 없으며, 그렇지 않으면 음행한 자로 처벌된다."[14]

1. 간음

그렇다면 구체적으로 칼뱅은 간음을 어떻게 말하는가? 먼저 간음하지 말라는 조문에 대한 설명들을 본다.

"그런데 여기서 하나님은 간음하지 말라는 말을 얹어놓습니다. 이것은 절제나 조심성이라는 말로 이해됩니다. 왜냐하면 우리가 타인의 재물을 훔치지 않는다고 해도, 우리가 살인이나 폭행을 하지 않는다고 해도, 만일 우리가 부정하고, 방탕하다면 우리의 삶은 야만적입니다. 우리가 이 구절

---

14) "Ordonnances des Eglises de campagne," *Calvin, Homme d'Eglise*, 57.

의 자연적 의미를 취하기를 원한다고 할지라도, 하나님께서는 여기서 우리에게 정직하고 정결한 삶을 영위하기를, 그리고 우리 안에 어떤 파렴치함이나 방탕이 없어야 함을 명하신다는 것을 압시다. 바로 그것이 그 계명의 전부입니다. 특히 여기에서 우리에게 간음하는 것이, 즉 결혼의 서약을 더럽히는 것이 금지되는 것이, 그리고 타인의 아내를 유혹해서는 안 된다는 것이 사실입니다. 그러므로 우리가 이 간음이라는 단어를 듣게 될 때 우리는 사람들이 마치 하나님을 진노하게 하기를 원하는 것처럼, 마치 그들이 무지한 짐승들처럼 그분이 결혼에서 세우신 거룩한 유대를 끊기를 원하는 것처럼 끔찍하게 여겨야 합니다."[15]

"이 계명의 목적은, 하나님께서는 순수와 정절을 사랑하기 때문에 우리는 모든 더러운 것을 멀리해야 한다는 것이다. 그러므로 핵심은 우리가 육체의 어떤 더러움이나 무절제로 더럽혀져서는 안 된다는 것이다. 하나님께서는 모든 무절제가 향하는 간음을 분명히 금지하셨는데, 이는 우리의 몸을 더럽게 하는 더 분명하고 더 큰 음란 가운데 있는 파렴치와 추잡함으로써 우리로 하여금 모든 무절제를 혐오하게 하기 위해서이다. 하나님의 저주가 없이는 결혼 바깥에서 남자가 여자와 동거할 수는 없다는 것을 우리는 듣고 있다."[16]

여기서 칼뱅은 간음을 아주 강경한 말로써 비판하고 있다. 하나님의 진노나 저주를 받아 마땅한 파렴치하고 부정하고 방탕하고 불결한 것이었다. 칼뱅이 간음을 그렇게 간주했던 것은 그것이 결혼을 저해하기 때문이었다. "결혼 이외에 남녀가 동거하는 것은 하나님의 저주 없이는 불가하다"거나 하나님이 "결혼에서 세우신 거룩한 유대를 끊기를 원하는 것처럼 끔찍하게 여겨야 한다"는 표현들이 그것이다.

---

15) 8e sermon du Deutéronome sur le ch. 5, *Opera*, XXVI, 335-336.
16) *Institution*, II, 8/41. 칼뱅은 『기독교 강요』의 십계명 해설에서는 "간음하지 말라"를 "음란하지 말라"(Tu ne paillardira point)는 말로 바꿔서 말하고 있다. 그래서 나는 여기서는 원문의 "음란"(paillardise)을 "간음"으로 번역했다.

칼뱅에게 결혼은 이 세상에서 가장 거룩한 약속으로서 하나님 앞에서 행하는 것이다. 그래서 그 약속을 위반하는 것은 배우자에게뿐만 아니라 하나님에게 위반하는 것이었다. 따라서 결혼의 신성한 서약을 깨트리는 간음만큼 무서운 잘못은 없다. "그런데 지금 하나님께서는 일반적으로 모든 음란에 대해서가 아니고 거룩한 결혼을 끊는 간음에 대해서 말씀하십니다. 그런데 우리는 모든 인간사에서 남편이 아내에게 아내가 남편에게 하는 결혼의 서약만큼 거룩한 것은 없다고 알고 있습니다. 우리가 하는 모든 계약, 모든 약속은 충실하게 지켜져야 합니다. 그러나 우리가 비교를 한다면 결혼이 하나님의 계약으로 불려지는 것이 이유가 없는 것이 아닙니다. 그리고 그 이유에서 만일 남편이 자기 아내에게 한 약속을 어긴다면 그는 자기 배우자만이 아니라 하나님 앞에서 위반한 것입니다. 아내 역시 마찬가지입니다."[17]

간음과 관련해서, 칼뱅은 "버린 여자에게 장가드는 것도 간음"이라는 예수의 말씀을 따라 그것을 더욱 확대해서 보았다. 즉 간음을 단지 배우자 이외의 상대와 관계하는 것 말고도, 간음 외의 이유로 이혼한 여자에게 장가드는 것이나, 역시 간음 외의 이유로 아내와 이혼하고 다시 장가드는 것도 간음으로 보았다. 그런 경우의 이혼은 언제나 재결합의 가능성이 있기 때문이었다. 그것 역시 결혼과 가정의 소중함을 생각해서 최대한 화해하고 재결합하도록 하기 위한 것이라고 할 수 있다.

"율법이 이혼들을 벌하고 있지는 않지만, 첫째 아내를 버리고 다른 여자를 얻는 것은 간음이다. 왜냐하면 하나님이 확고하고 침해되지 않기를 원하는 결혼의 약속과 맹세를 끊는 것은 사람의 권한이 아니기 때문이다. 다른 이유들을 찾아내려는 자들은 하늘의 주님보다 더 지혜로워지기를 원하는 자들이므로 배격되는 것이 마땅하다. 어떤 자들은 아내의 문둥병이 남편에게 그녀를 내쫓을 충분한 이유가 된다고 생각한다. 왜냐하면 그 병

---

17) 8e sermon du Deutéronome sur le ch. 5, *Opera*, XXVI, 335.

은 남편뿐만 아니라 자녀들에게까지 전염될 수 있기 때문이다. 그러나 내가 신실한 남편에게 문둥병의 아내와 접촉하지 말 것을 권유하며, 따라서 그녀를 내보내는 권리에 동의할 수 없다는 것이다. 만일 이에 반대해서 아내 없이 살 수 없는 사람들은 정욕이 불붙지 않도록 구제책이 필요하다고 한다면, 나는 하나님의 말씀을 벗어나서 찾아내는 것은 구제책이 아니라고 말한다. 덧붙여 말하면, 그런 일에서 주님에 의해 인도되도록 자신을 맡기는 사람은 결코 올바름의 은사에서 벗어나지 않는다. 왜냐하면 그들은 주님이 명하신 길을 따르기 때문이다. 어떤 사람이 자기 아내를 마음대로 할 수 없다고 해서 화가 났다고 하자. 그러면 그가 자기 마음대로 하려고 다른 아내를 취할까? 또 다른 사람이 자기 아내가 중풍이나 반신불수나 또 다른 어떤 불치병에 걸렸다고 하자. 절제할 수 없다는 핑계로 그가 아내를 버려야 할까? 그와 반대로 우리는 자신의 길을 가는 사람들은 성령의 도우심으로 탈선하지 않는다는 것을 알고 있다."[18]

문둥병에 걸려도 이혼을 허용해서는 안 될 만큼, 이미 이혼을 했어도 다른 상대와 정을 통하는 것을 간음으로 규정해야 할 만큼, 결혼과 가정의 유지는 절대적인 중요성을 가지는 것이었다. 그래서 칼뱅은 그런 결혼을 저해하는 간음을 극단적으로 정죄했던 것이다.

그렇다면 칼뱅은 성서에 나오는 여러 가지 간음의 사례들을 어떻게 보았는가? 가령 심지어는 예수의 거룩한 족보에까지 들어온 간음했던 유다와 다말, 다윗과 밧세바를 어떻게 다루었을까? 칼뱅은 유다와 다말의 경우를 주저함 없이 "이 가문의 아주 큰 수치"[19]로 보고 그에 대해 정죄를 하긴 했으나,[20] 그 신학적인 의미를 찾는 일에 더 열중했다. 즉 그런 태생이 예수의 족보에 들어온 것은 예수의 '겸비'(anéantissement)를 보여준다는 것이었다.

---

18) *Commentaire*, Matt. 19:9.
19) *Commentaire*, Genèse 38:1.
20) *Ibid.*, 38:13, 38:15.

"얼핏 보면 그리스도의 명예가 그런 오점들로써 더럽혀지는 것 같지만, 여기서는 성 바울이 언급한 '겸비'를 나타내고 있기 때문에 그것은 오히려 그리스도의 영광을 말해준다."[21] "여기의 이 사실은 성 바울이 말하는 겸비의 출발이고 작은 시작과 같다. 하나님의 아들은 자신의 족보를 모든 악과 수치로부터 벗어나고 보호해서 순수하게 유지하실 수 있었다. 그러나 그는 종의 모습을 취하고 스스로 낮아지기 위해(빌 2:7), '사람이 아니라 벌레가 되시고 사람들의 조롱거리가 되시며'(시 22:6) 마지막에는 십자가의 저주의 죽음을 당하기 위해 세상에 오셨으므로 그는 자기 가계에 선조들 중의 하나가 근친상간으로 태어났다는 기록이 오르는 것도 거부하지 않으셨다. 다말은 자기 시아버지와 동침하기를 욕망해서 그런 것은 아니지만, 사람들이 자기에게 행한 잘못에 대해 복수하기 위해서 불법적인 수단을 쓰려고 했던 것이다. 그리고 유다는 음행을 원해서 다른 사람인 줄 알고 자기 며느리와 악행을 했다."[22]

솔로몬을 낳은 다윗과 밧세바에 대해서도 칼뱅은 비난하는 한편 배후의 의미를 찾아냈다. 이번에는 유대인들을 겸손하게 하기 위한 것과 더불어 인간의 공로를 배제하는 신의 선택이란 이유였다. "여기서 그는(복음서 기자) 하나님의 그 복의 모든 영광을 감추어버리기에 충분한 무서운 중죄를 다룬다. 그것은 다윗이 밧세바로부터 솔로몬을 낳은 것이다. 그는 그녀를 그녀의 남편으로부터 악랄하게 빼앗았으며 그 즐거움을 누리기 위해서 비열하게도 그 불쌍한 무죄한 자를 적에 의해 죽게 만들었다. 왕국의 시초를 더럽힌 이 비행은 유대인들이 육신에 따라 자신들을 영광스럽게 여기는 모든 것을 깨끗이 없애준다. 그처럼 하나님께서는 그가 왕국을 세우고 건설하도록 인도되었던 것은 사람들의 그 어떤 공로 때문이 아니라는 것을 알게 하고 선포하려는 것이었다."[23]

---

21) *Ibid.*, 38:1.
22) *Commentaire*, Matt. 1:3.
23) *Ibid.*, 1:6.

반면에 구약시대에 널리 인정되었던 형사취수법(mariage des frères)에 대해서는 칼뱅이 담담하게 받아들이며 그 취지를 인도적인 측면에서 이해하고 있다는 점은 의외이다. "사람들이 자연의 그런 본능 하나로써 거기에 기울었다는 것은 놀랍지 않다. 왜냐하면 사람들은 자기들의 종족을 보존하기 위해 태어나기 때문에 자식이 없이 죽은 사람은 자연적인 결함같이 여겨진다. 그 이유에서 그들은 고인에게 그가 살아 있는 것처럼 그 이름을 얻게 해주는 일은 인도적인 것이라고 평가한다."[24]

어쨌든 칼뱅은 간음이라고 하더라도 성서가 관용하는 사례들에 대해서는 극단적인 정죄를 삼가는 대신 그 의미를 찾아보려고 했다. 그 외에는 간음을 강하게 비난하고 배격하는 것이 일반적인 태도였다. 그가 간음을 배격했던 것은 물론 앞에서 보았던 대로 그것이 결혼의 서약을 위반하고 가정의 안위를 해친다는 데 이유가 있었으나, 또한 가부장적 제도의 유지라는 이유 역시 발견된다. 그 점에서 그런 칼뱅에 대해 현대 여성주의자들의 비판이 집중될 수 있다. 그는 현장에서 간음하다 잡혀온 여인을 주석하며 말한다.

"만일 간음죄들이 벌을 받지 않는다면 율법의 형벌로부터 면제받을 어떤 악행이나 범죄도 없다. 그렇게 되면 모든 배신들, 독살들, 살인들, 강도질들에게도 문을 열어놓게 된다. 덧붙여서 간음한 여인이 합법적인 아이들 사이에 사생아를 낳는다면, 그녀는 가족의 이름을 훔치는 것뿐만 아니라 합법적인 후손에게서 상속권을 빼앗아서 그것을 외부인들에게 넘겨주는 것이다."[25]

간음을 허용하거나 거기에 대해 관대할 경우, 불륜의 소산인 남의 자식들을 키우고 그들이 적자들을 대신하거나 밀어낼 위험까지 있다는 것이다. 사실 혈액형이나 DNA를 통한 친자확인이라는 수단을 갖고 있지 않았

---

24) *Commentaire*, Genèse 38:8.
25) *Commentaire*, Jean. 8:10-11.

던 옛날에는 충분히 일어날 수 있는 일이었고 또 그만큼 심각한 문제였다고 할 수 있다. 그래서 그것을 가부장적 제도의 유지를 위한 남성주의의 횡포라고 할 수도 있으나 또 다른 관점에서는 사회정의의 문제라고도 할 수 있다. 어쨌든 그런 위험성은 간음죄가 여성에게 더욱 가혹하게 적용되고 처벌되었던 사실들을 설명해준다. 칼뱅도 그 점을 아주 잘 알고 있었다.

"이런 종류의 형벌(화형)은 간음이 모든 시대에 얼마나 혐오스럽게 여겨졌는지를 보여준다. 하나님의 율법은 간음하는 자들을 돌로 치라고 명령한다. 벌이 기록된 율법에 의해 규정되기 전에도 간음한 여인은 모든 사람의 일반적 동의에 의해 화형대로 보내졌다. 남편이 자기 몸에 대한 권리를 가지고 있지 않고 그와 아내 사이에 상호적인 의무가 있지만, 그래도 남편은 결혼하지 않은 여인과 음행을 했다고 해서 사형에 처해지지는 않는다. 왜냐하면 그 목적은 단지 부정만이 아니라 아내가 그의 남편에게 행하는 명예훼손과 그리고 슬그머니 끼어들어온 혼란을 처벌하는 데 있기 때문이다. 타인의 아이들을 낳고 이름을 훔쳐서 사생아들에게 주고 합법적인 자손들에게서 재산을 빼앗아 그 사생아들에게 주는 것이 허용된다면 인류 사회에서 남아 있을 만한 것이 무엇인가? 그 점에서 옛날에도 결혼에의 충실성이 그렇게 엄격하게 유지되었다는 것이 놀라운 일이 아니다."[26]

2. 음란 또는 음행

칼뱅은 성범죄 중 간음을 가장 큰 것으로 보았지만, 그에 못지않게 음란 역시 절대적으로 피해야 하는 것으로 간주했다. 그의 해석에 따르면 십계명에서 '음란하지 말라'가 아니라 '간음하지 말라'고 한 것은 음란해도 된다는 의미가 아니었다.

오히려 하나님께서는 "우리에게 고삐를 매기 위해서 우리에게 가장

---

26) *Commentaire*, Genèse 38:24.

큰 죄들을 보여주심으로써 우리로 하여금 두려움에 사로잡히게 하시고, 우리가 어떤 잘못을 범하는 일에 그렇게 쉽게 빠져들어 가지 않게 하셨다." 즉 하나님께서는 "한 가지로써 모든 것을 말하는 방식으로" "일반적으로 모든 음란에 대해서가 아니고 거룩한 결혼을 끊는 간음에 대해 말씀하신 것이다."27)

따라서 음란 역시 간음과 함께 엄금되는 것이라는 데 대해 이의를 달 수 없다. "음란이란 것은 하나님으로부터 정죄받지 않습니까? 당연히 그렇습니다. 그런데도 사람들은 모든 악에 빠져 있기 때문에 그들은 음란을 사소하고 가벼운 악처럼 행하고 있으며, 한 반쯤은 스스로 용서를 합니다. 그러나 주님은 그렇게 생각하지 말고, 그것을 혐오스러운 간음처럼, 악행처럼 여기라고 말씀하십니다."28)

칼뱅은 그 이유를 역시 하나님에게서 찾았다. "그런데 우리는 언제나 하나님의 본성에로 돌아가야 합니다. 즉 그는 단지 외부적인 행위는 금하시지만 악한 감정들은 허용하는 지상의 입법자가 아닙니다. 왜냐하면 하나님은 겉으로만 섬겨지기를 원하시지 않으십니다. 그분은 우리와 전혀 같지 않습니다. 인간들은 잘못들을 알아채지 못하면 만족합니다. 그러나 마음을 살펴보시는 하나님은 예레미야서에서 말해진 대로 진실을 바라보십니다. 그분은 율법 안에서 단지 우리의 육체만 억압하기를 원치 않으시며 오히려 우리의 영혼을 바라보십니다. 그러므로 하나님께서는 단지 결혼이 훼손당하지 않도록 행위만 금하신 것이 아니라 또 사건만 막으신 것이 아니라, 더 나아가서 그분은 모든 악한 욕심이나 감정들을 금하셨습니다. 바로 그것이 우리 주 예수 그리스도께서 타인의 아내를 음란한 눈으로 쳐다보는 사람도 하나님 앞에서 간음하는 자라고 말씀하셨던 이유입니다."29) 즉 하나님은 사람들의 겉만 보는 것이 아니라 마음을 보는 분이기 때문에 행위를 안 하

---

27) 8e sermon du Deutéronome sur le ch. 5, *Opera*, XXVI, 335.
28) 10e Sermon sur Michée, *Supplementa*, V, 81.
29) 8e sermon du Deutéronome sur le ch. 5, *Opera*, XXVI, 337.

는 것만 아니라 속으로도 그런 마음을 갖지 않아야 한다는 것이다. 칼뱅은 그것을 신명기설교집 서론에서 이렇게 썼다.

"내가 십계명에 포함된 것을 아는 사람들이 많이 있다는 것을 인정하지만, 그들은 입법자가 영적이므로 외부적인 사실들과 함께 내적인 의미들을 고려해야 한다는 것을 이해하지 못하고 오직 문자적으로만 취한다. 그래서 그들은 다른 사람의 아내나 딸과 동침하지 않으면 음란을 범하지 않았다고 생각한다. 음란한 시선이나 키스나 애무나 불법적인 욕망과 내적인 열정 같은 것들도 그 모든 것이 결과로 이어지지 않으면 아무것도 아니라는 것이다."[30] 따라서 칼뱅은 간음으로 이어질 수 있는, 혹은 마음에서 이뤄지는 음욕 같은 것을 품지 않도록 권유했다. 또한 옷이나 차림새 같은 것도, 심지어는 춤도 금지했다.

"간음을 정죄하는 입법자가 어떤지를 보자. 즉 우리를 완전히 소유하는 그는 당연하게도 몸에서나 마음에서나 정신에서 우리의 완전함을 요청하신다. 그러므로 그가 간음을 금하실 때, 그는 또한 요란한 의복들이나 부정한 동작이나 태도나, 또는 다른 사람들을 나쁜 데로 끌어들이려는 악한 말도 동시에 금하고 있는 것이다. 나는 그것이 마음에서든 몸에서든 모든 더러움을 혐오하는 하나님 앞에서 정당한 것이라고 말한다."[31] "그런데 춤들이 음란의 전조들일 수밖에 없다는 것을 잘 알고 있습니다. 춤들은 특히 사탄에게 문을 열어주기 위해, 그것을 소리쳐 부르기 위해, 그리고 그것이 대담하게 들어오게 하기 위해 존재합니다. 바로 그것이 언제나 춤들이 의미하는 바입니다. 만일 나는 나쁜 마음이 없었다고 말한다면 당신은 하나님을 거짓말쟁이로 만드는 것입니다. 바로 그 이유에서 이 계명은 우리가 단지 음란의 행위만을 보는 것이 아니라 거기에 딸려 있는 것, 즉 모든 부수된 것들, 거기에 가까운 것, 우리를 거기로 끌고 들어갈 수 있는 것을

---

30) Le préface de l'édition de 1562, sermon du Deutéronome, *Opera*, XXV, 600.
31) *Institution*, II, 8/44.

보아야 한다는 것을 의미합니다."[32]

칼뱅에 따르면 결국 하나님이 원하시는 것은 음란을 피하는 것뿐만 아니라 더 적극적으로는 사람들의 정절과 절제라는 것이다. 그는 십계명을 설명하면서도 근본적으로는 그런 관점을 가지고서였다.

"우리가 방탕하지 않는 것(조문)이 있습니다. 추잡한 것이 없어야 하고, 우리의 삶이 문란하지 않아야 합니다. 그것은 정절이나 절제로써 말해질 수 있는 것입니다. 여기서 하나님은 간음하지 말라는 말을 얹어놓습니다. 이것은 절제나 조심성이라는 말로 이해됩니다. 하나님께서는 여기서 우리에게 정직하고 정결한 삶을 영위하기를, 그리고 우리 안에 어떤 파렴치함이나 방탕이 없어야 함을 명하신다는 것을 압시다. 바로 그것이 그 계명의 전부입니다. 그러므로 우리가 그렇게 정죄되는 이 간음이라는 단어를 들을 때 우리가 행위로써 모든 음란을 삼가는 것뿐만 아니라 또한 우리의 모든 감각을 정절 가운데 묶어두는 것을 배웁시다. 바로 그것이 성 바울이 참된 정절(chasteté)이라고 정의했던 것입니다."[33]

III. 매매춘

칼뱅은 간음이나 음란에 대해서와 달리, 좀 더 구체적인 행위이며 오랜 역사를 가졌던 매매춘에 대해서는 별 말을 하지 않았다. 물론 그렇다고 해서 그가 매매춘을 엄하게 금지하지 않은 것은 아니다. 단지 매매춘이 신학의 주제도 아니고 설교나 성서강론에서 언급할만한 것도 아니라는 점에서 말할 일이 별로 없었다고 생각된다. 어쨌든 이 주제에 관해서는 먼저 역사적인 설명이 필요하다.

---

32) 8e sermon du Deutéronome sur le ch. 5, *Opera*, XXVI, 341.
33) *Ibid.*, 334-335, 337.

제네바 시는 사보이공국의 지배로부터 벗어나기 위해 오랜 투쟁의 과정을 겪었다. 시위원회는 1535년 가톨릭의 미사를 철폐하고 사실상 종교개혁을 받아들였으며, 그와 동시에 사회를 개혁하기 위한 여러 조치들을 시행했다. 그 이듬해 위원회는 종교개혁을 공식으로 선언하기 직전인 3월 7일 매매춘을 폐지하고 윤락녀들을 시에서 추방했다.[34] 그것은 그동안 매매춘이 만연해 있었다는 반증이기도 하다. 칼뱅이 제네바에 들어온 것은 그 4개월 뒤인 1536년 7월이었다.

매매춘에 대해 비엘레가 보고한 당시 상황을 본다. "제네바에서는 어떤 시민이나 주민이나 체류자는 성직자든 일반 신도이든 공식적으로는 첩이나 정부를 둘 권리가 없었지만, 매매춘은 종교개혁 이전에는 허용되었다. 창녀들은 한 건물 안에 모여 있어야 했으나, 그녀들에 대한 시선은 이미 불쾌했다. 그녀들은 오른쪽 소매에 빨간 커플스를 함으로써 구별된 표식을 하고 다녀야 했다. 그녀들은 드레스를 입거나 비단 후드를 하고 다니는 것도 금지되었다. 포주들은 자신들이 직접 몸을 파는 일에 나설 권리가 없었고, 만일 걸리면 금고형이나 영구추방형을 받았다. 정부가 창녀들과 직접적으로 접촉하는 것을 피하기 위해서 창녀들은 후궁의 여왕 또는 매음굴의 여왕이라고 불렸던, 복음서에 선서한 한 명의 상위자에게 복종해야 했다. 이 여왕은 장부에 등록된 유일하게 허용된 이 여자들 모두에 대해 책임을 져야 했다. 그녀는 결혼관계 바깥에서 몸을 팔아서 살아가는 이 여자들을 모아서 관리하는 일을 수행했고, 그녀들 사이에 언쟁이나 소동을 막았으며, 모든 잘못을 관리들이나 경비인들에게 알려야 했다. 그런 통제를 거부하는 여자들은 수감되거나 매를 맞았고, 도시에서 추방되기도 했다. 매매춘은 우리 시대보다도 당시에 훨씬 더 일반화되었던 것 같다. 그것은 어디에나 만연된 악으로서 제네바에서만 그런 것은 아니었다."[35]

---

34) *L'homme et la femme*, 153.
35) *Ibid.*, 23-24.

당시 제네바에서의 매매춘은 일반 시민들만이 아니라 사제 등 종교인들도 깊이 연루될 정도로 심각했다. 우선 "여자 수도원들은 대부분 진짜로 사창가가 되었다."[36] 이것은 위에서 본대로 수도원들이나 교회당 자체가 성을 목적으로 출입했던 탈선의 연장이라고 할 수 있으며, 좀 더 구체적으로 사제들의 비행을 재판했던 교회나 위원회의 사건기록물들을 보면 상세한 내용을 접할 수 있다. 역시 비엘레를 인용한다.

"교구의 회계장부들은 1518년 1월에서 1520년 1월까지 2년 동안 수입의 3분의 1은 교구의 하급 사제들이 결혼한 여자들, 처녀들이나 하녀들과 맺은 관계들 때문에 물은 벌금들이었다. 스물세 번의 임신이나 출산이 그런 결과들 때문이라는 것이 밝혀졌다. 1522년에 시민들의 분노는 극에 달했다. 10월 20일 밤에, 확실치 않는 구역에서(보엘 탑 근방?) 한 처녀가 납치되었다. 네 명의 시민이 증언하기를, 두 명의 여자포주가 거기서 창녀들을 데리고 영업을 하는 바람에 매일 밤 사제들과 수도승들과 그 외 사람들이 들락거렸다는 것이다. 1527년 사람들은 마들렌느 교회의 사제들이 여러 명의 여자포주들이 영업하고 있는 매음굴을 차지했다고 위원회에 신고했다. 역시 1527년 시내의 한 소녀가 주교의 변덕스런 취향에 맞추기 위해서 납치되었다. 그러나 사건은 큰 소란을 야기해서, 장관들과 모든 시민들은 주교관 앞으로 몰려가서 주교에게 소녀를 내놓으라고 했다. 주교는 창가로 나와서 그들에게 그가 아직 건드리지 않은 소녀를 되돌려주면서 물러갈 것을 요구했다. 1535년 9월 종교개혁 직전이어서 대중들의 불만은 심해졌다. — 일부 시민들이 한 창녀와 관계하고 있는 사제를 잡아서 그를 시내를 돌게 하고, 그 창녀는 창녀차림으로 그를 따르게 하는 사형을 가했다."[37]

그렇다면 칼뱅은 매매춘에 관해 어떻게 말했을까? 칼뱅 당시에 실은

---

36) *Ibid.*, 18.
37) *Ibid.*, 22.

제네바뿐만 아니라 유럽 어디서나 만연했고, 합법적이었던 매매춘의 관행에 대해서 칼뱅은 앞에서 말한 대로 그렇게 많이 말하지는 않았다. '매매춘'을 의미하는 'prostitution'이나 '창녀'(prostituée) 혹은 '창남'(prostitué)이란 말 자체도 별로 하지 않았다. 그는 명사형보다는 동사로서 '매춘하다, 몸을 더럽히다'(prostituer)는 말을 주로 썼지만 직접적인 매매춘이 아니라 이스라엘 민족이 "우상에게 몸을 더럽혔다"든지,[38] "그리스도의 몸의 지체로서 더러운 짓에 몸을 더럽혔다"든지[39] 하는 의미로 사용했다. 좀 더 가깝게는 "사람이 음란에다 몸을 더럽혔을 때 그리스도의 몸을 찢어놓는 일"[40]이라는 표현과 이삭이 아내를 누이라고 속이고 아비멜렉에게 바친 사건을 언급하며 그가 "이삭에게 자기 아내의 몸을 팔았다며 불평했다"[41]는 내용이 나올 뿐이다. 또한 유다가 매춘한 사건을 주석하면서도 칼뱅은 매매춘 그 자체를 설명하거나 규탄하지는 않았고, 좀 더 넓은 음란이나 간음의 범주에서 다루었다.

"갑자기 미지의 여인과 관계하기를 욕망했던 것이 유다에게 큰 불명예이다. … 거기서 우리는 그가 너무나 뜨거운 욕망을 가지고 음란에 빠져들어갔으므로, 하나님에 대한 두려움이나 의와 정절의 감정이 그에게는 그렇게 크게 타오르지 않았다는 것을 알게 된다. 그래서 그는 우리게 하나의 예가 됨으로써, 주님이 억제해주시지 않으면 우리의 육체의 일탈된 욕망이 얼마나 쉽게 끓어오르는지를 알게 해준다."[42]

그래도 직접적인 매매춘을 언급하는 본문이 나오기도 하는데 그것은 아마도 곧 다루게 될 성병(매독)을 암시하는 본문에서였다.

"그러나 성 바울은 음란이 (도둑질이나 강도질보다도) 더 치욕적이며,

---

38) 1re sermon du Deutéronome sur le ch. 23, *Opera*, XXVIII, 66.
39) 5e sermon du Deutéronome sur le ch. 22, *Ibid.*, 57.
40) 8e sermon du Deutéronome sur le ch. 5, *Opera*, XXVI, 338.
41) 7e sermon de Jacob et Esau, *Opera*, LVIII, 114.
42) *Commentaire*, Genèse 38:15.

사람들이 더 조심해야 한다는 점을 아주 잘 보면서, 음란에서는 몸에 새겨지는 어떤 흔적이 남는다고 선언합니다. 바로 몸에서 치욕이 드러나는 것입니다. 그런데 우리는 우리의 명예를 잘 보존하기를 원하며 또한 우리에게 어떤 흠이나 어떤 나쁜 표식이 새겨지게 될 때 유감스럽게 여깁니다. 그런데 우리가 하나님 앞에서, 천사들 앞에서, 사람들 앞에서 치욕스러운 표시와 자국을 새기게 되는데도 왜 매춘하러 갑니까?"[43]

IV. 성병

　매매춘 등 문란한 성 풍속과 관계해서 떼려야 뗄 수 없는 것이 성병의 만연이다. 당시의 성병을 비엘레는 다음과 같이 설명했다.
　"매매춘과 함께 성병들이 발달했다. 그것들은 사회적 재앙으로서 16세기 초 이탈리아 전쟁 과정에서 출현했다. 이 돌림병을 전장에서 가져왔던 프랑스 사람들은 그것을 '나폴리 병'이라고 불렀고, 반대로 전에는 그 병의 존재를 몰랐던 이탈리아 사람들은 '프랑스 병'이라고 명명했다. 대중들에게 끼친 피해는 상당했고, 설교자들이 강단 꼭대기로부터 거기에 대해 설교하는 것을 듣는 것도 놀라운 일은 아니었다. 그런 설교자들 중 한 사람은 그것의 기원을 백성의 타락의 도구들인 교회의 부에 돌렸다. 그는 말한다. '교회가 소유한 재물들은 사치의 불가마를 피우기 위한 풀무일 뿐입니다. 그것들은 어떤 이들에게 나폴리 매독을 일으키고, 또 그것 때문에 어떤 이들은 문둥병자, 악취병자, 종창병자가 됩니다.' 그는 확신한다. 하나님은 그 병을 내버려두시고, 기독교인들에게 보내주시는데 이는 그들이 그런 비행으로부터 돌이키게 하기 위해서이다. 그러나 그들이 변하기 위해서는 더 무서운 전염병이 있어야 하지 않을까? '하나님은 그들에게 나폴리의 붉은

---

43) 8e sermon du Deutéronome sur le ch. 5, *Opera*, XXVI, 339.

병을 보내주셨지만, 그들은 여전히 바꾸려고 하지 않습니다. 그들이 더 좋은 걸 기다리고 있는 것입니까?'"⁴⁴⁾

칼뱅은 그런 성병에 관해서도 거의 말하지 않았다. 우선, 매매춘을 다루면서 인용했던 대로 신명기설교에서 성병이나 매독이라는 명칭을 부르지는 않으면서 성병을 얘기한 적이 있다. 그에 따르면 "음란이 도둑질이나 강도질 같은 다른 범죄보다 더 치욕적이다. 그래서 음란을 더 조심해야 하는데, 그 이유는 몸에 새겨지는 어떤 흔적이 남기 때문이다. 즉 바로 몸에 치욕의 표시가 남는다. 우리는 명예를 존중하고 보존하기를 원하지 않는가? 그런데 왜 우리가 치욕스러운 표시와 자국이 남는데도 (매독의 위험을 알면서도) 매춘하러 가는가라는 의미로 성병을 묘사하고 경계했다.⁴⁵⁾

칼뱅은 성병을 직접 언급한 적도 있는데, 관점은 비엘레가 앞에서 인용한 설교자의 것과 같았다.⁴⁶⁾ 칼뱅은 신명기설교에서 외친다. "보십시오. 지난 50년 전부터 하나님께서 음행을 치기 위해서 새로운 병을 일으키신 것을 모르십니까? 이 매독이, 열거할 필요도 없는 그 모든 더러운 것들이 어디서 옵니까? 문란한 생활을 하는 자들, 이 행음자들, 그들이 추잡한 짓에 덤벼들 때, 자신들의 낯짝을 때리는 일일 뿐입니다. 만일 하나님이 일종의 문둥병으로 치신다면 그들은 하감이나 다른 악취종에 잡아먹히지만, 그들은 계속 자신의 길을 갈 뿐이고 코웃음 칠 뿐입니다."⁴⁷⁾

---

44) *L'homme et la femme*, 24-25. 본문에서 비엘레가 인용한 설교문들은 A, Méray, t. II, 132, 145.
45) Cf. 앞의 주 42. 8e sermon du Deutéronome sur le ch. 5, *Opera*, XXVI, 339.
46) Cf. 앞의 주 43. *L'homme et la femme*, 24-25. A, Méray, t. II, 132, 145.
47) 157e sermon sur le Deutéronome, *Opera*, XXVIII, 25-29. CF. *L'homme et la femme*, 25.

V. 동성애

동성애 역시 칼뱅이 자주 말하는 것이 아니었다. 아니, 거의 입에 올리는 일이 없었다고 해야 할 것이다. 단지 그는 성경의 설교자이고 해석자였기 때문에 성경에서 동성애에 관한 구절이 나올 경우 거기에 대해 언급하거나 설명할 뿐이었다. 그러나 그런 부분들만 봐도, 충분하지는 않지만 칼뱅의 동성애에 관한 시각을 알 수 있다.

전제할 것은, 동성애(homosexuality)라는 용어는 물론 당시에는 존재하지 않았고, 남색을 의미하는 bougre나 sodomie, 현대적으로는 '성 정체성 장애'(gender identity disorder)를 보여주는 여장(남자)인 efféminé 같은 용어들이 있었다. 그래서 칼뱅은 그런 용어들로써 오늘날 우리가 생각하는 동성애를 표현했는데, 그것들 역시 그의 저술에서 자주 나오지는 않는다.

어쨌든 칼뱅은 동성애를 이렇게 보았다. "모세는 세 번째로 말합니다. '이스라엘에 창녀가 없어야 하며, 추잡하고 혐오스러운 창남도 없어야 한다.' 여기서 그가 창남들을 말할 때 이것은 일반적인 음행이 아니라, 본성에 반대되는 중죄를 말하는 것입니다. 이것은 무서운 일로서 하나님에게 바쳐진 백성에게는 그렇게 금지되어야 했습니다. 그리고 그때부터 너무나 타락해서 창녀들의 매음굴만 있었던 것이 아니고, 여자들만 그렇게 빠져든 것이 아닌데 바로 그런 것이 우리의 머리카락을 곤두세우게 하는 일입니다. 그런 타락들이 요즈음 세상에 들어온 것이라고 생각해서는 안 됩니다. 그것들은 언제나 있었습니다. 아담이 하나님으로부터 소외된 뒤, 그가 자신의 죄를 회개해야 했으나, 모든 그의 종족은 악으로 방탕했습니다. 모든 악행들의 근원은, 모든 끔찍한 범죄들의 근원은 바로 인간이 하나님으로부터 버림받을 때 일어나고, 여기서 말해지듯이 그분이 그의 목의 멍에를 풀어놓을 때 일어납니다. 자연적인 음란으로는 충분하지 않았고 짐승 같은 짓보다 더 끔찍한 것이어야 했음을 보십시오. 좀도둑질로는 충분하지 않았고 절도나 강도짓이어야 했습니다. 인간들은 너무나 타락한 나머지 새로운 방법들을 고안해냅니다."[48] 즉 칼뱅에게서 동성애는 "일반적인 음행이 아니라 본성에 반대되는 중죄"로서 "우리의 머리카락을 곤두서게 하는 일"이며, "짐승 같은 짓보다 더 끔찍한 것"이다. 그것은 "요즘 세상에 들어온 것이 아니라 언제나 있었으며", "새로운 방법을 고안해내는 타락한 인간의" 발명품이라는 것이다. 여기서 주목할 만한 것은 동성애가 자연스러운 것이 아니라 "본성에 반대되는 것"이라는 시각이다. 칼뱅은 그것을 동성애를 대신하는 용어로까지 사용했다.

"그는(바울) 공통적인 끔찍한 악행들을 열거합니다. 한쪽으로 그는 살인하는 자들, 모욕하는 자들, 부모를 때리는 자들, 강도들, 납치하는 자들, 음행하는 자들, 간음하는 자들, 게다가 심지어는 '본성에 반대되는 끔찍한 음행들'까지도 열거합니다. 끝으로 사기꾼들, 거짓말쟁이들, 거짓 맹세하는 자들이 있습니다. 바로 그런 자들이 하나님의 율법의 적들입니다. 그런 자들은 할 수 있는 한 거기로부터 도망치려 하며, 그것의 기억이 잊혀지기를 원합니다."[49]

칼뱅은 동성애가 고대 그리스에서 만연했던 사실도 잘 알고 있었다. "여자 같은 남자들에 대해서는, 나는 그들을, 그들이 공통적으로 음행에 빠져 들어가지는 않는다고 해도, 매력적인 말투로, 여자 같은 거동이나 옷차림으로써 그리고 다른 감미로운 것들로써 자신들의 추잡함을 감추고 있다고 본다. 네 번째 종류(남색하는 자들)는 다른 모든 것들보다도 가장 끔찍한 것이며, 그리스에서 훨씬 더 만연했던 고약하고 괴상한 타락이다."[50]

그러나 그리스에서는 오히려 이상적인 사랑의 형태로까지 간주되었던 동성애를 칼뱅은 "가장 끔찍한 것이며 고약하고 괴상한 타락"으로 정죄했

---

48) 4e sermon sur le ch. 23 du Deutéronome, *Opera*, XXVIII, 109.
49) 5e sermon I Dimothée, *Opera*, LIII, 56-57.
50) *Commentaire*, I Corinthiens 6:9.

다. 그래서 방금 인용한 부분에서 "여자 같은 말투나 거동, 옷차림"이라는 표현에서도 보았지만, 칼뱅은 동성애와 관계되거나 단서가 될 모든 것을 금지하고 정죄했다. 그는 오늘날의 표현으로 '성 정체성 혼란'의 문제를 겪고 있는 사람들과 관계된 "여자는 남자의 옷을 입지 말고 남자는 여자의 옷을 입지 말라"는 신명기 22:5의 본문을 설교하면서 말한다.

"그것은 남자들과 여자들을 구분하기 위해서 올바른 일입니다. 그러나 또한 그것이 허용될 때 그것은 완전한 음행으로의 입구이며 개방이라는 것이 확실합니다. 그런 가장들은 한마디로 뚜쟁이 질일 뿐입니다. 경험이 그것을 보여줍니다. 남자들은 여자같이 해서는 안 됩니다. 우리가 가끔 보듯이 부인들처럼 옷을 입는 남자들이 있습니다. 그들이 그럴 때 그들은 하나님이 자신들을 여자로 만들어주지 않은 것을 유감스럽게 생각하는 것 같습니다. 그래서 그들은 자기의 성을 거의 포기하고 싶어 합니다. 이것은 수치스런 일입니다. 또한 여자들이 경비병처럼 입을 때도 있습니다. 그녀들은 자기 어깨에 물레의 토리개보다는 소총을 메는 것을 더 좋아하는 것 같습니다. 그것은 본성에 반대되는 것이고, 혐오스러운 일입니다."[51]

그러나 결국 칼뱅이 당시에 동성애의 실례들을 많이 발견했던 것은 로마 가톨릭교회 내에서였다. 주지하듯이 가톨릭의 수도자들이나 사제들은 독신주의였기 때문에 일단 조건적으로는 동성애에 빠지기 쉽다고 할 수 있다. 현재도 가톨릭교회 내에서 동성애의 스캔들이 들려오기도 하지만, 그때도 역시 그런 소문들이 많았고 대중들로부터 비난을 받았다. 그런 점들을 잘 알고 있었던 칼뱅은 로마 가톨릭교회를 동성애의 소굴로 지목하는 데 주저함이 없었다.

"거룩이라는 그림자 속에서 그들이 그렇게 결혼을 배격했을 때, 정당한 복수로써 그들은 해방되어 악한 전염병들로 빠져들어 갔습니다. 그들은 그들의 가증스러운 남색들(sodomies)로써 세상을 물들였습니다."[52] "교황

---

51) 2e sermon sur le ch. 22 du Deutéronome, *Opera*, XXVIII, 17-19.

주의의 열성주의자들이 어떤지를 보십시오. 가장 거룩한 사람들도 살펴볼 때, 어떤 사람들은 (나는 어디에서나 알려지고 유명한 사람들에 대해서 말합니다.) 입증될 것입니다. 즉 어떤 사람들은 서약위반이 입증될 것이고, 다른 이들은 거짓이나 도둑질로, 또 어떤 이들은 모든 음행과 모든 더러운 짓에 빠져들어 가는 데 주저함이 없을 것입니다. 또 다른 이들은 너무나 더럽고 끔찍한 욕망에 이끌려서 남색가가 되는데 이는 그들에게는 하나의 직업과 같습니다."[53]

그렇다면 칼뱅은 사람들이 동성애를 버리거나 떠날 수 있다고 보았을까? 물론 칼뱅은 현대의 동성애자들처럼 자신들을 제 3의 천성으로 여겨서 어쩔 수 없이 자연스럽게 받아들여야 하는 것으로 생각하지 않았다. 앞에서 보았듯이 분명 그것은 '본성에 반대되는 중죄'였다. 따라서 칼뱅은 동성애를 다른 여러 가지 죄와 같이 버리거나 떠나야 하는 것으로 간주했다. 그는 동성애만을 별도로 말하지는 않지만, 여러 죄들과 함께 그것 역시 그리스도의 은총으로 용서받고, 죄로부터 해방됨으로써 떠날 수 있다고 보았다.

"고린도교회에 선언된 것처럼, 우상 숭배자들, 음행한 자들, 간음한 자들, 여자 같은 남자들, 남색하는 자들, 도둑질하는 자들, 탐욕부리는 자들은 하나님의 왕국을 소유하지 못할 것입니다. 그러나 그(바울)는 추가해서 말하기를, 그러나 그들은 그리스도를 알기 전에는 그 범죄들로 뒤덮여 있었으나 이제 그들은 그분의 피로써 그런 것들로부터 깨끗하게 되었고, 그의 영으로 해방되었다고 합니다."[54]

그런데 흥미 있는 것은 칼뱅이 '남색하는 자'(bougres)가 들어 있는 본문을 주석하면서는, 다른 모든 죄들은 열거하면서 유독 '남색하는 자'는 빼놓았다는 점이다. "그러므로 의미는 단순하다. 하나님의 은혜로써 고린도인들이 중생하기 전에는 어떤 이들은 인색하고, 어떤 이들은 간음하며, 어

---

52) 8e sermon du Deutéronome sur le ch. 5, *Opera*, XXVI, 345.
53) 4e sermon sur I Dimothée, *Opera*, LIII, 48.
54) *Institution*, III, 24/10.

떤 이들은 강탈하고, 어떤 이들은 여장하고, 어떤 이들은 모욕하지만, 그러나 그리스도를 통해 해방된 이후 지금은 더는 그렇지 않다는 것이다."[55]

여장하는 것까지는 봐줄만 해도 남색하는 자에게는 용서와 해방의 은총이 과분하다고 생각했던 것일까? 이른바 '무의식적 망각'인가? 사도 바울이 열거한 중생하고 해방받은 고린도의 많은 죄인들 중에서, 칼뱅이 유독 '남색하는 자'만은 빼고 말했다는 것은 단순한 실수일 수도 있지만, 요나가 니느웨 백성에 대해 생각했듯이, 그가 동성애자들에 대해 최소한 무의식적으로는 구원받아서는 안 될 사람들이라고 여겼던 것은 아닐까 하는 생각도 든다. 최소한 그가 고린도전서를 주석할 때는 말이다.

VI. 칼뱅은 히스테리인가?

칼뱅은 성에 관해 설교 등에서 말을 할 때나 글을 쓸 때 강경한 언사들을 사용했다. '혐오스럽다'든지 '수치스럽다', '파렴치하다', '고약하고, 괴상한 타락이다', '머리털이 곤두서는 일이다' 등 극단적인 말들을 동원했다. 반면에 상대적으로 성적 타락에 대한 철저한 경계심이나 청결의식을 보여주기도 했다. 그런 점에서 칼뱅은 성에 관해 어떤 혐오감이나 수치심, 또는 두려움 같은 것도 가지고 있지 않았는지 의심할 수 있다. 주지하듯이 프로이트에 따르면 히스테리의 주요 특징이 바로 성에 대한 수치심이나 혐오감, 두려움, 혹은 도덕이라는 이름으로의 억압 같은 것이다.[56]

그렇다면 칼뱅이 바로 히스테리가 아니었을까? 더 나가서 칼뱅과 공유하는 기독교의 일반적인 성에 대한 태도가 일종의 집단적 문화적 히스테

---

55) *Commentaire*, I Corinthiens 6:11.
56) S. 프로이트, 김정일 역, "성욕에 관한 세편의 에세이", 『프로이트선집 9 - 성욕에 관한 세편의 에세이』(서울: 열린책들, 1996), 254 이하. 그리고 Cf. J.-D. 나지오, 표원경 옮김, 『히스테리의 정신분석』(서울: 백의, 2001), 60 이하.

리임을 보여주는 것이 아닐까? 거기에 대해서는 신중하고 면밀한 연구가 필요하겠고, 특히 칼뱅이란 한 인물의 성격을 파악하는 것도 그 개인에 더 많은 자료들과 전문적인 분석이 있어야 가능한 일이다.

그러나 칼뱅의 성 담론들을 볼 때 그가 히스테리라는 생각은 할 수 없다. 그것은 다음의 세 가지 점들 때문이고, 또 그것들은 그의 히스테리의 혐의를 벗겨줄 뿐만 아니라 그의 의식의 주요한 면들을 밝혀줌으로써 그의 성에 대한 사상과 태도의 특성을 잘 알게 해주며, 또한 바로 그 이유에서 그의 성 문제들에 대한 평가와 결론을 대신할 수 있을 것이다.

첫째, 칼뱅은 성 자체를 혐오시하거나 금욕이나 독신을 권장하거나 찬양한 적이 한 번도 없었다는 점이다. 그가 비난하고 정죄했던 것도 성 자체가 아니라 그것의 타락과 문란함이었을 뿐이다. 당시는 중세로부터 근세가 열리는 전환기로서 성적 개방과 타락이 가속되던 시기였고, 칼뱅이 활동했던 제네바 역시 그 사조에서 벗어날 수 없었을 뿐더러 용병제나 전쟁으로 인해 더 심각했었다. 제네바 사람들의 영적이고 도덕적인 문제에 책임을 지고 있었던 칼뱅으로서는 성 문제들에 대해 엄격하게 말하고 대처했던 것은 필연적인 일이었으리라.

그러나 기본적으로 칼뱅은 인간의 육체적인 감각이나 욕구를 억압하고 경원시하는 사람이 아니었다. 그래서 비난이나 규탄도 성적 타락에 집중되지 성 자체가 아니었다. 그에게서 성은 오히려 창조주 하나님의 선물들 중의 하나로 그것으로써 생육하고 번성하는 '필수'(necessité)일 뿐만 아니라 '우리의 쾌락(plaisir)과 기분전환(récréation)'를 위해서 우리에게 주어진 것이라고 평가할 수 있다.[57]

둘째, 칼뱅은 성의 문제를 그리스도인의 삶의 문제로 다루었다는 점이

---

[57] 이 말들은 칼뱅이 음식에 대해서, 그리고 옷이나 풀이나 나무나 열매들이나 기름, 포도주 등에 대해서 한 것이나 성에다 그대로 적용해도 무방하다. *Institution*, III, 10/2. 두메르그는 칼뱅이 육체적인 감각이나 쾌락에 대해 열려 있었던 모습을 잘 보여주었다. E. 두메르그, 『칼빈사상의 성격과 구조』, 이오갑 역, 82-93.

다. 즉 성적인 문란과 타락을 다루었지만, 언제나 그 자체로만이 아니라 그리스도인들의 생활과 품성이라는 전체적인 관점을 견지했다는 것이다. 그가 성 문제를 다루면서 전제로 세우는 것은 언제나 '정결'과 '절제'였고 또 결론도 역시 마찬가지였다. 그리고 이 정결과 절제는 성 문제에만 요구되고 적용되는 것이 아니라 돈이나 물질, 음식, 의복 같은 그리스도인들의 생활 전반에 대한 것이었다.[58]

그것은 칼뱅이 성을 크게는 그리스도인의 삶, 그리스도인으로서의 삶, 그리스도인다운 삶의 범주 속의 한 주제로 보았다는 것을 의미한다. 즉 성은 그리스도를 믿음으로 회개하고 죄 사함을 받았으며, 중생하며 성화하게 하시는 성령의 은혜 가운데서 사는 사람들의 삶의 통전적인 회복을 위한 여러 가지 요소들 중의 하나였다는 것이다.

셋째, 칼뱅은 성의 문제를 결혼의 신성함과 가정의 소중함을 파괴하는 것으로 보았다는 점이다. 그에게서 결혼은 하나님이 세운 제도로서, 사람들 사이의 계약뿐만 아니라 하나님과의 계약이기도 했다. 그래서 성적 타락은 결혼 제도를 혼란스럽게 하거나 약화시키는 범죄였고, 특히 결혼한 이들의 간음은 배우자에 대한 약속과 신실성의 의무를 어긴 것뿐만 아니라, 하나님과의 계약을 파기한 것이었다.

그런 관점은 그가 성을 성 자체로서만이 아니라 '관계'의 문제, 즉 사람과 사람 사이의 관계, 더 나가서 사람과 하나님과의 관계의 문제로 보았다는 것을 보여준다. 즉 그에게서 성은 사회적인 문제였고, 영적인 문제였다. 그런 관계들의 파괴는 평화와 안녕을 깨뜨리고 사람들에게 갈등과 분열, 분란만을 심화시키기 때문에 많은 불행을 가져온다. 그래서 칼뱅은 결혼과 가정의 소중함, 사람들과 사회의 질서와 안녕과 행복을 위해서 성을 중요하게 보았던 것이다.

---

58) 예를 들어 *Institution*, III, 10/5, 이오갑, "칼뱅의 자연과 생태 사상", 「신학논단」 59집, 2010, 116-119.

그런 점에서 칼뱅은 목회자면서 신학자였고, 사회제도나 전통에 대해서는 많이 양보해서 관례주의자(conventionalist)라고 할 수는 있지만 히스테리는 아니었다고 평가한다.

참고문헌

1. 장 칼뱅(Jean Calvin)의 저술들과 선집들

Ioannis Calvini Opera quae Supersunt Omnia. 59 vols. Ediderunt G. Baum, E. Cunitz, E. Reuss. Brunsvigae: Apud c. A. Schwetschke et Filium, 1863-.

Ioannis Calvini Opera database 1.0. Apeldoorn: Instituut voor Reformatieonderzoek, Cop., 2005.

Ioannis Calvini Opera selecta. 5 vols. ed. P. Barth & W. Niesel. München: Chr. Kaiser, 1926-1936.

Institution de la religion chrétienne (1541). 4 vols. éd. par J. Panier. Paris: Les Belles Lettres, 1936.

Institution de la religion chrétienne (1560). 4 vols. éd. J. Cadier. Genève: Labor et Fides, 1955-1958.

Commentaires de Jehen Calvin sur le Livre des Pseaumes. 2 vols. Paris: Meyrueis et Compagnie, 1859.

Commentaires sur le Nouveau Testament. 4 vols. Toulouse: Société des Livres Religieux, 1892-1894.

Commentaires Biblique: Le Livre de la Genèse. Genève: Labor et Fides,

1961.

Commentaires de Jean Calvin sur le Nouveau Testament. 3 vols. éd. M. Réveillaud etc. Genève: Labor et Fides, 1960-1968.

Supplementa Calviniana, Sermons inédits. 9 vols. Neukirchen-Vluyn: Neukirchener Verlag, 1936-2000.

Lettres de Jean Calvin. 2 vols. éd. J. Bonnet. Paris: Meyrueis et Compagnie, 1854.

Oeuvres de Calvin, 3 vols. Paris: "Je sers," 1934-1936.

Oeuvres françaises de J. Calvin. éd. P.-L. Jacob. Paris: Charles Gosselin, 1842.

Le Catéchisme de Jean Calvin. Paris: "Je sers," 1934.

Calvin, Homme d'Eglise, Oeuvres choisies par compagnie des pasteurs de l'Eglise de Genève. Paris/Genève: "Je sers"/Labor, 1936.

La Vraie Piété. éd. I. Backus et C. Chimelli. Genève: Labor et Fides, 1986.

Confession et Catéchisme de la foi réformée. éd. par O. Millet. Genève: Labor et Fides, 1986.

Des Scandales. éd. O. Fatio. Genève: Droz, 1984.

2. 외국 저술과 번역들

Baldwin, C.-M. "Mariage in Calvin's Sermons," *Calviniana: Ideas and Influence of Jean Calvin.* ed. V. R. Schnucker. Kirksville MO: Sixteenth Century Essays and Studies, 1988. 그리고 *Article on Calvin and Calvinism.* vol. 3. ed. R. Gamble. New York & London: Garland Publishing, Inc., 1992.

Biéler, A. *L'Homme et la femme dans la morale calviniste, la doctrine réformée sur l'amour, le mariage, le célibat, le divorce, l'adultère et la prostitution, considérée dans son cadre historique.* Genève: Labor et Fides, 1963.

_____. *La Pensée économique et sociale de Clavin*. Genève: George & Cie S. A. 1959.

Benoit, J.-D. *Calvin, Directeur d'ames*. Strasbourg: Oberlin, 1947.

Bois, H. *La Philosophie de Calvin*. Paris: 1919.

Boisset, J. *Calvin et la souveraineté de Dieu*. Paris: Ed. Seghers, 1964.

_____. *Sagesse et Sainteté dans la pensée de Jean Calvin, essai sur l'humanisme Réformateur français*. Paris: Presses Universitaires de France, 1959.

Bouwsma, W. *John Calvin, A sixteenth-Century Portrait*. New York/Oxford: Oxford University Press, 1988. 이양호·박종숙 역. 『칼빈』. 서울: 나단, 1991.

Bratt, J. "The Role and Status of Woman in the Writings of John Calvin," *Renaissance, Reformation, Resurgence*. ed. P. De Klerk. Grand Rapids: Calvin Theological Seminary, 1976.

Cadier, J. *Calvin, l'homme que Dieu a dompté*. 이오갑 역. 『칼빈, 하나님이 길들인 사람』. 서울: 대한기독교서회, 1995.

_____. *Calvin*. Paris: P.U.F., 1966.

Choisy, E. *Calvin, éducateur des consciences*. Neuilly: La Cause, 1926.

Clavier, H. *Etudes sur le calvinisme*. Paris: Fishbacher, 1936.

Cottret, B. *Calvin*. Paris: Payot & Rivages, 1998.

_____. *Calvin, A Biography*. tr. McDonald M. Wallace. Edinburgh: T & T Clark, 2000.

Courvoisier, J. *De la Réforme au protestantisme: Essai d'ecclésiologie réformée*. Paris: Beauchesne, 1977.

Douglass, J. D. *Women Freedom and Calvin*. 심창섭 옮김. 『칼뱅의 여성관』. 서울: 무림출판사, 1990.

Doumergue, E. *Jean Calvin, les hommes et les choses de son temps*. vol. 4, Lausanne: Georges Bridel & Cie Editeurs, 1910.

_____. *Le caractère de Calvin*. 1er éd. Paris: Ed. Foi et Vie, 1921.

_____. *Le caractère de Calvin*. 2e éd. 이오갑 역. 『칼빈 사상의 성격과 구조』.

서울: 대한기독교서회, 1995.
Dowey Jr., E. A. *The Knowledge of God in Calvin's Theology*. Grand Rapids: Eerdmans, 1994.
Fuchs, E. *La moral selon Calvin*. Paris: Cerf, 1986.
Gaberel, J. *Calvin à Genève ou Appreciation de l'influence religieuse et sociale de ce réformateur sur cette ville*. Genève: Ch. Gruaz, 1836.
Ganoczy, A. *Calvin, théologien de l'Eglise et du ministère*. Paris: Cerf, 1964.
Gisel, P. *Le Christ de Calvin*. Paris: Desclée, 1990.
Goumaz, L. *Calvinisme et liberté*. Genève: les Cahiers de 'foi et vérité,' 1951.
_____. *La doctrine du salut d'après les Commentaires de Calvin sur le Nouveau Testament*. Lausanne/Paris, Librairie Payot & Cie/Librairie Fischbacher, 1917.
Keller C.-A. *Calvin, mystique-Au coeur de la pensée du Réfomateur*. Genève: Labor et Fides, 2001.
Kingdon, Robert M. "Calvin and the Family: The Work of the Consistory in Geneva," *Pacific Theological Review*. 17(1984).
Lane A. "John Calvin, the witness of Holy Spirit," *Faith and Ferment* (London, The Westerminster Conference, 1982), *Articles on Calvin and Calvinism*. ed. R. Gamble. New York/London: Garland Publishing Inc., 1992.
Müller D. "Création et Salut chez Jean Calvin," *Revue de Théologie et de Philosophie*. vol. 115, 1983.
Pin J.-P. "La promesse et l'espérance selon Jean Calvin," *Bulletin de Litterature ecclésiastique*, no. 1, 1973.
Schmidt A.-M. *Jean Calvin et la tradition calvinienne*. Paris: Cerf, 1984.
Schümmer L. *L'Ecclésiologie de Calvin à la lumière de l'Ecclesia Mater*. Berne: Peter Lang, 1981.
Engel, M.-P. *John Calvin's perspectival Anthropology*. Atlanta: Scholar Press, 1988.

Gounelle, A. *La Réforme et l'autorité des Ecritures*. Bruxelles: Eglise Protestante de Bruxelles, 1988.

_____. "Calvin aujourd'hui," *Etudes théologiques et religieuses*. 1979, no. 1.

_____. "La théologie réformée: actualité de ses grands principes," *Actualité de la Réforme*. Ed. par La Faculté de Théologie de l'Université de Genève. Genève: Labor et Fides, 1987.

_____. *Protestantisme*. Paris: Publisud, 1990.

Hooykaas, R. *Religion and the rise of modern science*. 이훈영 역. 『종교개혁과 과학혁명』. 서울: 솔로몬, 1992.

Freud, S. *Drei Abhandlungen zur Sexualtheorie*. 김정일 역. "성욕에 관한 세 편의 에세이", 『프로이트선집 9 – 성욕에 관한 세편의 에세이』. 서울: 열린책들, 1996.

Frischauer, P. *Weltgeschichte der Erotik* II. 이윤기 역. 『세계 풍속사 2』. 서울: 까치, 2000.

Kraege, J.-D. "La Dialetique kierkegaardienne," *Revue de théologie et de philosophie*. vol. 118(1986).

_____. "Théologie analogique et théologie dialectique," *Revue de théologie et de philosophie*. vol. 111(1979).

Lamorte, A. *Réflexions à propos des doctrines de la prédestination et du baptême chez Calvin*. Paris: Librairie Protestante, 1959.

Lecerf, A. *Etudes Calvinistes*. Neuchâtel: Delachaux & Niestlé, 1949.

Lee Okab(Ou-Kab). *L'Anthropologie de Jean Calvin, l'homme dans la tension bi-polaire entre le* Deus maiestatis *et le* Deus nobiscum. Thèse de Doctorat en Théologie présentée à *Institut Protestant de Théologie*(Facs. de Paris et de Montpellier), 1992.

_____. "La vérité que croit et aime mon coeur-Le mysticisme de Calvin dans son idée de la foi," *Theological Forum*. vol. 44, june, 2006.

Link, C. "La crise écologique et l'éthique théologique," *Ruvue d'histoire et de philosophie religieuses*, avril-juin, 1981.

McKim, D.(ed.). *Reading in Calvin's Theology*. 김종태 역. 『칼빈신학의 이해』.

서울: 생명의 말씀사, 1991.

Muller, R. A. *The Unaccommodated Calvin, Studies in the Foundation of a Theological Thadition*. New York: Oxford University Press, 2000. 이은선 역. 『16세기의 맥락에서 본 진정한 칼뱅신학』. 서울: 나눔과 섬김, 2003.

Mützenberg G. *L'obsession calvlniste*. Genève: Labor et Fides, 1979.

Nasio, J.-D. *L'Hysterie ou l'enfant magnifique de la psychanayse*. 표원경 옮김. 『히스테리의 정신분석』. 서울: 백의, 2001.

Niesel, W. *Die Theologie Calvins*. 이종성 역. 『칼빈의 신학』. 서울: 대한기독교서회, 1983.

Parker, T. H. L. *Calvin, An Introduction to His Thought*. 박희석 역. 『칼빈신학입문』. 고양: 크리스챤 다이제스트, 2001.

Partee, Ch. B. *Calvin and Classical Philosophie*. Leiden: E. J. Brill, 1977.

Perrot, A. *Le visage humain de Jean Calvin*. Genève: Labor et Fides, 1986.

Parsons, M. *Reformation marriage: the husband and wife relationship in the theology of Luther and Calvin*. Edmonton: Rutherford House, 2005.

Potter, G. R. & Greengrass, M. *John Calvin*. London: Edward Arnold, 1983.

Pruyser, P. W. "Calvin's view of man: a psychological commentary," *Theology Today*. vol. XXVI no. 1, April, 1969.

Seeger, C. *Nullité de mariage, divorce et separation de corps a Genève au temps de Calvin*. Lausanne: Société d'Histoire de la Suisse Romande, 1989.

Selderhuis, H. J. *Gott in der Mitte: Calvins Theologie der Psalmen*. 장호광 옮김. 『중심에 계신 하나님: 칼빈의 시편 신학』. 서울: 대한기독교서회, 2009.

Stauffer, R. *Dieu, la Création et la providence dans la prédication de Calvin*. Berne: Peter Lang, 1978.

_____. *Interprètes de la Bible-Etudes sur les réformateurs du XVIe siècle*.

Paris: Beauchesne, 1980.

_____. *L'humanité de Calvin*. 박건택 역. 『남편, 아버지, 친구, 목회자로서의 인간 칼빈』. 서울: 엠마오, 1989.

Steinmetz, D. C. *Calvin in Context*. New York/Oxford: Oxford University Press, 1955.

Strohl, H. *La Pensée de la Réforme*. Neuchâtel: Delachaux et Niestlé S. A., 1951.

Templin J. A. "The Individual and Society in the Thought of John Calvin," *Calvin Theological Journal*. 23(1988).

Thompson J. L. "Creata Imaginem Dei, Licet Secundo Gradu: Woman as the Image of God according th John Calvin," *Harvard Theological Review* 81:2, 1988.

_____. "Patriarchs, Polygamy and Private Resistance: John Calvin and Others on Breaking God's Rules," *Sixteenth Century Journal*. 25 (1994).

_____. "John Calvin on Biblical Interpretation: Tradition and Innovation in Early Reformed Exegesis of I Corinthians," 이신열 역. "칼뱅의 성경해석: 초기 개혁주의 고린도전서 주석에 있어서 전통과 혁신", 『칼빈과 성경』. 부산: 고신대 개혁주의학술원, 2008.

Torrance, T. F. *Calvin's Doctrine of man*. London: Lutterworth Press, 1952.

_____. *The Hermeneutics of John Calvin*. Edinburgh: Scottish Academic Press, 1988.

Wallace R. S. *Calvin, Geneva and the Reformation, A study of Calvin as Social Reformer, Churchman, Pastor and Theologian*. 나용화 역. 『칼빈의 사회개혁 사상』. 서울: 기독교문서선교회, 1988.

_____. *Calvin's Doctrine of the Christian Life*. 나용화 역. 『칼빈의 기독교생활 원리』. 서울: 기독교문서선교회, 1988.

Warfield, B. B. "Calvin's doctrine of creation," *Princeton Theological Riview*, 1915, réed, in *Calvin and Calvinism*. New York: 1931.

Wendel, F. *Calvin, sources et évolution de sa pensée religieuse*. 2e éd.

Genève: Labor et Fides, 1985. 김재성 역. 『칼빈, 그의 신학 사상의 근원과 발전』. 고양: 크리스챤 다이제스트, 1999.

Widmer S. *1484-1984 Zwingli*. 한국기독교장로회 신학연구소 역. 『1484 개혁교회의 창시자 쯔빙글리 1984』. 서울: 한국기독교장로회출판사, 1993.

Willis, E. D. *Calvin's Catholic Christology, the function of the so-called extra calvinisticum in Calvin's theology*. Leiden: E. J. Brill, 1966.

Witte J. & Kingdon R.-M. *Sex, marriage, and family in John Calvin's Geneva I: Courtship, Engagement and Marriage*. Grand Rapids: Wm. B. Eerdmans, 2005.

Wright, David F. "Woman before and after the Fall: A Comparison of Luther's and Calvin's Interpretation of Genesis 1-3," *Churchman*. 98(1984).

3. 칼뱅 저술의 주요 국내판들

『기독교 강요』. 1536년 초판. 포드 배틀즈 서론. 양낙홍 옮김. 서울: 크리스챤 다이제스트, 1988.

『기독교 강요』. 1559년 최종판. 김문제 역. 전 4권. 서울: 세종문화사, 1977.

『기독교 강요』. 1559년 최종판. 김종흡·신복윤·이종성·한철하 역. 전 3권. 서울: 생명의 말씀사, 1988.

『기독교 강요』. 1559년 최종판. 원광연 역. 전 3권. 고양: 크리스챤 다이제스트, 2003.

『칼뱅작품 선집』. 박건택 편역. 전 7권. 서울: 총신대학교출판부, 1998-.

『칼빈 성경주석』. 출판위원회 편역. 전 20권. 서울: 성서교재간행사, 1990.

『칼빈의 에베소서 설교』. 김동현 옮김. 전 2권. 서울: 솔로몬, 1995.

『칼빈의 사무엘 하 설교』. 김동현 옮김. 전 3권. 서울: 솔로몬, 1993.

『칼빈의 이사야 설교』. 김동현 역. 서울: 솔로몬, 1992.

『신앙입문』. 최도형 옮김. 서울: 대한기독교서회, 1994.

4. 국내 저술들

김재성. 『칼빈과 개혁신학의 기초』. 수원: 합동신학대학원 출판부, 1997.
박경수. 『교회의 신학자 칼뱅』. 서울: 대한기독교서회, 2009.
신복윤. 『칼뱅의 하나님 중심의 신학』. 수원: 합동신대원출판부, 2005.
어윈(M. M. Irwin). "칼빈과 가정관계", 『칼빈신학의 현대적 이해』. 서울: 한국신대출판부, 1978.
원종천. "그리스도와의 연합론", 『칼뱅신학과 목회』. 한국칼뱅학회 엮음. 서울: 대한기독교서회, 1999.
유창형. "하나님의 형상에 대한 칼빈의 견해와 평가", 『칼빈신학 2009』. 안명준 편. 서울: 성광문화사, 2009.
이수영. "경건론", 『칼빈신학해설』.
이양호. 『칼빈, 생애와 사상』. 서울: 한국신학연구소, 2005.
이오갑. 『칼뱅의 신과 세계』. 서울: 대한기독교서회, 2010.
_____. "칼뱅 인간학, 어떻게 할 것인가?", 「복음과 교회」 15집(그리스도대 신학부), 2011.
_____. "Deus maiestatis와 Deus nobiscum 사이의 양극긴장 속에 있는 인간", 「신학논총」 2집(연세대 한국기독교문화연구소), 1996.
_____. "인간론, 칼빈에 따른 창조의 빛에서 본 인간." 한국칼빈학회 편. 『칼빈신학 해설』. 서울: 대한기독교서회, 1998.
_____. "칼빈의 하나님의 형상론", 「조직신학논총」 제3집, 1998.
_____. "칼빈에 따른 죄인으로서의 인간-인간의 타락과 죄", 「한국조직신학논총」 제19집, 2007.
_____. "칼빈의 욕망론", 「성경과 신학」 제46권, 2008년 5월.
_____. "인간은 병자인가?-칼뱅의 죄인 이해", 「한국기독교신학논총」 제73집, 2011.
_____. "칼뱅의 구원론", 「신학논단」 62집, 2010.
_____. "칼뱅의 여성이해", 「한국조직신학논총」 제28집, 2010.
_____. "칼뱅의 결혼관", 「신학논단」 63집, 2011.
_____. "칼뱅에 따른 성문제들-간음과 음란, 매매춘, 성병, 동성애를 중심으

로", 「장신논단」 제40집, 2011. 4.

_____. "칼뱅에 따른 일부다처제와 독신주의", 「한국조직신학논총」 제29집, 2011. 6.

_____. "칼뱅의 종교개혁과 신학원리", 「말씀과 교회」 26집, 2000, 세 번째.

_____. "칼빈의 성격과 한국교회", 「기독교사상」 통권 605호, 2009. 5.

_____. "칼빈신학의 정수와 한계는", 「목회와 신학」 87권, 1996. 9.

_____. "칼빈의 자연사상", 「기독교사상」 통권 412호-413호, 1993. 4-5.

_____. "칼빈의 종말론", 「말씀과 교회」 30호, 2001.

최윤배. 『깔뱅신학 입문』. 서울: 장로회신학대학교출판부, 2011.

색인

1. 주제

감정 affection / 76, 92, 116, 126, 133, 136, 156, 167, 168, 174, 182, 184, 186, 308
개신교 스콜라주의 Protestant scholasticism / 63
개혁교회 Eglise réformée / 43, 190, 191, 299
거리 distance / 37, 38, 46, 53, 56
거울 mirror / 5, 32, 53, 88, 95, 101, 102, 111, 161, 245, 275, 276
걸작품 chef-d'oeuvre / 67, 71, 81, 82, 84
경건주의 pietism / 63
경험의 관점 perspective of experiance, vue d'expérience / 60
계속적 창조 cratio continua / 29, 110
계시된 하나님 Deus revelatus / 47

공로주의 méritisme / 138
관례주의 conventionalism / 323
관점주의 perspectivalism / 34, 35, 90
교리 doctrine / 225, 226, 228, 230, 236
교만 orgueil / 7, 39, 57, 70, 71, 87, 120, 124, 129, 130, 145, 153-157, 159-161, 163, 166, 176-180, 183-184, 188, 283, 323
교만의 망상 illusion de l'orgueil / 155
교회법령 ordonnances ecclesiastiques / 43, 247, 253, 260, 262
구속사, 구원사 Heilsgeschichte / 24, 25, 31, 35, 65, 66, 92, 96, 97, 114
구원의 과학 science du salut / 191,

192

그리스도론 christology / 42, 119, 120, 128, 189, 197, 199

그리스도인의 자유 christian freedom, liberté chrétienne / 42, 218, 224-226, 228, 236

그리스도중심주의 Christo-centrism / 6

내재(임재) immanence / 6, 46-48, 52, 55, 56, 59, 60, 62-64, 70, 99, 100, 143, 153, 179

노예의지 serf-arbitre / 166, 174, 184

도덕주의 moralism / 63

독특성 (칼뱅 신학과 인간학의) spécipicité / 63

망상 fantaisie, illusion / 145, 147, 156-161, 163, 180

몸 body, corp / 35, 78, 100, 116, 134, 144, 175, 181, 193, 195, 196, 200, 219, 222, 223, 229, 244, 245, 250, 253, 261, 273, 281, 291, 298, 302, 307, 309, 311, 313, 315

몽상 rêverie / 148-150

문자주의 literalism / 63

미궁 labyrinthe / 86

미신 superstition / 55-57, 62, 94, 99, 127, 135, 151-153, 274, 287

민주주의 democracy / 118

범욕망설 theory of pan-desire / 185

변증법 dialectic / 6, 38-40, 46-48, 56, 61-64, 109, 236

보상 rançon / 191-192

복음의 대의 cause of evangel / 192

복종 obeisance, obéissance / 55-59, 63, 77, 111, 112, 124, 159, 160, 167, 194, 217, 218, 234, 311

복합성 (칼뱅 사상의) complexité / 61, 109, 112

부분적 타락 partial corruption / 125, 127, 138

분리 separation / 49, 68, 72, 74, 81, 112, 131-134, 138, 139, 170, 179, 191, 195, 245

사실의 관점 perspective of fact, vue de fait / 60

사회적 동물 créature de compagnie / 219

사회학 sociology / 294

상반대립 contrariété / 236

생명 life, vie / 6, 7, 23-25, 35, 36, 52, 72, 113, 116, 131-133, 144, 198, 202, 203, 207, 212, 245, 252, 285, 293

성 정체성 장애, 성 정체성 혼란 gender identity disorder / 316, 318

성질, 소질 qialité / 33, 91, 111, 112, 229

선택 élection / 37, 38, 47, 68, 75, 77-80, 101, 110, 124, 144, 185, 196, 197, 203, 206, 212, 236, 241, 246, 267, 273, 284, 285, 290, 305

성령중심주의 Pneuma-centrism / 6
성화, 성화론 sanctification / 97, 189, 190, 204-206, 209, 212, 217, 322
섭리, 섭리론 providence / 7, 35, 110, 114, 162, 246
소외 alienation / 31, 93, 120, 131-134, 139, 316
숨어 있는 하나님, 감추어진 하나님 Deus absconditus / 47
시대착오 anachronism / 28
신성모독 sacrilège / 9, 105
신성한 결혼 mariage sacré / 194, 195, 274, 281, 289
신중심주의 Theo-centrism / 6, 34, 39, 40, 47, 113, 198, 212, 264
신앙의 관점 perspective of faith, vue de foi / 59, 60
신호 sign, signe / 52
신플라톤주의 Neoplatonism / 73, 75
실재 realité / 32, 33, 100, 107, 109, 110, 111-114
실존적 existentiel / 113, 132, 134, 139
심리학 psychology / 22, 119, 120, 181
아리스토텔레스주의 Aristotelianism / 27
양심의 자유 freedom of conscience / 225
양자택일 alternative / 112, 118, 139

역설 paradox / 38-40, 64, 109, 110, 112, 113, 236, 264
연합 union / 68, 81, 107, 108, 110, 194, 195, 241, 244-246, 264
영혼유출(설) emanation / 73
예정론 predestination / 7, 196
오성 entendement / 70, 75, 78, 128, 144, 152, 153, 170, 171, 174
욕망 désir / 7, 39, 58, 74, 78, 116, 120-124, 126, 127, 130, 139, 151, 158, 159, 165-188, 246, 265, 284, 289, 295, 305, 309, 313, 319
용병제 mercenaire / 297, 321
우상숭배, 성상숭배 idolâtrie / 115, 145, 159, 163
원죄 original sin / 120, 134-137, 161, 186
유전적 타락 corruption héréditaire / 135, 137
율법주의 legalism / 63, 138, 190, 205, 290
은유 metaphor / 32, 33, 58, 101, 107, 110-113, 194
의인이면서 동시에 죄인 simul justus et peccator / 36, 137
의지 will, volonté / 29-31, 33, 35, 37, 53, 56, 59, 68, 75-81, 86, 94, 98, 120, 126, 128, 136, 137, 144, 168-171, 174, 177, 179-181, 184-186, 247, 270, 285
이성 reason / 25, 33, 35, 67, 71, 74,

76, 78, 79, 92, 98, 116, 118, 122, 126-128, 136, 138, 155, 156, 170, 180
이전설 traducianisme / 106
이중의 관점 double perspective, double vue / 59, 60
이해할 수 없는 하나님 Dieu incompréhensible / 5, 197
인간학, 인류학 anthropology / 5, 9, 21-24, 26, 34, 35, 38-40, 43, 63, 119, 120, 213
   신학적 인간학 theological anthropology / 24
   철학적 인간학 philosophical anthropology / 24
인내(심) persévérance / 60, 74, 84-86
인문과학 human science / 22
인종주의, 인종차별, 인종범죄 racism / 8, 118, 290
입양 adoption / 25, 193, 194, 203, 206
자기애 amour de soi / 120, 166, 181-184, 188
자연 nature / 30, 48, 53, 111, 113, 116, 152, 167, 210, 211, 216, 291, 293, 302, 306, 316
자연계시 natural revelation / 101
자연과학 natural science / 22
자연법 natural law / 110, 118
자연적 은사 natural gift / 128

자연적 타락 perversité naturelle / 135, 136
자연 질서 natural order / 110, 257, 271, 289
자유 freedom, liberté / 5-8, 24, 35, 37, 40, 55, 63, 68, 78, 79, 99, 100, 109, 150, 185, 187, 193, 207, 234, 249, 260-264, 276, 280-282, 284,
자유의지 franc-arbitre / 36, 37, 78-81, 150, 185, 186
전적 타락 total corruption / 28, 30, 31, 94, 125, 128, 138
정신분석(학) psychoanalysis / 116, 181, 320
정욕 concupiscence / 58, 167, 171, 174-179, 184, 186
정치, 정책 police / 207, 225, 226-228, 230, 233, 236
정치철학 political philosophy / 118
제유법 synecdoche, synecdoque / 96
종무원 consistoire / 247
죄의 결과 result of sin / 132, 134, 139
죄의 원인 cause of sin / 129-131, 138, 157, 175-177
중생, 중생론 regeneration / 7, 42, 79, 81, 95, 97, 201, 204, 205, 319, 320, 322
질서 ordre / 68, 79, 122, 124, 127,

158, 159, 179, 216-218, 225-230, 234-237, 243, 249, 257, 258, 262, 271, 273, 275, 322
철학 philosophy / 22-24, 116, 120, 294
창조설 créationisme / 106
천부인권(설) natural right / 118
청교도 puritan / 63
초월(성) transcendence / 6, 46-48, 50-51, 54-56, 59-60, 62-64, 72, 81, 88, 100, 115
초자연적 은사 supernatural gift / 128
칭의 justification by faith / 42, 189, 192
칼뱅주의 Calvinism / 28, 215, 241
  후기 칼뱅주의 later Calvinism / 63
타자 Other, Autre / 5-7, 48, 58, 62, 63, 87, 188
  전적 타자 total Other, Tout Autre / 6, 7, 39, 115, 180
통전성, 완전성 integrity, intégrité / 78, 83, 84, 92, 94, 96

표시 mark, marque / 52, 53, 143, 194, 198, 209, 210, 211, 257, 259, 315
하나님의 영광 Gloire de Dieu / 29, 33, 68, 93, 101, 102, 116, 148, 150, 230, 285
하나님의 주권 Souverenaité de Dieu / 46
허용 permission / 122, 123, 148, 158-160, 179, 227, 252, 254, 256, 258, 259, 261 262, 264, 270, 272, 274, 275, 277, 304, 306-308, 311
헬레니즘 hellenism / 87, 116, 291
형사취수법 mariage des frères / 306
형제애 fraternité / 110, 228
혼동 confusion / 56, 57
혼합결혼 mariage mixte / 249
환유 méthonymie / 72
희망의 관점 perspective of hope, vue d'espérance / 60
히스테리 hystery / 320, 323
그레고리 (니케아의) Grogory of Nicaea / 106

2. 인명, 지명

김동현 / 332
김문제 / 332
김정일 / 320, 329

김재성 / 332, 333
김종태 / 329
김종흡 / 332

꼬트레 Cottret B. / 217, 218
나용화 / 204, 217, 331
나지오 Nasio J.-D. / 320
니이젤 Niesel W. / 28, 32, 74, 92, 99, 107, 111, 131
더글라스 Douglas J. / 215, 216, 218, 235, 237, 241, 268, 279, 288, 290
두메르그 Doumergue E. / 5, 61, 176-178, 236, 252, 321, 322
라블레 Rabelais / 296
라캉 Lacan J. / 5
로잔 Lausanne / 194
롬바르 Lombard P. / 106
루터 Luther M. / 47, 98, 106, 137, 184, 189, 190
마르케리트 Marguerite / 296
말로 Malraux C. / 296
몽펠리에 Montpellier / 9, 41
미들포트 Midelfort H. G. Eric / 279
박건택 / 246, 280, 331
박경수 / 333
박종숙 / 61, 217, 327
박희석 / 119, 330
바르트 Barth K. / 28, 32
바르트 Barth P. / 32
바젤 Basel / 41
벤델 Wendel F. / 85, 119
베른 Bern / 297
부스마 Bouwsma W. / 61, 216, 217
보카치오 Boccaccio / 296
브느와 Benoît J.-D. / 41, 155

비드메르 Widmer G.-Ph. / 92, 99, 108
비드머 Widmer S. / 299
비엘레 Biéler A. / 215, 237, 240, 241, 248, 249, 254, 268, 290, 291, 295, 297-300, 311, 312, 314, 315
뺑 Pin J.-P. / 213
사보이 Savoie / 297, 311.
스토페르 Stauffer R. / 33, 82, 89, 104, 105, 107, 111, 112, 246, 279, 280
신복윤 / 190, 332, 333
아우구스티누스 Augustinus / 128, 129, 167, 174, 175, 184, 186
안명준 / 333
어윈 M. M. Irwin / 333
엔젤 Engel M.-P. / 26, 33-39, 90, 112, 119
원광연 / 332
원종천 / 190, 333
월레스 Wallace R. / 204, 217
유창형 / 333
이수영 / 333
이신열 / 331
이양호 / 61, 217, 327, 333
이오갑 LEE Okab(Ou-Kab) / 32, 45, 46, 49, 61, 117, 139, 236, 252, 322, 327, 333
이윤기 / 296, 297
이은선 / 330
이종성 / 14, 330, 332

이훈영 / 329
장호광 / 330
제네바 Genève / 41-43, 108, 210, 247, 253, 261, 365, 294, 297-301, 311-313, 321
제롬, 히에로니무스, St. Jerôme, Hieronymus / 106, 281
지젤 Gisel P. / 194
카디에 Cadier J. / 41
쿨만 Cullman O. / 97
토랜스 Torrance T.-F. / 26-33, 82, 92-99, 101, 107, 111, 112
토마스 아퀴나스 Thomas Aquinas / 106
톰슨 Thompson J. L. / 216
파렐 Farel G. / 246
파커 Parker T. H. L. / 119
파티 Partee Ch. / 92
표원경 / 320, 330
프로이트 Freud S. / 320
프롬 Fromm E. / 181
프리샤우어 Frischauer P. / 296, 297
최도형 / 332
최윤배 / 334
츠빙글리 Zwingli H. / 189, 297
한철하 / 332